工程法律实务培训丛书

建设工程施工合同纠纷案件代理十二讲

王乾應　著

中国建筑工业出版社

图书在版编目（CIP）数据

建设工程施工合同纠纷案件代理十二讲 / 王乾應著．
北京 ：中国建筑工业出版社，2024．9．--（工程法律
实务培训丛书）．-- ISBN 978-7-112-30226-0

Ⅰ．D923．65

中国国家版本馆 CIP 数据核字第 2024FH8712 号

责任编辑：周娟华

责任校对：姜小莲

工程法律实务培训丛书

建设工程施工合同纠纷案件

代理十二讲

王乾應 著

*

中国建筑工业出版社出版、发行（北京海淀三里河路 9 号）

各地新华书店、建筑书店经销

北京鸿文瀚海文化传媒有限公司制版

北京圣夫亚美印刷有限公司印刷

*

开本：787 毫米×1092 毫米 1/16 印张：17¼ 字数：398 千字

2024 年 9 月第一版 2024 年 9 月第一次印刷

定价：**78.00** 元

ISBN 978-7-112-30226-0

（43596）

版权所有 翻印必究

如有内容及印装质量问题，请与本社读者服务中心联系

电话：（010）58337283 QQ：2885381756

（地址：北京海淀三里河路 9 号中国建筑工业出版社 604 室 邮政编码：100037）

前 言

代理建设工程施工合同纠纷案件，对于律师来讲，属于传统的法律服务，不管是老律师还是年轻律师，或多或少都接触过建设工程施工合同纠纷案件。建设工程施工合同纠纷案件具有涉及标的额大、无效合同比例大、诉讼周期长、大多数需要进行司法鉴定、双方当事人上诉率极高、二审改判率高等特点，并且案件疑难复杂，以致不熟悉建设工程施工合同纠纷案件的代理人面对该类案件时存在畏难情绪。因为大部分代理人对工程领域所适用的法律规定并不是那么精通，即便是精通法律的规定，对工程领域的专业知识也是一无所知或知之甚少。当代理人拿到堆积如山的诉讼材料后，可能会茫然不知所措，云里雾里一般，其主要原因是对于部分诉讼材料的内容，代理人既看不懂也听不懂，害怕的感觉油然而生。比如在工期索赔案件中，需要有双代号网络图、单代号网络图、横道图、关键线路等专业知识的储备，但很多代理人不具备工程领域相应的专业知识，即便专业人士作出详细的阐述、解释，其也未必能听得懂、看得懂。本书从常用法律法规梳理、高频专业术语、诉讼材料收集与整理、诉讼材料审查、合同履行情况审查、请求权与诉讼方案、建设工程施工合同纠纷案件代理细节、工程价款纠纷案件代理、工程造价鉴定、工期纠纷案件代理、工程质量纠纷案件代理、建设工程施工领域表见代理的认定等十二个方面进行阐述，构建了代理建设工程施工合同纠纷案件的框架，使读者通过对本书内容的学习掌握代理建设工程施工合同纠纷案件的基本技能。

十几年来，笔者一直从事建设工程法律研究，扎根于建设工程领域，不断学习，不断总结，认真代理每一个案件，将理论与实践相结合，但由于水平和精力有限，本书难免有疏忽和不当之处，望读者批评指正。

编者

2024 年 4 月

缩略对照表

全称	简称
《中华人民共和国民法典》	《民法典》
《中华人民共和国民法总则》	《民法总则》
《中华人民共和国建筑法》	《建筑法》
《中华人民共和国城乡规划法》	《城乡规划法》
《中华人民共和国合同法》	《合同法》
《中华人民共和国公司法》	《公司法》
《中华人民共和国仲裁法》	《仲裁法》
《中华人民共和国审计法》	《审计法》
《中华人民共和国税收征收管理法》	《税收征收管理法》
《中华人民共和国发票管理办法》	《发票管理办法》
《中华人民共和国土地管理法》	《土地管理法》
《中华人民共和国民事诉讼法》	《民事诉讼法》
《最高人民法院关于适用〈中华人民共和国民事诉讼法〉的解释》	《民事诉讼法解释》
《中华人民共和国招标投标法》	《招标投标法》
《中华人民共和国招标投标法实施条例》	《招标投标法实施条例》
《最高人民法院关于审理建设工程施工合同纠纷案件适用法律问题的解释》	《建设工程施工合同解释》
《最高人民法院关于审理建设工程施工合同纠纷案件适用法律问题的解释(一)》	《建设工程施工合同解释(一)》
《最高人民法院关于审理建设工程施工合同纠纷案件适用法律问题的解释(二)》	《建设工程施工合同解释(二)》
《最高人民法院关于适用〈中华人民共和国公司法〉若干问题的规定(三)》	《公司法若干问题规定(三)》
《最高人民法院关于适用〈中华人民共和国仲裁法〉若干问题的解释》	《仲裁法若干问题解释》
《最高人民法院关于民事诉讼证据的若干规定》	《证据若干规定》

目　录

第一讲　常用法律法规梳理 / 1

第二讲　高频专业术语 / 47

第十一讲 工程质量纠纷案件代理 / 250

第十二讲 建设工程施工领域表见代理的认定 / 261

第一讲 常用法律法规梳理

建设工程施工合同纠纷案件有其特殊性及复杂性，涉及许多疑难的争议问题，就法律适用而言，在建设工程施工领域，主要适用两类法律规范。第一类是民事法律规范，调整平等主体之间因合同产生的民事法律关系，属于债法的范畴，主要是《民法典》。第二类是行政法律规范，建设工程涉及社会公共利益、公众安全等，该类法律规范调整建设行政主管部门与建筑施工企业等参建单位之间的行政管理法律关系，主要有《建筑法》[1]《招标投标法》[2]《招标投标法实施条例》《建设工程质量管理条例》《建设工程安全生产管理条例》等法律法规。当行政法律规范的规定与调整建设工程施工合同关系的民事法律规范的规定不一致时，如何正确适用法律，是代理律师需要注意的问题。

一、《民法典》

（一）《民法典》的地位

《民法典》在我国法律体系中处于非常重要的地位，是仅次于宪法的基本法，于2021年1月1日起施行，共7编，1260条，是中华人民共和国成立以来第一部以法典命名的法律，是社会生活的百科全书。在建设工程施工合同纠纷案件中，原告的请求权基础法律规范基本上来源于《民法典》中具体法律条文的规定，具体的法律条文是原告权利请求的实体法律规范。

《民法典》属于基本法，调整平等主体的自然人、法人和非法人组织之间的人身关系

---

[1] 需要注意的是，2022年10月30日全国人民代表大会官网公布《现行有效法律目录（294件）》，将《建筑法》列入经济法范围。

[2] 需要注意的是，2022年10月30日全国人民代表大会官网公布《现行有效法律目录（294件）》，将《招标投标法》列入民法商法范围。

和财产关系。其架构体系如图 1-1 所示。

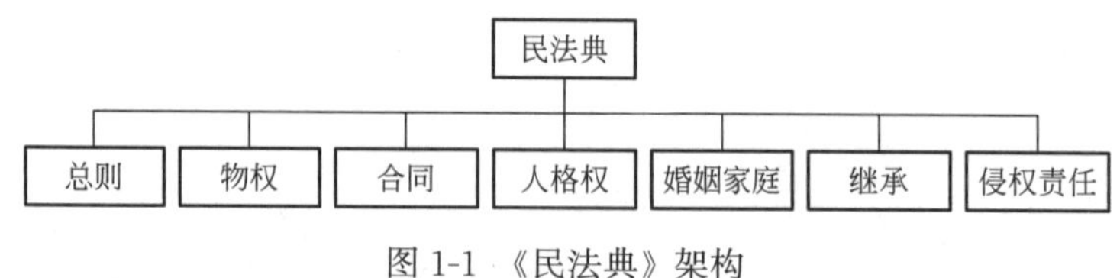

图 1-1 《民法典》架构

就建设工程施工合同纠纷而言，常用的法条主要涉及《民法典》总则编、合同编，合同编中主要是通则分编及典型合同分编中的保证合同、承揽合同、建设工程合同等。

（二）条文吸收

关于建设工程施工合同的相关规定，《民法典》对《合同法》❶《建设工程施工合同解释》❷ 的相关条文进行吸收，对应关系见表 1-1。

法条吸收对应关系 **表 1-1**

《民法典》	第七百八十八条至第七百九十二条	第七百九十三条	第七百九十四条至第八百零五条	第八百零六条	第八百零七条、第八百零八条
《合同法》	第二百六十九条至第二百七十三条		第二百七十四条至第二百八十五条		第二百八十六条、第二百八十七条
《建设工程施工合同解释》		第二条、第三条		第八条至第十条	

（三）重要条文

第七百八十八条　建设工程合同是承包人进行工程建设，发包人支付价款的合同。

建设工程合同包括工程勘察、设计、施工合同。

重点分析：

(1) 本条是对建设工程合同概念的定义。建设工程合同是发包人为完成工程项目的建设，而与承包人订立的关于建设工程的勘察、设计、施工等发包内容，以及价款支付的合同。根据发包的内容不同，分为建设工程勘察合同、建设工程设计合同、建设工程施工合同，本书主要讲述的是建设工程施工合同。

(2) 建设工程施工合同的当事人为发包人和承包人，发包人也称业主或甲方，通常是建设工程项目的投资单位或建设单位。在项目代建的情况下，发包人与建设单位并非一致。

(3) 建设工程施工合同的客体为建设工程。这里的建设工程，是指土木工程、建筑工

❶ 已废止。

❷ 已失效。

程、线路管道和设备安装工程以及装修工程等的新建、扩建和改建。

(4) 建设工程施工合同中承发包双方当事人的主要义务。从条文内容来看，承包人的主要义务是按期按质向发包人交付合格的建设工程产品，强调的是合格的建设工程产品，当然建设工程产品也要满足施工合同中发包人的特殊要求。提供工程竣工资料、工程款发票等属于承包人的附随义务。发包人的主要义务是按时足额向承包人支付相应的工程款，包括预付款、进度款、结算款以及工程质量保证金。

实务中，当承包人向发包人主张工程款时，在工程质量合格的情况下，发包人一般以承包人未开具发票、未提交工程竣工资料等为由进行抗辩。发包人的抗辩依据主要是施工合同明确约定在承包人向发包人提交发票后发包人再向承包人支付工程款，而承包人未提供发票，付款条件不成就。关于未提供发票、施工资料是否构成阻碍工程款支付的条件，笔者认为，承包人未按时提供发票或施工资料不构成工程款支付的阻碍事由，理由有二。第一，根据《民法典》对建设工程施工合同的定义，建设工程施工合同是承包人进行工程施工，发包人支付价款的合同。由此可以看出，承包人的主要义务是向发包人交付合格的建设工程，发包人的主要义务是向承包人支付工程款，而提供发票或施工资料仅为承包人的附随义务，即便施工合同约定以此作为工程款支付的条件，提供发票或施工资料不是承包人也不能成为主要义务。第二，建设工程施工合同为双务合同，依据双务合同的性质，当事人的抗辩仅限于针对具有对价或对等关系的义务，发包人支付工程款与承包人提供发票或施工资料是两种不同性质的义务，二者不具有对等或对价关系。当然，在施工合同中明确约定“在发包人向承包人支付工程款之前，承包人应当先向发包人提供对应金额的发票或提供施工资料，否则，发包人有权拒绝支付工程款”时，这样的内容虽然不能成为发包人拒绝付款的抗辩事由，但发包人可以此为由不承担未付工程款的违约责任。

典型案例 1

开具发票为承包人的附随义务，发包人不能以未开具发票为由拒绝支付工程款

——某建筑工程有限公司与某建设有限公司建设工程施工合同纠纷案[1]

某建设有限公司申请再审称，河南省高级人民法院二审判决关于多层工程款及高层工程款利息的认定完全违背案涉合同中“承包人收取工程款前应提供税务发票，未提供税务发票，发包人有权拒绝支付”的约定。根据双方约定，某建筑工程有限公司依约提供税务发票是进行付款的前提条件，系主合同义务并非附随义务，某建设有限公司依法对此享有先履行抗辩权。某建筑工程有限公司未就其主张的多层工程款及高层工程款向某建设有限公司提供发票，某建设有限公司依约有权不付款。

关于某建设有限公司可否因某建筑工程有限公司未开具发票而拒付工程款的问题。最

[1] 参见最高人民法院（2020）最高法民申 6050 号民事裁定书。

高人民法院认为，原审已查明，在案涉工程施工合同履行中，某建筑工程有限公司作为承包人已按合同约定履行了工程施工的主要义务，某建设有限公司作为发包人亦应按合同约定履行其主要义务，向某建筑工程有限公司支付工程款。开具发票为某建筑工程有限公司的附随义务，某建设有限公司不能以某建筑工程有限公司未开具发票为由拒绝支付工程款，其此项再审申请理由不能成立，不予支持。

【评析】一般情况下，发包人不能以承包人未提供发票或工程施工资料为由拒付工程款。在建设工程施工合同法律关系中，发包人的主要义务是支付工程款，而承包人的主要义务是交付合格的建设工程，提供发票及施工资料并非是合同的主要义务而是附随义务，发包人支付工程款与承包人提供发票或施工资料是两种不同性质的义务，二者不具有对等或对价关系，因此，发包人不能以此为由进行抗辩。需要注意的是，如果施工合同约定发包人支付工程款前承包人需提供发票或施工资料，而承包人未按约定提供发票或施工资料，虽然发包人不能以此为由拒付工程款，但由于承包人存在违约行为，其同样不能主张工程款利息。

典型案例 2

相较于主要合同义务，开具发票、提供竣工资料仅为附随义务

——某科技有限公司与某建设工程有限公司建设工程施工合同纠纷案❶

某科技有限公司申请再审称，某建设工程有限公司未按合同约定开具发票，案涉工程未达到合同约定的付款条件。《合同法》第六十七条❷规定："当事人互负债务，有先后履行顺序，先履行一方未履行的，后履行一方有权拒绝其履行要求。先履行一方履行债务不符合约定的，后履行一方有权拒绝其相应的履行要求。"某科技有限公司与某建设工程有限公司签订的《某热源厂工程总承包合同》第九条约定："每次付款前，承包人须开具等额正规发票作为付款凭证，点对点支付。"合同明确约定了开具发票在前，付款在后的履行顺序。由于某建设工程有限公司未履行向某科技有限公司提供相应发票的先合同义务，相应付款条件未成就。

最高人民法院认为，建设工程施工合同中，承包人的主要合同义务是对工程进行施工并按时交付工程；发包人的主要合同义务是按时支付工程款。本案中，双方虽对开具发票进行了约定（提供竣工资料的时间未作明确约定），但相较于主要合同义务，开具发票、提供竣工资料仅为附随义务，某科技有限公司以开具发票、提供竣工资料的附随义务对抗支付工程款的主要义务，有失公平。况且，某科技有限公司在反诉请求中并未要求某建设

❶ 参见最高人民法院（2021）最高法民申4526号民事裁定书。
❷ 参见《民法典》第五百二十六条。

工程有限公司开具发票、提供竣工资料，本案不宜对此直接进行判决。故对于某科技有限公司认为因某建设工程有限公司未开具发票、未提供竣工资料，其不应支付工程款的意见，不予采纳。

【评析】虽然开具发票不是承包人的主要义务，但发包人可以通过诉讼的方式要求承包人提供工程款发票。

实务中，若发包人以承包人未提供发票或施工资料作为拒付工程款的抗辩理由，法院对此一般不予支持。但发包人在承包人主张工程款的诉讼案件中提起反诉要求承包人提供工程款发票的，法院是否支持，实务中认识不一致。有的法院以不属于民事案件受理的范围为由，不予支持，理由为：开具发票是合同附随义务，也是税法规定的法定义务；依照税法的规定，税务机关是发票的主管机关，对拒不开具发票的行为，权利遭受侵害的一方当事人可以向税务机关投诉，由税务机关依照税收法律法规处理；同时，对拒不开票的义务人，税务机关可责令开票义务人限期改正，没收其违法所得，并可处以罚款；开具发票是税务机关管理的范围，不属于民事法律关系，故而不属于人民法院受理民事案件的范围。目前最高人民法院认为，发包人要求承包人提供工程款发票属于民事案件的审理范围。第一，“开具发票”虽从文义解释上看是指税务机关开具发票和履行义务的行为，但从法律规定及建设工程施工合同交易习惯来看，其含义并非是指税务机关开具发票的行为，而是指在给付工程款时需由收款人向付款人交付税务机关开具的发票，该交付义务属收款人应当履行的法定义务，属于民事法律关系范畴。有义务开具发票的当事人在遵守税收法律法规的前提下，可以自主作出向其他民事主体开具发票的意思表示，该行为属于民事法律行为。对于接受发票的一方当事人来说，是否可以取得发票将影响其民事权益，因此当事人之间产生的一方自主申请开具发票与另一方取得发票的关系，属于民事法律关系范畴。第二，合同义务。开具发票属于合同附随义务，属于民事合同义务范畴。根据税收法律法规的相关规定，提供税务发票是承包人的合同附随义务，不管承发包双方当事人是否在合同中明确约定，承包人在收到工程款后，均应当向发包人移交或交付相应金额的工程款发票。第三，法律义务。根据《税收征收管理法》第二十一条第一款、第二款“税务机关是发票的主管机关，负责发票印制、领购、开具、取得、保管、缴销的管理和监督。单位、个人在购销商品、提供或者接受经营服务以及从事其他经营活动中，应当按照规定开具、使用、取得发票”及《发票管理办法》第十八条“销售商品、提供服务以及从事其他经营活动的单位和个人，对外发生经营业务收取款项，收款方应当向付款方开具发票；特殊情况下，由付款方向收款方开具发票”的规定，收取工程款，交付工程款发票是税法上规定的承包人的法定义务，承包人应当依据税法的相关规定向发包人交付发票。

因此，在承包人拒绝移交工程款发票时，发包人有两种路径主张权利，一是可以通过行政投诉即向税务机关反映，要求承包人提供发票；二是通过法院诉讼，要求承包人移交税务机关开具的发票。只是在诉讼过程中要求承包人移交发票时，注意请求事项的描述。

第七百九十一条　发包人可以与总承包人订立建设工程合同，也可以分别与勘察人、

设计人、施工人订立勘察、设计、施工承包合同。发包人不得将应当由一个承包人完成的建设工程支解成若干部分发包给数个承包人。

总承包人或者勘察、设计、施工承包人经发包人同意，可以将自己承包的部分工作交由第三人完成。第三人就其完成的工作成果与总承包人或者勘察、设计、施工承包人向发包人承担连带责任。承包人不得将其承包的全部建设工程转包给第三人或者将其承包的全部建设工程支解以后以分包的名义分别转包给第三人。

禁止承包人将工程分包给不具备相应资质条件的单位。禁止分包单位将其承包的工程再分包。建设工程主体结构的施工必须由承包人自行完成。

重点分析：

(1) 根据工作内容的不同，承包可以分为工程总承包、施工总承包、勘察承包、设计承包。工程总承包是指发包人将建设工程的勘察、设计、施工及设备采购等内容全部一并发包给一家具备相应资质的工程总承包人，由工程总承包人按发包人要求交付合格的建设工程。建设工程总承包，又称“交钥匙工程承包”，该承包方式有利于设计与施工的融合，优化成本。根据发包人与承包人所签工程总承包合同约定的内容不同，又分为设计—采购—施工总承包（EPC）、设计—施工总承包（D—B）、设计—采购总承包（E—P）、采购—施工总承包（P—C）等模式。工程总承包合同中如含有采购内容，则该采购并非一般建筑设备的采购，而是指专业设备的采购，大多数情况下采购的是非标准件，是定制品，包括安装、调试、试车、培训等内容。

根据《房屋建筑和市政基础设施项目工程总承包管理办法》的规定，工程总承包是指承包单位按照与建设单位签订的合同，对工程设计、采购、施工或者设计、施工等阶段实行总承包，并对工程的质量、安全、工期和造价等全面负责的工程建设组织实施方式。《运输机场专业工程总承包管理办法（试行）》规定：“工程总承包，是指承包单位按照与建设单位签订的合同，对工程设计、采购、施工或者设计、施工等阶段实行总承包，并对工程的质量、安全、工期和造价等全面负责的工程建设组织实施方式。”两个管理办法对工程总承包的定义是一致的，即主要有两种形式：一是设计、采购、施工总承包；二是包含设计、施工阶段的总承包。两个管理办法对工程总承包的定义与《建筑法》的规定不一致，《建筑法》第二十四条规定：“提倡对建筑工程实行总承包，禁止将建筑工程肢解发包。建筑工程的发包单位可以将建筑工程的勘察、设计、施工、设备采购一并发包给一个工程总承包单位，也可以将建筑工程勘察、设计、施工、设备采购的一项或者多项发包给一个工程总承包单位；但是，不得将应当由一个承包单位完成的建筑工程肢解成若干部分发包给几个承包单位。”可以看出，上述两个管理办法对工程总承包的定义并不包含勘察，而《建筑法》的规定则包含勘察。

施工总承包模式，是比较常见、通用的一种传统承包模式。施工总承包，是指发包人将建设工程施工任务发包给具备相应资质条件的施工总承包人，施工总承包人按发包人提供的施工图纸进行施工，即按图施工，与工程总承包按需施工有所区别。在一个工程建设项目中，一般只有一个施工总承包人。大型建筑工程或者结构复杂的建筑工程，可以由两个或两个以上的承包人组成联合体共同承包，两个以上不同资质等级的施工企业实行联合共同承包的，应当按照资质等级低的施工企业的业务许可范围承揽工程。

从事建设工程的建造活动，应当坚持先勘察、后设计、再施工的原则。地质勘察在建设工程的建设过程中是极为重要的，所谓建设工程勘察，是指勘察人根据建设工程的要求，查明、分析、评价施工场地的地质、环境特征和岩土工程条件等，编制建设工程勘察文件的活动。施工企业的施工依据为施工图纸，施工图纸的设计基础来源于地质勘察报告，只有在地质勘察单位就拟建项目所在地的岩石、地层构造、地下水等地质情况进行勘测，出具地质勘察报告后，设计单位才能根据地质勘察数据进行设计。工程勘察是对地质特征及岩土状况的探明，一般分阶段进行，这是一个由浅到深，从不知到知的过程，一般不可能一步到位，是循序渐进的。工程勘察一般分为可行性研究勘察、初步勘察、详细勘察等阶段，但不同类型的工程项目，工程勘察阶段不尽相同。根据《岩土工程勘察规范》GB 50021—2001（2009年版）的规定，房屋建筑和构筑物勘察阶段分为可行性研究勘察、初步勘察、详细勘察阶段，但对于场地条件复杂或有特殊要求的建设工程，还要增加施工勘察阶段，当然，针对场地较小且无特殊要求的建设工程可合并勘察阶段。核电厂工程项目勘察分为初步可行性研究、可行性研究、初步设计、施工图设计和工程建造五个勘察阶段。

建设工程设计，是指根据建设工程的要求，对建设工程所需的技术、经济、资源、环境等条件进行综合分析、论证，编制建设工程设计文件的活动。建设工程设计一般分为方案设计、初步设计和施工图设计三个阶段。技术要求相对简单的民用建设工程，可在方案设计审批后直接进入施工图设计，即分为两个阶段。当然，因各行业属性不同，设计阶段也有所区别。

（2）工程分包事宜。工程分包应符合的条件：第一，分包人应当具备相应的资质，如果不具备相应的资质，则属于违法分包；第二，分包人不能将其承包的工程再分包，但专业分包人可以将其承包的专业工程中的劳务作业部分再分包，专业作业劳务承包人不得将其承包的劳务再分包；第三，建设工程主体结构的施工必须由承包人自行完成。《建筑法》第二十九条第一款规定："建筑工程总承包单位可以将承包工程中的部分工程发包给具有相应资质条件的分包单位；但是，除总承包合同中约定的分包外，必须经建设单位认可。施工总承包的，建筑工程主体结构的施工必须由总承包单位自行完成。"按照此规定，主体结构的施工必须由承包人自行完成。《招标投标法》第四十八条第二款规定："中标人按照合同约定或者经招标人同意，可以将中标项目的部分非主体、非关键性工作分包给他人完成。接受分包的人应当具备相应的资格条件，并不得再次分包。"明确规定主体、关键性工作不得分包，这样其实就限制了分包的范围。例如地基与基础工程，地基的主要作用是承载建筑物竖向荷载，是建筑工程的重要组成部分。对于建筑物来说，最为关键、最为基础的工程施工就是地基施工，万丈高楼平地起，如果对地基施工没有严格控制，那么整个建筑物的质量将受到严重影响，因此，地基与基础工程施工涉及工程的安全性、可靠性，属于关键性工作。按照《建筑法》《建设工程质量管理条例》的规定，地基与基础工程是可以分包的，按《招标投标法》的规定，地基与基础工程属于关键性工作，不可以分包。从法律的位阶及适用规则来看，地基与基础工程属于可以分包的范畴。

（3）诉讼管辖。对于专属管辖，《民事诉讼法》第三十四条第一项规定："因不动产纠纷提起的诉讼，由不动产所在地人民法院管辖。"何为不动产纠纷？根据《民事诉讼法解释》第二十八条的规定，建设工程施工合同纠纷，按照不动产纠纷确定管辖。因此，建设工程施工合同纠纷案件，由工程所在地人民法院管辖，适用专属管辖的规定，而建设工程勘察合同纠纷、建设工程设计合同纠纷适用一般管辖的规定，由被告住所地或者合同履行地人民法院管辖。

（4）如何理解"支解发包"。支解发包，是我国法律所不允许的，但对于何为支解发包，法律并未作明确的规定。《建筑法》从行政法规的范畴明确建设单位不得支解发包，《建筑法》第二十四条规定："提倡对建筑工程实行总承包，禁止将建筑工程肢解发包。建筑工程的发包单位可以将建筑工程的勘察、设计、施工、设备采购一并发包给一个工程总承包单位，也可以将建筑工程勘察、设计、施工、设备采购的一项或者多项发包给一个工程总承包单位；但是，不得将应当由一个承包单位完成的建筑工程肢解成若干部分发包给几个承包单位。"《民法典》从民事法律规范的角度明确规定"发包人不得将应当由一个承包人完成的建设工程支解成若干部分发包给数个承包人"。由于法律规范的局限性，不管是《建筑法》还是《民法典》，都未对何为支解，什么样的情况属于支解发包予以明确规定。根据《建筑工程施工发包与承包违法行为认定查处管理办法》第六条的规定，建设单位将一个单位工程的施工分解成若干部分发包给不同的施工总承包或专业承包单位的，属于违法发包。因此，虽然在法律层面未对支解发包的情形进行明确规定，但根据住房和城乡建设部的文件及精神，发包人将单位工程分解发包的，属于支解发包。一个建设工程项目由多个单项工程组成，一个单项工程由多个单位工程组成，一个单位工程由多个分部工程组成，分部工程再分为分项工程，即建设工程项目—单项工程—单位工程—分部工程—分项工程。可以看出，有多个单项工程时，发包人可以分别发包，而单位工程却不能再分解发包。

（5）改革后的资质。《建设工程企业资质管理制度改革方案》已于2020年11月11日经国务院常务会议审议通过。为了深化建筑业"放管服"改革，做好建设工程企业资质（包括工程勘察、设计、施工、监理企业资质，以下统称企业资质）认定事项压减工作，制定了相应改革方案。精简资质类别，归并等级设置。对部分专业划分过细、业务范围相近、市场需求较小的企业资质类别予以合并，对层级过多的资质等级进行归并。改革后，工程勘察资质分为综合资质和专业资质，工程设计资质分为综合资质、行业资质、专业和事务所资质，施工资质分为综合资质、施工总承包资质、专业承包资质和专业作业资质，工程监理资质分为综合资质和专业资质。资质等级原则上压减为甲、乙两级（部分资质只设甲级或不分等级），资质等级压减后，中小企业承揽业务范围将进一步放宽，有利于促进中小企业发展。具体压减情况如下。

① 工程勘察资质。保留综合资质；将4类专业资质及劳务资质整合为岩土工程、工程测量、勘探测试3类专业资质。综合资质不分等级，专业资质等级压减为甲、乙两级。

② 工程设计资质。保留综合资质；将21类行业资质整合为14类行业资质；将151类

专业资质、8类专项资质、3类事务所资质整合为70类专业和事务所资质。综合资质、事务所资质不分等级；行业资质、专业资质等级原则上压减为甲、乙两级（部分资质只设甲级）。

③ 施工资质。将10类施工总承包企业特级资质调整为施工综合资质，可承担各行业、各等级施工总承包业务；保留12类施工总承包资质，将民航工程的专业承包资质整合为施工总承包资质；将36类专业承包资质整合为18类；将施工劳务企业资质改为专业作业资质，由审批制改为备案制。综合资质和专业作业资质不分等级；施工总承包资质、专业承包资质等级原则上压减为甲、乙两级（部分专业承包资质不分等级），其中，施工总承包甲级资质在本行业内承揽业务规模不受限制。

④ 工程监理资质。保留综合资质；取消专业资质中的水利水电工程、公路工程、港口与航道工程、农林工程资质，保留其余10类专业资质；取消事务所资质。综合资质不分等级，专业资质等级压减为甲、乙两级。

改革后建设工程企业资质分类分级情况见表1-2～表1-5。

改革后工程勘察企业资质分类分级表　　表1-2

资质类别	序号	勘察资质类型	等级
综合资质	1	综合资质	不分等级
专业资质	1	岩土工程	甲、乙级
	2	工程测量	甲、乙级
	3	勘探测试	甲、乙级

改革后工程设计企业资质分类分级表　　表1-3

资质类别	序号	设计资质类型	等级
综合资质	1	综合资质	不分等级
行业资质	1	建筑行业	甲、乙级
	2	市政行业	甲、乙级
	3	公路行业	甲级
	4	铁路行业	甲、乙级
	5	港口与航道行业	甲、乙级
	6	民航行业	甲、乙级
	7	水利行业	甲、乙级
	8	电力行业	甲、乙级
	9	煤炭行业	甲、乙级
	10	冶金建材行业	甲、乙级
	11	化工石化医药行业	甲、乙级
	12	电子通信广电行业	甲、乙级
	13	机械军工行业	甲、乙级
	14	轻纺农林商物粮行业	甲、乙级

续表

资质类别	序号	设计资质类型	等级
专业和事务所资质	1	建筑行业建筑工程专业	甲、乙级
	2	建筑行业人防工程专业	甲、乙级
	3	市政行业(燃气工程、轨道交通工程除外)	甲、乙级
	4	市政行业给水工程专业	甲、乙级
	5	市政行业排水工程专业	甲、乙级
	6	市政行业燃气工程专业	甲、乙级
	7	市政行业热力工程专业	甲、乙级
	8	市政行业道路与公共交通工程专业	甲、乙级
	9	市政行业桥梁工程专业	甲、乙级
	10	市政行业隧道工程专业	甲级
	11	市政行业轨道交通工程专业	甲级
	12	公路行业公路专业	甲、乙级
	13	公路行业特大桥梁专业	甲级
	14	公路行业特长隧道专业	甲级
	15	公路行业交通工程专业	甲、乙级
	16	铁路行业桥梁专业	甲级
	17	铁路行业隧道专业	甲级
	18	铁路行业轨道专业	甲级
	19	铁路行业电气化专业	甲级
	20	铁路行业通信信号专业	甲级
	21	港口与航道行业港口工程专业	甲、乙级
	22	港口与航道行业航道工程专业	甲、乙级
	23	水利行业水库枢纽专业	甲、乙级
	24	水利行业引调水专业	甲、乙级
	25	水利行业灌溉排涝专业	甲、乙级
	26	水利行业围垦专业	甲、乙级
	27	水利行业河道整治与城市防洪专业	甲、乙级
	28	水利行业水土保持与水文设施专业	甲、乙级
	29	电力行业火力发电工程专业	甲、乙级
	30	电力行业水力发电工程专业	甲、乙级
	31	电力行业新能源发电工程专业	甲、乙级
	32	电力行业核工业工程专业	甲、乙级
	33	电力行业送变电工程专业	甲、乙级
	34	煤炭行业矿井工程专业	甲、乙级
	35	煤炭行业露天矿工程专业	甲、乙级
	36	煤炭行业选煤厂工程专业	甲、乙级

续表

资质类别	序号	设计资质类型	等级
专业和事务所资质	37	冶金建材行业冶金工程专业	甲、乙级
	38	冶金建材行业建材工程专业	甲、乙级
	39	冶金建材行业冶金建材矿山工程专业	甲、乙级
	40	化工石化医药行业化工工程专业	甲、乙级
	41	化工石化医药行业化工矿山专业	甲、乙级
	42	化工石化医药行业石油及化工产品储运专业	甲、乙级
	43	化工石化医药行业油气开采专业	甲、乙级
	44	化工石化医药行业海洋石油专业	甲、乙级
	45	化工石化医药行业原料药专业	甲、乙级
	46	化工石化医药行业医药工程专业	甲、乙级
	47	电子通信广电行业电子工业工程专业	甲、乙级
	48	电子通信广电行业电子系统工程专业	甲、乙级
	49	电子通信广电行业有线通信专业	甲、乙级
	50	电子通信广电行业无线通信专业	甲、乙级
	51	电子通信广电行业广播电视制播与电影工程专业	甲、乙级
	52	电子通信广电行业传输发射工程专业	甲、乙级
	53	机械军工行业机械工程专业	甲、乙级
	54	机械军工行业军工工程专业	甲、乙级
	55	轻纺农林商物粮行业轻工工程专业	甲、乙级
	56	轻纺农林商物粮行业纺织工程专业	甲、乙级
	57	轻纺农林商物粮行业农业工程专业	甲、乙级
	58	轻纺农林商物粮行业林业工程专业	甲、乙级
	59	轻纺农林商物粮行业商物粮专业	甲、乙级
	60	建筑设计事务所	不分等级
	61	结构设计事务所	不分等级
	62	机电设计事务所	不分等级
	63	建筑装饰工程通用专业	甲、乙级
	64	建筑智能化工程通用专业	甲、乙级
	65	照明工程通用专业	甲、乙级
	66	建筑幕墙工程通用专业	甲、乙级
	67	轻型钢结构工程通用专业	甲、乙级
	68	风景园林工程通用专业	甲、乙级
	69	消防设施工程通用专业	甲、乙级
	70	环境工程通用专业	甲、乙级

改革后工程施工企业资质分类分级表 **表 1-4**

资质类别	序号	施工资质类型	等级
综合资质	1	综合资质	不分等级
施工总承包资质	1	建筑工程施工总承包	甲、乙级
	2	公路工程施工总承包	甲、乙级
	3	铁路工程施工总承包	甲、乙级
	4	港口与航道工程施工总承包	甲、乙级
	5	水利水电工程施工总承包	甲、乙级
	6	市政公用工程施工总承包	甲、乙级
	7	电力工程施工总承包	甲、乙级
	8	矿山工程施工总承包	甲、乙级
	9	冶金工程施工总承包	甲、乙级
	10	石油化工工程施工总承包	甲、乙级
	11	通信工程施工总承包	甲、乙级
	12	机电工程施工总承包	甲、乙级
	13	民航工程施工总承包	甲、乙级
专业承包资质	1	建筑装修装饰工程专业承包	甲、乙级
	2	建筑机电工程专业承包	甲、乙级
	3	公路工程类专业承包	甲、乙级
	4	港口与航道工程类专业承包	甲、乙级
	5	铁路电务电气化工程专业承包	甲、乙级
	6	水利水电工程类专业承包	甲、乙级
	7	通用专业承包	不分等级
	8	地基基础工程专业承包	甲、乙级
	9	起重设备安装工程专业承包	甲、乙级
	10	预拌混凝土专业承包	不分等级
	11	模板脚手架专业承包	不分等级
	12	防水防腐保温工程专业承包	甲、乙级
	13	桥梁工程专业承包	甲、乙级
	14	隧道工程专业承包	甲、乙级
	15	消防设施工程专业承包	甲、乙级
	16	古建筑工程专业承包	甲、乙级
	17	输变电工程专业承包	甲、乙级
	18	核工程专业承包	甲、乙级
专业作业资质	1	专业作业资质	不分等级

改革后工程监理企业资质分类分级表　　表 1-5

资质类别	序号	监理资质类型	等级
综合资质	1	综合资质	不分等级
专业资质	1	建筑工程专业	甲、乙级
	2	铁路工程专业	甲、乙级
	3	市政公用工程专业	甲、乙级
	4	电力工程专业	甲、乙级
	5	矿山工程专业	甲、乙级
	6	冶金工程专业	甲、乙级
	7	石油化工工程专业	甲、乙级
	8	通信工程专业	甲、乙级
	9	机电工程专业	甲、乙级
	10	民航工程专业	甲、乙级

第七百九十三条　建设工程施工合同无效，但是建设工程经验收合格的，可以参照合同关于工程价款的约定折价补偿承包人。

建设工程施工合同无效，且建设工程经验收不合格的，按照以下情形处理：

（一）修复后的建设工程经验收合格的，发包人可以请求承包人承担修复费用；

（二）修复后的建设工程经验收不合格的，承包人无权请求参照合同关于工程价款的约定折价补偿。

发包人对因建设工程不合格造成的损失有过错的，应当承担相应的责任。

重点分析：

（1）本条的规定并非《民法典》创设，而是来源于已失效的《建设工程施工合同解释》第二条、第三条的规定，并作了一些调整。

（2）本条是关于施工合同无效后工程价款如何确定的规定。关于法律行为无效后的法律后果，《民法典》第一百五十七条规定："民事法律行为无效、被撤销或者确定不发生效力后，行为人因该行为取得的财产，应当予以返还；不能返还或者没有必要返还的，应当折价补偿。有过错的一方应当赔偿对方由此所受到的损失；各方都有过错的，应当各自承担相应的责任。法律另有规定的，依照其规定。"即合同无效的法律后果为返还财产、折价补偿、损失赔偿。建设工程施工合同有其明显的特殊性，施工的过程实质上就是承包人将人力、建筑材料等物化成建设工程的过程，形成建筑物或构筑物。在施工合同无效的情况下，按照《民法典》第一百五十七条的规定，取得的财产，应当予以返还，而建筑工程建造的过程是将人力、物力物化成建筑产品，如果适用返还规定，势必会造成资源浪费，因此不宜适用财产返还的规定，故本条对施工合同无效情况下工程款如何确定予以明确规定，即进行折价补偿与损失赔偿。

（3）为何折价补偿。在合同无效的情况下，双方各自占有对方财物已丧失依据，故应当予以返还。但建设工程有其特殊性，在施工合同无效的情况下，不宜适用返还规定进行返还，故应当折价补偿。在不能返还或者没有必要返还的情况下，应当折价补偿。不能返还，包括事实上的不能返还和法律上的不能返还。法律上的不能返还主要是指一方取得财产后已经依法转让。事实上的不能返还主要是指标的物毁损、灭失，以及客观上不能返还。没有必要返还主要是指性质上不能恢复，或返还造成资源浪费。建设工程兼具性质上不能恢复及返还造成资源浪费的情形。

（4）折价补偿与损失赔偿是建设工程施工合同无效后并行的法律后果，也就是说，在折价补偿后，一方当事人还有损失的，另一方当事人应根据过错责任承担责任。本条的规定坚持的是质量至上原则，只有在工程质量合格的情况下，才存在折价补偿的可能，若工程质量不合格，因建设工程没有价值故不存在折价补偿，但可以按过错原则主张损失赔偿。

第七百九十八条　隐蔽工程在隐蔽以前，承包人应当通知发包人检查。发包人没有及时检查的，承包人可以顺延工程日期，并有权请求赔偿停工、窝工等损失。

重点分析：

（1）关于隐蔽工程的工程量是否达标及工程质量是否合格，在实务中容易产生争议。所谓隐蔽工程，是指在上一道施工工序完工后，下一道工序将对上一道工序进行覆盖而使上一道工序不易或无法剥离。隐蔽工程主要有如下几种形式：第一，上一道工序施工完毕，再进行下一道工序施工，如钢筋混凝土柱，施工顺序为先绑扎钢筋，再支模，然后进行混凝土浇筑，在这里，浇筑混凝土后将对钢筋进行覆盖和包裹；第二，同一工序的覆盖，如柱子混凝土浇筑，在混凝土浇筑过程中，其实质是边浇筑边覆盖；第三，对分部工程的整体掩埋，如地基与基础工程，在基础工程施工完成后，须用同类别的土进行回填，对基础进行掩埋。

（2）发包人逾期检查，可否视为隐蔽工程质量合格。承包人在对隐蔽工程进行隐蔽前，应当通知发包人或监理人对隐蔽工程进行检查或验收，这是承包人应尽的义务。关于隐蔽工程检查程序，取决于承发包双方在施工合同中的约定。《建设工程施工合同（示范文本）》GF—2017—0201 第 5.3.2 项约定："……监理人未按时进行检查，也未提出延期要求的，视为隐蔽工程检查合格，承包人可自行完成覆盖工作，并作相应记录报送监理人，监理人应签字确认。监理人事后对检查记录有疑问的，可按第 5.3.3 项〔重新检查〕的约定重新检查。"第 5.3.3 项约定："承包人覆盖工程隐蔽部位后，发包人或监理人对质量有疑问的，可要求承包人对已覆盖的部位进行钻孔探测或揭开重新检查，承包人应遵照执行，并在检查后重新覆盖恢复原状。经检查证明工程质量符合合同要求的，由发包人承担由此增加的费用和（或）延误的工期，并支付承包人合理的利润；经检查证明工程质量不符合合同要求的，由此增加的费用和（或）延误的工期由承包人承担。"按照示范文本的约定，在监理人未按时对隐蔽工程进行检查的情况下，承包人可以自行完成覆盖，这种情况下推定隐蔽工程检查合格。如果发包人或监理人对质量有异议，可以要求重新检查。另外，根据《民法典》第七百九十七条"发包人在不妨碍承包人正常作业的情况下，可以随时对作业进度、质量进行检查"的规定，发包人在不妨碍承包人正常作业的情况下，也有权对工程质量进行检查。因此，对隐蔽工程的检查程序，首先看施工合同的约定，如果采用的是示范文本，承包人应当履行通知义务，在监理人逾期检查的情况下，承包人可以自行覆盖，视为隐蔽工程质量合格，如果发包人或监理人认为质量不合格，应当承担举证责任。在承包人未通知发包人或监理人的情况下，发包人或监理人可以要求重新检查，不管检查结果如何，产生的工期延误等责任由承包人自行承担。

（3）未经发包人检查，承包人自行覆盖隐蔽工程的法律责任。前文谈到了施工合同中约定了隐蔽工程的检查程序的情况下承包人未通知发包人或监理人的情形，这里所要讨论的是在施工合同中未对隐蔽工程的检查程序进行约定，在承包人未通知发包人或监理人自行隐蔽的情况下的责任承担。根据《建筑工程施工质量验收统一标准》GB 50300—2013第3.0.6条“隐蔽工程在隐蔽前应由施工单位通知监理单位进行验收，并应形成验收文件，验收合格后方可继续施工”以及《民法典》第七百九十七条的规定，即便施工合同中对隐蔽工程的检查程序未作约定，承包人也有义务通知发包人或监理人对隐蔽工程进行检查，如果承包人未履行通知义务，其对隐蔽工程质量不合格应当承担全部或主要责任。

典型案例3

隐蔽工程在隐蔽以前，承包人应当通知发包人检查

——某房地产开发有限公司与某建筑工程有限责任公司建设工程施工合同纠纷案[1]

关于管线不通的责任应如何认定，相应的修复费用应如何承担的问题。最高人民法院认为，根据某建筑工程质量检测中心作出的《司法鉴定书》，讼争工程存在如下质量缺陷：①指定位置楼板负弯矩保护层厚度不满足《混凝土结构工程施工质量验收规范》GB 50204—2015的要求；②指定位置消防报警系统、广播系统、联动系统管线大部分不通，现明设，不满足设计或验收规范要求；③指定位置消防报警按钮盒、消防手动报警按钮盒大部分未设置于原设计位置，不满足设计或验收规范要求；④指定位置开关、插座盒未设置或管线不通，不满足设计或验收规范要求；⑤指定位置消火栓未设置或管线不通，不满足设计或验收规范要求。从上述鉴定结论看，某建筑工程有限责任公司施工的工程质量不仅存在一审判决认定的管线不通问题，还存在指定位置上未设置消火栓，未按设计或规范要求进行施工等问题，对此，某建筑工程有限责任公司存在过错。具体说，管线工程系隐蔽工程，《合同法》第二百七十八条[2]规定：“隐蔽工程在隐蔽以前，承包人应当通知发包人检查。发包人没有及时检查的，承包人可以顺延工程日期，并有权要求赔偿停工、窝工等损失。”某建筑工程有限责任公司在二审中虽主张其已经通知某房地产开发有限公司及监理公司检查，但是并未提供证据证实，应当承担举证不能的不利后果。某建筑工程有限

[1] 参见最高人民法院（2018）最高法民终38号民事判决书。

[2] 参见《民法典》第七百九十八条。

责任公司对管线不通等质量问题，应当承担主要责任；某房地产开发有限公司作为发包方，没有及时检查管线工程质量，也应承担相应的责任。一审法院以无法查明管线不通的原因为由，酌定双方当事人各承担一半责任，属于是非判断不准，缺乏充分的事实和法律依据。某建筑工程有限责任公司上诉主张其不承担责任，某房地产开发有限公司上诉主张此部分质量缺陷损失应由某建筑工程有限责任公司全部承担，两者的诉请理由均不充分。最高人民法院酌定，对管线不通部分修复费用 325834 元，由某建筑工程有限责任公司承担 90%的赔偿责任，即，向某房地产开发有限公司赔偿 293250.60 元，剩余部分由某房地产开发有限公司自行承担。

【评析】工程质量验收的前提条件为承包人自检合格，包括对隐蔽工程的自检，如在自检过程中发现有工程质量问题，应当进行整改。实务中，考虑到隐蔽工程在隐蔽后难以检验，或者检验消耗的成本太高，因此对隐蔽工程在隐蔽前应进行验收，验收合格后方可继续施工。承包人作为工程质量的第一责任人，应当对工程质量承担主要责任或全部责任。

根据最高人民法院的观点，承包人作为履行施工义务的主体，应当对工程质量承担主要责任，发包人没有及时对隐蔽工程进行检查，也应当承担一定的责任。笔者认为，向发包人交付合格的建筑工程是承包人的主要义务，也是获取工程价款的前提，不能因为发包人未及时检查而不对工程质量严格要求。

未经发包人检查或验收，承包人自行覆盖隐蔽工程除应承担前述法律责任之外，还应承担以下法律责任：第一，发包人对已覆盖的部位进行钻孔探测或剥露重新检查，由此增加的费用、损失或延误的工期由承包人承担；第二，无法对隐蔽工程的工程量进行确认的情况下，由承包人承担相应的法律后果。

在承包人未通知发包人对隐蔽工程进行检查及对工程量确认的情况下，承包人如何补救。隐蔽工程一旦隐蔽之后，很难确定实际的工程量，这对承包人是极其不利的，承包人要想弥补，可以从竣工图上着手，竣工图是承包人根据施工工程的实际情况绘制的，经过了监理单位确认，反映了工程的实际情况。在无法确认隐蔽工程的工程量的情况下，竣工图就是关键的证据材料。有这么一个案例，承包人提交的竣工图中只有少部分的接地极工程量，但实际上施工的并非只有竣工图上记载的部分，还有大部分未记载在竣工图中，后因承包人不能证明除竣工图上记载部分外还有未记载的工程量，鉴定单位最终没有认可承包人的主张。

（4）发包人未及时检查隐蔽工程的法律责任。在承包人通知发包人对隐蔽工程进行检查后，发包人因自身原因未及时检查的，其将承担如下法律责任：第一，就等待发包人检查的时间予以工期顺延；第二，发包人应赔偿承包人停窝工的损失，停工指的是停止施工，人工、机械设备处于静止状态，窝工指的是人工、机械设备虽然不是处于静止状态，但不能有效运转，不能有效、充分发挥效能；第三，在工期顺延的期间里，如遇人工、材料、机械设备价格上涨，上涨部分的费用由发包人承担。

第七百九十九条　建设工程竣工后，发包人应当根据施工图纸及说明书、国家颁发的

施工验收规范和质量检验标准及时进行验收。验收合格的，发包人应当按照约定支付价款，并接收该建设工程。建设工程竣工经验收合格后，方可交付使用；未经验收或者验收不合格的，不得交付使用。

重点分析：

（1）完工与竣工的区别。完工，指的是承包人已将其承包范围内的工程施工完毕，只是表明工程已经施工完成，工程处于完工状态，工程质量是否合格尚不清楚。竣工，也有完工之意，但更多与验收一起使用，即竣工验收。所谓竣工验收，是指工程完工后，承包人组织有关人员进行自检，总监理工程师组织各专业监理工程师对工程质量进行竣工预验收，预验收无质量问题再由承包人向发包人提交工程竣工报告，申请工程竣工验收。

（2）工程竣工验收应具备的条件。根据《建设工程质量管理条例》的规定，建设工程竣工验收应当具备下列条件：①完成建设工程设计和合同约定的各项内容；②有完整的技术档案和施工管理资料；③有工程使用的主要建筑材料、建筑构配件和设备的进场试验报告；④有勘察、设计、施工、工程监理等单位分别签署的质量合格文件；⑤有施工单位签署的工程保修书。

（3）建筑工程质量验收的程序和组织。①检验批应由专业监理工程师组织承包人项目专业质量检查员、专业工长等进行验收。②分项工程应由专业监理工程师组织承包人项目专业技术负责人等进行验收。③分部工程应由总监理工程师组织承包人项目负责人和项目技术负责人等进行验收。勘察、设计单位项目负责人和承包人技术、质量部门负责人应参加地基与基础分部工程的验收。设计单位项目负责人和承包人技术、质量部门负责人应参加主体结构、节能分部工程的验收。④单位工程中的分包工程完工后，分包单位应对所承包的工程项目进行自检，并应按《建筑工程施工质量验收统一标准》GB 50300—2013 规定的程序进行验收。验收时，总承包人应派人参加。分包单位应将所分包工程的质量控制资料整理完整，并移交给总承包人。⑤单位工程完工后，承包人应组织有关人员进行自检。总监理工程师应组织各专业监理工程师对工程质量进行竣工预验收。存在施工质量问题时，应由承包人整改。整改完毕后，由承包人向发包人提交工程竣工报告，申请工程竣工验收。发包人收到工程竣工报告后，应由发包人项目负责人组织监理、施工、设计、勘察等单位项目负责人进行工程验收。

第八百零七条　发包人未按照约定支付价款的，承包人可以催告发包人在合理期限内支付价款。发包人逾期不支付的，除根据建设工程的性质不宜折价、拍卖外，承包人可以与发包人协议将该工程折价，也可以请求人民法院将该工程依法拍卖。建设工程的价款就该工程折价或者拍卖的价款优先受偿。

重点分析：

（1）享有建设工程价款优先受偿权的民事主体。从条文规定的内容来看，承包人享有建设工程价款优先受偿权。承包人指的是哪些人，本条并未明确。从本条立法本意来看，承包人指的是与发包人具有直接承发包关系的施工单位，也就是发包人的合同相对方，主要有：①与发包人签订建设工程施工合同的总承包人；②与发包人存在直接承发包合同关系的专业工程的承包人；③装饰装修工程的承包人。需要注意的是发包人支解发包的情况下，虽然各个承包人与发包人都存在直接的合同关系，但一般认定工程主体承包人享有工程价款优先受偿权。转包、违法分包以及合法分包情况下的实际施工人和分包人，以及勘察人、设计人，是不享有工程价款优先受偿权的。

（2）对于挂靠施工情况下的实际施工人是否享有工程价款优先受偿权，实务中存在争议。在挂靠施工的情况下，发包人与被挂靠人形成名义上的合同关系，发包人与挂靠人存在实质上的合同关系，挂靠人与被挂靠人存在资质借用关系。《民法典》第一百四十三条规定："具备下列条件的民事法律行为有效：（一）行为人具有相应的民事行为能力；（二）意思表示真实；（三）不违反法律、行政法规的强制性规定，不违背公序良俗。"第一百四十六条规定："行为人与相对人以虚假的意思表示实施的民事法律行为无效。以虚假的意思表示隐藏的民事法律行为的效力，依照有关法律规定处理。"因此，在借用资质的情况下，各个当事人之间的合同关系因不具备《民法典》第一百四十三条规定的要件而无效。在挂靠施工的情况下，如果发包人对挂靠是明知的，那么发包人与挂靠人建立了事实上的承发包关系，挂靠人可以据此向发包人主张工程款，在这种情况下挂靠人当然可以同时主张建设工程价款优先受偿权。

（3）建设工程承包人转让其工程款债权，受让人对该建设工程是否享有建设工程价款优先受偿权，实务中存在争议。从最高人民法院的公报案例以及裁判观点来看，最高人民法院对此持肯定意见，理由为：①建设工程承包人转让其在施工中形成的债权，受让人基于债权的转让而取得工程款债权，因而其应当享有该工程款的优先受偿权，法定优先权属于担保物权，具有一定的溯及效力，其功能是担保工程款的支付，该权利依附于所担保的工程而存在，即使被担保的工程发生转让，也不影响承包人优先受偿权的行使；②建设工程价款优先受偿权依附于工程款债权，主债权转让的，建设工程价款优先受偿权随之转让，优先受偿权是一种类似于担保物权的优先性、从属性权利，主债权转让的，从权利自然转让，且该主债权不具有人身属性；③肯定受让人享有优先受偿权，也有利于建设工程债权的流转，虽然债权受让人享有优先受偿权看似与承包人和建筑工人的利益无直接关系，但承包人在债权转让中获得的对价亦可用于结算建筑工人的工资，建设工程债权的流转能够间接促进承包人和建筑工人获偿。

就建设工程施工合同纠纷而言，除需要熟练掌握上述法条外，还需要熟练掌握《民法典》中的以下法条：第一编总则（第一条至第二百零四条），第三编合同（第四百六十三条至第五百九十四条，第七百七十条至第八百零八条）等。

二、《建筑法》

《建筑法》属于行政法律规范的范畴，主要是对建筑活动进行监督管理，维护建筑市场秩序，保证建筑工程的质量和安全。

第七条　建筑工程开工前，建设单位应当按照国家有关规定向工程所在地县级以上人民政府建设行政主管部门申请领取施工许可证；但是，国务院建设行政主管部门确定的限额以下的小型工程除外。

按照国务院规定的权限和程序批准开工报告的建筑工程，不再领取施工许可证。

重点分析：

（1）应当申请领取施工许可证的建筑工程未取得施工许可证的，一律不得开工。未取得施工许可证而擅自施工的，由有管辖权的发证机关责令停止施工，限期改正，对建设单位处工程合同价款1%以上2%以下罚款；对施工单位处3万元以下罚款。

（2）建设单位应当自领取施工许可证之日起3个月内开工。因故不能按期开工的，应当在期满前向发证机关申请延期，并说明理由；延期以两次为限，每次不超过3个月。既不开工又不申请延期或者超过延期次数、时限的，施工许可证自行废止。

建筑工程恢复施工时，应当向发证机关报告；中止施工满1年的工程恢复施工前，建设单位应当报发证机关核验施工许可证。

（3）工程投资额在30万元以下或者建筑面积在300m^2 以下的建筑工程，可以不申请办理施工许可证。省、自治区、直辖市人民政府住房和城乡建设主管部门可以根据当地的实际情况，对限额进行调整，并报国务院住房和城乡建设主管部门备案。

（4）申请办理施工许可证是建设单位的法定义务，是工程合法开工的前提条件，即依法申请领取施工许可证是建设单位在开工前应尽的义务。未取得施工许可证擅自施工的，依法应当承担相应的法律责任。

（5）因未办理施工许可证而被行政主管部门责令停止施工的，停止施工期间施工企业的停工损失由谁承担。申请施工许可证是建设单位在开工前应尽的义务，也是合法施工的条件。建设单位申请领取施工许可证，需要施工企业配合并提供保证工程质量和安全的具体措施的资料。施工企业编制的施工组织设计中有根据建筑工程特点制定的相应质量、安全技术措施；建立工程质量安全责任制并落实到人；专业性较强的工程项目编制专项质量、安全施工组织设计，应按照规定办理工程质量、安全监督手续。如果是因为施工企业未向建设单位提供办理施工许可证的资料而不能办理施工许可证，则施工企业作为违约方，应承担相应的责任。如果未能办理施工许可证是由建设单位自身原因造成的，则建设单位承担相应的责任。

另外，如果在施工许可证办理前施工企业已经开始施工，施工企业不能主张因未办理施工许可证而顺延工期，因为虽然未办理施工许可证，但施工企业实际上已在施工，并未影响开工。

第六十条　建筑物在合理使用寿命内，必须确保地基基础工程和主体结构的质量。

建筑工程竣工时，屋顶、墙面不得留有渗漏、开裂等质量缺陷；对已发现的质量缺陷，建筑施工企业应当修复。

重点分析：

（1）建设工程的地基属于基础工程，若出现质量问题，一旦工程发生垮塌、倾覆等安全事故，将严重损害他人生命财产安全及社会公共利益。建筑物的地基基础工程在建筑物整体构造中起到非常重要的作用，在建设工程合理使用寿命内，必须确保地基基础工程和主体结构的质量，不能有危及使用安全的质量问题，否则将会对使用人的人身和财产安全构成威胁。

（2）确保建设工程的地基基础与主体结构在合理使用寿命内不出现质量问题，是法律的强制性规定，这是承包人依照法律规定必须履行的工程质量保证义务，如果出现质量问题，承包人就必须承担相应的民事责任。承发包任何一方不得单方放弃该义务，不得以任何形式约定免除质量责任，承包人亦不得因验收合格或发包人擅自使用而免责。

第六十二条　建筑工程实行质量保修制度。

建筑工程的保修范围应当包括地基基础工程、主体结构工程、屋面防水工程和其他土建工程，以及电气管线、上下水管线的安装工程，供热、供冷系统工程等项目；保修的期限应当按照保证建筑物合理寿命年限内正常使用，维护使用者合法权益的原则确定。具体的保修范围和最低保修期限由国务院规定。

重点分析：

建筑工程质量安全涉及使用人及社会公共利益，最低保修期限及保修范围具有法定性和强制性等特点，承包人在最低保修期限内的保修义务具有法定性，排除了承发包双方通过施工合同的约定缩短保修期限的权利，在最低保修期限的约定上承发包双方不完全具有意思自治权。如果承发包人约定的最低保修期限短于法律的强制性规定的期限，该约定无效；如果承发包人约定的最低保修期限长于法律的强制性规定的期限，该约定有效。

根据《建设工程质量管理条例》《民用建筑节能条例》的规定，在正常使用条件下，建设工程的最低保修期限为：①基础设施工程、房屋建筑的地基基础工程和主体结构工程，为设计文件规定的该工程的合理使用年限；②屋面防水工程、有防水要求的卫生间、房间和外墙面的防渗漏，为 5 年；③供热与供冷系统，为 2 个采暖期、供冷期；④电气管线、给水排水管道、设备安装和装修工程，为 2 年；⑤在正常使用条件下，保温工程的最低保修期限为 5 年。建设工程的保修期，自竣工验收合格之日起计算。

第八十条　在建筑物的合理使用寿命内，因建筑工程质量不合格受到损害的，有权向责任者要求赔偿。

重点分析：

在实务中，经常会出现建筑物、构筑物外墙大面积空鼓、脱落危及公共安全，以及对他人的人身造成伤害的情形，在这种情形下承包人是否应承担责任。第一种情形，在保修期内因外墙分层脱落等导致他人人身损害的，如果是工程质量缺陷造成的，承包人应当承担责任。第二种情形，对于质量保修期经过后发生的侵害，责任由谁承担，承包人能否以建设工程竣工验收合格且质量保修期已经过为由而不予承担责任，笔者认为要具体情况具体分析。虽然建筑物已经验收合格，但建设工程竣工验收合格只表明工程竣工验收时的状态，是理论上的合格，竣工验收报告只有推定建筑物质量合格可交付使用的证明效力，若经使用后有相反证据证明，仍可以认定建筑物存在质量问题。虽然建筑工程质量保修期已过，但工程质量缺陷在施工期间已形成的，或承包人在施工中存在偷工减料，使用不合格的建筑材料、建筑构配件和设备的，或者承包人有其他不按照工程设计图纸或者施工技术标准施工的行为，只是在质量保修期届满后问题才显现的，承包人也应当承担责任。因此，无论是在保修期届满前还是在保修期届满后，都应当区分承包人的责任是违约责任还是侵权责任。

《建筑法》在建设工程施工合同纠纷案件中有着非常重要的地位，应对所有条文熟练掌握，并灵活运用。

三、《招标投标法》

招标投标法律规范是国家用来规范招标投标活动、调整在招标投标过程中产生的各种关系的法律规范的总称。《招标投标法》是我国社会主义市场经济法律体系中非常重要的一部法律，是规范市场主体招标投标活动的重要法律，是整个招标投标领域的基本法。

第三条　在中华人民共和国境内进行下列工程建设项目包括项目的勘察、设计、施工、监理以及与工程建设有关的重要设备、材料等的采购，必须进行招标：

（一）大型基础设施、公用事业等关系社会公共利益、公众安全的项目；

（二）全部或者部分使用国有资金投资或者国家融资的项目；

（三）使用国际组织或者外国政府贷款、援助资金的项目。

前款所列项目的具体范围和规模标准，由国务院发展计划部门会同国务院有关部门制订，报国务院批准。

法律或者国务院对必须进行招标的其他项目的范围有规定的，依照其规定。

重点分析：

（1）本条主要对必须招标的项目范围进行了规定，一种是根据项目的性质确定该工程建设项目是否属于必须招标的范围，另一种是根据资金来源确定项目是否属于必须招标的范围。

受立法技术所限，本条并未详细列举所有必须招标的项目，只是对其进行了定性规定。必须招标的工程项目的具体范围，主要规定在《必须招标的工程项目规定》和《必须招标的基础设施和公用事业项目范围规定》中。

（2）何为“工程建设项目”，根据《招标投标法实施条例》的规定，工程建设项目是指工程以及与工程建设有关的货物、服务。所称工程，是指建设工程，包括建筑物和构筑物的新建、改建、扩建及其相关的装修、拆除、修缮等。所称与工程建设有关的货物，是指构成工程不可分割的组成部分，且为实现工程基本功能所必需的设备、材料等。所称与工程建设有关的服务，是指为完成工程所需的勘察、设计、监理等服务。又根据《建设工程质量管理条例》的规定，建设工程，是指土木工程、建筑工程、线路管道和设备安装工程及装修工程。

第十条　招标分为公开招标和邀请招标。

公开招标，是指招标人以招标公告的方式邀请不特定的法人或者其他组织投标。

邀请招标，是指招标人以投标邀请书的方式邀请特定的法人或者其他组织投标。

重点分析：

招标，分为公开招标和邀请招标两种方式。公开招标，是指招标人通过国家指定的报刊、网络或者其他媒介发布招标公告，吸引众多潜在投标人参加投标竞争，招标人选择最优标中标的一种招标方式。公开招标的本质特征是招标人对外发布公告邀请不特定的法人或其他组织投标，招标人选定最优标中标。邀请招标，是指招标人根据招标项目本身的要求及特点，向三个以上具备承担招标项目能力、资信良好的特定的法人或者其他组织发出投标邀请书，邀请他们参加投标。

国有资金占控股或者主导地位的依法必须进行招标的项目，应当公开招标，但属于《招标投标法实施条例》规定的不公开招标的情形的，可以邀请招标。

第四十三条　在确定中标人前，招标人不得与投标人就投标价格、投标方案等实质性内容进行谈判。

重点分析：

（1）招标投标活动应当遵循公开、公平、公正原则，即“三公”原则。在确定中标人前禁止招标人与投标人就价格等实质性内容进行谈判，体现了“三公”原则，同时也维护了其他投标人的合法权益。如果在确定中标人前，招标人与投标人就投标价格、投标方案等实质性内容进行了谈判，是否意味着投标人的中标无效呢？这不一定，主要看招标人与投标人之间的这种行为是否影响中标结果，如果影响中标结果，中标无效，如果不影响中标结果，中标有效。

（2）《招标投标法》第五十五条规定：“依法必须进行招标的项目，招标人违反本法规定，与投标人就投标价格、投标方案等实质性内容进行谈判的，给予警告，对单位直接负责的主管人员和其他直接责任人员依法给予处分。前款所列行为影响中标结果的，中标无效。”就必须招标项目，招标人违反《招标投标法》第四十三条的规定应当受行政处罚，影响中标结果的，中标无效。根据文意理解，是否能得出当事人只有就必须招标的项目违反《招标投标法》第四十三条的规定才会导致中标无效呢？而对于非必须招标的项目，即使当事人违反《招标投标法》第四十三条的规定是否也不会导致中标无效呢？从《招标投标法》第四十三条、第五十五条规定的内容及文字来看，未明确就非必须招标项目若当事人违反第四十三条的规定，将会产生第五十五条规定的中标无效的法律后果。那就非必须招标项目当事人违反《招标投标法》第四十三条的规定，该如何处理？首先，《招标投标法》第四十三条的规定并未区分针对必须招标项目还是非必须招标项目，该条规定是规范招标投标程序的基本条款，对于必须招标的项目和非必须招标的项目应当一体适用。其次，虽然非必须招标项目的当事人违反《招标投标法》第四十三条的规定时，不会产生《招标投标法》第五十五条规定的中标无效的法律后果，但其可能因违反《民法典》第一百五十三条第一款的规定而使中标无效。

最高人民法院在某些判决中认为，《招标投标法》第五十五条关于招标人和投标人就实质性内容进行谈判导致中标无效的规定是针对“依法必须进行招标的项目”。

如：某建设集团有限公司与某汽车城发展有限公司、某投资（集团）有限公司以及某有限公司建设工程施工合同纠纷案。关于合同效力的问题。最高人民法院认为，首先，《招标投标法》第三条第一款规定：“在中华人民共和国境内进行下列工程建设项目包括项目的勘察、设计、施工、监理以及与工程建设有关的重要设备、材料等的采购，必须进行招标：（一）大型基础设施、公用事业等关系社会公共利益、公众安全的项目；（二）全部或者部分使用国有资金投资或者国家融资的项目；（三）使用国际组织或者外国政府贷款、援助资金的项目。”案涉工程系非国有资金投资建设的住宅项目，不属于上述法律规定的必须进行招标的工程项目。其次，《招标投标法》第四十三条规定：“在确定中标人前，招标人不得与投标人就投标价格、投标方案等实质性内容进行谈判。”第五十五条规定：“依法必须进行招标的项目，招标人违反本法规定，与投标人就投标价格、投标方案等实质性内容进行谈判的，给予警告，对单位直接负责的主管人员和其他直接责任人员依法给予处分。前款所列行为影响中标结果的，中标无效。”《建设工程施工合同解释》第一条规定：“建设工程施工合同具有下列情形之一的，应当根据合同法第五十二条第（五）项的规定，认定无效……（三）建设工程必须进行招标而未招标或者中标无效的。”该案双方在签订927合同之前，签订了《框架协议》，对工程范围、取费标准以及履约保证金、垫资施工等进行了约定，并约定该项目采用邀请招标方式招标，某汽车城发展有限公司承诺采取适当措施保证某建设集团有限公司中标，存在《招标投标法》第四十三条规定的情形。《招标投标法》是规范招标投标活动的具有公法性质的一部法律，目的是通过规范招标投标活动，保护国家利益、社会公共利益及公共安全。该案无证据证明双方当事人的招标投标行为损害了国家利益、社会公共利益及公共安全。如上所述，案涉工程并非必须进行招标的项目，而《招标投标法》第五十五条关于招标人和投标人就实质性内容进行谈判导致中标无效的规定是针对“依法必须进行招标的项目”。该案不存在《建设工程施工合同解释》第一条第三项规定的合同无效的情形。《框架协议》、927合同系双方当事人的真实意思表示，927合同中关于工程范围、建设工期、工程质量、工程价款等的内容与招标文件基本一致，某建设集团有限公司具有案涉项目的建设工程施工资质，该案中也不存在法律规定的其他导致合同无效的情形，应认定上述合同有效。《施工补充协议》《施工补充协议（二）》系双方在施工过程中所形成，主要内容为对已发生的工程进度款数额以及8000万元垫资工程量的审核确认，并对欠付进度款及垫资款的支付时间、担保事项等进行了约定，属于具有结算性质文件，具有相对独立性，不违反法律、行政法规强制性规定，亦应认定有效。

第四十六条　招标人和中标人应当自中标通知书发出之日起三十日内，按照招标文件和中标人的投标文件订立书面合同。招标人和中标人不得再行订立背离合同实质性内容的其他协议。

招标文件要求中标人提交履约保证金的，中标人应当提交。

重点分析：

（1）本条规范两个问题：一是招标人和中标人不得另行签订背离合同实质性内容的其他协议；二是中标通知书发出后 30 日内，招标人与中标人应签订书面合同。因一方原因不能签订书面合同的，其承担的责任是违约责任还是缔约过失责任？实务中对此争议较大。其原因在于对于中标通知书到达中标人时合同是否成立，即合同成立的时间如何确定这一问题，理论界及实务界存在不同观点。主要有以下几种观点：合同未成立说；合同成立但未生效说；成立预约合同说；合同成立并生效说。最高人民法院采纳了合同成立并生效说，《最高人民法院关于适用〈中华人民共和国民法典〉合同编通则若干问题的解释》第四条第一款规定："采取招标方式订立合同，当事人请求确认合同自中标通知书到达中标人时成立的，人民法院应予支持。合同成立后，当事人拒绝签订书面合同的，人民法院应当依据招标文件、投标文件和中标通知书等确定合同内容。"当事人一方悔标的，应当承担未按施工合同约定履行义务的违约责任，即应根据中标合同的约定承担相应的违约责任。

（2）本条中隐含了一个"中标合同"。"中标合同"不是一个合同，它是由招标文件、投标文件、中标通知书、答疑文件等组成。从招标投标的程序来看，招标人发出招标公告或投标邀请，是以要约邀请的形式表达希望潜在的投标人投标的意思。投标人进行投标，是以投标书形式作出的希望与招标人订立合同的意思表示，属于要约。中标，即招标人对投标人的承诺，当事人意思表示一致，随即招标人向投标人发出中标通知书。中标通知书是对投标文件的确认，是招标人承诺的书面形式。中标通知书发出，"中标合同"即告成立并生效，而此时，招标人和中标人尚未签订书面的施工合同。如果中标通知书变更合同价款等实质性内容，则不构成承诺，"中标合同"不成立。因此，"中标合同"不是一个合同，它由中标通知书、澄清文件、答疑文件、投标文件、招标文件等构成，这些载体记载的事项构成"中标合同"的主要权利义务内容，也是本条第一款规定的"书面合同"的订立依据。该"书面合同"是"中标合同"权利义务内容的书面"确认书"，该"书面合同"不得对"中标合同"内容作实质性变更。因此，招标人、中标人通过招标投标程序订立并生效的"中标合同"与《招标投标法》第四十六条第一款规定的"书面合同"应当并行不悖。如果本条的"书面合同"与"中标合同"在工程范围、建设工期、工程质量、工程价款等实质性内容上有不一致之处，一方当事人请求按"中标合同"结算工程价款的，法院应予以支持。

（3）在非必须招标而进行招标的情况下，招标人和中标人能否再行订立背离中标合同实质性内容的施工合同？这是不可以的。首先，《招标投标法》并未规定其只适用于必须招标的情形，而《招标投标法》第二条规定："在中华人民共和国境内进行招标投标活动，适用本法。"也就是说《招标投标法》适用于所有的招标投标活动，而未区分必须招标和非必须招标。其次，虽然非必须招标项目的当事人有签订合同的意思自由，但其自由也并非没有限制和范围，自由并非为所欲为，应当在法律所允许的范围内进行。从法的权威性来看，既然招标人就非必须招标项目适用招标投标程序选择承包人，就应在全过程中一体适用该程序，以维护招标投标订约程序的严肃性、权威性及招标投标市场的信用和秩序。一旦招标人选择适用招标投标程序订立合同，除非客观情况发生了在招标投标时难以预见的变化，否则即使该程序是针对非必须招标项目，招标人和中标人也不得签订背离中标合同实质性内容的合同。再次，依法不属于必须招标的建设工程项目进行招标后，招标人与中标人另行订立背离中标合同实质性内容的条款的行为，违反《招标投标法》第四十六条第一款以及《招标投标法实施条例》第五十七条第一款的规定，构成《民法典》第一百五十三条第一款规定的情形而使中标无效。

当然，前述内容只是对部分重点条文进行了分析提示，《招标投标法》是处理建设工程施工合同纠纷常用、重要的法律之一，应当熟练运用整部法律条文。

四、《招标投标法实施条例》

招标投标制度是社会主义市场经济体制的重要组成部分，《招标投标法》颁布以来，在规范招标投标行为以及优化资源配置方面都取得了良好的成效。但随着市场的发展，招标投标领域也出现了一些新问题，《招标投标法实施条例》对实践中出现的新情况、新问题进行了总结，在《招标投标法》规定的基础上进一步细化，并对新情况、新问题进行了相应的回应，更具有操作性。

第八条　国有资金占控股或者主导地位的依法必须进行招标的项目，应当公开招标；但有下列情形之一的，可以邀请招标：

（一）技术复杂、有特殊要求或者受自然环境限制，只有少量潜在投标人可供选择；

（二）采用公开招标方式的费用占项目合同金额的比例过大。

有前款第二项所列情形，属于本条例第七条规定的项目，由项目审批、核准部门在审批、核准项目时作出认定；其他项目由招标人申请有关行政监督部门作出认定。

重点分析：

本条是关于公开招标的范围以及邀请招标的条件和程序的规定。《招标投标法》第三条只规定了应当招标的情形，但招标的方式有公开招标和邀请招标，这两种招标方式各有利弊，相比邀请招标，公开招标透明度更高，能选择更优质的中标人。本条在《招标投标法》的基础上，借鉴相关立法经验并对实践进行总结，对必须公开招标的范围进行了补充规定，即国有资金占控股或者主导地位的依法必须进行招标的项目，原则上应当公开招标，除非符合邀请招标的情形。

“占控股或主导地位”的概念，可以参照《公司法》第二百六十五条关于控股股东和实际控制人的规定，即“控股股东，是指其出资额占有限责任公司资本总额超过百分之五十或者其持有的股份占股份有限公司股本总额超过百分之五十的股东；出资额或者持有股份的比例虽然低于百分之五十，但依其出资额或者持有的股份所享有的表决权已足以对股东会的决议产生重大影响的股东”，“实际控制人，是指通过投资关系、协议或者其他安排，能够实际支配公司行为的人”。项目中国有资金的比例，应当按照项目资金来源中所有国有资金之和计算，国有企事业单位的自有资金和自筹资金均属于国有资金。

第三十四条　与招标人存在利害关系可能影响招标公正性的法人、其他组织或者个人，不得参加投标。

单位负责人为同一人或者存在控股、管理关系的不同单位，不得参加同一标段投标或者未划分标段的同一招标项目投标。

违反前两款规定的，相关投标均无效。

重点分析：

本条规定了限制投标的三种情形。第一种情形，潜在投标人与招标人存在利害关系且可能影响招标公正性。这种情形需要同时满足两个要件：①潜在投标人与招标人存在利害关系；②该关系可能影响招标的公正性。只有同时满足这两个要件时，才能限制潜在投标人投标。因此，本条规定并没有一概禁止与招标人有利害关系的潜在投标人投标，即便潜在投标人与招标人存在利害关系，只要招标投标活动可以依法进行，该利害关系并不影响招标的公开、公平、公正，潜在投标人就可以参加投标。第二种情形，同一标段或者未划分标段的同一招标项目的不同潜在投标人，其单位负责人为同一人。单位负责人主要有两类：一是单位的法定代表人；二是按照法律、行政法规的规定代表单位行使职权的负责人，如个人独资企业负责人等。第三种情形，同一标段或者未划分标段的同一招标项目的不同潜在投标人，存在控股、管理关系。

前述内容只是对部分重点条文进行了分析提示，《招标投标法实施条例》是处理建设工程施工合同纠纷案件常用、重要的规定之一，应当熟练运用全部条文。

五、《必须招标的工程项目规定》

《必须招标的工程项目规定》是从项目资金来源和项目性质两方面进行规定的，其虽然仅是部门规章，但是是根据《招标投标法》的授权制定的，本身具有授权立法的性质，是法院裁判的直接依据。如果某个项目根据国家发展计划委员会 2000 年 5 月 1 日发布的《工程建设项目招标范围和规模标准规定》的规定属于必须招标的项目，但根据国家发展改革委公布并于 2018 年 6 月 1 日起施行的《必须招标的工程项目规定》不再属于必须招标的项目，该如何认定其是否必须招标。这在实务中存在分歧，前述规定也未作明确规定，相关司法解释也未提及。“法不溯及既往”是法律适用的一般原则，但该原则具有适用上的例外，在新法能更好地保护公民、法人和其他组织的权利和利益时，则新法应具有溯及力。对于合同效力的认定，就是“法不溯及既往”的典型例外情形。根据促进交易的原则，《民法典》具有肯定合同效力的倾向。对于“根据合同签订时的法律应认定为无效的合同”，如果“纠纷发生时的法律承认其效力”，人民法院应认可合同的效力，这有利于保护交易，符合诚信原则。因此，在这种情况下，应当认定上述项目不属于必须招标的项目。

第五条　本规定第二条至第四条规定范围内的项目，其勘察、设计、施工、监理以及与工程建设有关的重要设备、材料等的采购达到下列标准之一的，必须招标：

（一）施工单项合同估算价在400万元人民币以上；

（二）重要设备、材料等货物的采购，单项合同估算价在200万元人民币以上；

（三）勘察、设计、监理等服务的采购，单项合同估算价在100万元人民币以上。

同一项目中可以合并进行的勘察、设计、施工、监理以及与工程建设有关的重要设备、材料等的采购，合同估算价合计达到前款规定标准的，必须招标。

重点分析：

（1）《必须招标的工程项目规定》第二条至第四条是对《招标投标法》第三条第一款的细化，是从项目资金来源和项目性质两方面来进行规定的。《必须招标的工程项目规定》第五条是关于在必须招标范围内的项目达到何种标准时应当进行招标的规定，实际上就是必须招标项目的勘察、设计、施工、监理以及与工程建设有关的重要设备、材料等的采购需同时满足范围标准和规模标准才必须进行招标。根据《必须招标的工程项目规定》第二条的规定，即便是使用预算资金200万元人民币以上，并且该资金占投资额10%以上的项目，如果施工单项合同估算价低于400万元，也不属于必须招标的项目。

（2）《必须招标的工程项目规定》第二条至第四条及《必须招标的基础设施和公用事业项目范围规定》第二条规定范围内的项目，其施工、货物、服务采购的单项合同估算价未达到《必须招标的工程项目规定》第五条规定的规模标准的，该单项采购由采购人依法自主选择采购方式。

（3）《必须招标的工程项目规定》第五条第一款第三项“勘察、设计、监理等服务的采购，单项合同估算价在100万元人民币以上”的规定中，虽然有“等服务”，但这里的等指的是等内，并非兜底性的规定，即该款仅规定了勘察、设计、监理服务属于招标的范围，其他服务如法律服务不属于必须招标的范围。

（4）“估算价”怎么理解。在工程建设的各个阶段，分别通过投资估算、设计概算、施工图预算、最高投标限价、合同价、工程结算价来确定与控制工程造价。在投资估算阶段，项目对应的是可行性研究阶段。在设计概算阶段，项目对应的是初步设计阶段。那么在确定“估算价”时，项目实质上还处于可行性研究阶段，根据项目建议书及可行性研究报告，估算项目投资额。其实在这里使用“估算价”这一概念是不太适合的，国家发展改革委在其网站“招标投标法规咨询选登”中明确，《必须招标的工程项目规定》中的“合同估算价”，指的是采购人根据初步设计概算、有关计价规定和市场价格水平等因素合理估算的项目合同金额。没有计价规定情况下，采购人可以根据初步设计概算的工程量，按照市场价格水平合理估算项目合同金额。

（5）“同一项目中可以合并进行”，针对的是同类项目的采购，如初步设计、技术设计、施工图设计，根据项目实际，以及行业标准或行业惯例，在符合科学性、经济性、可操作性要求的情况下，可在同一项目中放在一起进行采购。

六、《建设工程质量管理条例》

“百年大计，质量第一”，意味着工程质量是工程建设的核心，是勘察、设计、施工、监理、建设等单位的生命线，建设工程质量关系社会公共安全、公共利益以及广大人民群众的生命财产安全，因此，工程质量至上贯穿于建设工程立法之中。

第四十条　在正常使用条件下，建设工程的最低保修期限为：

（一）基础设施工程、房屋建筑的地基基础工程和主体结构工程，为设计文件规定的该工程的合理使用年限；

（二）屋面防水工程、有防水要求的卫生间、房间和外墙面的防渗漏，为5年；

（三）供热与供冷系统，为2个供暖期、供冷期；

（四）电气管线、给水排水管道、设备安装和装修工程，为2年。

其他项目的保修期限由发包方与承包方约定。

建设工程的保修期，自竣工验收合格之日起计算。

重点分析：

（1）本条是对建设工程最低保修期限的规定，属于法律的强制性规定，承发包双方约定的保修期不得短于本条的规定，但可以约定长于本条规定的保修期限。

（2）注意区分质量保证金、保修期、缺陷责任期的区别。质量保证金是指发包人与承包人在建设工程承包合同中约定，从应付的工程款中预留，用以保证承包人在缺陷责任期内对建设工程出现的缺陷进行维修的资金。保修期是指在正常使用条件下，建设工程的最低保修期限。缺陷是指建设工程质量不符合工程建设强制性标准、设计文件，以及承包合同的约定。缺陷责任期一般为1年，最长不超过2年，由承发包双方在施工合同中约定。质量保证金的返还与缺陷责任期有关，在缺陷责任期内，承包人应认真履行合同约定的义务，期限届满后，承包人可向发包人申请返还质量保证金。

当然，《建设工程质量管理条例》的条文都非常重要，该条例是处理建设工程纠纷案件非常重要的规定之一，应当熟练掌握。另外，《建设工程勘察设计管理条例》《建设工程安全生产管理条例》《建设工程抗震管理条例》也是比较常用的规定，应重点关注。

七、《最高人民法院关于审理建设工程施工合同纠纷案件适用法律问题的解释（一）》

《建设工程施工合同解释（一）》自2021年1月1日起施行，以《民法典》为依据，结合《最高人民法院关于建设工程价款优先受偿权问题的批复》《建设工程施工合同解释》《建设工程施工合同解释（二）》的内容以及司法实践形成的。受立法技术所限，《民法典》无法穷尽一切可能发生或存在的社会现象，更不可能对审判实践中存在的问题以及社会急需解决的难点、疑点等问题一一细化，对这些问题，最高人民法院出台相应的司法解释，统一了审理建设工程施工合同纠纷案件的标准，也为法官、律师处理工程纠纷案件提供更加明确的指引和依据，也同时使当事人对其行为所产生的法律后果有一定的预判，以维护法律的严谨及权威性。

《建设工程施工合同解释（一）》共45条，框架结构为：第一，施工合同效力7条，第一条至第七条；第二，建设工期4条，第八条至第十一条；第三，工程质量7条，第十二条至第十八条；第四，工程价款结算9条，第十九条至第二十七条；第五，工程鉴定7条，第二十八条至第三十四条；第六，工程价款优先受偿权8条，第三十五条至第四十二条；第七，实际施工人权利保护2条，第四十三条、第四十四条；第八，施行时间1条，第四十五条。

第一条　建设工程施工合同具有下列情形之一的，应当依据民法典第一百五十三条第一款的规定，认定无效：

（一）承包人未取得建筑业企业资质或者超越资质等级的；

（二）没有资质的实际施工人借用有资质的建筑施工企业名义的；

（三）建设工程必须进行招标而未招标或者中标无效的。

承包人因转包、违法分包建设工程与他人签订的建设工程施工合同，应当依据《民法典》第一百五十三条第一款及第七百九十一条第二款、第三款的规定，认定无效。

重点分析：

合同的效力问题是法官在审理合同纠纷案件时首先要解决的问题，判断合同效力时适用的法律有所不同，裁判结果也是有所区别的。合同效力问题同样是代理人首先要解决的问题，也是非常重要的一个问题，因为合同的效力决定了代理人的代理方案、思路。很多时候，代理人的代理思路是以结果为导向来寻求合同有效或无效的法律依据及事实依据。合同效力的依据在《民法典》中有所体现，但不足以解决建设工程施工合同纠纷案件中的实际问题，故本条就建设工程施工领域合同无效的情形进行了规定，为施工合同无效裁判提供法律依据。

（1）关于合同效力的一般性规定，主要体现在《民法典》第一百四十六条："行为人与相对人以虚假的意思表示实施的民事法律行为无效。以虚假的意思表示隐藏的民事法律行为的效力，依照有关法律规定处理。"第一百五十三条："违反法律、行政法规的强制性规定的民事法律行为无效。但是，该强制性规定不导致该民事法律行为无效的除外。违背公序良俗的民事法律行为无效。"第一百五十四条："行为人与相对人恶意串通，损害他人合法权益的民事法律行为无效。"同时，《民法典》也从正面规定了合同有效的要件，第一百四十三条规定："具备下列条件的民事法律行为有效：（一）行为人具有相应的民事行为能力；（二）意思表示真实；（三）不违反法律、行政法规的强制性规定，不违背公序良俗。"

（2）本条规定源于违反法律、行政法规的效力性强制性规定的民事法律行为无效。违反《建筑法》第十三条、第二十六条、第二十八条、第二十九条以及《招标投标法》规定的行为，构成《民法典》第一百五十三条第一款以及第七百九十一条第二款、第三款规定的情形，将会使合同无效。民事主体从事民事活动，遵循自愿原则，按照自己的意思设立、变更、终止民事法律关系。但民事主体法律行为的生效不仅来源于当事人的合意，而且还要符合法律的规定，即当事人的意思自治应在符合法律规定的前提下进行，如果违反法律、行政法规的强制性规定，也就缺乏民事法律行为的生效要件。

（3）施工合同无效的具体情形。第一，未取得建筑业企业资质或者超越资质等级。2020年11月11日国务院常务会议审议通过了《建设工程企业资质管理制度改革方案》，改革后，工程勘察资质分为综合资质和专业资质，工程设计资质分为综合资质、行业资质、专业和事务所资质，施工资质分为综合资质、施工总承包资质、专业承包资质和专业作业资质，工程监理资质分为综合资质和专业资质。资质等级原则上压减为甲、乙两级（部分资质只设甲级或不分等级）。

第二，没有资质的实际施工人借用有资质的建筑施工企业名义承揽工程，即挂靠施工。我国在法律层面并没有明确"挂靠"的定义，只是规定了其表现形式，如《建筑法》第六十六条规定："建筑施工企业转让、出借资质证书或者以其他方式允许他人以本企业的名义承揽工程的，责令改正，没收违法所得，并处罚款，可以责令停业整顿，降低资质等级；情节严重的，吊销资质证书。对因该项承揽工程不符合规定的质量标准造成的损失，建筑施工企业与使用本企业名义的单位或者个人承担连带赔偿责任。"根据《建筑工程施工发包与承包违法行为认定查处管理办法》的规定，挂靠是指单位或个人以其他有资质的施工单位的名义承揽工程的行为，包括参与投标、订立合同、办理有关施工手续、从事施工等活动。在实务中，挂靠是指无资质或低资质的企业、单位或个人，以具有工程项目所需资质的建筑施工企业的名义承揽工程任务并向该企业缴纳相应"管理费"的行为。借用有资质建筑施工企业的名义与他人签订的建设工程施工合同，一般称为借名协议，也就是说自己没有承包工程建设项目施工的相应资质，需要借他人的名义才能进入建筑市场。挂靠人与被挂靠企业一般有明确的承包协议，但被挂靠企业只是名义上的承包者，不对工程进行管理，由挂靠人自行处理施工过程中的材料、工程进度款的支付等与建设工程有关的事务，挂靠人自主经营，自负盈亏，承担工程的一切责任。实践中挂靠表现为合作、劳务分包、内部承包等形式。

挂靠主要有如下特征：其一，挂靠人不具备从事建筑活动的主体资格，或者是具备从事建筑活动主体资格但不具备承接相应工程建设项目的资质，即具备的资质与承接的工程建设项目所需资质不相匹配；其二，挂靠人向被挂靠企业缴纳一定数额的"管理费"，而该被挂靠企业也只是以企业的名义代为签订合同及办理各项手续；其三，被挂靠企业不实际施工及管理，所谓"管理"仅仅停留在形式上，不承担技术、质量、经济责任等；其四，挂靠人通常以被挂靠企业的分支机构、施工队伍或项目经理部的名义对外开展工作，进行工程施工。

如何认定挂靠？挂靠在实践中的表现形式可谓多种多样，各地法院对挂靠的认定标准也不一样，有的法院比较严格，有的法院比较宽松。在建设工程施工领域，关于如何认定挂靠施工没有相关法律的规定，也没有相关司法解释的规定。对此，可以参照《建筑工程施工发包与承包违法行为认定查处管理办法》的规定认定挂靠。

第三，建设工程必须进行招标而未招标。《招标投标法》第三条规定："在中华人民共和国境内进行下列工程建设项目包括项目的勘察、设计、施工、监理以及与工程建设有关的重要设备、材料等的采购，必须进行招标：（一）大型基础设施、公用事业等关系社会公共利益、公众安全的项目；（二）全部或者部分使用国有资金投资或者国家融资的项目；（三）使用国际组织或者外国政府贷款、援助资金的项目。前款所列项目的具体范围和规模标准，由国务院发展计划部门会同国务院有关部门制订，报国务院批准。法律或者国务院对必须进行招标的其他项目的范围有规定的，依照其规定。"根据授权，国家发展改革委印发《必须招标的工程项目规定》《必须招标的基础设施和公用事业项目范围规定》，对《招标投标法》第三条规定的必须招标的情形进行了细化。

第四，中标无效。中标通知书对招标人和中标人具有法律效力，招标人与中标人应当按照中标文件签订合同，因此只有中标合法，才能使施工合同合法有效。如果签订施工合同的依据即中标无效，则带来的法律后果是施工合同无效。根据《招标投标法》的规定，中标无效的情形主要有如下六种：第一，招标代理机构违反《招标投标法》规定，泄露应当保密的与招标投标活动有关的情况和资料的，或者与招标人、投标人串通损害国家利益、社会公共利益或者他人合法权益的；第二，依法必须进行招标的项目的招标人向他人透露已获取招标文件的潜在投标人的名称、数量或者可能影响公平竞争的有关招标投标的其他情况的，或者泄露标底的；第三，投标人相互串通投标或者与招标人串通投标的，投标人以向招标人或者评标委员会成员行贿的手段谋取中标的；第四，投标人以他人名义投标或者以其他方式弄虚作假，骗取中标的；第五，依法必须进行招标的项目，招标人违反《招标投标法》规定，与投标人就投标价格、投标方案等实质性内容进行谈判的；第六，招标人在评标委员会依法推荐的中标候选人以外确定中标人的，依法必须进行招标的项目在所有投标被评标委员会否决后自行确定中标人的。当然，对于前述第一、第二、第五种情形，只有在影响中标结果的情况下，中标才无效。

典型案例 4

标前的协议，并非一定影响中标结果

——某房地产开发有限公司与某工程局集团有限公司建设工程施工合同纠纷案[1]

某房地产开发有限公司认为，本案诉争工程项目启动招标投标程序前，某房地产开发有限公司与某工程局集团有限公司已就以后应当通过招标投标程序确定的施工内容、范

[1] 参见最高人民法院（2019）最高法民终 347 号民事判决书。

围、概算、工期、承包方式、履约保证金及其退付、配合使铁建大桥工程中标等实质性内容进行谈判，并签订《某公寓（公租房）建筑施工合作框架协议书》（以下简称《建筑施工合作框架协议书》），某工程局集团有限公司在中标前已支付了1000万元的履约保证金。双方的行为违反了《招标投标法》第四十三条、第五十三条、第五十五条以及《建设工程施工合同解释》第一条❶的规定，案涉工程中标无效，据此签订的《建设工程施工合同》亦无效。

关于案涉《建设工程施工合同》是否有效的问题。最高人民法院认为，《民法总则》第五条❷规定："民事主体从事民事活动，应当遵循自愿原则，按照自己的意思设立、变更、终止民事法律关系。"《合同法》第六条❸规定："当事人行使权利、履行义务应当遵循诚实信用原则。"第八条第一款❹规定："依法成立的合同，对当事人具有法律约束力。当事人应当按照约定履行自己的义务，不得擅自变更或者解除合同。"本案中，某工程局集团有限公司于2012年5月8日通过招标投标程序中标合作区某公寓项目工程的施工，2012年5月9日，某房地产开发有限公司与某工程局集团有限公司签订案涉《建设工程施工合同》。该合同系当事人真实意思表示，内容不违反相关法律法规的强制性规定，系合法有效的合同，双方当事人应严格履行合同约定的义务。

《合同法》第五十二条❺规定："有下列情形之一的，合同无效：（一）一方以欺诈、胁迫的手段订立合同，损害国家利益；（二）恶意串通，损害国家、集体或者第三人利益；（三）以合法形式掩盖非法目的；（四）损害社会公共利益；（五）违反法律、行政法规的强制性规定。"《建设工程施工合同解释》第一条❻规定："建设工程施工合同具有下列情形之一的，应当根据合同法第五十二条第（五）项的规定，认定无效……（三）建设工程必须进行招标而未招标或者中标无效的。"《招标投标法》第四十三条规定："在确定中标人前，招标人不得与投标人就投标价格、投标方案等实质性内容进行谈判。"第五十五条规定："依法必须进行招标的项目，招标人违反本法规定，与投标人就投标价格、投标方案等实质性内容进行谈判的，给予警告，对单位直接负责的主管人员和其他直接责任人员依法给予处分。前款所列行为影响中标结果的，中标无效。"第六十五条规定："投标人和其他利害关系人认为招标投标活动不符合本法有关规定的，有权向招标人提出异议或者依法向有关行政监督部门投诉。"本案中，某房地产开发有限公司上诉主张，其与某工程局集团有限公司在招标投标之前，就施工合同实质性内容进行了谈判磋商，这属于通过"明招暗定"形式规避《招标投标法》等法律、行政法规规定的行为，本案中标无效，《建设工程施工合同》无效。最高人民法院认为，根据前述法律法规的规定，招标人与投标人就合

---

❶ 参见《最高人民法院关于审理建设工程施工合同纠纷案件适用法律问题的解释（一）》第一条。
❷ 参见《民法典》第五条。
❸ 参见《民法典》第七条。
❹ 参见《民法典》第四百六十五条。
❺ 参见《民法典》第一百四十六条、第一百五十三条、第一百五十四条。
❻ 参见《最高人民法院关于审理建设工程施工合同纠纷案件适用法律问题的解释（一）》第一条。

同实质性内容进行谈判的行为影响了中标结果，中标无效，中标无效将导致合同无效。就招标投标过程中的违法违规行为，利害关系人有权提出异议或者依法向有关行政监督部门投诉，对违法违规行为负有直接责任的单位和个人将受到行政处分。本案中，双方在招标投标前进行了谈判并达成合作意向，签订了《建筑施工合作框架协议书》。该协议书中没有约定投标方案等内容，未载明开工时间，合同条款中还存在大量不确定的约定，如关于施工内容，双方约定"具体规划指标与建设内容以政府相关部门最终的批复文件为准"；关于合同概算，双方约定"项目建筑施工总概算约人民币叁亿元，具体概算数值待规划文件、设计方案确定后双方另行约定"。《建筑施工合作框架协议书》签订后，双方按照《招标投标法》的规定，履行了招标投标相关手续，没有证据证明案涉工程在招标投标过程中存在其他违法违规、可能影响合同效力的情形。某房地产开发有限公司虽称其自身违反《招标投标法》的规定致使中标无效，但对该违法违规行为是否影响了中标结果，某房地产开发有限公司未予以证明。本案亦不存在因招标投标活动不符合法律规定，利害关系人提出异议或者依法向有关行政监督部门投诉，致使相关人员被追责的情形。综上，一审法院认定案涉《建设工程施工合同》真实有效，该认定并无不当。

《民法总则》第七条[1]规定："民事主体从事民事活动，应当遵循诚信原则，秉持诚实，恪守承诺。"《民事诉讼法》第十三条第一款规定："民事诉讼应当遵循诚信原则。"诚实信用原则既是民商事活动的基本准则，亦是民事诉讼活动应当遵循的基本准则。在建设工程项目中，设立招标投标程序是为了保护国家利益、社会公共利益和招标投标活动当事人的合法权益，提高经济效益，保证项目质量；是为了通过法定的强制的公开竞价的方式为建设单位发包工程建设项目提供平台服务，为发包人的工程建设项目选定施工人。在招标投标过程中，较承包人而言，发包人掌握一定主动权。本案中，某房地产开发有限公司作为招标人，明知其与某工程局集团有限公司于招标投标之前就合同实质性内容进行谈判的行为可能导致双方其后签订的《建设工程施工合同》因违反《招标投标法》的相关规定而被认定为无效，仍然积极追求或放任该法律后果的发生，在招标投标程序后与某工程局集团有限公司签订了案涉《建设工程施工合同》，某房地产开发有限公司对该违法行为具有明显过错，应负主要责任。某工程局集团有限公司明知违法而参与竞标，最终中标并签订案涉《建设工程施工合同》，亦存在过错，应负次要责任。综上，某房地产开发有限公司与某工程局集团有限公司在案涉项目招标投标过程中皆有违诚信原则。在案涉工程施工过程中以及本案一审中，某房地产开发有限公司始终未对《建设工程施工合同》的效力问题提出异议，仅在一审中辩称本案不存在合同约定解除或法定解除的情形，不同意某工程局集团有限公司有关解除合同的诉讼请求。某房地产开发有限公司在本案二审中提出案涉《建设工程施工合同》无效的上诉主张，是因为其认为案涉《建设工程施工合同》有效将为其带来不利，或者所带来的利益小于合同无效所带来的利益，其目的是为了规避应承担的付款义务，免除或者减轻一审判决确定由其承担的民事责任。最高人民法院认为，合同约定

---

[1] 参见《民法典》第七条。

应当严守，诚信观念应当强化。某房地产开发有限公司作为案涉建设工程的招标人、甲方，主导签订了案涉《建设工程施工合同》，在合同相对方某工程局集团有限公司按约履行合同而其并未按约支付工程款，一审判决某房地产开发有限公司承担相应责任后，某房地产开发有限公司以其自身的招标行为存在违法违规为由，于二审中主张合同无效，其行为不仅违反诚实信用基本原则，而且不利于民事法律关系的稳定，属于不讲诚信、为追求自身利益最大化而置他人利益于不顾的恶意抗辩行为。合同无效制度设立的重要目的在于防止因为无效合同的履行给国家、社会以及第三人利益带来损失，维护社会的法治秩序和公共道德。而本案中，某房地产开发有限公司作为违法行为人恶意主动请求确认合同无效，如支持其诉求，意味着体现双方真实意愿的合同约定不仅对其没有约束力，甚至可能使其获得不正当的利益，这将违背合同无效制度设立的宗旨，也将纵容违法行为人从事违法行为，使合同无效制度沦为违法行为人追求不正当甚至非法利益的手段。综上。某房地产开发有限公司在二审中主张案涉《建设工程施工合同》无效，该主张有违诚信原则，故，某房地产开发有限公司关于其与某工程局集团有限公司于招标投标前就合同实质性内容进行谈判的行为违反了《招标投标法》的规定，导致案涉《建设工程施工合同》无效的主张，缺乏事实和法律依据，

【评析】《招标投标法》第五十五条规定："依法必须进行招标的项目，招标人违反本法规定，与投标人就投标价格、投标方案等实质性内容进行谈判的，给予警告，对单位直接负责的主管人员和其他直接责任人员依法给予处分。前款所列行为影响中标结果的，中标无效。"该规定表明，招标人违反该法规定，与投标人就投标价格、投标方案等实质性内容进行谈判的，只需要对有关人员给予警告等处分，而非一概认定中标无效；只有在就投标价格、投标方案等实质性内容进行谈判的行为影响中标结果时，才能认定中标无效。也就是说，只有在有实质性谈判并影响中标结果的情况下，中标才无效。同时，从本案中也可以看出律师选择代理方案的重要性，律师应当结合具体情况选择最优方案，如果在二审中变更诉讼方案或策略，很可能会被法院认定为违背诚信诉讼原则。

第五，转包、违法分包。转包是指承包单位承接建设工程后，不履行合同约定的义务，将其承包的全部建设工程转给他人或者将其承包的全部建设工程支解以后以分包的名义分别转给其他单位承包的行为。违法分包，是指承包单位承包工程后违反法律法规规定，把单位工程或分部分项工程分包给其他单位或个人施工的行为。转包、违法分包的具体情形，可以参照《建筑工程施工发包与承包违法行为认定查处管理办法》的规定。

第二条　招标人和中标人另行签订的建设工程施工合同约定的工程范围、建设工期、工程质量、工程价款等实质性内容，与中标合同不一致，一方当事人请求按照中标合同确定权利义务的，人民法院应予支持。

招标人和中标人在中标合同之外就明显高于市场价格购买承建房产、无偿建设住房配套设施、让利、向建设单位捐赠财物等另行签订合同，变相降低工程价款，一方当事人以该合同背离中标合同实质性内容为由请求确认无效的，人民法院应予支持。

重点分析：

（1）何为“实质性内容”。实质性内容并非由司法解释创设，其来源于《招标投标法》第四十六条第一款：“招标人和中标人应当自中标通知书发出之日起三十日内，按照招标文件和中标人的投标文件订立书面合同。招标人和中标人不得再行订立背离合同实质性内容的其他协议。”但对于何为“实质性内容”，该款并没有予以明确，所带来的后果就是实务操作中对此的认识不统一，有损法院裁判权的权威性。鉴于此，司法解释对《招标投标法》第四十六条中的“实质性内容”进行了规定，列举了工程范围、建设工期、工程质量、工程价款等属于合同实质性内容，招标人和中标人不得背离中标合同实质性内容签订合同。当然，本条只是在总结实践经验的基础上进行了列举，并未概括所有内容，条文中的“等”是等外而非等内。

（2）中标合同。中标合同不是合同，而是由一系列的法律文件构成的，如招标答疑文件、澄清文件、投标文件、中标通知书、工程量清单、图纸等。

第六条　建设工程施工合同无效，一方当事人请求对方赔偿损失的，应当就对方过错、损失大小、过错与损失之间的因果关系承担举证责任。

损失大小无法确定，一方当事人请求参照合同约定的质量标准、建设工期、工程价款支付时间等内容确定损失大小的，人民法院可以结合双方过错程度、过错与损失之间的因果关系等因素作出裁判。

重点分析：

（1）《民法典》第一百五十七条规定了合同无效、被撤销或确定不发生法律效力后的处理原则，即返还财产、折价补偿、赔偿损失。显然返还财产在建设工程施工合同纠纷案件中不能适用，因为承包人已将人力、物力等资源物化成建筑物或构筑物，如果采取返还财产的方式进行处理，势必会浪费资源，造成更多的损失。故在施工合同无效的情况下，应采取折价补偿与损失赔偿的方式进行处理。施工合同无效情况下工程价款的折价补偿在《民法典》第七百九十三条中已有明确规定，该规定解决合同无效、工程质量合格的情况下，承包人请求支付工程款的问题。本条对施工合同无效时损失赔偿的举证责任等事宜进行了规定，解决施工合同无效时，双方的损失赔偿问题。

（2）本条第一款为损失举证的一般性规定。在施工合同无效的情况下，主张权利的一方应承担相应的举证责任，根据“谁主张，谁举证”的证据举证规则，如果主张权利的一方举证不能，将承担主张不被支持的法律风险。根据本条第一款的规定，主张权利的一方需要举证证明：第一，对方当事人存在过错，有过错，才有赔偿，如果没有过错，自然也就不赔偿；第二，有损失，合同无效产生的是缔约过失责任而非违约责任，赔偿损失以恢复原状为限，即损失仅指实际损失，不包括合同有效情形下的可得利益损失；第三，过错与损失之间存在因果关系，存在因果关系是赔偿的核心要件，如果过错与损害之间不具有因果关系，则无需赔偿。

（3）本条第二款为损失无法确定情形下的特殊规定。有损失才有赔偿，这是无效合同损失赔偿的要件之一。但是有时当事人对于损失难以举证，如果过错方因此不承担责任，会导致利益失衡，过错方未受到相应的法律制裁，显然不公平。在施工合同纠纷案件中，比较常见的是承包人逾期竣工的情况，虽然合同中约定了逾期竣工违约金，但因施工合同无效，自然不能适用合同有效下的违约金条款，在这种情况下，发包人需要举证证明承包人逾期竣工造成的损失。如果是厂房、酒店等经营性项目，发包人很难举证证明因承包人逾期竣工造成的实际损失，若严格按照损失赔偿构成要件之实际损失要件确定损失，则发包人会承担举证不能的法律后果，而承包人却因施工合同无效而获益，这显然对遭受损失的一方不公平，导致利益失衡。这种情况下，如发包人对损失难以举证，可以参照合同约定的质量标准、建设工期、工程价款支付时间等内容确定损失，并结合双方的过错程度及因果关系确定损失如何分担。

典型案例5

合同无效，守约方在不能证明其损失的情况下，可以请求参照施工合同约定的质量标准、建设工期、工程价款支付时间等内容确定损失大小

——某工程技术有限公司与某甲炉料有限公司建设工程合同纠纷案[1]

2011年年初，某乙炉料有限公司投资建设2×60万吨/年氧化球团一期工程项目。该项目已由某市经济发展局项目备案、某市国土资源局用地预审、某市住房和城乡建设局建设用地定点批复，但未办理建设用地规划许可证、建设工程规划许可证及施工许可证。为承揽该项工程，某工程技术有限公司借用某设计院资质证书参与工程招标投标。经招标投标程序，2011年4月26日，某乙炉料有限公司与某工程技术有限公司签订了2×60万吨/年氧化球团一期项目《工程总承包合同》。合同约定：某乙炉料有限公司为发包方，某工程技术有限公司为总承包方；某工程技术有限公司总承包范围为工程设计及工程建设，包括工程设计、设备采购、监制运输、建筑工程（不含桩基）、安装工程、调试、试生产、达产达标、人员培训、技术服务等；总工期10个月，工程建设期为260天；工期每拖延一天，某工程技术有限公司承担2万元迟延交工违约金。2011年10月30日，某乙炉料有限公司变更为某甲炉料有限公司。

渭南市中级人民法院一审认为，发包人某甲炉料有限公司，未办理建设用地规划许可证、建设工程规划许可证，违反了《城乡规划法》第四十条第一款“在城市、镇规划区内进行建筑物、构筑物、道路、管线和其他工程建设的，建设单位或者个人应当向城市、县人民政府城乡规划主管部门或者省、自治区、直辖市人民政府确定的镇人民政府申请办理建设工程规划许可证”的规定。承包人某工程技术有限公司未取得冶金行业工程设计、施工资质，从事冶金工程总承包业务，违反了《建筑法》第二十六条第一款“承包建筑工程

---

[1] 参见最高人民法院（2021）最高法民申2492号民事裁定书、陕西省高级人民法院（2020）陕民终706号民事判决书。

的单位应当持有依法取得的资质证书，并在其资质等级许可的业务范围内承揽工程”的规定。依照《合同法》第五十二条[1]的规定，双方签订的工程总承包合同，应确认无效。某甲炉料有限公司、某工程技术有限公司对合同无效均负有责任。

从 2011 年 10 月 25 日开始进行土建施工到 2014 年 12 月 17 日实现生产线热负荷联车试车，某工程技术有限公司共计施工 1149 天，工程逾期交付 821 天。某工程技术有限公司不具备冶金行业工程设计、施工资质，缺少相应的施工管理经验，是工程逾期交付的主要原因。某甲炉料有限公司未能足额给付工程进度款，部分工程款支付延迟，是工期逾期交付的重要原因。结合双方在合同无效方面的主观过错，逾期交工造成的经济损失 1642 万元，由双方各承担一半。

陕西省高级人民法院二审认为，案涉工程从 2011 年 10 月 25 日开始进行土建施工到 2014 年 12 月 17 日实现生产线热负荷联车试车，共计施工 1149 天，工程逾期交付 821 天。整体工程进展缓慢，是付款不及时、设备到场不及时、图纸设计变更、钢铁市场不景气等综合因素造成的。以上事实，双方在二审中均予以确认。故，一审法院认为工程逾期是由某工程技术有限公司不具备设计、施工资质，缺少相应的施工管理经验和某甲炉料有限公司未能足额给付工程进度款双方原因造成，考虑到本案中因村民阻挡施工、停电导致某工程技术有限公司多次停工产生的损失部分已在另案处理，参照《建设工程施工合同解释（二）》第三条[2]“建设工程施工合同无效，一方当事人请求对方赔偿损失的，应当就对方过错、损失大小、过错与损失之间的因果关系承担举证责任。损失大小无法确定，一方当事人请求参照合同约定的质量标准、建设工期、工程价款支付时间等内容确定损失大小的，人民法院可以结合双方过错程度、过错与损失之间的因果关系等因素作出裁判”之规定和双方合同中关于工期延误责任条款的约定，确定某甲炉料有限公司损失 1642 万元，由双方各承担一半，符合公平及诚实信用原则，二审法院依法予以确认。

最高人民法院再审认为，《建设工程施工合同解释（二）》第三条规定：“建设工程施工合同无效，一方当事人请求对方赔偿损失的，应当就对方过错、损失大小、过错与损失之间的因果关系承担举证责任。损失大小无法确定，一方当事人请求参照合同约定的质量标准、建设工期、工程价款支付时间等内容确定损失大小的，人民法院可以结合双方过错程度、过错与损失之间的因果关系等因素作出裁判。”原审法院根据原《合同法》及原《民法总则》确立的公平原则，从平衡合同双方当事人的利益角度出发，在施工合同无效且当事人双方在合同中对损失赔偿标准有明确约定的前提下，基于无效施工合同参照合同约定支付工程款的现行处理原则，将某甲炉料有限公司的经济损失认定为 1642 万元，并无不当。

【评析】鉴于工程施工合同纠纷的特殊性，在施工合同无效的情况下，即便施工合同中有关违约责任的条款不再适用，但并不意味违约方就不承担相应的责任。在守约方无法

---

[1] 参见《民法典》第一百五十三条。

[2] 参见《最高人民法院关于审理建设工程施工合同纠纷案件适用法律问题的解释（一）》第六条。

有效举证其损失的情况下，从平衡合同双方当事人利益的角度出发，守约方可以请求参照施工合同约定的质量标准、建设工期、工程价款支付时间等内容确定损失。

第七条　缺乏资质的单位或者个人借用有资质的建筑施工企业名义签订建设工程施工合同，发包人请求出借方与借用方对建设工程质量不合格等因出借资质造成的损失承担连带赔偿责任的，人民法院应予支持。

重点分析：

本条的规定来源于《建筑法》《民事诉讼法解释》。《建筑法》第二十六条规定："承包建筑工程的单位应当持有依法取得的资质证书，并在其资质等级许可的业务范围内承揽工程。禁止建筑施工企业超越本企业资质等级许可的业务范围或者以任何形式用其他建筑施工企业的名义承揽工程。禁止建筑施工企业以任何形式允许其他单位或者个人使用本企业的资质证书、营业执照，以本企业的名义承揽工程。"第六十六条规定："建筑施工企业转让、出借资质证书或者以其他方式允许他人以本企业的名义承揽工程的，责令改正，没收违法所得，并处罚款，可以责令停业整顿，降低资质等级；情节严重的，吊销资质证书。对因该项承揽工程不符合规定的质量标准造成的损失，建筑施工企业与使用本企业名义的单位或者个人承担连带赔偿责任。"《民事诉讼法解释》第五十四条规定："以挂靠形式从事民事活动，当事人请求由挂靠人和被挂靠人依法承担民事责任的，该挂靠人和被挂靠人为共同诉讼人。"挂靠行为是一种违法行为，不应当受到法律保护。不管挂靠人与被挂靠人之间如何约定以及采取何种形式签订挂靠协议，如合作、劳务分包、内部承包等形式，该协议均属于无效协议。对于挂靠的认定，可以参照《建筑工程施工发包与承包违法行为认定查处管理办法》的规定。

第八条　当事人对建设工程开工日期有争议的，人民法院应当分别按照以下情形予以认定：

（一）开工日期为发包人或者监理人发出的开工通知载明的开工日期；开工通知发出后，尚不具备开工条件的，以开工条件具备的时间为开工日期；因承包人原因导致开工时间推迟的，以开工通知载明的时间为开工日期。

（二）承包人经发包人同意已经实际进场施工的，以实际进场施工时间为开工日期。

（三）发包人或者监理人未发出开工通知，亦无相关证据证明实际开工日期的，应当综合考虑开工报告、合同、施工许可证、竣工验收报告或者竣工验收备案表等载明的时间，并结合是否具备开工条件的事实，认定开工日期。

重点分析：

（1）工期，是指发包人、承包人在协议书中约定，按总日历天数（包括法定节假日）计算的承包天数，即承包人完成建设工程所需的期限，在此期间承包人要按双方的约定完成工程的建设。工程建设工期是建设工程施工合同的实质性内容，发包人与承包人一般都会在施工合同中约定建设工程的工期，但是建设工程施工周期长、施工复杂、易发生工程变更，不可预见的因素导致工期延误的情形在实践中屡见不鲜，因此，工期是否延误以及哪一方造成延误成为争议的焦点。

工期，具体来讲就是开工日期到竣工日期的期间。开工日期与竣工日期的确定对建设工程施工合同承发包双方都非常重要，这涉及工程款的给付及利息的起算、工期违约责任的确定、工程质量保修期的起算及保修金的返还等诸多问题。

(2) 开工日期，是指发包人、承包人在协议书中约定，承包人开始施工的绝对或相对的日期，简单地讲就是承包人开始施工的日期。

怎样理解施工的绝对或相对日期？在发包人取得施工许可证的情况下，承发包双方在协议书中约定一个具体的开工日期，这个日期就叫绝对开工日期；如果承发包双方约定以具体事件发生的时间或者具体条件的成就时间作为开工日期，这个日期就叫相对开工日期。

当然，施工许可证与实际的开工日期没有必然关系。《建筑法》第八条规定："申请领取施工许可证，应当具备下列条件：（一）已经办理该建筑工程用地批准手续；（二）依法应当办理建设工程规划许可证的，已经取得建设工程规划许可证；（三）需要拆迁的，其拆迁进度符合施工要求；（四）已经确定建筑施工企业；（五）有满足施工需要的资金安排、施工图纸及技术资料；（六）有保证工程质量和安全的具体措施。建设行政主管部门应当自收到申请之日起七日内，对符合条件的申请颁发施工许可证。"另外，《建筑法》第六十四条规定："违反本法规定，未取得施工许可证或者开工报告未经批准擅自施工的，责令改正，对不符合开工条件的责令停止施工，可以处以罚款。"建设工程施工许可证是建设行政主管部门依建设单位的申请向其颁发的一个准许施工的凭证，只是表明建设工程项目符合法律规定的开工条件，建设工程施工许可证本身不是确定开工日期的凭证。施工许可证反映的是行政许可关系，虽然未取得施工许可证，但符合开工条件并实际开工的，以实际的开工日期为开工日期。

(3) 开工日期的认定是非常重要的。实践中承发包双方就开工日期的认定经常产生分歧，根本原因在于约定的开工日期与实际的开工日期不一致。这牵涉到承发包双方的利益，对于承包人来说，工期一旦延误其可能面临巨额索赔，对于发包人来说，其也有可能面临因不具备开工条件故承包人要求赔偿损失等相应的违约责任。确定开工日期首先应当遵照承发包双方当事人的意见，如能协商一致，应以双方当事人的意见为准。对开工日期有争议的，按以下方式确定。①开工日期为发包人或者监理人发出的开工通知载明的开工日期；开工通知发出后，尚不具备开工条件的，以开工条件具备的时间为开工日期；因承包人原因导致开工时间推迟的，以开工通知载明的时间为开工日期。在实务中，发包人或监理人发出开工通知后，如果现场不具备开工条件，比如现场存在拆迁未完成、三通一平未完成、地下军事光缆未迁改等情况，若还以开工通知记载的开工日期作为实际开工日期，明显对承包人不公平，此时应当以开工条件成就之日作为开工日期。但如果具备施工条件，却由于承包人原因导致未能按时开工，责任由承包人承担。②承包人经发包人同意已经实际进场施工的，以实际进场施工时间为开工日期。需要注意两点：一是承包人进场是经过发包人同意的，也就是说进场是承发包人双方的合意。当然，实务中也不排除承包人自行进场施工的情形。二是承包人是进场施工，而非进场准备。如果仅是进场准备，不能以进场时间作为实际施工时间。③发包人或者监理人未发出开工通知，亦无相关证据证明实际开工日期的，应当综合考虑开工报告、施工合同、施工许可证、竣工验收报告或者竣工验收备案表等载明的时间，并结合是否具备开工条件的事实，认定开工日期。

第九条　当事人对建设工程实际竣工日期有争议的，人民法院应当分别按照以下情形予以认定：

（一）建设工程经竣工验收合格的，以竣工验收合格之日为竣工日期；

（二）承包人已经提交竣工验收报告，发包人拖延验收的，以承包人提交验收报告之日为竣工日期；

（三）建设工程未经竣工验收，发包人擅自使用的，以转移占有建设工程之日为竣工日期。

重点分析：

（1）竣工日期的确定很重要，涉及缺陷责任期、保修期的起算，工程款支付及利息的起算，也是判定承包人是否逾期竣工或提前竣工的要素之一。但在实务中，各种原因导致承发包双方往往会对实际竣工时间产生较大的分歧。

（2）实际竣工时间如何确定。施工合同属于民商事法律规范的范畴，合同及相关事宜的确定首先应遵照当事人的意思自治，即以承发包双方意思表示一致的日期为竣工日期。若承发包双方对实际竣工日期有争议，则按照本条的规定执行。

（3）工程完工后，要进行竣工验收，查验已完工程质量是否合格或是否满足施工合同的约定。建设工程验收，是建设工程移交使用前的最后一个阶段。工程验收，是指在施工单位自行检查合格的基础上，由工程质量验收责任方组织，工程建设相关单位参加，对检验批、分项、分部、单位工程及其隐蔽工程的质量进行抽样检验，对技术文件进行审核，并根据设计文件和相关标准以书面形式对工程质量是否达到合格作出确认。建设工程竣工验收应当具备下列条件：①完成建设工程设计和合同约定的各项内容；②有完整的技术档案和施工管理资料；③有工程使用的主要建筑材料、建筑构配件和设备的进场试验报告；④有勘察、设计、施工、工程监理等单位分别签署的质量合格文件；⑤有施工单位签署的工程保修书。

（4）如何理解验收合格。在正常情况下，建设工程竣工验收合格的，以竣工验收合格之日作为工程的竣工日期，当然，承包人提交竣工报告与实际竣工验收之间有一定的时间差，该时间差不是发包人拖延验收造成的，而是正常的验收程序所耗费的时间。所谓验收合格，是指建设工程质量达到合格标准，即满足设计文件、相关标准和法律规定。

（5）如何理解发包人拖延验收。建筑工程质量验收的程序和组织为：单位工程完工后，施工单位应组织有关人员进行自检；总监理工程师应组织各专业监理工程师对工程质量进行竣工预验收；存在施工质量问题时，应由施工单位整改；整改完毕后，由施工单位向建设单位提交工程竣工报告，申请工程竣工验收；建设单位收到工程竣工报告后，应由建设单位项目负责人组织监理、施工、设计、勘察等单位项目负责人进行单位工程验收。

可以看出，承包人提交竣工验收申请后，发包人需要组织勘察、设计等单位进行验收，需耗费一定的时间，耗费时间多长，要看施工合同是怎么约定的，如果发包人未按照施工合同约定的时间组织验收，则视为拖延验收，即为自己的利益不正当地阻止条件成就的，视为条件已经成就。如果施工合同并未对发包人组织验收的时间进行约定，如何认定发包人拖延验收？对此相关法律、法规没有作明确的规定，这需要结合案件的实际情况以及发包人是否有恶意等进行综合判定。

当前的建筑市场上，发包人拖欠工程款的手段有以下两种：一是拖而不验，即拖延不验收，工程完工后承包人向发包人提起工程竣工验收申请，发包人借口验收的条件不成就；二是验而不结，即验收合格，承包人向发包人提交工程结算报告以后，发包人拖着不审价。针对第一种情形，《建设工程施工合同解释（一）》第九条作出了专门的规定，即承包人已经提交竣工验收报告，发包人拖延验收的，以承包人提交验收报告之日为竣工日期。针对第二种情形，《建设工程施工合同解释（一）》第二十一条也有专门的规定，但需要承发包双方在施工合同中约定审价的期限以及未在约定的期限内审价完毕的法律后果。

第十四条　建设工程未经竣工验收，发包人擅自使用后，又以使用部分质量不符合约定为由主张权利的，人民法院不予支持；但是承包人应当在建设工程的合理使用寿命内对地基基础工程和主体结构质量承担民事责任。

重点分析：

（1）实务中存在建设工程未经竣工验收先行交付使用或发包人擅自使用后，出现的工程质量责任由谁承担的问题，虽然本条对此作出了相应的规定，但是也不特别清晰。现行有效的法律、法规也没有规定未经验收产生工程质量问题的责任一律由发包人承担，针对具体情况还要区别对待。

（2）最高人民法院认为[1]，本条规定的实质在因擅自使用后出现工程质量问题的责任和原因难以判断的情况下，发包人对擅自使用部分承担责任，如果原因和责任可以判断，则由责任方承担。当然，按照本条的字面理解，只要发包人擅自使用，不管在施工过程中已经出现质量问题，还是承包人未按图施工致使出现质量问题，或是发包人擅自使用后产生质量问题，责任均由发包人承担。

（3）如果发包人擅自使用，承包人在保修期内可能不再承担保修责任。因此，擅自使用给发包人带来了极为严重的惩罚。

第十九条　当事人对建设工程的计价标准或者计价方法有约定的，按照约定结算工程价款。

因设计变更导致建设工程的工程量或者质量标准发生变化，当事人对该部分工程价款不能协商一致的，可以参照签订建设工程施工合同时当地建设行政主管部门发布的计价方法或者计价标准结算工程价款。

---

[1] 参见最高人民法院（2020）最高法民终485号民事判决书。

建设工程施工合同有效，但建设工程经竣工验收不合格的，依照民法典第五百七十七条规定处理。

重点分析：

（1）工程价款的计价方式或工程价款的确定形式是施工合同的核心条款，双方当事人对此都极为重视，施工合同中的约定也是承发包双方深思熟虑的体现，只要不违背法律、行政法规的强制性规定，根据合同的自愿和诚信原则，应当予以尊重。故本条第一款规定，有约定的，按约定处理。本条的规定来源于《民法典》第五百一十一条第二项："（二）价款或者报酬不明确的，按照订立合同时履行地的市场价格履行；依法应当执行政府定价或者政府指导价的，依照规定履行。"强调的是履行地的市场价格。本条所述的"签订建设工程施工合同时当地"中的"当地"指的就是合同履行地即建设工程所在地，这与《民法典》的规定是一致的。

（2）工程设计的基础资料来源于地质勘察报告，但地质勘察报告本身具有局限性，当地质勘察报告与地质的实际情况不相符时，可能会导致设计需要修改。当然，设计变更的原因并非只有地质勘察报告与实际情况不符，还有可能是发包人的需要等。因此，设计变更在建设工程项目中是常有之事，工程项目一成不变按既有的施工图施工完毕是很少的。设计变更可能导致工程量与工程质量的变化，即"量"与"质"的变化。

当工程量发生变化时，如果施工合同中对工程量变化的计价方式没有明确约定，事后承发包双方当事人又无法协商一致，则适用本条第二款的规定处理。但是，应当防止一方当事人利用该规定额外获取收益，如施工合同约定的是综合单价，而该综合单价比较低，在此种情况下，出现设计变更导致工程量发生变化，承包人主张按定额计价，此时应综合考虑设计变更导致的工程量增加或减少是否足以影响承发包人的权益。不影响的，可以按既有的计价方式计价，有影响的，按主管部门发布的计价方法计价。

在清单计价的情况下，工程量的增加或减少，都会引起工程单价的变化。

投标人在投标报价时，其所报综合单价与工程量大小有关。工程量大，综合单价偏低，综合单价利润低，但总的工程量大，承包人也能获取更多的收益；工程量小，综合单价偏高，这样才能获取更多的收益。图 1-2 反映了工程量偏差超过正负 15%时的工程价款调整情况。

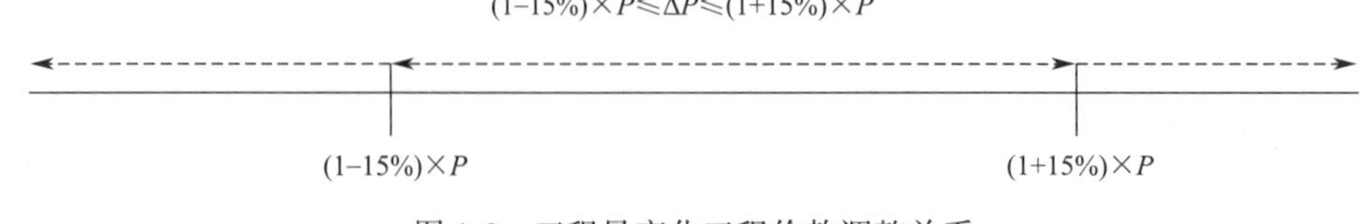

图 1-2　工程量变化工程价款调整关系

假设工程量风险范围为 15%，变化后工程量为 ΔP，工程量清单工程量为 P。当变化后的工程量 $\Delta P<(1-15\%)\times P$ 时，对 $(1-15\%)\times P$ 部分的工程量综合单价调增，措施项目费调减；当变化后的工程量 $\Delta P>(1+15\%)\times P$ 时，对 $(1+15\%)\times P$ 部分的工程量综合单价调减，措施项目费调增；当变化后的工程量为 $(1-15\%)\times P\leqslant\Delta P\leqslant(1+$

15%)×P 时，综合单价不作调整，措施项目费不作调整。从上述可以看出，工程量的增减会引起工程价款的变化。

(3)"参照签订建设工程施工合同时当地建设行政主管部门发布的计价方法或者计价标准结算工程价款"，只是针对增加、减少部分及质量发生变化部分，其他未发生变化部分不适用此规定。

第二十条　当事人对工程量有争议的，按照施工过程中形成的签证等书面文件确认。承包人能够证明发包人同意其施工，但未能提供签证文件证明工程量发生的，可以按照当事人提供的其他证据确认实际发生的工程量。

重点分析：

本条规定了两个问题。第一，工程量如何认定。在施工过程中，发生工程量增加，特别是隐蔽工程，如没有办理签证手续，则导致的后果是隐蔽工程量不易计算。因此，当承发包双方就工程量发生争议时，首先根据施工过程中形成的签证来认定。第二，在增加工程量没有办理签证等手续的情况下，工程量如何确定。这又涉及两个问题，一是工程量是否发生变化，二是承包人的施工是否经发包人同意。在工程量没有签证的情况下，承包人需要举证证明前述两个问题。在实务中，若施工组织设计、专项施工方案等技术性材料能证明施工是经发包人同意的，则承包人要合理利用这些技术资料。

第二十一条　当事人约定，发包人收到竣工结算文件后，在约定期限内不予答复，视为认可竣工结算文件的，按照约定处理。承包人请求按照竣工结算文件结算工程价款的，人民法院应予支持。

重点分析：

一般情况下，建设工程施工合同双方应当按照合同约定结算工程价款，工程经竣工验收合格后，就应当结算价款。结算时，一般先由承包人提交竣工结算报告，发包人在约定的期限内审核。合同双方如对工程结算审核结论没有异议，则在竣工结算文件上签字盖章确认，该结算文件即生效。但在实践中，部分发包人随意延长审核期限，对承包人提交的工程竣工结算文件迟迟不予答复或者根本不予答复，这种行为严重侵害了承包人的合法权益。如果不制止这种无正当理由拖欠工程款的不法行为，就会有失公平，也不利于社会稳定。因此，在发包人逾期不结算工程价款的情况下，以"送审价"为依据支付工程款是符合民法原理的，也是社会法治进步的体现。

本条的规定，是为平衡承发包双方的不对等地位而作出的，其目的是防止发包人无故拖延结算，即本条规定了发包人在规定的结算期限内不答复所应当承担的法律后果。为应对发包人"拖而不验，验而不结"，《建设工程施工合同解释（一）》第九条、第二十一条作出了相应的规定，但需要承包人灵活运用才能达到相应的效果。

(1) 本条的规定是否适用于无效的建设工程施工合同？要弄清楚该问题首先得确认"发包人收到竣工结算文件后，在约定期限内不予答复，视为认可竣工结算文件"是否属于工程价款的结算条款。如果属于结算条款，按照《民法典》第七百九十三条"建设工程施工合同无效，但是建设工程经验收合格的，可以参照合同关于工程价款的约定折价补偿承包人”的规定，“送审价”条款可以适用；如果不属于工程价款结算条款的组成部分，是一个单独的条款，则不能适用。笔者更倾向于“送审价”条款属于单独条款，故而本条的规定不能适用于无效的建设工程施工合同。无效合同是指虽然成立，但因不具备法定的生效要件，法律不予承认和保护的合同。既然法律明确了合同无效的法律后果，那么该法律后果自然也及于无效合同的条款，故适用“送审价”条款的前提为建设工程施工合同有效。

（2）以“送审价”为依据结算工程价款的条件

① 承包人和发包人应当在合同中进行书面、完整的约定。建设工程施工合同是指承包人进行工程施工，发包人支付工程价款的合同。严格按照合同约定的内容履行，是合同双方当事人的义务，也是合同履行的基本准则。因此，以“送审价”为依据结算工程价款的前提是发包人与承包人必须要有约定，约定内容的意思为“发包人收到承包人递交的竣工结算文件后应在多少日内答复，在约定期限内不予答复，则视为认可竣工结算文件”。

② 发包人未在约定的期限内予以答复。所谓“不予答复”是指发包人在收到竣工结算文件后，在约定的期限内既不给予确认，也不提出修改意见或提出异议的行为，即发包人对承包人提供的“送审价”及送审资料未提出实质性的书面异议。

③ 以“送审价”为依据结算工程价款的操作要点。发包人逾期不结算则以“送审价”为依据结算工程价款的原则，无疑是承包人维护自身合法权益的一把尚方宝剑，但如果操作不好，就不能达到预期的效果。在实践中，要注意以下操作要点。

a. 送审资料（竣工结算文件）应齐全。双方在合同中对送审资料有特别约定的，应当符合特别约定，双方未对送审资料有特别约定的，一般情况下送审的资料要能计算出报发包人审核的工程价款。依据承包人报送的资料计算出的工程款应当与报送发包人审核的工程款相当，如果二者较为悬殊，法院有可能不予认可。若送审资料不全，承包人也将承担不利后果。

b. 发包人要收到竣工结算文件。发包人签收竣工结算文件是适用以“送审价”为依据结算工程价款的关键，应当引起承包人的高度重视。如果承包人请求以“送审价”为依据结算工程款，必须举证证明已向发包人递交了结算文件，并且发包人已经签收了该结算文件。实务中，承包人递交的结算文件应当是书面的，发包人收到竣工结算文件也应向承包人出具书面的凭证。接收结算文件的主体，应当是发包人的法定代表人、发包人的授权代表或者施工合同中约定的签收主体等。结算文件不适用留置递交的方式。在实践中，结算文件有以下送达方式：第一种，当面送达，由承包人将竣工结算文件递交给发包人或其授权代表，由发包人或其授权代表当面接收并签署书面凭证，签收单上要写明工程总造价，资料齐全；第二种，邮政特快专递送达，由承包人以快件形式将竣工结算文件邮寄给发包人，承包人必须在清单上写明竣工结算文件的内容、工程总造价，事后及时从邮局获得快件签收回执；第三种，公证送达，承包人把所有送审资料都先进行公证，并在公证人的公证下将快件交邮寄人，事后及时从邮局获得签收回执，签收单、快件回执、公证书均要反映出工程总造价。

c. 发包人签收的书面凭证上要能够反映出工程总造价，或在签收文件上写明工程总造价。

d. 发包人审核期限届满，承包人应及时发出以“送审价”为依据支付工程价款的函件。发包人逾期结算即产生按“送审价”支付工程款的法律后果，因此，发包人审核期限届满，承包人应根据合同约定要求发包人按“送审价”给付工程款，而不能发函要求发包人在一定期限内完成结算，否则，相当于放弃了合同约定的以“送审价”为依据结算工程价款的权利，一旦事后又主张按“送审价”结算工程款，法院将不予认可。

第三十五条　与发包人订立建设工程施工合同的承包人，依据民法典第八百零七条的规定请求其承建工程的价款就工程折价或者拍卖的价款优先受偿的，人民法院应予支持。

重点分析：

（1）优先受偿权的主体是与发包人建立施工合同关系的承包人，不包括勘察人、设计人、监理人。这里的承包人一定是直接与发包人签订施工合同的主体，因此排除合法分包、转包、违法分包情况下的承包人。

（2）在挂靠施工的情形下，视具体情况确定挂靠人是否享有优先受偿权。如果发包人明知存在挂靠，则挂靠人与发包人建立了事实上的施工合同关系，这时挂靠人可以直接向发包人主张工程款，同时主张优先受偿权。

第四十三条　实际施工人以转包人、违法分包人为被告起诉的，人民法院应当依法受理。

实际施工人以发包人为被告主张权利的，人民法院应当追加转包人或者违法分包人为本案第三人，在查明发包人欠付转包人或者违法分包人建设工程价款的数额后，判决发包人在欠付建设工程价款范围内对实际施工人承担责任。

重点分析：

（1）何为实际施工人。所谓实际施工人，简单说就是无效合同中实际干活的人，包括：①转包合同中的承包人；②违法分包合同中的承包人；③挂靠或借用资质的挂靠人。但在实务中，层层转包和违法分包的情况下，实际施工人一般是最后对项目进行资金、人工、材料、机械设备等实际投入的人。

（2）本条只规范了在转包、违法分包情况下实际施工人可以请求发包人在欠付转包人或者违法分包人工程款范围内承担责任。挂靠施工情况下的实际施工人无权依据本条的规定向发包人主张权利。挂靠人主张权利是比较尴尬的，如果发包人知道或应当知道挂靠的情况，挂靠人可以直接向发包人主张权利。如果发包人对挂靠施工不知情，那么挂靠人不能直接向发包人主张权利，且挂靠人也不能依据本条的规定向发包人主张权利，那么在挂靠施工情况下实际施工人的利益如何保护？在实务中，挂靠与转包时常交织，有时不易区分，在难以区分的情况下，根据《建筑工程施工发包与承包违法行为认定查处管理办法》的规定，有证据证明属于挂靠或者其他违法行为的，不应认定为转包。也就是说，不能证明是挂靠的，一般按转包处理，此时，实际施工人可以依据本条的规定向发包人主张权利。

《建设工程施工合同解释（一）》源于对实践经验的总结，是解决建设工程施工领域纠纷的依据，每一个条文都非常重要，工程律师应当仔细研读，鉴于篇幅有限，本书只对部分条文进行了分析。

第二讲 高频专业术语

一、招标投标

（一）工程项目强制招标

工程项目强制招标，是指一定范围内的工程以及与工程建设有关的货物、服务，达到规定的规模标准的，应当以招标的方式选择中标人。工程，是指建设工程，包括建筑物和构筑物的新建、改建、扩建及其相关的装修、拆除、修缮等；与工程建设有关的货物，是指构成工程不可分割的组成部分，且为实现工程基本功能所必需的设备、材料等；与工程建设有关的服务，是指完成工程所需的勘察、设计、监理等服务。

《招标投标法》第三条从项目的性质、资金来源两个方面对必须招标的工程项目进行了规定。

（二）最高投标限价

招标人根据国家及省级建设主管部门的有关规定，依据拟订的招标文件（包括招标工程量清单、合同条款、招标图纸、技术标准规范等）和工程量计算规则，结合工程具体情况编制招标工程的最高投标限价。

建设工程招标设有最高投标限价的，应当在发布招标文件时公布最高投标限价及其编制依据与方法。投标人的投标价格超过了最高投标限价的，视为超出了招标人能承受的价格范围，应当被否决投标。因此，最高投标限价对投标人具有约束力，投标人必须响应。

最高投标限价可以有效约束投标人围标、串标等哄抬报价的行为，有效控制投资以及陷入被动局面。

（三）投标价

投标人投标时响应招标文件要求所报出的，在已标价工程量清单中标明的总价。投标人根据招标工程量清单以及工程项目的实际情况，按照其自身的企业定额或参照工程项目所在地省级工程造价管理部门发布的定额，结合市场价格信息，自主编制投标报价。

（四）标底

招标人对招标项目所计算的一个期望交易价格，是由招标人组织专业人员，根据招标文件规定的招标范围、招标设计图纸，结合市场行情及施工方案等因素，对工程建设项目所需造价进行的预判。招标人可以自行决定是否编制标底。一个招标项目只能有一个标底，标底必须保密。

招标项目设有标底的，招标人应当在开标时公布。标底只能作为评标的参考，不得以投标报价接近标底作为中标条件，也不得以投标报价超过标底上下浮动范围作为否决投标的理由。

最高投标限价和标底是两个截然不同的概念，标底是招标人预期的交易价格，而最高投标限价是招标人可以接受的交易价格上限。

（五）不平衡报价

不平衡报价，是指投标人在编制投标报价文件过程中，在确保投标满足投标报价要求及投标总价的情况下，通过调整各分部分项工程的综合单价，制定的以期在工程结算时获得更多的经济效益的投标方案。投标人采用不平衡报价，其目的不外乎有二：一是尽早回收工程款；二是获取更多的利润。

在采用工程量清单招标的情况下，招标人提供工程量清单，并对工程量清单中项目特征描述等事宜负责。而投标人根据招标工程量清单进行报价，投标人的报价是根据招标工程量清单以及自身的施工经验及管理水平确定的。投标人在编制投标报价文件时，若考虑中标后能尽早回收工程款，则采用前期施工工程的综合单价报高价，使得工程款及利润可以尽早回收。投标人在编制投标报价文件时，若发现某分项工程的工程量不准确，存在增加或减少的可能，则应根据自身经验，在工程量可能减少的情况下，对该分项工程综合单价报低价；在工程量可能增加的情况下，对该分项工程综合单价报高价，这样在工程款结算时能获得更多的利润。

（六）公开招标

公开招标，又称竞争性招标，是指招标人在报刊、电子网络或其他媒介上发布招标公告，邀请不特定的法人或者其他组织参加投标竞争，招标人从中择优选择中标人的一种招标方式。招标人采用公开招标方式的，应当发布招标公告。依法必须进行招标的项目的招标公告，应当通过国家指定的报刊、信息网络或者其他媒介发布。

（七）邀请招标

邀请招标，又称有限竞争性招标，是指招标人以发送投标邀请书的方式邀请特定的法人或者其他组织投标。招标人采用邀请招标方式招标的，应当向三个以上具备承担招标项目的能力、资信良好的特定的法人或者其他组织发出投标邀请书。

国有资金占控股或者主导地位的依法必须进行招标的项目，应当公开招标；但有下列情形之一的，可以邀请招标：①技术复杂、有特殊要求或者受自然环境限制，只有少量潜在投标人可供选择；②采用公开招标方式的费用占项目合同金额的比例过大。

（八）中标无效

中标无效，是指相关行为违反法律的规定，导致招标人最终作出的中标决定对招标人和中标人没有法律约束力。

中标无效，主要体现在《招标投标法》第五十条、第五十二条、第五十三条、第五十四条、第五十五条、第五十七条。其中，规定违法行为直接导致中标无效的有五十三条、第五十四条、第五十七条；规定违法行为影响中标结果时中标才无效的主要有第五十条、第五十二条、第五十五条。

二、主体

（一）发包人

发包人，指具有工程发包主体资格和支付工程价款能力的当事人以及取得该当事人资格的合法继承人。《建筑法》对工程施工发包主体资格未作限定。因此，发包人可以是具备法人资格的国家机关、事业单位、企业法人和社会团体，也可以是依法登记的个人合伙、个体经营户以及其他具有民事行为能力的自然人，或者不具备法人资格的其他组织。

发包人有时也称建设单位、业主，但在委托代建等情形下，发包人与建设单位并非同一人。

（二）承包人

承包人，是指具备相应的资质，根据设计文件的要求，按约定对土木工程、建筑工程、机电工程、线路管道和设备安装工程、装修工程进行新建、改建、扩建的主体。

（三）实际施工人

1. 实际施工人的概念

《建设工程施工合同解释》虽然创设了实际施工人的称谓，但却未对何为实际施工人进行定义，实务中对实际施工人的定义也不尽相同。《最高人民法院建设工程施工合同司法解释的理解与适用》一书中表述，“实际施工人”与总承包人、分包人是并列的，在概念的内涵上不应当与总承包人、分包人概念重复，实际施工人是指转包和违法分包的承包人，为了区别《合同法》规定的合法的施工人，使用了“实际施工人”的表述方式。从该书的理解来看，在转包、违法分包的情况下，实际施工人指的就是转包和违法分包的承包人，但这只是对什么情况下相关主体可以被认定为实际施工人的叙述，而对于何为实际施工人并没有予以明确。

最高人民法院法官也在尝试对实际施工人进行定义，认为“实际施工人一般是指，对相对独立的单项工程，通过筹集资金、组织人员机械等进场施工，在工程竣工验收合格后，与业主方、被挂靠单位、转承包人进行单独结算的自然人、法人或其他组织。主要表现为：挂靠其他建筑施工企业名下或借用其他建筑施工企业资质并组织人员、机械进行实际施工的民事主体；层层转包、违法分包等活动中最后实际施工的民事主体”。笔者认为该定义不太准确，主要问题在于施工范围“单项工程”，建设工程项目可以分为单项工程，单项工程可以分为多个单位工程，单位工程还可以分为多个分部工程，那么，在转包、违法分包的情况下实际施工人可能仅仅就某个单位工程或分部工程进行施工，也就是说，转包、违法分包承包人可仅就部分进行施工，而非一定针对整个项目或单项工程施工，故上述概念强调的是单项工程，这与客观事实不符。

对实际施工人的概念，在没有统一认识的情况下，宜从内涵和外延两个方面把握。

从内涵上看，第一，实际施工人并不是施工人，施工人存在的前提是合同有效，而实际施工人存在的前提是施工合同无效。只有在施工合同无效的前提下，施工的主体才可能有实际施工人。实际施工人既可以对整个建设工程项目进行施工，也可以对单项工程或单位工程甚至仅对分部工程进行施工。第二，实际施工人对项目进行了资金投入，并实际参与管理、施工，在经营上具有一定自主性、独立性，一般有自主经营、自负盈亏、自主核算、自担风险等特点。

从外延上看，《建设工程施工合同解释（一）》第一条第一款第二项针对的是借用资质与发包人签订建设工程施工合同的实际施工人，第四十三条和第四十四条针对的是非法转包和违法分包关系中的实际施工人。根据《建设工程施工合同解释（一）》条文规定，实际施工人包括三种类型：一是转包或层层转包合同中的承包人，即转包中的承包人；二是违法分包合同中的承包人，即违法分包中的承包人；三是借用有资质建筑施工企业名义与发包人签订建设工程施工合同的单位、个人或其他组织，即挂靠人。

2. 实际施工人主张工程款的路径

（1）对发包人的工程款请求权

《建设工程施工合同解释（一）》第四十三条规定：“实际施工人以转包人、违法分包人为被告起诉的，人民法院应当依法受理。实际施工人以发包人为被告主张权利的，人民法院应当追加转包人或者违法分包人为本案第三人，在查明发包人欠付转包人或者违法分包人建设工程价款的数额后，判决发包人在欠付建设工程价款范围内对实际施工人承担责任。”这是实际施工人向发包人主张工程款的依据。从法律层面上讲，合同之债的债权债务基础是合同的相对性，准许实际施工人突破合同的相对性向与其不具有合同关系的当事人主张权利从法理上讲是有缺陷的，但基于建设工程施工合同的特殊性，有条件地允许发包人在欠付工程款范围内承担责任也是维护社会稳定、保护农民工合法权益的需要。

需要注意的是，在借用资质的情况下，实际施工人不能依据《建设工程施工合同解释（一）》第四十三条的规定向发包人主张权利。在一定条件下，实际施工人可以依据《民法典》的规定直接向发包人主张工程款，其理由如下。

根据《民法典》第一百四十三条："具备下列条件的民事法律行为有效：（一）行为人具有相应的民事行为能力；（二）意思表示真实；（三）不违反法律、行政法规的强制性规定，不违背公序良俗"、第一百四十六条"行为人与相对人以虚假的意思表示实施的民事法律行为无效。以虚假的意思表示隐藏的民事法律行为的效力，依照有关法律规定处理"的规定，在借用资质与发包人签订施工合同的情况下，存在虚假的意思表示，此时存在以下法律关系：①发包人与出借人（被挂靠人）的法律关系，该法律关系是显性的，但因不具备"意思表示真实"这一要件而无效；②发包人与借用人（挂靠人）的法律关系，该法律关系是隐藏的，因不符合"不违反法律、行政法规的强制性规定"的要求而无效，不产生合同效力，但产生《民法典》上的法律效力，即实质性的法律关系，产生债法上的债权请求权。故在发包人明知挂靠施工的情况下，挂靠人与发包人之间可依据《民法典》第一百五十七条的规定确定双方的权利义务关系。

（2）多层转包、违法分包的情况下，实际施工人对工程款的主张

从《建设工程施工合同解释（一）》第四十三条来看，其内容包括了对程序权利与实体权利的规定。按照合同相对性原则，实际施工人应当向其与有合同关系的转包人、违法分包人主张权利，而不应向发包人主张权利。但从建筑市场的实际情况来看，承包人与发包人签订建设工程施工合同后，其并不参与实际施工，往往又将建设工程项目转包、违法分包给第三人，而由第三人施工，其只是利用自身优势收取一定的管理费，不对工程款进行结算或者不主张工程结算权利。由于实际施工人与发包人没有合同关系，如果不允许突破合同的相对性，会导致实际施工人的合法权益得不到保障，故规定在满足一定条件的情况下实际施工人可以向发包人主张工程款。

实际施工人可以向发包人主张权利，这无疑是对实际施工人合法权益的有力保障。在实践中，对"发包人"的理解就显得尤为重要，在层层转包、违法分包情况下，哪些主体需要对实际施工人承担责任，哪些人属于"发包人"的范畴，关系到实际施工人可以主张权利的对象如何确定的问题。"发包人"究竟是指哪些人？建设单位、施工总承包单位、转包人还是违法分包人？实务中关于这个问题存在很大的分歧。在只有一次转包或一次违法分包的情况下，发包人就是与施工总承包人签订施工合同的相对方；但在层层转包或多次违法分包的情况下，对发包人的认定就会产生分歧。

"发包人"之争，实质就是"发包人"的范畴之争，或"发包人"是静态的还是动态的之争。

有观点认为，"发包人"是静态的。《建设工程施工合同解释（一）》规定，发包人只在欠付工程价款范围内对实际施工人承担责任，这一规定明确了在欠付工程款范围内对实际施工人承担责任的主体是发包人，即与施工总承包人签订施工合同的相对方。层层转

包、违法分包合同关系中，实际施工人应当依据合同关系以上一手转包人、违法分包人为被告提起以不突破合同相对性为原则的诉讼，其不能突破合同相对性向与其没有合同关系的总承包人主张工程款。

从《建设工程施工合同解释（一）》第四十三条的整体规定来看，发包人的概念是统一的，即发包人是指与施工总承包人签订施工合同的相对方，并不包括工程转包人、违法分包人。该条的立法目的是解决在建筑领域普遍存在转包、违法分包的情况下，实际施工人因与发包人没有合同关系而难以实现自身权利的问题，该规定是为保护实际施工人的合法权益而作出的突破合同相对性的特别规定。因此，该条并非单纯依据债权人代位权原理而设，而是针对现实生活中的实际问题，为保护特定群体利益而制定的。《建设工程施工合同解释（一）》作出对实际施工人的特殊保护规定，其初衷是保障农民工工资支付，防止农民工权利落空。实际施工人在一定条件下可以向与其没有合同关系的发包人主张权利，是一定时期及背景下为解决拖欠农民工工资问题而进行的一种特殊制度安排。同时，该条款规定发包人只在欠付工程价款范围内对实际施工人承担责任，目的是防止无端加重发包人的责任，明确工程价款数额为发包人欠付承包人的工程价款数额，发包人只在该范围内承担责任，这也符合发包人签订施工合同的预期。

另外，笔者赞同发包人是固定的、静态的，即发包人是与施工总承包人签订施工合同的相对方。在层层转包、违法分包的情况下，实际施工人不能向与其没有合同关系的转包人、违法分包人主张工程款。《民法典》第四百六十五条规定："依法成立的合同，仅对当事人具有法律约束力，但是法律另有规定的除外。"本条确立了合同相对性原则，一般情况下，合同仅对合同当事人发生法律效力。合同相对性原则，是民商事法律裁判中的一项重要原则。因此，发包人固定的前提下，层层转包、违法分包的实际施工人不能向与其没有合同关系的转包人、违法分包人主张工程款权利。

另一种观点认为，发包人的概念是相对的、动态的。在层层转包、违法分包的情形下，转包人、违法分包人可以被看作与实际施工人相对的发包人。如：A 把施工项目发包给 B，B 转包给 C，C 又转包给 D，在这里面的关系就是，相对于 B 来说 A 是发包人，相对于 C 来说 B 是发包人。

三、合同效力

（一）挂靠

挂靠，即借用资质，是指没有资质的自然人、法人、非法人组织或低资质的建筑企业借用其他有资质或高资质的建筑企业的名义参与投标、订立合同，从事施工等承揽工程的行为。根据《建筑工程施工发包与承包违法行为认定查处管理办法》的规定，可以通过如下表征对挂靠进行识别：①施工总承包单位或专业承包单位未派驻项目负责人、技术负责人、质量管理负责人、安全管理负责人等主要管理人员，或派驻的项目负责人、技术负责人、质量管理负责人、安全管理负责人中一人及以上与施工单位没有订立劳动合同且没有建立劳动工资和社会养老保险关系，或派驻的项目负责人未对该工程的施工活动进行组织管理，又不能进行合理解释并提供相应证明的；②合同约定由承包单位负责采购的主要建筑材料、构配件及工程设备或租赁的施工机械设备，由其他单位或个人采购、租赁，或施工单位不能提供有关采购、租赁合同及发票等证明，又不能进行合理解释并提供相应证明的；③专业作业承包人承包的范围是承包单位承包的全部工程，专业作业承包人计取的是除上缴给承包单位“管理费”之外的全部工程价款的；④承包单位通过采取合作、联营、个人承包等形式或名义，直接或变相将其承包的全部工程转给其他单位或个人施工的；⑤专业工程的发包单位不是该工程的施工总承包或专业承包单位的，但建设单位依约作为发包单位的除外；⑥专业作业的发包单位不是该工程承包单位的；⑦施工合同主体之间没有工程款收付关系，或者承包单位收到款项后又将款项转拨给其他单位和个人，又不能进行合理解释并提供材料证明的。⑧没有资质的单位或个人借用其他施工单位的资质承揽工程的；⑨有资质的施工单位相互借用资质承揽工程的，包括资质等级低的借用资质等级高的，资质等级高的借用资质等级低的，相同资质等级相互借用的。

《建筑法》第二十六条规定：“承包建筑工程的单位应当持有依法取得的资质证书，并在其资质等级许可的业务范围内承揽工程。禁止建筑施工企业超越本企业资质等级许可的业务范围或者以任何形式用其他建筑施工企业的名义承揽工程。禁止建筑施工企业以任何形式允许其他单位或者个人使用本企业的资质证书、营业执照，以本企业的名义承揽工程。”可知，法律明确禁止建筑工程领域挂靠施工，违反法律规定，构成合同无效的情形，则当事人之间的挂靠合同属于无效合同。但是，在实务中，对资质等级高的施工企业借用资质等级低的施工企业或相同资质等级的施工企业之间相互借用是否构成合同无效情形，存在一定分歧。在建筑施工领域，导致施工合同无效的强制性规定主要被限定在保障工程质量和施工安全以及维护建筑市场的公平、公正竞争秩序等方面。故有观点认为，高资质借用低资质以及同资质借用并不影响工程质量，此种情形下不应认定合同无效。

是否只要是挂靠施工签订的挂靠协议都无效呢？对此，最高人民法院法官给出了否定答案。其认为有两种挂靠的情况比较特殊：第一种情况是，挂靠人本身具备建筑施工等级资质，挂靠施工等级更高的企业，但其实际承揽的工程与其自身资质等级相符，这种情况下不宜认定为承接此工程的挂靠协议无效，因为具有相应建筑资质是建设工程安全的保障，挂靠人自身建设能力、质量安全保障能力足够承揽工程，因此即使存在借用资质的情况，也不宜认定该挂靠协议无效；第二种情况是，被挂靠人提供工程技术图纸、进行现场施工管理，并由建设单位直接向被挂靠人结算，这时挂靠人已完全处于被挂靠人的管理中，即使双方也存在上交管理费的挂靠协议，也不宜认定此协议无效[1]。

挂靠主要有如下特征：①挂靠人不具备从事建筑活动的主体资格，或者是具备从事建

---

[1] 王林清，杨心忠，柳适思，等．建设工程合同纠纷裁判思路［M］．北京：法律出版社，2014.

筑活动的主体资格但不具备承接相应工程建设项目的资质即具备的资质与承接的工程建设项目所需资质不相匹配；②挂靠人向被挂靠的施工企业缴纳一定数额的“管理费”，而该被挂靠的施工企业也只是以其名义代为签订合同及办理各项手续；③被挂靠企业不实际施工及管理，所谓“管理”仅仅停留在形式上，其不承担技术、质量、经济责任等；④挂靠人通常以被挂靠企业项目经理部的名义对外开展工作，进行工程施工。

（二）转包

对于转包，我国《民法典》第七百九十一条、《建筑法》第二十八条及《建设工程质量管理条例》第七十八条都有相关的规定。转包是指承包单位承接建设工程后，不履行合同约定的责任和义务，将其承包的全部建设工程转给他人或者将其承包的全部建设工程支解以后以分包的名义分别转给其他单位承包的行为。转包的表现形式主要有两种：一是将工程整体转包给他人；二是将工程支解以后以分包的名义分别转给其他单位或个人施工。

（三）中标合同

1. 招标的法律性质

《民法典》第四百七十三条第一款规定：“要约邀请是希望他人向自己发出要约的表示。拍卖公告、招标公告、招股说明书、债券募集办法、基金招募说明书、商业广告和宣传、寄送的价目表等为要约邀请。”因此，从招标投标的程序来看，招标人发出招标公告或投标邀请，是以要约邀请的形式希望潜在的投标人投标，故在理论及实践中一致认为招标属于要约邀请。

2. 投标的法律性质

投标，是投标人根据自身的经验及实际情况，按照招标人在招标公告或投标要约邀请中的要求，在规定的时间内，以投标书形式表现的希望与招标人订立合同的意思表示，或对招标文件作出实质性响应的行为，因此，投标实质属于要约。

3. 中标通知书的法律性质

中标，即为招标人对投标人的承诺，当事人意思表示一致，随即招标人向投标人发出中标通知书。中标通知书是对投标文件的确认，是招标人承诺的书面形式，中标通知书属于承诺。

4. 中标合同

“中标合同”首先不是一个合同，它是由中标通知书、答疑文件、澄清文件、投标文件、招标文件等招标投标过程资料组成。中标通知书发出，“中标合同”即告成立并生效，而此时，招标人和中标人尚未签订书面的施工合同。如果中标通知书变更合同价款等实质性内容，则不构成承诺，“中标合同”不成立。因此，中标通知书、答疑文件、澄清文件、投标文件、招标文件等招标投标过程资料所记载的事项构成“中标合同”的主要权利和义务，也是《招标投标法》第四十六条第一款规定的“书面合同”的订立依据，但该“书面合同”不得对“中标合同”内容作出实质性变更。因此，招标人、中标人通过招标投标程序订立并生效的“中标合同”与《招标投标法》第四十六条第一款规定的“书面合同”应当并行不悖。如果本条“书面合同”与“中标合同”关于工程范围、建设工期、工程质量、工程价款的约定不一致，那么一方当事人请求按“中标合同”结算工程价款，法院一般会予以支持。

实务中存在当事人悔标的情形，在中标通知书到达中标人后，一方当事人拒绝按照《招标投标法》第四十六条的规定签订书面合同的，人民法院可以根据招标文件、投标文件和中标通知书等确定违约方的责任。

（四）黑白合同

建设工程领域的黑白合同又称为阴阳合同，它是指建设工程施工合同的当事人在中标合同之外就同一建设工程另行签订一份施工合同，另外签订的施工合同在工程范围、建设工期、工程质量、工程价款等实质性内容上与中标合同不一致，通常把中标合同称为白合同或阳合同，把另行签订的施工合同或补充协议称为黑合同或阴合同。就“黑白合同”称谓而言，其并非我国法律术语，只是人们对社会现象的一种概括，人们把通过招标投标形式订立的合同称为白合同，因该合同能对外公开，能见阳光，故也称阳合同；把私下另行协商签订的合同称为黑合同，因人们不愿该合同为他人所知，其也不能公之于众，故也被称为阴合同。

招标投标活动应当遵循公开、公平、公正和诚实信用原则。如果允许当事人随意更改合同实质性内容，则对其他投标人不公平，违背了招标投标制度设立的初衷，使招标投标过程失去了意义。基于此，《招标投标法》规定，招标人和中标人应当自中标通知书发出之日起 30 日内，按照招标文件和中标人的投标文件订立书面合同。招标人和中标人不得再行订立背离合同实质性内容的其他协议。

黑合同产生时间分为两种：一是产生于白合同签订之前；二是产生于白合同签订之后或与白合同同时产生。

关于黑白合同工程价款的结算问题，需要关注以下几点。

1. 中标无效，所签黑白合同工程价款如何结算

《招标投标法》规定了中标无效的六种情形，分别为第五十条：“招标代理机构违反本法规定，泄露应当保密的与招标投标活动有关的情况和资料的，或者与招标人、投标人串通损害国家利益、社会公共利益或者他人合法权益的，处五万元以上二十五万元以下的罚款；对单位直接负责的主管人员和其他直接责任人员处单位罚款数额百分之五以上百分之十以下的罚款；有违法所得的，并处没收违法所得；情节严重的，禁止其一年至二年内代理依法必须进行招标的项目并予以公告，直至由工商行政管理机关吊销营业执照；构成犯罪的，依法追究刑事责任。给他人造成损失的，依法承担赔偿责任。前款所列行为影响中标结果的，中标无效。”第五十二条：“依法必须进行招标的项目的招标人向他人透露已获取招标文件的潜在投标人的名称、数量或者可能影响公平竞争的有关招标投标的其他情况的，或者泄露标底的，给予警告，可以并处一万元以上十万元以下的罚款；对单位直接负责的主管人员和其他直接责任人员依法给予处分；构成犯罪的，依法追究刑事责任。前款所列行为影响中标结果的，中标无效。”第五十三条：“投标人相互串通投标或者与招标人串通投标的，投标人以向招标人或者评标委员会成员行贿的手段谋取中标的，中标无效，处中标项目金额千分之五以上千分之十以下的罚款，对单位直接负责的主管人员和其他直接责任人员处单位罚款数额百分之五以上百分之十以下的罚款；有违法所得的，并处没收违法所得；情节严重的，取消其一年至二年内参加依法必须进行招标的项目的投标资格并予以公告，直至由工商行政管理机关吊销营业执照；构成犯罪的，依法追究刑事责任。给他人造成损失的，依法承担赔偿责任。”第五十四条第一款：“投标人以他人名义投标或者以其他方式弄虚作假，骗取中标的，中标无效，给招标人造成损失的，依法承担赔偿责任；构成犯罪的，依法追究刑事责任。”第五十五条：“依法必须进行招标的项目，招标人违反本法规定，与投标人就投标价格、投标方案等实质性内容进行谈判的，给予警告，对单位直接负责的主管人员和其他直接责任人员依法给予处分。前款所列行为影响中标结果的，中标无效。”第五十七条：“招标人在评标委员会依法推荐的中标候选人以外确定中标人的，依法必须进行招标的项目在所有投标被评标委员会否决后自行确定中标人的，中标无效，责令改正，可以处中标项目金额千分之五以上千分之十以下的罚款；对单位直接负责的主管人员和其他直接责任人员依法给予处分。”因为中标无效，中标合同也无效，自然招标人与中标人按照招标文件和投标文件订立立书面合同也无效，在中标合同与黑合同均无效的情况下，工程价款以实际履行的合同中关于工程价款的约定折价补偿，实际履行的合同难以确定，可以参照最后签订的合同中关于工程价款的约定折价补偿。

但是，《招标投标法》第五十条、第五十二条、第五十五条均规定“前款所列行为影响中标结果的，中标无效”，也就是说，有第五十条、第五十二条、第五十五条行为并不必然导致中标无效，只有该行为影响中标结果，才能导致中标无效。根据“谁主张，谁举证”的举证规则，只有证据充分的情况下才能加以认定。

2. 按照招标文件和投标文件订立的书面合同与中标合同不一致的，工程价款如何结算

在中标有效的前提下，招标人与中标人签订的书面合同应当与中标合同一致，至少不能背离中标合同的实质性条款，如与中标合同实质性条款相背离，则应当按照中标合同结算工程价款。

3. 非必须招标工程项目，招标人通过招标投标方式选择承包人，所签的施工合同与中标合同实质性条款不一致，工程价款如何结算

非必须招标项目，既然选择用招标投标方式选择承包人，就应当遵循招标投标活动公开、公平、公正和诚实信用的原则，否则对其他参与的投标人有失公平，且既然选择适用《招标投标法》选择承包人，就应当一体适用法律规定。因此，应当按照中标合同结算工程价款。

4. 白合同签订之后形成黑合同，工程价款如何结算

白合同在前，黑合同在后，黑合同因违反《招标投标法》第四十六条“招标人和中标人不得再行订立背离合同实质性内容的其他协议”的规定而无效，应按照白合同结算工程价款。

5. 黑合同签订在白合同之前，工程价款如何结算

非必须招标项目，先签订黑合同，再通过招标投标方式确定中标人并签订白合同，应当按白合同结算工程价款。必须招标项目，看黑合同是否影响中标结果，如果影响中标结果，则所签订的黑白合同无效，可以参照实际履行的合同关于工程价款的约定折价补偿承包人；如果黑合同不影响中标结果，则按白合同结算工程价款。

（五）违法分包

违法分包，是指承包单位承包工程后违反法律法规规定，把单位工程或分部分项工程分包给其他单位或个人施工的行为。

存在下列情形之一的，属于违法分包：①承包单位将其承包的工程分包给个人的；②施工总承包单位或专业承包单位将工程分包给不具备相应资质单位的；③施工总承包单位将施工总承包合同范围内工程主体结构的施工分包给其他单位的，钢结构工程除外；④专业分包单位将其承包的专业工程中非劳务作业部分再分包的；⑤专业作业承包人将其承包的劳务再分包的。

（六）内部承包

1. 内部承包的合法性

对于内部承包，目前并无统一的法律定义。内部承包的概念来源于国有企业改制过程中的相关文件，1987年10月10日国家计划委员会、财政部、中国人民建设银行颁布的《关于改革国营施工企业经营机制的若干规定》（计施〔1987〕1806号）第二条规定："施工企业内部可以根据承包工程的不同情况，按照所有权与经营权适当分离的原则，实行多层次、多形式的内部承包经营责任制，以调动基层施工单位的积极性。可组织混合工种的小分队或专业承包队，按单位工程进行承包，实行内部独立核算；也可以由现行的施工队进行集体承包，队负盈亏。不论采取哪种承包方式，都必须签订承包合同，明确规定双方的责权利关系。"另外，1988年3月1日起施行、2011年1月8日第二次修订的《全民所有制工业企业承包经营责任制暂行条例》第四十一条规定："承包经营企业应当按照责权利相结合的原则，建立和健全企业内部经济责任制，搞好企业内部承包。"因此内部承包本身是合法的，属企业自主决策的范围。

2. 内部承包的特征

内部承包具有以下法律特征：①内部承包的主体具有内部性、独立性；②内部承包主体对特定的建设项目拥有自主的经营权；③内部承包主体对特定建设项目进行独立核算，承担亏损的风险；④对外责任由企业承担，企业承担责任后根据相关规定以及合同约定可以向内部承包人追偿。

（七）支解发包

支解发包，是指发包人将应当由一个承包人完成的建设工程项目支解成若干部分发包给不同承包人的行为。支解发包，因严重危害工程质量，故为法律所禁止。《建筑法》第二十四条规定："提倡对建筑工程实行总承包，禁止将建筑工程肢解发包。建筑工程的发包单位可以将建筑工程的勘察、设计、施工、设备采购一并发包给一个工程总承包单位，也可以将建筑工程勘察、设计、施工、设备采购的一项或者多项发包给一个工程总承包单位；但是，不得将应当由一个承包单位完成的建筑工程肢解成若干部分发包给几个承包单位。"《民法典》第七百九十一条第一款规定："发包人可以与总承包人订立建设工程合同，也可以分别与勘察人、设计人、施工人订立勘察、设计、施工承包合同。发包人不得将应当由一个承包人完成的建设工程支解成若干部分发包给数个承包人。"由此可知，建设工程的承包按照承包人的承包内容，可以分为工程总承包和单项任务承包。建设工程的发包采取总承包方式还是单项任务的承包方式，由发包人根据建设工程项目的实际情况自行确定。但是，不管是采用总承包方式进行发包还是将单项任务进行发包，都不得将工程进行支解发包，即"发包人不得将应当由一个承包人完成的建设工程项目支解成若干部分发包给不同的承包人"。

至于何为"应当由一个承包人完成的建设工程项目"，并无相关法律法规规定，一般按项目性质以及分别发包后在管理和技术上是否缺乏应有的统筹协调来确定是否属于支解发包。如发包人将建设工程的土建部分分别发包给不同的承包人则属于支解发包；如果将土建工程和安装工程分别发包人给不同的承包人，则不属于支解发包。

四、工程造价

（一）工程造价含义

从投资者（建设单位）的角度来看，其要开发建设一项工程项目，应对工程项目进行相应的投资，形成工程建设项目总投资。工程建设项目总投资是指为完成工程项目建设并使其符合使用要求或具备生产条件或达到运营目的，在建设期内建设一项工程项目预期投入或实际投入的全部费用的总和。包含了为进行建筑施工和安装施工而支付给施工单位的费用，用于购买各种工程设备及工器具的费用，用于支付勘察、设计单位报酬的费用，用于购置土地的费用，投资者自身进行项目筹建、项目管理和项目运营所花费的费用等。

从施工单位的角度来看，工程造价是指为建成一项工程，预计或实际在设备市场、技术劳务市场等进行交易活动所形成的建筑工程费用和安装工程费用的总和，也就是施工单位可以得到的工程款的总和。因此，对于施工单位而言，工程造价为建筑工程费和安装工程费。

可以看出，站在建设单位的角度，工程造价指的是固定资产投资；站在施工单位的角度，工程造价指的是建筑安装工程费，包括建筑工程费和安装工程费。

（二）预备费

预备费是指在初步设计概算阶段以及建设周期内因各种原因或不可抗力等因素的变化而预留的可能增加的费用，包括基本预备费和价差预备费。基本预备费属于建设单位考虑的建设费用，与施工单位报价无关。

1. 基本预备费

基本预备费也称工程建设不可预见费，是指由于工程建设项目在施工中可能存在不可预见的工程变更和洽商、设计变更及施工过程中可能增加工程量而在投资估算或概算阶段预留的费用。

2. 价差预备费

价差预备费也称涨价预备费，是指在工程建设项目建设期间内考虑到人工、材料、设备等价格可能发生变化会引起工程造价变化而事先预留的费用。费用包括：人工、设备、材料、施工机械的价差费；建筑安装工程费及工程建设其他费用调整，利率、汇率调整等增加的费用。主要目的是应对不可预见的价格变化引起的工程造价变化。

（三）建设项目

按一个总体规划或设计进行建设的，由一个或若干个互有内在联系的单项工程组成的工程总和。如某高校新建校区有教学楼、图书馆、宿舍楼、食堂等楼栋，共同构成了建设项目。

（四）单项工程

所谓单项工程，指具有独立的设计文件，建成后能够独立发挥生产能力或具有独立使用功能的工程，也被称为工程项目，是建设项目工程的组成部分。如某工厂建设项目中的生产车间、办公楼、宿舍即可称为单项工程，某学校建设项目中的教学楼、食堂也可称为单项工程。

（五）单位工程

所谓单位工程，是指具有独立的设计文件，能够独立组织施工，但不能独立发挥生产能力或不具有独立使用功能的工程。若公路工程划分标段，那么每个标段的路基工程、路面工程就是单位工程。

（六）分部工程

作为一个单位工程的建筑工程和安装工程仍然是一个比较复杂的综合实体，还需要进一步分解。单位工程按照结构部位、施工特点等被再分解成分部工程。在单位工程中，应按结构部位、路段长度以及施工特点或施工任务划分若干分部工程，如土石方工程、地基与基础工程。

（七）分项工程

分部工程的组成部分，系按不同施工方法、材料、工序及路段长度等将分部工程划分而成的若干个项目单元。如混凝土结构工程划分为模板工程、钢筋工程等，分项工程就是工程计价最基本的构造单元格。

建设工程项目分解举例如图 2-1 所示。

建设工程 — 单项工程 — 单位工程 — 分部工程 — 分项工程

↓ ↓ ↓ ↓ ↓

某大学新校区 — 三号教学楼 — 土建工程 — 土石方工程 — 人工挖土方

图 2-1 建设工程项目分解

（八）工料单价

工料单价也称不完全综合单价，仅包括人工、材料、机具使用费，是各类人、材、机的消耗量与其相应单价的乘积。定额计价方式采用的就是工料单价。

工料单价法计算工程造价程序为：首先依据相应计价定额的工程量计算规则计算项目的工程量，然后依据定额的人、材、机要素消耗量和单价，计算出分部分项工程的直接工程费，然后计算出直接费，再按照相应的取费程序计算其他各项费用（间接费、利润、税金），最后汇总形成相应的工程造价。

（九）综合单价

综合单价，除包括人工、材料、机具使用费外，还包括可能分摊在单位工程中的基本构造单元的费用。综合单价可以分为清单综合单价与全费用综合单价，清单综合单价也称非全费用综合单价或部分综合单价，我国现行的工程量清单计价规定的综合单价为非全费用综合单价。非全费用综合单价由完成一个规定清单项目所需的人工费、材料和工程设备费、施工机具使用费和企业管理费、利润以及一定范围与幅度内的风险费用组成。而规费、增值税，在计算出单位工程分部分项工程费、措施费及其他项目费后再统一计取。可以看出，我国规定的清单综合单价并不包含规费和增值税，故不属于全费用综合单价。全费用综合单价除包括人工费、材料、工程设备费、施工机具使用费、企业管理费、利润以及一定范围内的风险费用外，还包括规费和增值税。

综合单价法计算工程造价程序为：若采用全费用综合单价，首先依据相应工程量计算规范规定的工程量计算规则计算出工程量，并依据相应的计价依据确定综合单价，然后用工程量乘综合单价，汇总得出分部分项工程费（及措施项目费），最后再按相应规则计算出其他项目费，汇总后形成工程造价。我国的清单综合单价属于非完全综合单价，在计算工程造价时，按规则计算出规费及增值税后再统一计取费用即成为全费用综合单价。

用公式形式对比三种工程单价的区别：

工料单价＝人工费＋材料费＋施工机具使用费

综合单价＝人工费＋材料费＋施工机具使用费＋管理费＋利润＋一定范围内的风险费

全费用综合单价＝人工费＋材料费＋施工机具使用费＋管理费＋利润＋一定范围内的风险费＋规费＋税金

（十）固定价

固定价，就是“包死价”、一口价，俗称“闭口价”，固定总价合同指合同的价格计算以施工图纸及规定、规范为基础，工程任务和内容明确，发包人的要求和条件清楚，合同总价一次“包死”，固定不变，也不再因环境的变化和工程量的增减而变化的一类合同。在固定总价合同中，承包人承担了全部的工作量和价格的风险。实践中，对于具备全套施工图纸，工程量能够较准确计算，规模不大，工期较短，技术不太复杂，且合同总价较低的建设工程项目，可采用固定价的方式签订施工合同。

固定合同价又可分为固定合同总价和固定合同单价两种形式。采用固定合同总价时，合同的价格计算以图纸及规定、规范为基础，合同总价一次“包死”，固定不变，若施工合同未作约定，则该总价不予调整。

固定总价合同有如下主要特点：

（1）工程价款在签订合同时已经确定。工程价款在承发包双方签订施工合同时已经确定，除非合同另有约定，否则合同价款原则上不再予以调整，工程价款的结算比较容易。

（2）工程量与工程价款的风险由承包人承担。固定总价合同一经签订，除非合同明确约定风险范围和风险系数，否则承包人要承担工程量增加和人工费、材料费、工程设备费等费用上涨的风险。承包人对工程量计算失误、漏算、错算等风险也均由承包人承担，发包人一般不会给予补偿。

对于固定总价合同，发包人往往在合同中明确只有设计变更或增加工程量可以调整合同价款，这样一来承包人索赔的机会大大减少，承包人“低中标、勤签证、高索赔”的愿望在签订施工合同时就已经破碎。

固定合同单价是指承包的工程项目中的各单项价格确定不变，在工程竣工后以施工图纸、工程量签证单以及竣工图的工程量作为最终结算工程价款的依据。在这类合同中，承包人承担价格风险，发包人承担工程量风险。

（十一）可调价

可调价，就是工程价款的总额不确定，但计算工程价款的因素是确定的，或者说计算工程款的依据是确定的。可调价又称为变动总价，最终的工程价款以竣工图纸及规范为基础，按照承发包双方约定的计价依据进行结算。

（十二）总承包服务费

总承包服务费，是指总承包人为配合、协调发包人进行的专业工程发包，对发包人自行采购的材料、工程设备等进行保管以及提供施工现场管理、竣工资料汇总整理等服务所需的费用。由此可知，总承包服务费由总承包管理费、总承包配合费、总承包保管费组成。

发包人仅要求总承包人对分包的专业工程进行总承包管理和协调，强调的是管理，产生的是总承包管理费。

发包人不仅要求总承包人对分包的专业工程进行总承包管理和协调，而并要求总承包人提供配合服务，强调的是管理与配合，产生的是总承包配合费。总承包配合服务主要包括施工机具的配合、施工生活设施的配合、施工组织配合、施工工作面配合等。

发包人自行供应材料，总承包人提供保管，强调的是保管，产生的是总承包保管费。

服务内容不同，取费费率也不同。以贵州省为例，专业工程管理、协调，按“专业工程估算价×1.5%”计取总承包服务费，即管理费；专业工程管理、协调配合服务，按“专业工程估算价×（3%～5%）”计取总承包服务费，即配合费；招标人自行供应材料，按“供应材料总价×1%”计取总承包服务费，即保管费。

根据前述内容可知，总承包服务费主要适用于以下情形：①发包人对专业工程自行发包，要求总承包人提供协调、配合服务等而产生费用；②发包人自行采购材料、工程设备等，要求总承包人进行保管等服务而产生费用；③总承包人提供施工现场管理、竣工资料汇总整理等服务而产生费用。

（十三）暂列金额

暂列金额，是指建设单位在工程量清单中暂定并包含在施工合同价款中的一笔款项。用于施工合同签订时尚未确定或者不可预见的所需材料、工程设备、服务的采购，施工中可能发生的工程变更、合同约定调整因素出现时的工程价款调整以及发生的索赔、现场签证确认等产生的费用。在建设工程施工领域，施工合同本身的特性决定了完全按照设计图纸施工完成只是一种理想状态，设计图纸也会根据施工的进程不断进行优化和调整，并且施工过程中也会出现签订施工合同时无法预见的情形，这些因素必然会影响合同价格，暂列金额就是为应对这些不可避免的价格调整而设立的。因此，暂列金额包含在签约合同价款之内，但并不当然地为承包人所有，而是由发包人掌握使用。有错误观点认为，暂列金额为承包人所有。关于暂列金额为谁所有，从暂列金额的概念就可以知道其属于发包人，暂列金额本质上是发包人的备用金，预留该款项以防出现不可预见情形。

暂列金额的用途：①用于施工合同签订时尚未确定或者不可预见的所需材料、工程设备、服务的采购；②用于工程变更、合同约定调整因素出现时的工程价款调整；③作为施工过程中发生的索赔、现场签证确认等的费用。

（十四）计日工

计日工俗称“点工”，是指在施工过程中，承包人完成发包人指派的施工图纸以外或承包范围以外的零星项目或工作，按照合同约定的单价或承发包另行协商的单价进行计价。实务中，计日工由承发包双方按施工过程中形成的有效签证文件来计价。

（十五）工程变更

工程变更，是指在施工合同履行过程中，承包人根据监理签发的设计文件及监理变更指令进行的、在合同工作范围内的各种类型的变更，包括合同工作内容的增减、合同工程量的变化、因地质原因引起的设计更改、根据实际情况引起的结构物尺寸与标高的更改、合同外增加的任何工作等。

承包人依据承包范围、施工内容等编制施工组织设计以及进行相应的施工准备，承包人的所有工作都是在施工图纸、设计标准、承包范围等未有任何变化的情况下确定的，也就是静态的。但在工程施工过程中，如果承包范围、设计标准或施工条件发生变化或发包人要求变更等，则会导致施工工程发生变更，此时项目发生变化，应调整合同价款。

（十六）项目特征不符

项目特征描述是承包人进行工程报价的重要依据之一，在工程量清单招标中，承包人在投标报价时依据发包人提供的招标工程量清单中的项目特征描述确定清单项目的综合单价。发包人在招标工程量清单中对项目特征的描述，应被认为是准确的和全面的，并且与实际施工要求相符合。承包人应按照发包人提供的招标工程量清单，根据项目特征描述的内容及有关要求实施合同工程，直到合同履行完毕为止。

在工程项目具体实施过程中，承包人并非按照清单进行施工，而是按照发包人提供的设计图纸进行施工。若在合同履行期间出现设计图纸与招标工程量清单任一项目的特征描述不符，且该变化引起项目的工程造价增减变化，则应根据实际施工的项目特征，按施工合同中工程变更相关条款的约定重新确定相应工程量清单项目的综合单价，并调整合同价款。也就是说，当清单项目特征描述与实际施工内容不一致时，应当重新组价。

项目特征，是指对分部分项工程类别、外貌、特征进行的描述，如土石方工程中的挖沟槽土方，对土的描述为：三类土；垫层底宽 2m；挖土深度 4m；弃土运距 10km。这样，承包人才能依据项目特征对发包人提供的清单进行报价。或某混凝土现浇分部分项工程中，发包人对混凝土的等级强度描述为 C20，但在施工过程中，实际使用的混凝土等级为 C30，这时，应当重新进行组价，因为 C20 混凝土与 C30 混凝土的价格完全不同。因此，工程量清单项目的特征决定了工程实体的实质性内容，必然决定工程实体的自身价值，工程量清单项目特征的描述准确与否，直接关系到工程量清单项目综合单价是否准确完整。

（十七）工程量清单缺项

工程量清单缺项，是指招标人在采用工程量清单进行工程项目的招标时，向投标人提供的工程量清单中应当按照施工图纸描述的项目，因招标人原因导致未在工程量清单中体现，以致投标人未报价。工程量清单缺项的主要原因有三：一是设计变更，二是施工条件改变，三是工程量清单编制错误。

采用清单招标时，招标工程量清单必须作为招标文件的组成部分，其准确性和完整性由招标人负责。故，确保招标工程量清单准确和完整的责任应当由提供清单的招标人即发包人承担，作为投标人的承包人不应承担工程量清单缺项、漏项产生的风险与责任。

（十八）暂估价

暂估价，是指发包人在工程量清单或预算书中提供的用于支付必然发生但暂时不能确定的材料、工程设备、专业工程以及服务工作的费用的金额。

根据《招标投标法实施条例》第二十九条第一款“招标人可以依法对工程以及与工程建设有关的货物、服务全部或者部分实行总承包招标。以暂估价形式包括在总承包范围内的工程、货物、服务属于依法必须进行招标的项目范围且达到国家规定规模标准的，应当依法进行招标”的规定，暂估价工程、服务、材料和工程设备属于必须招标范围，且达到规模标准的，应当通过招标投标方式进行发包。

五、签证与索赔

（一）工程签证

1. 工程签证的概念

工程签证，是指在工程项目施工过程中或工程款结算完毕前，承发包双方或其授权代表就工程量、变更工程价款、工期顺延、违约责任承担以及费用补偿等事宜形成一致意见并达成的补充协议。工程签证根据内容不同，可以分为工期签证和费用签证。工程签证具有证明效力，作为确认建设工程相关情况的依据，除有相反证据足以推翻外，承发包双方均不得反悔。工程签证是施工过程管理的重要环节，直接影响承包人的经济效益。工程签证同时也是承包人诉讼的重要证据，如隐蔽工程，若承包人未办理工程量签证或隐蔽收方，由于工程隐蔽后不易计算工程量，将导致工程价款很难准确确定。

2. 工程签证的特征

工程签证具有以下几方面的法律特征：

（1）签证的主体必须是建设工程承发包双方当事人或其授权代表，否则不能发生签证的效力；

（2）签证发生的时间是施工过程中或工程结算完毕以前，一般不依赖于其他证据，其本身就可以作为证据使用；

（3）工程签证具有补充协议的性质，是承发包双方协商一致的结果，是双方法律行为，可直接作为或与其他资料一起作为工程价款结算的依据；

（4）工程签证的法律后果是基于承发包双方意思表示一致发生的，除有相反证据足以推翻之外，承发包双方均不得反悔。

3. 工程签证的构成要件

工程签证过程本质就是一个合同或协议的形成过程，当出现需要办理签证的情形时，承包人向发包人发出签证意思表示的书面文件，发包人在收到承包人的书面文件后认为属于需要办理签证予以确定的事项的，在承包人递交的签证文件上签章确认。可以看出，这完全符合合同签订的过程。首先，承包人递交给发包人的签证文件，就是合同签订过程中的邀约；其次，发包人同意承包人递交的签证文件内容并签字或加盖公司印章予以确认，这就是合同签订过程中的承诺。这样一来二去就构成了一个新的协议，在不违背法律、行政法规强制性规定的情况下当事人双方必须遵守。

但是，工程签证除应符合合同签订的一般要件外，还需注意：

(1) 签证的主体是承发包双方当事人或其授权的代表，授权代表有无权利签证主要是看承发包双方施工合同的约定或另外的授权委托书是否有约定。需要注意的是只有一方签字或盖章不构成签证，另外，授权代表未签署的签证单也不具有法律效力。

(2) 签证发生的时间是施工过程中或结算完毕前，对于施工过程中不能作狭义的理解，比如施工合同约定的开工日期或开工令中确定的开工日期已到，但不具备开工条件，而承包人的人员、机械设备等已经进场，会产生费用，这时也可以要求发包人办理签证。

(3) 签证的内容是确认工程量、增加合同价款、支付各种费用、顺延工期、费用补偿等，且一般应明确相应的金额。如某签证单只是说明工程量增加的原因以及具体的工程量，但未注明价款及费用，导致量定价不定，这样就会给结算带来许多麻烦。

(4) 签证的性质是达成一致意见的补充协议，通常表述为双方一致同意、发包人同意、发包人批准等。如签证不存在无效或可撤销情形，其可以直接作为工程价款结算依据。

(二) 工程索赔

工程索赔，是指在工程施工合同履行过程中，一方当事人因对方不履行或未能正确履行合同义务以及由于其他非自身因素而导致工期延误和（或）费用增加等，在施工合同约定的期限内，按照约定的形式、程序向对方要求顺延工期和（或）补偿费用的主张。根据索赔内容不同，工程索赔可以分为工期索赔和费用索赔。

1. 索赔的成立要件及处理

(1) 索赔成立必须同时具备以下要件：①与施工合同相比，已经实际造成了额外费用和（或）工期延误；②造成费用增加和（或）工期延误不是因为承包人的原因造成的；③造成费用增加和（或）工期延误不是应由承包人承担的风险；④承包人在索赔事件发生后按施工合同约定的时间、程序提出了索赔意向和索赔报告。

(2) 根据《建设工程施工合同（示范文本）》GF—2017—0201 通用条款的约定，承包人认为有权得到追加付款和（或）延长工期的，应按以下程序向发包人提出索赔：

① 承包人应在知道或应当知道索赔事件发生后 28 天内，向监理人递交索赔意向通知

书，并说明发生索赔事件的事由；承包人未在前述 28 天内发出索赔意向通知书的，丧失要求追加付款和（或）延长工期的权利。

② 承包人应在发出索赔意向通知书后 28 天内，向监理人正式递交索赔报告；索赔报告应详细说明索赔理由以及要求追加的付款金额和（或）延长的工期，并附必要的记录和证明材料。

③ 索赔事件具有持续影响的，承包人应按合理时间间隔继续递交延续索赔通知，说明持续影响的实际情况和记录，列出累计的追加付款金额和（或）工期延长天数。

④ 在索赔事件影响结束后 28 天内，承包人应向监理人递交最终索赔报告，说明最终要求索赔的追加付款金额和（或）延长的工期，并附必要的记录和证明材料。

（3）发包人对承包人索赔的处理如下：

① 监理人应在收到索赔报告后 14 天内完成审查并报送发包人。监理人对索赔报告存在异议的，有权要求承包人提交全部原始记录副本。

② 发包人应在监理人收到索赔报告或有关索赔的进一步证明材料后的 28 天内，由监理人向承包人出具经发包人签认的索赔处理结果。发包人逾期答复的，则视为认可承包人的索赔要求。

③ 承包人接受索赔处理结果的，索赔款项在当期进度款中进行支付；承包人不接受索赔处理结果的，按照约定的争议解决方式处理。

2. 索赔费用的内容

（1）人工费。主要包括：工人的基本工资，工资性补贴，完成合同外的工作而实际增加的人工费用，工作降效而增加的人工费用等。

（2）材料费。主要包括：材料上涨费用，采购费、仓储费、工地保管费、仓储损耗等。

（3）施工机械台班费。

（4）企业管理费。主要包括：管理人员工资，办公费，固定资产使用费，财产保险费等。

（5）利润。是指承包人完成所承包工程获得的盈利，因为增加合同外之工作，承包人完成该项工作应获得相应的利润。

3. 在工期索赔中应注意的问题

（1）划清施工进度拖延的责任。因承包人的原因造成施工进度滞后的，属于不可原谅的延期，即责任在于承包人，承包人应当承担相应的责任；只有承包人不应承担任何责任的延误，才是可原谅的延期。可原谅延期，又可细化为可原谅并给予补偿费用的延期和可原谅但不给予补偿费用的延期，后者针对非承包人责任的影响并未导致产生额外的施工成本，如不可抗力等。工期延误索赔如图 2-2 所示。

（2）被延误的工作应是处于施工进度计划关键线路上的施工内容。只有位于关键线路上的工作滞后，才会影响到总工期，或者说影响到竣工日期。

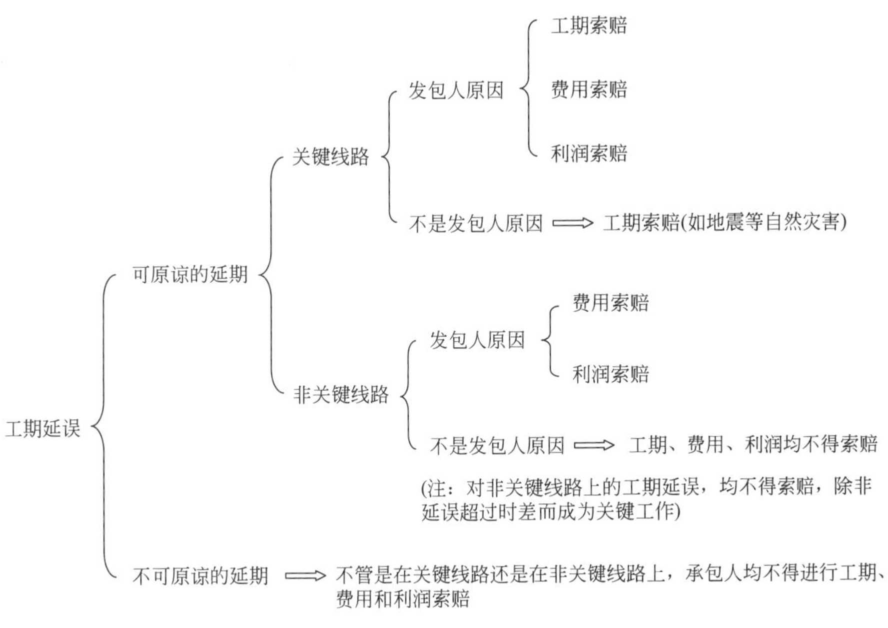

图 2-2　工期延误索赔

4. 工期索赔的计算

如果延误的工作处于关键线路，则总延误的时间为批准顺延的工期；如果延误的工作处于非关键线路，当该工作由于延误超过时差而成为关键工作时，可以批准顺延延误时间与时差的差值；若该工作延误后仍为非关键工作，则不存在工期索赔的问题。

5. 共同延误

共同延误，是指在施工过程中，工期的延误不只是由一方原因造成的，往往是由两种或两种以上的原因共同（间接原因力或直接原因力）造成的。在这种情况下要分析工期延误是由哪种原因力造成的，原则有：

（1）首先要判断工期延误是哪种原因最先造成的，即“直接原因力”或者说“初始延误”者，它对工期延误承担责任。在直接原因力发生期间，其他并发的原因不承担延期责任。

（2）如果直接原因力是发包人的行为，则在发包人原因造成的延误期内，承包人既可以得到工期的顺延，也可得到相应的经济补偿。

（3）如果直接原因力是客观原因造成的，则在客观原因造成的延误期内，承包人能得到工期的顺延，但得不到相应的经济补偿。

（4）如果直接原因力是承包人造成的，则在承包人原因造成的延误期内，承包人不但得不到工期的顺延和相应的经济补偿，而且有可能面临发包人工期索赔。共同延误索赔关系见表 2-1。

总之，共同延误情况下的工期和（或）费用损失由谁承担，要看谁的责任事件发生在先，如果是发包人的责任事件发生在先，则共同延误期间的工期和（或）费用损失由发包人承担，反之由承包人承担。

共同延误索赔关系　　　　表 2-1

<table>
<tr><td rowspan="2">时间</td><td colspan="13">4 月</td><td colspan="6">5 月</td></tr>
<tr><td>09</td><td>…</td><td>12</td><td>13</td><td>14</td><td>15</td><td>16</td><td>…</td><td>25</td><td>26</td><td>…</td><td>30</td><td>01</td><td>02</td><td>03</td><td>04</td><td>05</td><td>06</td></tr>
<tr><td rowspan="4">初始延误承接关系</td><td colspan="7">承包人原因</td><td colspan="12"></td></tr>
<tr><td colspan="3"></td><td colspan="10">发包人原因</td><td colspan="6"></td></tr>
<tr><td colspan="10"></td><td colspan="6">承发包双方风险</td><td colspan="3"></td></tr>
<tr><td colspan="13"></td><td colspan="6">发包人原因</td></tr>
<tr><td>初始责任</td><td colspan="7">承包人责任
如:机械、设备故障</td><td colspan="6">发包人责任
如:设计变更</td><td colspan="3">双方风险
如:自然灾害</td><td colspan="3">发包人责任
如:迟延供材</td></tr>
<tr><td>工期索赔</td><td colspan="7">×</td><td colspan="6">√</td><td colspan="3">√</td><td colspan="3">√</td></tr>
<tr><td>费用索赔</td><td colspan="7">×</td><td colspan="6">√</td><td colspan="3">×</td><td colspan="3">√</td></tr>
<tr><td>利润索赔</td><td colspan="7">×</td><td colspan="6">√</td><td colspan="3">×</td><td colspan="3">√</td></tr>
</table>

（三）关键线路

关键线路，又称关键路径，是指在控制施工进度计划网络图中，总时差最小的关键工作相连并保证相邻两项工作时间间隔全部为零的线路。对关键线路的理解非常重要，这是工期索赔中必须要掌握的专业知识。只看关键线路概念，很难理解它是什么意思，简单地说，为了完成某建筑物的建设，有多个工种是同时进行的，有些工种是可以同时施工的，但有些工种需要等待前一工种施工完毕后才能进行施工并且该线路延误必然导致工期的延误，那么该条线路就是关键线路。比如说，要完成地基与基础工程，有四条线路需要进行施工，第一条线路需要 50 天，第二条线路需要 45 天，第三条线路需要 60 天，第四条线路需要 58 天。如果第一条线路延误 5 天，变更为 55 天，此时不影响最终工程完成时间；如果第四条线路延误 5 天，最终工程完成时间变成 63 天，在这种情况下，第四条线路就变成关键线路。项目进度计划网络如图 2-3 所示。

从进度计划网络图中可以得出：第一，完成整个项目的施工，施工线路有 A—B—C—F—H、A—B—D—H、A—B—E—G—H；第二，A—B—C—F—H 线路施工时间为 170 天，A—B—D—H 线路施工时间为 163 天，A—B—E—G—H 线路施工时间为 168 天，可知，A—B—C—F—H 线路为关键线路，A—B—D—H 与 A—B—E—G—H 线路为非关键线路；第三，如果工期延误发生在关键线路 A—B—C—F—H 上，则必然会导致工

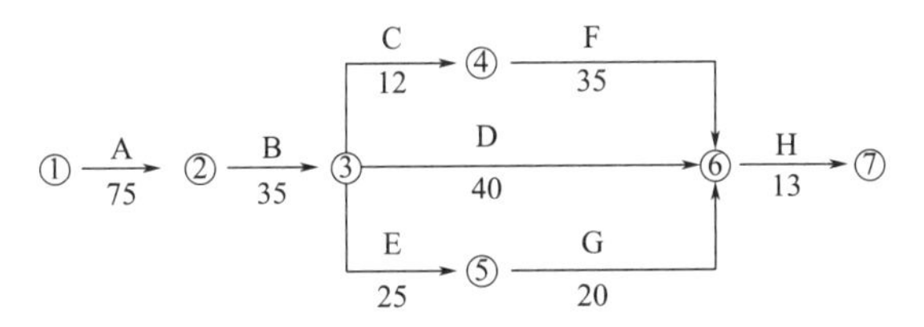

图 2-3　项目进度计划网络图

期延误；第四，如果 A—B—E—G—H 因 E 工作延误 5 天，则导致 A—B—E—G—H 施工时间变为 173 天，最终项目的完工时间为 173 天，因此非关键线路在满足一定条件时，可能会变成关键线路。

再举个例子说明，甲乙两人准备合著一本教科书，书一共有 9 章，甲写前面 1～6 章，这是一个线路，这个线路上需要时间为 180 天；乙写后面 7～9 章，这也是一个线路，这个线路上需要时间为 100 天。实际上两人合著完成该书的时间就是甲完成 1～6 章的时间即 180 天。这时甲完成写作的这条线路就是关键线路，假如甲延误 10 天，则教科书完成时间就是 190 天。乙完成的时间是非关键线路，假如乙延误 10 天，则需要 110 天完成写作，没有超过甲完成写作的时间，因此，不影响教科书的完成时间。关键线路之外的线路都是非关键线路，当然，并不是说只有延误关键线路才有工期顺延，延误非关键线路也有可能导致工期顺延。上例中假如非关键线路上乙的写作时间延误了 90 天，即写作时间变为 190 天，这时乙写作 7～9 章的总完成时间为 190 天，超过了甲的写作时间 180 天，这时教科书的完成时间变成了 190 天，即写作延误了 10 天。因此，如果延误的是非关键工作，当该工作由于延误超过时差限制而成为关键工作时，延误时间与时差的差值为可以顺延的时间，即例中延误的 10 天。

六、工期

（一）工期

工期，是指在合同协议书约定的承包人完成工程施工所需的期限，包括按照合同约定所作的期限变更。简单说，工期就是建设工程施工所需要的天数。

（二）开工日期

开工日期，是指建设工程项目开始施工的时间起算点，即开始施工的时间点。实践中，当事人双方对建设工程开工日期有争议的，一般主要查看开工报告、开工令、施工合同、施工许可证、签证文件、竣工验收报告或者竣工验收备案表等材料中载明的时间，并结合是否具备开工条件的事实，认定开工日期。

（三）完工日期

完工日期，是指承包人根据施工合同的约定，完成承包范围内全部施工内容的日期。

（四）竣工日期

竣工，其本身具有完工之意，但在建设工程领域，竣工更多与工程验收相关。完工，简单说就是干完活；竣工，简单说就是干完活，资料齐全，发包人对干活情况及施工资料等进行检查。承包人完成施工内容并且竣工验收合格的情况下，以承包人提交竣工报告之日作为竣工日期；如竣工验收不合格，承包人应进行整改，完成整改后重新提交竣工报告，在竣工验收合格的情况下，以重新提交验收报告之日作为竣工日期。

《建设工程施工合同解释（一）》第九条规定："当事人对建设工程实际竣工日期有争议的，人民法院应当分别按照以下情形予以认定：（一）建设工程经竣工验收合格的，以竣工验收合格之日为竣工日期；（二）承包人已经提交竣工验收报告，发包人拖延验收的，以承包人提交验收报告之日为竣工日期；（三）建设工程未经竣工验收，发包人擅自使用的，以转移占有建设工程之日为竣工日期。"但笔者认为"建设工程经竣工验收合格的，以竣工验收合格之日为竣工日期"的规定不太合理。工程完工后到承包人提交竣工报告有一定的时间差，承包人提交竣工报告到发包人组织验收也存在时间差。如果以发包人组织验收合格之日作为竣工日期，显然对承包人不公平，应以承包人提交竣工报告之日作为竣工日期比较公平。

另外，需要注意的是竣工日期与竣工验收合格之日不是一回事，二者之间存在时间差。

（五）工期延误

工期延误，简单的说就是工程没有在约定的期限内完成，时间延后了。工期延误，是指工程项目中一项或多项工作没有按照计划时间完成，导致节点工期或合同工期延长。如地基与基础工程计划工期为50天，但实际上55天才完成，节点工期延误5天；某大厦工期为350天，实际上工期为370天，工期延误20天。

发包人原因导致工期延误的情形主要有：

（1）发包人未能按合同约定提供图纸或所提供图纸不符合合同约定；

（2）发包人未能按合同约定提供施工现场、施工条件、基础资料等导致不具备开工条件；

（3）发包人提供的测量基准点、基准线和水准点及书面资料存在错误或疏漏；

（4）发包人未能按合同约定日期支付工程预付款、进度款；

（5）监理人未按合同约定发出指示、批准等文件；

（6）发包人原因导致工期延误的其他情形。

（六）工期顺延

工期顺延，是指因发包人原因或非承包人的原因，导致工期延误，承包人根据施工合同的约定或法律的规定可以获得的工期的延后。因此，承包人获得工期顺延的情况下工期延误一定不是自身原因造成的，否则无权主张工期顺延。

七、工程质量与保修

（一）工程质量缺陷

工程质量缺陷，是指建设工程的质量不符合工程建设强制性标准、设计文件要求以及合同中对质量的约定。按照缺陷程度不同，建设工作质量缺陷可分为严重缺陷和一般缺陷。严重缺陷是指对结构构件的受力性能、安装使用性能有决定性影响的缺陷；一般缺陷是指对结构构件的受力性能、安装使用性能无决定性影响的缺陷。

（二）缺陷责任期

缺陷责任期，是指承包人按照合同约定承担缺陷修复义务，且发包人预留质量保证金的期限，缺陷责任期一般为 1 年，最长不超过 2 年，由承发包双方在合同中约定。缺陷责任期从工程通过竣工验收之日起计算。由于承包人原因导致工程无法按规定期限进行竣工验收的，缺陷责任期从实际通过竣工验收之日起计算。因发包人原因导致工程无法按规定期限进行竣工验收时，根据《建设工程质量保证金管理办法》的规定，在承包人提交竣工验收报告 90 天后工程自动进入缺陷责任期。

在缺陷责任期内，承包人应对建设工程出现的缺陷进行修复。所谓缺陷，是指建设工程质量不符合工程建设强制性标准、设计文件，以及承发包合同的约定。

（三）质量保修期

质量保修期，是指工程项目竣工验收合格后，承包人对工程项目在保修范围内和保修期限内出现的质量问题负有保修义务，并对造成的损失承担赔偿责任的期限。

根据《建设工程质量管理条例》的规定，建设工程的最低保修期限为：①基础设施工程、房屋建筑的地基基础工程和主体结构工程，为设计文件规定的该工程的合理使用年限；②屋面防水工程、有防水要求的卫生间、房间和外墙面的防渗漏，为 5 年；③供热与供冷系统，为 2 个采暖期、供冷期；④电气管线、给水排水管道、设备安装和装修工程，为 2 年。其他项目的保修期限由发包方与承包方约定。建设工程的保修期，自竣工验收合格之日起计算。

缺陷责任期与质量保修期的比较结果如下。

1. 二者都能在法律允许范围内由当事人自由约定

《建设工程质量保证金管理办法》规定，缺陷责任期一般为1年，最长不超过2年，由承发包双方在合同中约定。《建设工程质量管理条例》规定了地基基础工程和主体结构工程，防水要求的卫生间、房间和外墙面的防渗漏，供热与供冷系统，电气管线、给排水管道、设备安装和装修工程等的最低保修期限，允许当事人在该最低期限上进行上浮。同时对于前述最低期限之外的分部分项工程，允许当事人自由约定质量保修期。需要注意的是，缺陷责任期的规定是倡导性的，而非法律强制性规定，当事人约定的缺陷责任期低于1年或超过2年，该约定并不因此而无效。但质量保修期的最低保修期限是法律强制性规定，如果当事人约定的保修期低于法律的规定，该约定因为违反法律强制性规定而无效。

2. 二者的起算时间点相同

关于缺陷责任期，《建设工程质量保证金管理办法》规定，缺陷责任期从工程通过竣工验收之日起计算。关于质量保修期，《建设工程质量管理条例》规定，建设工程的保修期，自竣工验收合格之日起计算。因此，二者的起算时间点均为竣工验收合格之日。

当然，缺陷责任期与质量保修期的时间起算点相同的前提是正常竣工验收。若存在拖延验收、擅自使用等情形时，时间起算点有所不同。

（1）发包人拖延验收，二者的时间起算点

对于发包人拖延验收的情况下缺陷责任期的起算，《建设工程质量保证金管理办法》规定，由于发包人原因导致工程无法按规定期限进行竣工验收的，在承包人提交竣工验收报告90天后，工程自动进入缺陷责任期。

对于发包人拖延验收的情况下质量保修期的起算，并无类似缺陷责任期的规定。《建设工程质量管理条例》规定，建设工程的保修期，自竣工验收合格之日起计算。又根据《建设工程施工合同解释（一）》第九条第二项的规定，发包人拖延验收的，以承包人提交验收报告之日为竣工日期。实践中通常在发包人拖延验收的情况下，将承包人提交验收报告之日作为保修期的起算之日。虽然“竣工日期”并不等同于“竣工验收合格之日”，一般情况下“竣工验收合格之日”在“竣工日期”之后，但在发包人拖延验收的情况下以承包人提交验收报告之日为竣工日期并计算保修期，对承包人是比较公平的。

（2）承包人拖延验收，二者的时间起算点

关于缺陷责任期的起算，《建设工程质量保证金管理办法》规定，由于承包人原因导致工程无法按规定期限进行竣工验收的，缺陷责任期从实际通过竣工验收之日起计算。

关于质量保证金的起算，并无明确规定。根据《建设工程质量管理条例》的规定，建设工程的保修期，自竣工验收合格之日起计算。在这种情况下，“实际通过竣工验收之日”与“验收合格之日”是等同的，因此，承包人拖延验收的，缺陷责任期与质量保修期的起算时间均为实际通过竣工验收之日。

（3）发包人擅自使用，二者的时间起算点

在擅自使用的情况下，关于二者时间起算点如何确定，并未有相应的规定。根据《建设工程施工合同解释（一）》第九条第三项的规定，发包人擅自使用的，以转移占有建设工程之日为竣工日期。在这种情况下，缺陷责任期与质量保修期以工程转移占有之日起算比较合理。

3. 二者的保修责任相同

《建设工程质量管理条例》规定："建设工程在保修范围和保修期限内发生质量问题的，施工单位应当履行保修义务，并对造成的损失承担赔偿责任。"措辞为"质量问题"。《房屋建筑工程质量保修办法》规定："房屋建筑工程质量保修，是指对房屋建筑工程竣工验收后在保修期限内出现的质量缺陷，予以修复。本办法所称质量缺陷，是指房屋建筑工程的质量不符合工程建设强制性标准以及合同的约定。"措施为"缺陷"。《建设工程质量保证金管理办法》规定："缺陷责任期内，由承包人原因造成的缺陷，承包人应负责维修，并承担鉴定及维修费用。"措辞为"缺陷"。所谓缺陷，是指建设工程质量不符合工程建设强制性标准、设计文件，以及承包合同的约定。虽然"质量问题"与"缺陷"在表述上不一致，但其本质是一致的。工程竣工验收合格，一定指的是建设工程质量合格；质量合格，一定是工程满足建设强制性标准、设计要求，否则谈不上质量合格。那自然可以推导出"质量问题"，一定是建设工程不满足工程建设强制性标准、设计要求及合同约定。因此，缺陷责任期与质量保修期内承包人应履行的义务是一致的。

4. 二者期限届满的法律后果有所区别

缺陷责任期，与质量保证金直接相关。缺陷责任期届满，若无质量缺陷需要修复，发包人应将质量保证金返还承包人。而保修期，主要与保修义务相关。保修期届满，承包人不再承担保修义务。

(四) 工程质量保证金

工程质量保证金，是指发包人与承包人在建设工程施工合同中约定，从应付的工程款中预留，用以保证承包人在缺陷责任期内对建设工程出现的缺陷进行维修的资金。工程质量保证金的返还期限，一般由承发包双方在施工合同中约定。

若承发包双方对逾期返还工程质量保证金是否承担利息未进行约定，发包人是否应承担逾期支付利息？首先，要明确的是工程质量保证金本身属于工程款，工程款分为预付款、进度款、结算款、质量保证金。其次，工程款利息属于法定孳息，相对于工程款本金具有附属性，即便当事人未约定，在应付而未付工程款的情况下发包人也应当承担利息。因此，在质量保修期届满后，发包人未退质量保证金的，应当支付利息。

(五) 验收

在施工单位对建设工程自行检查合格的基础上，由工程质量验收责任方组织，工程建设相关单位参加，对检验批、分项、分部、单位工程及其隐蔽工程的质量进行抽样检验，对技术文件进行审核，并根据设计文件和相关标准以书面形式对工程质量是否达到合格作出确认。

根据《建筑工程施工质量验收统一标准》GB 50300—2013 的规定，建筑工程质量验收的程序和组织如下：

（1）检验批应由专业监理工程师组织施工单位项目专业质量检查员、专业工长等进行验收。

（2）分项工程应由专业监理工程师组织施工单位项目专业技术负责人等进行验收。

（3）分部工程应由总监理工程师组织施工单位项目负责人和项目技术负责人等进行验收。勘察、设计单位项目负责人和施工单位技术、质量部门负责人应参加地基与基础分部工程的验收。设计单位项目负责人和施工单位技术、质量部门负责人应参加主体结构、节能分部工程的验收。

（4）单位工程中的分包工程完工后，分包单位应对所承包的工程项目进行自检，并应按上述标准规定的程序进行验收。验收时，总包单位应派人参加。分包单位应将所分包工程的质量控制资料整理完整，并移交给总包单位。

（5）单位工程完工后，施工单位应组织有关人员进行自检。总监理工程师应组织各专业监理工程师对工程质量进行竣工预验收。存在施工质量问题时，应由施工单位整改。整改完毕后，由施工单位向建设单位提交工程竣工报告，申请工程竣工验收。

（6）建设单位收到工程竣工报告后，应由建设单位项目负责人组织监理、施工、设计、勘察等单位项目负责人进行单位工程验收。

第三讲 诉讼材料收集与整理

一、诉讼材料收集

（一）诉讼材料清单

代理律师可以根据案件的复杂难易程度，向当事人提供诉讼所需材料清单，让当事人根据材料清单提供相应的材料。这样做的好处有：一是让当事人感受到律师很专业，有办理过类似案件的经验，增强对律师的信任感；二是根据当事人的诉求要求其提供材料，便于代理律师预测当事人的诉求是否有得到裁判者支持的可能。当然，提供材料清单，不仅有上述两点好处，最重要的是有利于律师根据材料厘清纠纷脉络，知道各时间点发生了什么，以及能从材料中发现当事人未发现或注意的细节，也许一个细节，就决定案件的成败。有这样一个案件，笔者团队担任发包人的代理人，承包人主张按送审价支付工程款，承包人的证据材料几乎没有任何问题。在证据交换时，笔者团队申请对工程造价进行鉴定，承办法官不同意鉴定，既然不同意鉴定，笔者团队大概也知道案件的最终结果了，基本上会根据“送审价”确定工程款。后来，笔者团队在发包人处发现了“救命稻草”，案件有了转机。发包人拖欠工程款，春季将至，承包人为解决农民工工资，向发包人提交了支付工程款申请书，申请书中有这样的描述：“我方（承包人）已向贵公司（发包人）提交工程款结算书，但因审计结果尚未出来，请先支付 500 万元工程款用于支付农民工工资。”后笔者团队将该申请书提交给合议庭，说服承办法官同意对工程造价进行鉴定，最终确定的鉴定金额与“送审价”相比，少了两千多万。笔者想要说的是，委托人按材料清单提供的材料，只是案件所需的常规资料，因为工程案件不同于其他一般的案件，工程案件的复杂性决定每个案件都有其特殊性、不同性。一定要嘱咐当事人提供所有的材料，而不仅限于材料清单中列明的材料。当然，根据所了解的案件相关情况，代理人也可以随时向当事人发送补充清单，要求当事人提供相应材料。

（二）案件事实的收集

案件事实并非法律事实，案件事实是当事人从老百姓的角度讲述的整个事情的起因经过以及具体事件的细节，不加任何修饰以及主观看法。当事人陈述的事实有些能成为法律事实，有些因缺乏证据支撑而不能成为法律事实，缺乏证据支撑的事实的真实性只能由裁判者根据生活经验以及交易惯例等进行综合判断。作为代理律师，首先应当掌握的是案件的基本事实，了解案件的实际情况，方能制定合适的代理思路及方案，在庭审中才能收放自如。

案件事实主要从当事人处获取。会见当事人，是律师直接面对面与当事人进行沟通交流，是律师展示能力和水平的最佳时机，也决定了当事人是否会将案件委托给律师办理，因此，会见当事人是非常重要的环节。会见当事人，至少需要达到两点效果：一是向当事人展示律师有这个专业能力解决其想要解决的疑难问题，让当事人对律师有信心，愿意把案件交给律师来办理，当然，专业知识与经验积累并非一蹴而就的，需要长期的学习与积累；二是向当事人了解案件事实的实际情况，当事人是案件的经历者，非常清楚实际情况，能向律师还原当时的情况。对于比较复杂的案件，第一次与当事人见面一般不可能将整个情况了解清楚，有些当事人会重复描述，生怕律师没有听明白，无关紧要的都在讲，但律师要耐心，要认真倾听当事人对案件基本情况的描述，让当事人感受到你对案件的重视。了解当事人的诉求是什么，掌握纠纷相关信息，对案件有一个整体把握，必要时要做笔记，对纠纷有一个初步的判断。

向当事人了解案件事实，除了通过面对面交流外，还可以通过建立微信群实现。建立微信群，其主要目的是用于案件交流、文件传阅，还有就是请当事人确认某些案件事实。当然，不是所有的案件都适合建立微信群，不排除当事人中有人将相关信息告知对方的可能。

案件事实的收集是一个反复的过程，主要依靠当事人对案件情况的描述，但当事人出于本能，一般会“就重避轻”，使得律师不能从当事人处完整了解案件的全貌，这时需要借助于证据材料以及反复与当事人沟通交流。

（三）发包人、承包人主体信息

发包人，这里指的是需要支付工程款的主体，即原告的合同相对方，但发包人并不一定是工程建设项目的投资人。为什么需要收集发包人的信息呢，其主要目的是确定谁是适格的被告。在发包人的分支机构或内设机构代表发包人签订施工合同时，应由发包人作为工程款支付主体。还有一些工程项目，往往是以临时机构（如筹建处、指挥部等）名义进行发包并签订施工合同的，这些机构并未进行登记，只是为工程项目建设需要而设，随着建设项目的竣工验收移交，该临时性机构也会撤销。在这种情况下，需要确定临时性机构是否具备诉讼主体资格，在进行登记的情况下，该临时性机构具有诉讼主体资格，在未登记的情况下，如何确定诉讼主体就显得尤为重要。在临时性机构未登记的情况下，根据权利义务相一致原则和工程归口管理原则，以及对该临时性机构的开办单位或设立单位等因素进行综合考量，确定谁是工程款的支付主体，即谁是被告。

承包人主体信息比较简单，主要通过承包人营业执照、资质证书、安全生产许可证等进行确认。资质证书，主要用于证明承包人是否具备相应的施工资质，以便确认其涉及施工合同的效力。

典型案例 6

临时性机构不具备独立的法人资格，对外责任由设立单位承担

——某市人民政府与某装饰工程股份有限公司、某银行股份有限公司建设工程施工合同纠纷案[1]

关于某市人民政府是否为案涉《合作协议》的当事人的问题。最高人民法院二审认为，某市人民政府上诉主张案涉合同主体是某装饰工程股份有限公司和七家房地产开发公司，实际履行的是《精装修合同》，而不是《合作协议》。对该上诉主张，不予支持。第一，《合作协议》可以证明某装饰工程股份有限公司与住房领导小组就案涉精装修工程施工签订了建设工程施工合同。由该协议记载的内容可知，协议涉及案涉精装修工程施工中的装修对象、合作方式、装修承包范围、工期、已完工程量、价款结算、双方权利义务、质量保修、违约责任等相关主要事项，落款甲方处加盖有住房领导小组的公章，并有钟某某的签字，乙方处加盖有某装饰工程股份有限公司的合同专用章，有授权代表叶某某的签字，落款日期均为 2011 年 6 月 13 日。可见，《合作协议》已具备装修工程施工合同所应具备的典型特征，实质上是一份关于精装修工程施工的合同。第二，《合作协议》中已确认住房领导小组委托七家房地产公司与某装饰工程股份有限公司签订《精装修合同》。根据《合作协议》第十七条"补充条款"中"17.2 本协议签订后乙方还须与甲方委托的七家开发商签订精装修合同，甲方应确保乙方与开发商签订的合同以本协议的约定为依据，不得约定与本协议相违背的合同条款"以及附件 1 的约定可知，住房领导小组已确认七家房地产公司并非《精装修合同》的合同一方，而是受其委托签订该协议。因此，即便实际履行的合同是《精装修合同》，受住房领导小组委托签订该协议的七家房地产公司也并非该合同当事人。第三，《精装修合同》作为《合作协议》附件，是对《合作协议》的补充和完善。首先，《合作协议》第十七条"补充条款"中"17.2 本协议签订后乙方还须与甲方委托的七家房地产公司签订精装修合同，甲方应确保乙方与开发商签订的合同以本协议的约定为依据，不得约定与本协议相违背的合同条款"的表述可证明两点：一是《精装修合同》是依据《合作协议》的约定而签订；二是住房领导小组承诺《精装修合同》将以《合作协议》为依据，不与《合作协议》相违背。可见，《精装修合同》是履行《合作协

[1] 参见最高人民法院（2017）最高法民终 871 号民事判决书。

议》的结果，且内容上应与《合作协议》保持一致。其次，《合作协议》上的七家房地产公司的公章及授权代表签名以及随后签订的《精装修合同》可以证明七家房地产公司已经知道《合作协议》内容并作为受托人已经按《合作协议》约定与某装饰工程股份有限公司签订《精装修合同》。再次，《精装修合同》是对《合作协议》的细化。《合作协议》约定的总量庞大的待装修房屋已通过作为附件的《精装修合同》分配给不同房地产公司。此外，2011年7月27日的《精装修合同》第20条明确约定："本合同价款支付按照合作协议约定执行。"该付款责任的约定与《合作协议》的约定也是一致的。由上，住房领导小组、某装饰工程股份有限公司以及七家房地产公司均知道、认可为案涉精装修工程施工是基于某装饰工程股份有限公司与住房领导小组签订了《合作协议》及其附件《精装修合同》。在此前提下，不管案涉精装修工程施工是依据哪份《精装修合同》，七家房地产公司都只是受住房领导小组委托签订合同，自身并非合同的一方。至于原审法院关于《精装修合同》是否实际履行的认定，并无不当。原审已查明，双方于2011年7月26日、7月27日分别签订了两份合同，都名为《精装修合同》，故原判决认定其中一份履行，另一份没有履行，并无矛盾。第四，某市人民政府关于《精装修合同》不能成为《合作协议》附件的主张缺乏依据且与《合作协议》记载相悖。虽然某市人民政府上诉称，从逻辑、内容、要求上来看，《精装修合同》不能成为《合作协议》的附件，但其并未对此举证证明。至于其以所谓住房领导小组与七家房地产公司存在经济往来为由，主张住房领导小组的付款性质为代七家房地产公司履行付款义务也缺乏证据证明。另外，《和解协议书》第四条关于某装饰工程股份有限公司与七家房地产公司结算的约定，与该协议开头部分"甲乙双方已就本项目结算达成一致，并签署了《定案表》"的表述不一致。从合同背景、目的以及合同相关条款体系解释来看，该协议签订的背景是住房领导小组与某装饰工程股份有限公司已就案涉精装修工程结算达成一致并已实际支付部分工程款。签订协议的目的是处理住房领导小组欠付工程款项支付事宜。而上述某装饰工程股份有限公司与七家房地产公司结算的约定则是某装饰工程股份有限公司与某市人民政府就本项目欠付款项支付等事宜所达成的协议内容之一。再结合《合作协议》关于七家房地产公司受托签订《精装修合同》的约定，该处的结算可理解为七家房地产公司受托就特定部分精装修工程与某装饰工程股份有限公司进行具体结算。而该协议第五条关于住房领导小组支付维修费用的约定，也可间接证明住房领导小组才是合同当事人。虽然住房领导小组是没有独立法人资格的临时性组织，本身并不能对外独立签订协议并承担责任，但其由某市人民政府办公厅下发公文通知所设立，且由市委常委、常务副市长王某某担任组长，由市建设委员会主任钟某某任办公室主任。这些事实足以让某装饰工程股份有限公司相信其是代表某市人民政府签订案涉《合作协议》。故某市人民政府应受《合作协议》约束，承担相应责任。

【评析】住房领导小组作为临时性机构，其并不具备独立的法人资格，不能对外承担责任，住房领导小组由某市人民政府办公厅下发公文通知设立，系某市人民政府为处理某项具体事务而成立的临时性内设机构，既无独立财产也无独立的人员组织，不具有诉讼主体资格，也不能独立承担民事责任，其相应的民事责任应由设立单位即某市人民政府承担。在实务中还存在施工单位为项目管理而设立的项目部，因该项目部是施工单位为管理项目工程及履行施工合同而设立的临时性机构，不具有独立法人资格，不能独立承担民事责任，其对外签订合同产生的法律责任应当由设立该项目部的施工单位承担。

在类似案例（2017）最高法民终 675 号案件中，最高人民法院二审认为："指挥部系某市政府为建设某市行政中心设立的临时性机构，不具有独立承担民事责任的能力，并非本案适格被告，其因签订合同而产生的法律后果应由某市政府承担。"

（四）发包人股东及出资情况

查询发包人的股东及出资情况是非常有必要的。就目前的情况来看，发包人因经营不善等而无力支付工程款的情形比较常见，承包人的起诉目的是实现工程款的回收，而非仅仅获得胜诉。如果仅获得胜诉而工程款无法收回，那承包人的最终目的就未能实现。为了尽早收回工程款，其方法不外乎让更多的主体承担工程款支付责任。因此，让更多主体成为工程款支付主体就是实现目标的第一步。

根据《公司法》的规定，公司是企业法人，有独立的法人财产，享有法人财产权，公司以其全部财产对公司的债务承担责任。有限责任公司的股东以其认缴的出资额为限对公司承担责任。由于经济原因，多数股东采用认缴的方式进行出资，但到认缴出资期限届满时仍未实际出资。那么根据《公司法若干问题规定（三）》的规定，公司债权人请求未履行或者未全面履行出资义务的股东在未出资本息范围内对公司债务不能清偿的部分承担补充赔偿责任的，人民法院应予支持；股东在公司设立时未履行或者未全面履行出资义务，依照前述提起诉讼的原告，请求公司的发起人与被告股东承担连带责任的，人民法院应予支持。因此，在公司股东到期未出资或足额出资的情况下，可以将股东列为被告；如果公司设立时的股东未履行或者未全面履行出资义务，公司发起人应当承担连带责任，发起人也可以被列为被告。

在一起建设工程施工合同纠纷案件中，发起股东金某公司、兴某投资中心、宸某公司、中某公司，共同投资设立了某旅游公司，注册资本为人民币 5000 万元。根据《某旅游公司章程》的约定，金某公司出资 1000 万元，出资方式为项目开发权及相应的资源投入，出资时间为 2015 年 4 月 15 日；兴某投资中心出资 1000 万元，出资方式为货币，出资时间为 2015 年 4 月 15 日；宸某公司出资 2000 万元，出资方式为土地使用权，出资时间为 2015 年 4 月 15 日；中某公司出资 1000 万元，出资方式为货币，出资时间为 2015 年 4 月 15 日。某旅游公司成立后开发了一个旅游项目，由于资金等问题而无力继续开发，最终项目半途而废，某旅游公司名下无任何资产，银行账户内也无资金，承包人桦某公司工程款回收希望渺茫。后桦某公司与某旅游公司协商工程款支付无果后最终决定起诉。接受诉讼代理委托后，代理律师向工商部门调取了某旅游公司档案，于 2018 年提起诉讼，并将所有股东列为被告要求承担责任。就出资情况，代理律师认为金某公司、宸某公司、中某公司未出资、未全部出资以及出资不符合法律的规定情形。金某公司以项目开发权及相应的资源投资入股，不符合法律的规定，根据当时施行的《公司法》第二十七条第一款[1]“股东可以用货币出资，也可以用实物、知识产权、土地使用权等可以用货币估价并可以依法转让的非货币财产作价出资；但是，法律、行政法规规定不得作为出资的财产除外”的规定，如果股东用非货币出资，必须满足：①出资财产仅限于实物、知识产权、土地使用权等，除此之外的非货币财产不得作为出资标的；②以非货币财产出资时需将财产依法评估作价。而金某公司投入的项目开发权及相应的资源不仅不能转让而且不能依法评估，不符合法律的规定，因此，金某公司被视为未出资。宸某公司出资 2000 万元，出资方式为土地使用权。根据当时施行的《公司法》第二十八条第一款[2]“股东应当按期足额缴纳公司章程中规定的各自所认缴的出资额。股东以货币出资的，应当将货币出资足额存入有限责任公司在银行开设的账户；以非货币财产出资的，应当依法办理其财产权的转移手续”的规定，以非货币财产出资的，应当依法办理财产权的转移手续，宸某公司的出资方式为土地使用权，但其并未将出资土地使用权转移过户到某旅游公司名下，因此，宸某公司也未履行出资义务。中某公司应出资 1000 万元，出资方式为货币，出资了 400 万元，尚有 600 万元未出资。最终该案经过一审、二审，发回重审一审、二审，法院判决金某公司在 1000 万元、宸某公司在 20000 万元、中某公司在 600 万元出资不足范围内对某旅游公司欠付工程款承担补充赔偿责任，对前述补充赔偿责任，金某公司、宸某公司、中某公司、兴某投资中心共同承担连带责任。

典型案例 7

未履行或未全面履行出资义务的股东在未出资本息范围内对公司债务不能清偿的部分承担补充赔偿责任

——某发电有限公司、某投资有限公司、杨某某与某建设有限公司建设工程合同纠纷案[3]

关于某投资有限公司、杨某某是否构成抽逃出资的问题。根据原审查明事实，某投资有限公司、杨某某作为某发电有限公司的股东，在出资后不久即从账户中转走资金，在审理过程中其所提供的证据亦未能证明其转出资金是基于正常交易或属于公司依程序进行分红等情形。故原审认定某投资有限公司、杨某某构成抽逃出资并无不当。再审中，上述二股东主张某发电有限公司的验资账户并非主账户，实际主账户资金充足，亦未发生抽逃出资 3700 万元的情况。对此，最高人民法院认为，股东出资后，所投入资金或资产则转化

[1] 参见 2024 年 7 月 1 日起施行的《公司法》第四十八条。
[2] 参见 2024 年 7 月 1 日起施行的《公司法》第四十九条。
[3] 参见最高人民法院（2020）最高法民申 1443 号民事裁定书。

为公司财产。公司财产具有独立性，股东不能任意处分。本案中，无论是验资账户中的资金还是上述二股东主张的主账户中的资金，均为某发电有限公司的财产，两位股东对于转移公司财产的行为未能提供正当合理的理由，符合抽逃出资的法律构成要件。故对于某投资有限公司、杨某某的主张，最高人民法院不予支持。

关于某建设有限公司是否有权在本案中请求某投资有限公司、杨某某承担补充赔偿责任的问题。基于以上对某投资有限公司、杨某某构成抽逃出资的认定，根据《公司法若干问题规定（三）》第十三条第二款“公司债权人请求未履行或者未全面履行出资义务的股东在未出资本息范围内对公司债务不能清偿的部分承担补充赔偿责任的，人民法院应予支持；未履行或者未全面履行出资义务的股东已经承担上述责任，其他债权人提出相同请求的，人民法院不予支持”之规定，因上述二位股东的抽逃出资行为与未履行出资义务具有同一效果，故债权人某建设有限公司有权请求其承担补充赔偿责任。在司法实践中，为减少诉累，该请求权的行使不以公司存在真实不能履行清偿债务之实际为必要条件，债权人可以在与公司的债务纠纷诉讼中一并向相关股东主张权利。

【评析】“公司债权人请求未履行或者未全面履行出资义务的股东在未出资本息范围内对公司债务不能清偿的部分承担补充赔偿责任的，人民法院应予支持。”这是债权人要求股东承担责任的法律依据，但需要注意以下几点：①股东的出资期限已届满，但股东未出资、未全面出资或出资不符合法律规定；②在注册资本认缴制度下，股东根据法律规定依法享有出资期限利益，即在出资期限届满前不对公司的债务承担责任。债权人以公司不能清偿债务为由，请求出资期限未届满的股东在未出资范围内对公司不能清偿的债务承担补充赔偿责任的，人民法院不予支持。但是，在公司债务产生之后，公司股东（大）会决议或以其他方式延长股东出资期限的，该股东应当承担补充赔偿责任，因为其行为实质对债权人债权实现构成不利影响，损害了债权人的权益。

原始股东已转让股权的，未全面履行出资义务的股东是否应就公司债务对公司债权人承担相应赔偿责任？《公司法》第四十九条第一款规定：“股东应当按期足额缴纳公司章程规定的各自所认缴的出资额。”股东出资义务是股东受到有限责任制度保护的前提条件，既是股东的契约义务，同时更是股东必须履行的法定义务。股东不履行或不适当履行出资义务，不仅会对公司和其他股东的利益造成损害，而且会对公司债权人等利益主体造成损害，因此，股东须对自己违反出资义务的行为承担相应的民事责任。即便未尽出资义务的股东将股权转让，其补足出资的义务也不因股东身份丧失而免除。鉴于此，《公司法若干问题规定（三）》第十三条第二款规定：“公司债权人请求未履行或者未全面履行出资义务的股东在未出资本息范围内对公司债务不能清偿的部分承担补充赔偿责任的，人民法院应予支持；未履行或者未全面履行出资义务的股东已经承担上述责任，其他债权人提出相同请求的，人民法院不予支持。”因此，原始股东，虽将股权转让，但其出资义务并不因股东身份的丧失而免除，公司债权人仍有权请求转让股权的股东履行出资义务。

非原始股东在股权受让之后，是否对公司债务不能清偿部分承担责任？《公司法若干问题规定（三）》第十八条第一款规定：“有限责任公司的股东未履行或者未全面履行出资义务即转让股权，受让人对此知道或者应当知道，公司请求该股东履行出资义务、受让人对此承担连带责任的，人民法院应予支持；公司债权人依照本规定第十三条第二款向该股东提起诉讼，同时请求前述受让人对此承担连带责任的，人民法院应予支持。”依据该条规定，公司债权人享有与公司同样的诉权，即当转让股权的股东未履行或者未全面履行出资义务即转让股权，受让人对此知道或者应当知道的，公司债权人有权请求转让股权的股东在未出资本息范围内对公司债务不能清偿的部分承担补充赔偿责任，受让人承担连带责任。在这种情况下，受让人是否与转让股权的股东就未全面出资部分向公司债权人承担连带责任，取决于其在受让股权时是否知道或者应当知道转让人未出资或者未全面出资的事实。

（五）投标前的材料

投标前的材料，指的是合作意向书、投标诚意金收据等在招标投标之前已经形成的资料。在工程项目必须招标选定施工单位的情况下，投标前对合同实质性内容达成合意以及有其他影响中标结果的情形，中标合同可能无效。《招标投标法》第四十三条规定：“在确定中标人前，招标人不得与投标人就投标价格、投标方案等实质性内容进行谈判。”第五十五条规定：“依法必须进行招标的项目，招标人违反本法规定，与投标人就投标价格、投标方案等实质性内容进行谈判的，给予警告，对单位直接负责的主管人员和其他直接责任人员依法给予处分。前款所列行为影响中标结果的，中标无效。”以及根据《建设工程施工合同解释（一）》第一条的规定，投标前招标人与投标人就合同实质性条款进行谈判的，如果影响中标结果，中标无效，所签施工合同无效。代理律师需要了解是否存在投标前就实质性内容进行谈判等行为，以便于选择最佳的代理方案，以及提前对投标前行为导致合同无效的情况确定应对方案。

典型案例 8

中标前，招标人与投标人就投标价格、投标方案等实质性内容进行谈判，影响中标结果的，中标无效

——某投资有限公司、某建设集团有限公司、某县交通运输局与某县人民政府建设工程施工合同纠纷案[1]

关于案涉《施工合同》效力的问题。最高人民法院认为，《招标投标法》第四十三条规定：“在确定中标人前，招标人不得与投标人就投标价格、投标方案等实质性内容进行

[1] 参见最高人民法院（2021）最高法民申5032号民事裁定书。

谈判。”第五十五条规定：“依法必须进行招标的项目，招标人违反本法规定，与投标人就投标价格、投标方案等实质性内容进行谈判的，给予警告，对单位直接负责的主管人员和其他直接责任人员依法给予处分。前款所列行为影响中标结果的，中标无效。”2014 年 11 月 19 日，某投资有限公司、某建设集团有限公司与某县人民政府签订《合作协议》，就案涉工程的施工、付款、违约责任等进行了约定。因案涉工程为必须招标的工程，经过招标投标，某投资有限公司、某建设集团有限公司与某县交通运输局于 2015 年 8 月 11 日签订《施工合同》，约定付款、违约责任等均按前述《合作协议》执行。且根据某投资有限公司、某建设集团有限公司的自述以及某县交通运输局的主张，在项目工程招标投标前，某投资有限公司和某建设集团有限公司已实际对该项目投入资金并进行施工。各方当事人在招标投标前已就案涉工程项目进行实质性磋商并达成一致，还投入资金进场施工，明显违反《招标投标法》的强制性规定，中标应为无效，案涉《施工合同》亦应无效。

【评析】招标人与投标人在中标前就投标价格、投标方案等实质性内容进行谈判的，违反了招标投标的强制性规定，虽然违反强制性规定，但还要证明该谈判行为影响中标结果，不然不能以此认定中标无效。

（六）招标图纸

工程建设项目必经的三个阶段为勘察、设计、施工。建设工程设计，是指根据建设工程的要求，对建设工程所需的技术、经济、资源、环境等条件进行综合分析、论证，编制建设工程设计文件的活动。建设工程设计一般分为方案设计、初步设计和施工图设计三个阶段，即三阶段设计；对于技术要求相对简单的民用建筑工程，可在方案设计审批后直接进入施工图设计，即两阶段设计。施工图设计的主要内容是根据批准的初步设计，绘制出正确、完整的建筑、安装等图纸。除了必需的设计说明、总图、建筑平面、立面、剖面图外，还包括部分工程的详图。

招标图纸的主要作用之一就是供投标人进行投标报价，是投标人进行工程预算的依据。如果招标人提供的招标图纸不全、图纸缺项或设计深度不够，将导致投标人无法比较准确地进行报价。

实践中，在图纸设计深度不够或图纸缺项的情况下仍进行招标也是普遍存在的，这不免产生争议。在固定总价包干的情况下，如果图纸缺项或图纸不全，对招标人是不利的。在图纸设计深度不够或图纸缺项的情况下进行的招标，施工过程中必然有设计变更等情形发生，此时意味着承包人的施工组织会发生变化，人工、材料、机械设备等的安排会发生变化，工期会发生变化，同时工程价款也会发生变化，之所以会发生这些变化，是因为图纸有了变更，投标时的基础发生了变化，以至于报价等事项也随之变化。因此，结算时需要确认招标提供的招标图纸与实际施工的图纸是否一致以及工程量变化多少、责任如何承担等事宜。

典型案例 9

约定固定总价包干，应以固定总价结算工程款

——某置业有限公司与某工程有限公司建设工程施工合同纠纷案[1]

某置业有限公司申请再审称，第一，鉴定机构依据招标图鉴定确认案涉工程造价为29138400.17元是错误的，应以设计变更后的竣工图为依据鉴定工程造价。鉴定机构给一审法院的《回复》表明案涉工程的竣工图比招标图的工程量造价减少4990444.59元（其中完全未施工的铝板吊顶收口的造价为1245079.71元），应从工程总造价中进行扣减。鉴定机构不能直接引用《施工合同》第8条的约定即未见书面设计变更、仅以招标图为依据鉴定案涉工程总造价，而枉顾案涉工程发生了设计变更的客观事实。第二，一、二审法院均根据《施工合同》第7.8.1条的约定以合同包干总价＋变更签证＋奖罚来确定案涉工程总造价，从而判决认可鉴定机构以招标图为依据计算的总工程造价，属于适用法律确有错误。《施工合同》第7.8.1条的前提条件是某工程有限公司已按合同约定完成了全部工程量和使用了合同约定的材料，但某工程有限公司未按合同约定完成工程量，又未按合同约定使用工程材料。4990444.59元应从总造价中扣减，一、二审法院没有做到以事实为依据，以法律为准绳，应当予以纠正。

关于二审判决认定案涉工程造价是否正确的问题。最高人民法院再审认为，经查，二审法院认为，双方签订的《建设施工合同》合法有效，对双方具有约束力；根据该合同第7.8.1条的约定，案涉工程结算价＝合同包干总价＋变更签证＋奖罚，即案涉工程造价应由包干总价、变更签证、奖罚三部分相加组成。鉴定的案涉工程造价29138400.17元并无不当，应予确认；某工程有限公司铝板吊顶收口未做涉及金额1245079.71元，本着实事求是、公平公正的原则，应予扣除，故最终工程造价为27893320.46元。某置业有限公司主张，鉴定机构以招标图鉴定案涉工程造价29138400.17元错误，应以设计变更后的竣工图为依据鉴定工程造价；案涉工程竣工图比招标图的工程量造价减少4990444.59元，应从工程总造价中予以扣减。根据某置业有限公司所提再审请求和理由，其主张的案涉工程造价为24147955.58元。对此，某工程有限公司提出，本案应以合同约定的固定总价和双方确认的变更工程计算工程造价，招标图与竣工图存在差异，并不影响案涉工程按固定总价的方式核算。最高人民法院认为，根据在案证据材料，双方签订的《建设施工合同》属于固定总价合同，包干价格原则不变，但在符合双方约定的“变更签证”和“奖罚”条件下，可以对工程造价进行调整。固定总价合同在订立时即约定明确的包干总价，此时可以参照招标图定价，而不具备以竣工图为依据定价的条件。如果最终工程造价仍以竣工图为依据结算，则有悖订立固定总价合同的本意。在双方未就变更工程量达成一致的情况下，承包人因实际工程量增减而对工程造价盈亏在一定程度上承担风险或者享有利益，亦符合

[1] 参见最高人民法院（2021）最高法民申1301号民事裁定书。

固定总价合同目的。因此，本案鉴定机构按照双方约定的固定总价合同计算方式，参照招标图鉴定工程造价，二审判决对此予以采信，并无不当；二审在鉴定价格的基础上，扣除实际未发生的工程量金额，确定最终工程造价，亦无不当。最高人民法院还注意到，某置业有限公司主张 4990444.59 元应从案涉工程造价中扣减的主要依据是，经其申请在一审时出庭作证的钟某提供的专业性意见。最高人民法院认为，所谓专家证人意见仍属于证人证言，不同于鉴定意见。钟某系由某置业有限公司单方申请出庭作证，某工程有限公司对钟某所证内容提出异议，钟某证言所提意见与经一审法院委托的鉴定机构出具的鉴定意见不一致，二审对钟某证言不予采信，并无不当。

【评析】固定总价包干施工合同，对于固定总价所要承包的范围以及施工内容应当有明确的约定，不然所谓的固定总价就无法固定。固定总价的计价方式下，除非满足合同中的约定，一般情况下不对工程价款进行调整。固定总价合同在订立时即约定明确的包干总价，承发包双方对于施工过程中的工程量增加或减少在一定程度上是有预判的，对承担风险或者享有利益是明知的。

（七）项目前期审批手续

工程项目前期审批手续是指建设单位应办理或履行的相应行政审批、许可手续，这里只阐述“四证”，即土地使用权证或不动产权证；建设用地规划许可证；建设工程规划许可证；建筑工程施工许可证或行政许可文件。

以出让方式取得国有土地使用权建设项目的“四证”办理要求如下。

第一，在城市、镇规划区内以出让方式提供国有土地使用权的，在国有土地使用权出让前，城市、县人民政府城乡规划主管部门应当依据控制性详细规划，提出出让地块的位置、使用性质、开发强度等规划条件，作为国有土地使用权出让合同的组成部分。对于未确定规划条件的地块，不得出让国有土地使用权。

第二，建设单位在取得建设项目的批准、核准、备案文件和签订国有土地使用权出让合同后，向城市、县人民政府城乡规划主管部门领取建设用地规划许可证。

第三，建设单位或者个人应当向城市、县人民政府城乡规划主管部门或者省、自治区、直辖市人民政府确定的镇人民政府申请办理建设工程规划许可证。申请办理建设工程规划许可证，应当提交使用土地的有关证明文件、建设工程设计方案等材料。需要建设单位编制修建性详细规划的建设项目，还应当提交修建性详细规划。对符合控制性详细规划和规划条件的，由城市、县人民政府城乡规划主管部门或者省、自治区、直辖市人民政府确定的镇人民政府核发建设工程规划许可证。

第四，建设单位持建筑工程用地批准手续、建设工程规划许可证等资料，向工程所在地的县级以上地方人民政府住房和城乡建设主管部门申请领取施工许可证。但工程投资额在 30 万元以下或者建筑面积在 300m^2 以下的建筑工程，可以不申请办理施工许可证。

在这“四证”中，建设工程规划许可证影响施工合同的效力，而施工许可证不影响施工合同的效力。而未取得国有土地使用权证并非对建设工程施工合同的效力无影响，只是能取得建设工程规划许可证，那说明前期国有土地使用权证等手续已经齐备。要求当事人提供工程规划许可证，其目的是评估施工合同的效力，以便制定诉讼方案等。

典型案例 10

发包人能够办理审批手续而未办理，并以未办理审批手续为由请求确认建设工程施工合同无效的，不予支持

——某城建集团有限责任公司与某房地产开发有限公司建设工程施工合同纠纷案[1]

关于合同效力的问题。辽宁省高级人民法院一审认为，某城建集团有限责任公司虽在诉讼请求中主张工程进度款，未主张合同无效，但在第一次庭审时，却以案涉工程至今没有取得建设工程规划许可证为由，主张合同无效，而某房地产开发有限公司却认为合同有效。后来，某房地产开发有限公司又以此为由，主张合同无效，而某城建集团有限责任公司又主张合同有效。因此，能否办理建设工程规划许可证，是合同是否有效的关键。经查，此证未能办理，是因为案涉工程个别项目超高，需调整。案涉工程是“金廊工程”项目之一，而“金廊工程”是某市市政建设的重点工程，相关部门已将案涉工程列为“金廊工程”的重点项目。案涉工程已经办理了土地使用证和建设用地规划许可证，从2012年2月21日某市发展和改革委员会《关于某商业广场T3、T4、T5楼及S3商业项目核准的批复》中可以看出，只要某房地产开发有限公司调整建筑设计规划，符合要求，就能办理建设工程规划许可证。故案涉工程的建设工程规划许可证不是因为违反了法律、法规的效力性强制性规定办不了，而是因为某房地产开发有限公司没有及时调整建筑设计规划。故目前案涉工程没有取得建设工程规划许可证，不是合同无效的理由。双方签订的某商业广场T3～T5及S3楼工程的施工合同，系双方当事人的真实意思表示，没有违反法律法规的强制性规定，并已实际履行，因此，合同应认定有效。《建设工程施工合同解释（二）》第二条第二款[2]规定：“发包人能够办理审批手续而未办理，并以未办理审批手续为由请求确认建设工程施工合同无效的，人民法院不予支持。”故对某房地产开发有限公司要求认定合同无效的主张，不能支持。

最高人民法院二审认为，某房地产开发有限公司主张案涉合同无效的主要理由是案涉工程未取得建设工程规划许可证。案涉工程确实未办理建设工程规划许可证，但办理该许可证是作为发包人的某房地产开发有限公司的法定义务，某房地产开发有限公司以其自己未履行法定义务为由主张案涉合同无效，违反诚实信用原则。且《建设工程施工合同解释

[1] 参见最高人民法院（2021）最高法民终695号民事判决书。

[2] 参见《最高人民法院关于审理建设工程施工合同纠纷案件适用法律问题的解释（一）》第三条第二款。

（二）》第二条第二款[1]规定："发包人能够办理审批手续而未办理，并以未办理审批手续为由请求确认建设工程施工合同无效的，人民法院不予支持。"据此，某房地产开发有限公司的该项主张缺乏法律依据。

【评析】《建设工程施工合同解释（一）》第三条规定："当事人以发包人未取得建设工程规划许可证等规划审批手续为由，请求确认建设工程施工合同无效的，人民法院应予支持，但发包人在起诉前取得建设工程规划许可证等规划审批手续的除外。发包人能够办理审批手续而未办理，并以未办理审批手续为由请求确认建设工程施工合同无效的，人民法院不予支持。"规划审批手续，主要指的是建设工程规划许可证，当然，也并不意味未取得建设用地规划许可证不影响建设工程施工合同的效力，而是从相关手续的办理程序来看，取得建设用地规划许可证等是取得建设工程规划许可证的前提，故强调建设工程规划许可证的取得。未按规划许可证的规定进行工程项目建设，其本质也是未取得建设工程规划许可证。

如果发包人能够办理审批手续而未办理，并以未办理审批手续为由请求确认建设工程施工合同无效，法院不予支持。关于发包人能够办理审批手续而未办理的举证责任由谁来承担，根据《民事诉讼法》第六十七条第一款"当事人对自己提出的主张，有责任提供证据"的规定，承包人应当举证证明发包人持有办理建设工程规划许可证的所有材料、相关行政部门在收到发包人持有的材料后能够颁发建设工程规划许可证、发包人存在故意不办理建设工程规划许可证的行为，若承包人未提供充分的证据证明发包人能够办理建设工程规划许可证而未办理，其应承担举证不能的法律后果。

（八）地质勘察报告

万丈高楼从地起，这说明地质勘察在建设工程项目建设过程中的重要性。所谓建设工程勘察，是指勘察人根据建设工程项目的要求，查明、分析、评价建设场地的地质、环境特征和岩土工程条件，编制建设工程勘察文件的活动。工程地质勘察报告是工程地质勘察工作的总结。施工企业的施工依据为施工图纸，施工图纸的设计基础来源于地质勘察报告，地质勘察单位就拟建项目所在地的岩石、地层构造、地下水等地质情况进行勘测后出具地质勘察报告，设计单位再根据地质勘察数据进行设计。工程勘察是对地质特征及岩土状况的探明，一般分阶段进行，是一个由浅到深、从不知到知的过程，一般不可能一步到位。

在建设工程领域，边勘察、边设计、边施工的"三边"工程是司空见惯、常有之事。另外，在地质勘察报告不详细或有误的情况下，需要补充勘察或重新勘察，补充出具或重新出具地质勘察报告，但在实务中，不再补充出具或重新出具地质勘察报告也是常有之事。当地质勘察情况与地质的实际情况不相符时，施工单位需要办理签证手续，以免发生

[1] 参见《最高人民法院关于审理建设工程施工合同纠纷案件适用法律问题的解释（一）》第三条第二款。

分歧。

地质勘察的目的主要是查明、分析、评价建设场地的地质、环境特征和岩土工程条件，在地基与基础工程施工完成后是需要隐蔽的，一旦隐蔽，很多时候是不具备破坏勘验的条件的。在不能破坏的情况下只能根据现有的地质勘察资料进行工程造价的鉴定。在笔者团队代理的一起案件中，地质勘察报告显示为松石，但在实际施工时发现是坚石，该案中，这一项价差就有六百多万。在第一次对鉴定意见征求稿发表意见时，鉴定单位是按照松石计算工程造价的，施工单位提供的签证单上只有土石比，也没有明确石的类别，笔者团队申请对石的类别进行鉴定，承办法官没有明确拒绝，但不太同意。其实对已经开挖运走的石的类别进行鉴定是不太可能的，因为要鉴定的对象已经不存在，按道理无法鉴定，只能对开挖断面石的类别进行鉴定来推导已开挖部分的情况，但这只是推导，并不是直接证据，这对施工单位是极其不利的。从证据的角度来讲，除了地质勘察报告外没有其他证据显示是坚石，而地质勘察报告记载的是松石。后来有了转机，笔者团队在施工单位处找到一份被施工单位遗忘的签证单，该签证单上记载石的类别为坚石，最后鉴定单位进行了相应的调整，即按坚石计价。这也说明了建设工程案件中，委托人根据要求按材料清单提供的材料，只是代理律师所需要的常规资料，而不能穷尽所有，就如前述案件。

另外，因为地质勘察报告不准确，地质勘察单位还可能承担工程质量缺陷责任。

典型案例 11

地质勘察报告记载事项是否准确，直接影响建设工程质量

——某房地产开发有限公司、某建设集团股份有限公司、某建设管理有限公司与某研究总院有限公司、某工程咨询管理有限公司、某勘察院建设工程合同纠纷案[1]

2012 年 8 月，案涉工程地下室防水底板出现开裂、渗漏、隆起现象，并存在地下室积水。2013 年 5 月，某建设集团股份有限公司进行了加固施工。2013 年 11 月，案涉工程地下室再次出现防水底板开裂、隆起现象，部分框架柱底底板开裂，同时伴有大量地下水涌出。

关于工程质量责任及损害赔偿责任承担的问题。《建设工程质量管理条例》第三条规定："建设单位、勘察单位、设计单位、施工单位、工程监理单位依法对建设工程质量负责。"本案中，建设工程出现质量问题，给发包人造成了损害，责任方应就该损害向发包人赔偿。

(1) 某建设管理有限公司（勘察单位）的责任。《建设工程质量管理条例》第五条规定："从事建设工程活动，必须严格执行基本建设程序，坚持先勘察、后设计、再施工的原则。"第二十条规定："勘察单位提供的地质、测量、水文等勘察成果必须真实、准确。"

[1] 参见山东省高级人民法院（2020）鲁民终 2572 号民事判决书。

检测意见认为，某建设管理有限公司出具的地质勘察报告中未提供地下水位变化幅度，补充说明提供的地下水位建议值不准确，不符合《岩土工程勘察规范》GB 50021—2001（2009年版）的要求。某建设管理有限公司抗辩称，建设工程场地地质条件简单，其按照勘察规范布孔，未发现地下水，故未提供地下水变化幅度及地下水位建议值，不违反勘察规范。另，地下室积水系因肥槽回填、压实未达到设计要求，且排水措施未到位，雨水（地表水）进入基坑造成地下室底板开裂，某房地产开发有限公司应当承担主要过错责任。

某建筑工程司法鉴定中心答复，第一，勘察单位应当对地表水和地下水之间的补给和排泄对地下水位的影响进行统筹考虑。第二，案涉工程地质条件为上下五层，地质情况比较复杂。第三，暴雨是造成水位上升的一个因素，但是否是全部因素无法判断。第四，勘察现场时已完成肥槽回填，但暴雨时肥槽回填情况不明。第五，2018年勘察现场时没有降雨，但地下室仍有水，无法判断是地表水还是地下水，抽干后仍有反水。第六，工程不属于重大工程，但应当收集水文资料，给设计单位提供防水水位。

二审法院认为，某建筑工程司法鉴定中心针对某建设管理有限公司的异议进行了答复，某建设管理有限公司未提供充分的反驳理由或证据，上述检测意见应予采纳。《岩土工程勘察规范》GB 50021—2001（2009年版）第7.1.1条规定："岩土工程勘察应根据工程要求，通过搜集资料和勘察工作，掌握下列水文地质条件：1　地下水的类型和赋存状态；2　主要含水层的分布规律；3　区域性气候资料，如年降水量、蒸发量及其变化和对地下水位的影响；4　地下水的补给排泄条件、地表水与地下水的补排关系及其对地下水位的影响；5　勘察时的地下水位、历史最高地下水位、近3～5年最高地下水位、水位变化趋势和主要影响因素。"某建设管理有限公司作为勘察单位未按照上述勘察规范要求，掌握水文信息，在勘察报告中未提供地下水位变化幅度，补充说明提供的地下水位建议值不准确，后设计单位依据该勘察报告未对地下室作出相应的抗浮设计，最终导致地下室底板破裂，是造成本案建设工程质量问题的主要原因，某建设管理有限公司应当承担相应的责任。一审法院确认某建设管理有限公司承担25%的责任比例，并无不当。某建设管理有限公司应当赔偿某房地产开发有限公司地下室防水加固维修费16398313.89元（65593255.56元×25%）、租金损失911569.81元[（2013年度租金16903.94元+2014年度租金3629375.31元）×25%]。

（2）某研究总院有限公司（设计单位）的责任。《建设工程质量管理条例》第二十一条规定："设计单位应当根据勘察成果文件进行建设工程设计。设计文件应当符合国家规定的设计深度要求，注明工程合理使用年限。"

二审法院认为，某研究总院有限公司以勘察单位出具的勘察报告为据，抗辩称因案涉场地未见地下水，故无需对案涉工程地下室进行抗浮设计，其理由并不充分。

第一，根据检验报告，发生工程质量问题的主要原因是勘察单位未提供地下水变化幅度及建议值。虽然在此情况下，尚无强制性规范要求必须进行抗浮设计，但某研究总院有限公司作为专业的设计机构，其履行合同不仅应当符合国家法律、法规，符合工程行业的标准和规范，还应当秉持专业的精神，最大限度地尽到专业机构的注意义务，提供合理可使用的设计方案，保证工程按照设计方案施工后能够正常投入使用。

第二，勘察报告指出案涉工程地处丘陵地区，《建筑地基基础设计规范》GB 50007—2011 第 6.1.1 条规定："山区（包括丘陵地带）地基的设计，应对下列设计条件分析认定……8 地面水、地下水对建筑地基和建设场区的影响。"某研究总院有限公司在设计案涉工程时未考虑地表水大量渗入及进行相应的抗浮设计，其以谷歌地图照片显示附近丘陵已经平整为由不予考虑地面水因素，未尽到专业机构的合理注意义务。

第三，勘察报告记载的勘察范围长 214m、宽 36.5m，但设计方案中为长 210m、宽 78m，设计面积远超勘察面积。在此情况下，某研究总院有限公司没有建议勘察单位进行补充勘察或作出明确说明，未尽到合理的注意义务。某研究总院有限公司援引《岩土工程勘察规范》GB 50021—2001（2009 年版）第 4.1.15 条的规定，主张中等复杂工程勘察勘探点间隔为 15～30m，其设计图纸未超过 30m 范围。对此，二审法院认为，该条文是确定勘察勘探点间距的相关规范要求，并未规定设计单位可在此范围内进行设计，也未免除设计单位超过勘察范围进行设计的注意义务，故某研究总院有限公司的该抗辩理由并不充分。

综上，本案工程抗浮设计存在疏漏，且该疏漏与工程受损之间存在因果关系，故某研究总院有限公司应当承担相应的责任。考虑到抗浮设计存在遗漏主要是由于勘察报告缺失相关记载，故某研究总院有限公司承担 10％的赔偿责任为宜。某研究总院有限公司应当赔偿某房地产开发有限公司地下室防水加固维修费 6559325.56 元（65593255.56 元×10％）、租金损失 364627.93 元［（2013 年度租金 16903.94 元＋2014 年度租金 3629375.31 元）×10％］。

（3）某建设集团股份有限公司（施工单位）的责任。《建设工程质量管理条例》第二十八条规定："施工单位必须按照工程设计图纸和施工技术标准施工，不得擅自修改工程设计，不得偷工减料。施工单位在施工过程中发现设计文件和图纸有差错的，应当及时提出意见和建议。"

检测报告认为，部分框架柱基础附近未连续浇筑，存在施工冷缝，不符合《地下工程防水技术规范》GB 50108—2008 第 4.1.24 条"防水混凝土应连续浇筑，宜少留施工缝"的要求。底板厚度偏小，不符合《地下防水工程质量验收规范》GB 50208—2011 第 4.1.19 条"防水混凝土结构厚度不应小于 250mm，其允许偏差应为＋8mm、－5mm"的要求，是施工偏差造成的；地下室外墙及顶板存在多处渗漏现象，不符合《混凝土结构工程施工质量验收规范》GB 50204—2015 第 8 章的要求；部分底板板顶存在沿南北方向的裂缝，裂缝沿板厚贯通至板底，不符合《地下防水工程质量验收规范》GB 50208—2011 第 4.1.18 条"防水混凝土结构表面的裂缝宽度不应大于 0.2mm，且不得贯通"的要求，该裂缝可能是材料自身收缩产生的，属非受力裂缝，是施工养护没有达到规范要求而造成的，收缩裂缝混凝土底板与柔性防水通过摩擦作用也可以造成柔性防水破坏。上述检测意见表明，某建设集团股份有限公司存在未按设计图纸和施工技术标准施工的情形，即存在施工瑕疵。同时，鉴定人当庭表示："如果说没有其他原因光施工企业这点质量瑕疵不足以导致地下室出现渗水、漏水，施工单位的瑕疵主要在两方面，一方面是施工防水底板厚度，设计为250mm，允许+8mm、-5mm偏差，最大的实际偏差-15mm，偏差幅度较小。另外存在冷缝问题，但是如果地下水位较小，不足以导致冷缝漏水问题。”二审法院对上述检测意见予以采纳。据此，虽然案涉工程已完成验收手续，但检测意见表明某建设集团股份有限公司存在施工瑕疵，且该瑕疵与工程质量存在一定的因果关系，故某建设集团股份有限公司仍应承担相应责任。考虑到施工瑕疵并非造成本案工程质量问题的主要原因，某建设集团股份有限公司承担10%的赔偿责任为宜。某建设集团股份有限公司应当赔偿某房地产开发有限公司地下室防水加固维修费6559325.56元(65593255.56元×10%)、租金损失364627.93元[(2013年度租金16903.94元+2014年度租金3629375.31元)×10%]。

【评析】工程地质勘察报告，是勘察人查明、分析、评价建设场地的地质、环境特征和岩土工程条件等一系列的勘察活动，是工程地质勘察工作的总结。勘察报告是工程项目设计的依据，其准确性直接影响建设工程质量。

（九）招标投标文件

招标，是最富有竞争的一种采购方式，是招标人寻找最优商业对象的一种行为。招标分为公开招标和邀请招标。公开招标，是指招标人以招标公告的方式邀请不特定的法人或者其他组织参与投标。邀请招标，是指招标人以投标邀请书的方式邀请特定的法人或者其他组织参与投标。不管是公开招标还是邀请招标，都有招标文件和投标文件。

招标文件是招标人向潜在投标人发出的，意在向潜在投标人提供编写投标文件所需要的资料、要求以及招标投标的程序和规则等内容的书面或电子文件。根据《招标投标法》的规定，招标人应当根据招标项目的特点和需要编制招标文件。招标文件应当包括招标项目的技术要求、对投标人资格审查的标准、投标报价要求和评标标准等所有实质性要求和条件以及拟签订合同的主要条款。国家对招标项目的技术、标准有规定的，招标人应当按照其规定在招标文件中提出相应要求。招标项目需要划分标段、确定工期的，招标人应当合理划分标段、确定工期，并在招标文件中载明。

因此，结合《房屋建筑和市政基础设施工程施工招标投标管理办法》的规定，房屋建筑和市政工程招标文件一般包括以下内容：①投标须知，包括工程概况，招标范围，资格审查条件，工程资金来源或者落实情况，标段划分，工期要求，质量标准，现场踏勘和答疑安排，投标文件编制、提交、修改、撤回的要求，投标报价要求，投标有效期，开标的时间和地点，评标的方法和标准等；②招标工程的技术要求和设计文件；③采用工程量清单招标的，应当提供工程量清单；④投标函的格式及附录；⑤拟签订合同的主要条款以及要求投标人提交的其他材料。

投标人应当按照招标文件的要求编制投标文件。投标文件应当对招标文件提出的实质性要求和条件作出响应。招标项目属于建设施工的，投标文件的内容应当包括拟派出的项目负责人与主要技术人员的简历、业绩和拟用于完成招标项目的机械设备等。投标文件一般分为商务标和技术标。包括内容有：①投标函；②施工组织设计或者施工方案；③投标报价；④招标文件要求提供的其他材料。

为什么招标、投标文件在诉讼案件中具有重要地位呢？第一，当承发包双方签订的施工合同与招标文件、投标文件、中标通知书载明的工程范围、建设工期、工程质量、工程价款等不一致时，应将招标文件、投标文件、中标通知书作为结算工程价款的依据。第二，在采用工程量清单招标的工程中，招标人对工程量清单的准确性负责，投标人对投标报价负责。当双方在履行合同过程中发生分歧时，招标工程量清单是最直接的证据。工程量清单中项目特征描述是投标人投标报价的依据，如果项目特征描述不准确，由招标人承担责任。同时，在招标工程量清单漏项时，也由招标人承担责任。第三，对于投标文件中的技术标，投标人通常根据招标要求、设计施工图纸等资料，编制施工组织设计，施工组织设计按编制对象可分为施工组织总设计、单位工程施工组织设计和施工方案。内容包含：施工部署；施工进度计划；施工准备与人工、材料、机械设备等资源配置计划；主要施工方案等。因发包人原因导致工期延误时，可以根据施工进度计划查找工期延误是否在关键线路上，以确定工期是否顺延等事宜。在承包人实际施工但未能提供签证材料证明发包人同意施工的情况下，可以提供施工方案或专项施工方案以证明其施工是经发包人同意的。当然，招标投标文件的证明作用远不止这些，应根据实际需要灵活运用招标投标文件。

典型案例 12

当事人签订的施工合同与招标文件、投标文件、中标通知书等不一致的，应当将招标文件、投标文件、中标通知书作为结算工程价款的依据

——某设计院（上海）有限公司、某矿业有限公司与某股份有限公司河南分公司、某股份有限公司建设工程合同纠纷案[1]

关于某矿业有限公司应否向某设计院（上海）有限公司支付《商务合同》和《中标通知书》的差价款 9017300 元的问题。最高人民法院二审认为，《建设工程施工合同解释（二）》第十条[2]规定："当事人签订的建设工程施工合同与招标文件、投标文件、中标通知书载明的工程范围、建设工期、工程质量、工程价款不一致，一方当事人请求将招标文件、投标文件、中标通知书作为结算工程价款的依据的，人民法院应予支持。"根据已经查明的事实，2014 年 12 月，《中标通知书》载明的中标金额为 34401.73 万元。2015 年 3 月 18 日，某设计院（上海）有限公司与某股份有限公司河南分公司签订《商务合同》，第

[1] 参见最高人民法院（2021）最高法民终 450 号民事判决书。

[2] 参见《最高人民法院关于审理建设工程施工合同纠纷案件适用法律问题的解释（一）》第二十二条。

5条“合同工程价款”载明：“根据2014年12月8日某股份有限公司河南分公司《中标通知书》，本合同工程第2条‘工程承包范围及内容’的总价款为33500万元。”《商务合同》签订在《中标通知书》之后，约定的工程价款和《中标通知书》载明的工程价款不一致，根据上述司法解释的规定，应当以《中标通知书》载明的金额认定合同内工程价款。某矿业有限公司主张是由于设备采购部分减少致使工程价款减少，但对此未提交充分证据证明。某矿业有限公司主张关于工程价款的降低是双方已达成合意，不会扰乱招标投标秩序，但招标投标过程中，工程价款是确定投标方的一个重要考虑因素，在中标之后双方任意改变工程价款的行为违反《招标投标法》规定的公开、公平、公正和诚实信用的原则，故某矿业有限公司主张以变更后的金额作为结算依据的理由不能成立。

【评析】工程范围、建设工期、工程质量、工程价款属于合同的实质性内容，当事人签订的合同与招标投标文件、中标通知书等不一致的，应当将招标文件、投标文件、中标通知书作为结算工程价款的依据。就本案，《商务合同》约定的价款与中标通知书的价款的差额，实际是某设计院（上海）有限公司作出的让利，变相降低工程价款，背离了中标通知书的实质性内容，某设计院（上海）有限公司请求按照中标合同确定工程价款，应予支持。

（十）招标文件答疑资料

招标文件答疑，是指投标人在购买招标文件后，对招标人提供的招标文件以及招标文件的澄清或者修改等内容提出疑问，由招标人进行答复或回复。招标文件答疑，系招标人就投标人对招标文件内容的疑问进行的进一步解释、明确，属于招标文件的附属内容，对招标人、投标人均具有约束力。招标文件答疑一般是在购买招标文件之后，开标之前作出的，因此，当招标文件内容与招标文件答疑不一致时，应当以招标文件答疑为准。招标文件答疑与招标文件澄清，均是招标人对招标文件内容的进一步解释、明确。所不同的是，招标文件澄清是招标人发现招标文件内容描述不清、数据不正确等事项后主动进行的修改、补充。而招标文件答疑中招标人是被动的，是投标人发现或认为招标文件内容有歧义或需要解答而向招标人提出疑问。

投标人在研读招标文件以及对工程建设项目进行现场踏勘后，发现招标文件存在缺陷，结合自身的施工经验，向招标人提出疑问。但有经验的投标人并不是将所有问题全部反馈或向招标人提出，而是根据实际情况以及项目中标后的利益最大化原则向招标人提出。在实践中，投标人一般不在招标投标阶段提出问题的情况主要有：①中标后能通过签证或索赔解决的事项，且能获取更多效益的；②招标工程量清单项目特质描述与现场实际不符，用投标报价进行优化以便在施工中变更单价的；③工程量清单有漏项或工程量偏差较大的；④招标图纸设计不完整的。但是，如果存在影响废标、报价以及招标文件自身矛盾等事项，一定要在投标阶段提出。

典型案例 13

招标文件答疑属于招标文件的组成内容，对招标人和投标人均具有约束力
——某集团有限公司与某工贸有限责任公司建设工程施工合同纠纷案[1]

关于火工品是否应当予以调差的问题。新疆维吾尔自治区高级人民法院一审认为，本案双方当事人对火工品是否应予调差产生分歧，原因在于双方对《施工承包合同》中关于火工品调差条款的理解产生争议。某工贸有限责任公司主张火工品价格指标 3 元/m^3 是以当时某露天煤矿现场火工品的价格为基准，火工品调差的前提条件是政府出厂指导价格发生变化，而计算公式中的“现场混装多孔粒状铵油炸药新的价格＋现场混装乳化炸药新的价格”应指变化后的政府出厂指导价。某集团有限公司则主张火工品价格指标 3 元/m^3 是由基准价形成的，只要市场价高于《施工承包合同》中的调差公式分母“4800 元＋5100 元”，就应当调整。《合同法》第一百二十五条[2]规定：“当事人对合同条款的理解有争议的，应当按照合同所使用的词句、合同的有关条款、合同的目的、交易习惯以及诚实信用原则，确定该条款的真实意思。”某工贸有限责任公司于 2011 年 9 月 23 日发出的《招标答疑》中针对某集团有限公司提出的“火工品的价格为 3 元/m^3 价格的计价基础为多少”的问题明确回答称：“招标书规定的火工品指标以现场（指某露天煤矿）目前火工品的价格为基准，投标人应在考察现场时自行收集。”双方当事人在《施工承包合同》第 26.2 款“甲供火工品指标”中亦约定：“……（1）穿爆过程中的火工品包括炸药、雷管、导爆索、导爆管等。火工品由某工贸有限责任公司按照 3 元/m^3 的指标向某集团有限公司提供，即每爆破 1m^3 岩石，则某工贸有限责任公司负责提供价值为 3 元的火工品材料。本指标由某集团有限公司包干使用，超标费用由某集团有限公司承担。（2）在合同工期内，对于穿爆过程中招标人火工品的供应指标，将根据炸药的政府出厂指导价格的变化情况而作相应调整，调整公式如下：招标人火工品供应指标（基期为 3 元/m^3）＝3 元/m^3×（1＋炸药价格变化百分比×0.7），其中：炸药价格变化百分比＝［（现场混装多孔粒状铵油炸药新的价格＋现场混装乳化炸药新的价格）/（4800＋5100）－1］”。依据上述约定内容，某工贸有限责任公司的主张符合对上述条款文字的通常理解。某工贸有限责任公司虽在 2013 年 7 月与某集团有限公司的结算单中对 2012 年度火工品调差款 7307997 元签字确认，但其在之后的结算中均未对某集团有限公司提出的火工品调差请求予以认可，并多次回函表示火工品调差的条件不成就，故仅一次的签字确认，尚不足以确定双方的交易习惯，不足以证明某集团有限公司关于合同条款的理解是双方当事人的真实意思表示。综上，一审法院对某集团有限公司关于上述条款内容的主张不予支持。

---

[1] 参见最高人民法院（2020）最高法民终 348 号民事判决书。

[2] 参见《民法典》第一百四十二条、《最高人民法院关于适用〈中华人民共和国民法典〉合同编通则若干问题的解释》第一条。

最高人民法院二审认为，首先，根据《施工承包合同》第26.2款“在合同工期内，对于穿爆过程中招标人火工品的供应指标，将根据炸药的政府出厂指导价格的变化情况而作相应调整，调整公式如下：招标人火工品供应指标（基期为3元/m^3）＝3元/m^3×（1＋炸药价格变化百分比×0.7），其中：炸药价格变化百分比＝［（现场混装多孔粒状铵油炸药新的价格＋现场混装乳化炸药新的价格）/（4800＋5100）］－1”的约定，政府出厂指导价格的变化是火工品调差的前提条件。根据《国家发展和改革委员会关于调整民用爆破器材出厂价格的通知》（发改价格〔2008〕2079号）第二条“扩大民用爆破器材出厂指导价格允许浮动幅度。民用爆破器材出厂指导价格允许浮动幅度由现行下浮5%、上浮10%，扩大为上下15%。企业可根据国家规定的出厂基准价格，在允许的浮动幅度内自主定价”的规定，由于国家发展改革委并未在该通知中对指导价格作出调整或变化，所以某集团有限公司主张调差不符合合同约定和法律规定。其次，根据《价格法》第三条第四款“政府指导价，是指依照本法规定，由政府价格主管部门或者其他有关部门，按照定价权限和范围规定基准价及其浮动幅度，指导经营者制定的价格”的规定，政府指导价包括基准价，也包括在该基准价基础上允许浮动的幅度。因此，在政府指导价未发生变化时，一审法院认定案涉双方当事人约定火工品应予调差的前提条件不成就，并无不当。再次，根据《某露天煤矿剥离及采煤工程施工邀请招标答疑》（以下简称《招标答疑》）中问题12“招标书规定的火工品指标以现场（指某露天煤矿）目前火工品的价格为基准，投标人应在考察现场时自行收集”的内容以及某集团有限公司于2011年9月26日出具的《确认函》中“关于吉矿工程的施工邀请招标答疑我公司已收悉”的内容可知，某集团有限公司对于火工品现场价格是知悉的。合同和项目负责人签字及火工品结算发票、销售结算书等一系列证据证实，当时别矿的铵油炸药的价格为6458.4元/吨，乳化炸药的价格为6862.05元/吨，此价格正是根据国家发展改革委上述文件中的铵油炸药价格4800元/吨，乳化炸药价格5100元/吨，加上上浮15%的浮动之后加上17%的增值税的价格。综上，某集团有限公司基于对合同条款的错误理解而提出的火工品调差缺乏事实依据。

【评析】招标文件答疑，是招标人就投标人对招标文件内容的疑问进行的进一步解释、明确，属于招标文件的组成内容，对招标人、投标人均具有约束力。

典型案例14

招标文件答疑是招标人就招标文件及工程资料中不清晰、表述矛盾等事宜的一一回复

——某汽车有限公司与某建设集团有限公司建设工程施工合同纠纷案❶

关于量价争议部分第5项（建设单位下发图纸时原工程已完工，按照下发图纸施工导

❶ 参见湖北省高级人民法院（2021）鄂民终22号民事判决书。

致重新搭拆支架，增加施工工艺）2347634.97元是否应当认定的问题。二审法院认为，某汽车有限公司上诉主张某建设集团有限公司在投标时已经明确知晓存在电气支架、动力支架和水施支架等，充分预料到了电气支架、动力支架和水施支架有交叉、避让等复杂施工因素，就电气、动力和水施工程进行分项报价，并在报价中考虑了这部分风险，虽然施工蓝图存在后补情况，但根据招标文件的规定，该种情形不足以导致重新组价。鉴定机构以电气工程、动力工程、水施工程中的支架平均价作为该项目的单价缺乏依据，该项应以某建设集团有限公司对应的清单报价计价。经查，工程招标时此项无设计图，而招标答疑纪要补充说明，此项工程量暂定，支吊架产生费用按照后续所出蓝图据实结算。此项在招标清单中描述为母线支架、钢管支线、照明灯具等电气工程支架，与后续蓝图中管道支架描述的电气工程、动力工程、水施工程等支架并不完全相同。而某建设集团有限公司是根据招标清单按照电气管道支架报价的，故某汽车有限公司该项上诉理由不能成立，一审判决采信鉴定机构按后补蓝图据实结算，综合单价根据某建设集团有限公司投标预算中电气工程、动力工程、水施工程中的支架平均价取定的计价方式，认定该项工程造价为2347634.97元并无不当。

【评析】招标过程中的答疑一般是指在潜在投标人购买招标文件或现场踏勘后对招标人提供的招标文件及工程资料中不清晰、表述矛盾等事宜提出疑问，由招标人就疑问一一回复。本案争议部分工程在招标时无设计图，而招标答疑纪要补充说明中明确此项工程量暂定，支吊架产生费用按照后续所出蓝图据实结算，这足以说明，支吊架产生费用在招标阶段缺乏报价的基础，最终按后补蓝图据实结算工程款是正确的。

（十一）中标通知书

从招标投标的程序来看，招标人发出招标公告或投标邀请，是以要约邀请的形式希望潜在的投标人投标。投标人投标，是以投标书形式表现的投标人希望与招标人订立合同的意思表示，属于要约。中标，即为招标人对投标人的承诺，当事人意思表示一致，随即招标人向投标人发出中标通知书。中标通知书是对投标文件的确认，是招标人承诺的书面形式。中标通知书发出，“中标合同”即告成立并生效。如果中标通知书变更合同价款等实质性内容，则不构成承诺，“中标合同”不成立。

如前所述，在招标投标中，中标通知书为招标人对投标人的承诺，中标通知书一旦作出承诺即生效。根据《民法典》的规定，承诺生效时合同成立，依法成立的合同，自成立时生效，法律另有规定或者当事人另有约定的除外。《招标投标法》第四十五条第二款规定：“中标通知书对招标人和中标人具有法律效力。中标通知书发出后，招标人改变中标结果的，或者中标人放弃中标项目的，应当依法承担法律责任。”第四十六条第一款规定：“招标人和中标人应当自中标通知书发出之日起三十日内，按照招标文件和中标人的投标文件订立书面合同。招标人和中标人不得再行订立背离合同实质性内容的其他协议。”实务界和理论界对这些法律条文的理解不一致，产生了不同的看法。中标通知书发出后合同的成立生效时间如何确定？以及中标通知书发出后，招标人改变中标结果的，或者中标人放弃中标项目的，应当承担什么样的法律责任？目前主要有以下几种观点：①中标通知书发出后，合同还未成立；②中标通知书发出后，合同已成立但未生效；③中标通知书发出后，合同成立并生效[1]；④中标通知书发出后，双方之间形成的是预约合同。

在中标通知书发出后，招标人改变中标结果的，或者中标人放弃中标项目的，根据《最高人民法院关于适用〈中华人民共和国民法典〉合同编通则若干问题的解释》第四条的规定，这种情形应当承担的是违约责任。

（十二）施工组织设计

施工组织设计，是以施工项目为对象编制，用以指导施工的技术、经济和管理的综合性文件。应在人力和物力、时间和空间、技术和组织上，作出一个全面而合理的计划安排，保证工程施工活动有序、高效、科学地进行。施工组织设计按编制对象，可分为施工组织总设计、单位工程施工组织设计和施工方案。施工组织设计按形成时间，可分为用于投标的指导性施工组织设计和中标后用于施工的实施性施工组织设计。实务中，编制投标阶段施工组织设计，强调的是符合招标文件要求，以中标为目的；编制实施阶段的施工组织设计，强调的是施工管理的可操作性。

施工组织总设计，是以若干单位工程组成的群体工程或特大型项目为主要对象编制的施工组织设计，对整个项目的施工过程起统筹规划、重点控制的作用。如某高校新校区，由图书馆、教学楼、宿舍楼等多个单位工程组成，施工组织总设计就是针对整个工程项目进行的总体部署，具有宏观性，体现指导性和原则性。

单位工程施工组织设计，是以单位（子单位）工程为主要对象编制的施工组织设计，对单位（子单位）工程的施工过程起指导和制约作用。单位工程施工组织设计具有宏观性，主要以单位工程作为编制对象。对于已经编制了施工组织总设计的项目，单位工程施工组织设计应是施工组织总设计的进一步具体化，直接指导单位工程的施工管理和技术经济活动。如针对某高校新区中的一号教学楼进行施工组织设计编制，是在施工组织总设计的基础上进一步细化。

施工方案，是以分部（分项）工程或专项工程为主要对象编制的施工技术与组织方案，用以具体指导其施工过程。重点、难点分部分项工程和危险性较大的分部分项工程施工前应编制专项施工方案，对超过一定规模的危险性较大的分部分项工程，应当组织专家对施工方案进行论证。

施工组织总设计的基本内容主要有工程概况、总体施工部署、施工总进度计划、主要施工方法、施工总平面布置等。

单位工程施工组织设计的基本内容主要有工程概况、施工部署、施工进度计划、施工准备与资源配置计划、主要施工方案、施工现场平面布置等。

---

[1] 最高人民法院采纳了该种观点。

施工方案的基本内容主要有工程概况、施工安排、施工进度计划、施工准备与资源配置计划、施工方法及工艺要求等。

施工进度计划在进度计划中应反映出各施工区段或各工序之间的搭接关系，施工期限和开始、结束时间。施工进度计划采用网络图或横道图表示。

横道图，即甘特图，以图示的形式，将时间与活动相结合，表示一项工作任务、计划、工作的开始时间和完成时间、工作持续时间、工作之间的搭接关系。某工程进度计划横道图如图 3-1 所示。

某工程项目进度计划横道图

单位：万元

分项工程	进度计划/周								
	1	2	3	4	5	6	7	8	9
A	10	10	10						
B		15	15	15					
C		10	10	10	10				
D				10	10	10			
E					10	10	10	10	
F						10	10	10	10

图 3-1　某工程进度计划横道图

网络图，由箭线和节点组成，是用来表示工作流程的有向、有序网状图像。我国《工程网络计划技术规程》JGJ/T 121—2015 推荐常用的工程网络计划类型包括：①双代号网络计划；②单代号网络计划；③双代号时标网络计划；④单代号搭接网络计划。某项目进度计划网络图如图 3-2 所示。

资源配置，主要指的是对施工项目拟使用的人工、材料、机械设备的投入及计划安排。资源配置计划应包括下列内容：①劳动力配置计划，确定工程用工量并编制专业工种劳动力计划表；②物资配置计划，包括工程材料和设备配置计划、周转材料和施工机具配置计划以及计量、测量和检验仪器配置计划等。

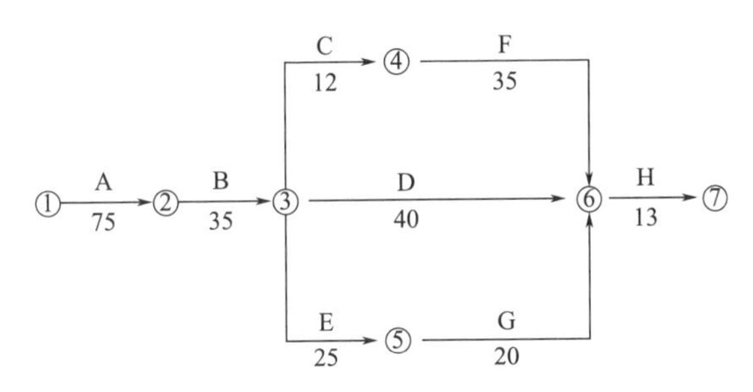

图 3-2　某项目进度计划网络图

为什么律师作为代理人需要收集施工组织设计这一项资料呢？在施工组织设计或施工方案甚至是专项施工方案中，有承包人对施工进度计划、资源配置等的安排，对具体分部分项工程或单项工程的开始施工、完成时间以及资源投入有预期，一旦施工期间有其他因素介入，将可能导致工期延误和资源投入增加，在工期延误的情况下，可以对比施工进度计划确定工期延误的时间点以及延误时间是否在关键线路上等，再根据已知情况，提起工期和（或）费用索赔。资源配置计划，可以作为费用索赔的参考及依据。

另外，《建设工程施工合同解释（一）》第二十条规定："当事人对工程量有争议的，按照施工过程中形成的签证等书面文件确认。承包人能够证明发包人同意其施工，但未能提供签证文件证明工程量发生的，可以按照当事人提供的其他证据确认实际发生的工程量。"按照该条的规定，在工程量未办理签证的情况下，承包人需要证明发包人同意其施工。在实务中，未签证的情况下，施工方案或专项施工方案一般都有监理人员的签字，监理单位是发包人的委托人，而监理人员代表的是监理单位，其签字实际上是同意承包人施工，故施工方案或专项施工方案可以作为发包人同意承包人施工的证据。

因此，施工组织设计主要与工期延误、工期索赔、费用索赔、证明发包人同意承包人施工等相关。

典型案例 15

施工方案可以作为监理单位同意施工单位施工的证据

——某投资（控股）集团有限公司与某房地产开发有限公司建设工程施工合同纠纷案[1]

某投资（控股）集团有限公司通过招标投标程序，中标某房地产开发有限公司建设的某广场项目。后双方因争议诉讼至法院，鉴定人就当事人对鉴定意见的异议进行了答复。

（1）2013 年冬期施工费 307076.72 元。案涉《专项施工方案审批表》中，建设单位审批意见为：同意该方案。故建设单位知晓并同意此笔费用发生，应当计入工程造

[1] 参见最高人民法院（2021）最高法民终 1053 号民事判决书。

价中。

（2）2014年冬期施工费381167.13元。案涉《专项施工方案审批表》中，建设单位审批意见为：同意该方案，但冬季赶工所需费用不计取。可见，虽然建设单位同意按此方案在冬期施工，但强调不应当另行计取费用，施工单位当时对审批表中建设单位的意见并未提出异议，故此笔费用不能计入工程造价中。某投资（控股）集团有限公司主张此项费用有违施工实际情况。

（3）2台（定额）塔式起重机基础与2台（方案）塔式起重机基础差价713688.89元。某房地产开发有限公司认为是否完全施工无工程签证单证实。经审查，经建设单位和监理单位签字确认的案涉《施工组织设计（施工方案）报审表》和《塔式起重机基础专项方案审批表》（2013年4月25日）及《塔式起重机基础施工方案》（编制时间2013年3月），确认了塔式起重机数量、型号及详细的施工方案部署。后在2013年7月份的《工程例会纪要》中记载了施工单位介绍的塔式起重机基础等施工情况，并由建设单位、施工单位等各方参会人员签字确认。可见，塔式起重机部分按照方案进行了实际施工，鉴定人依据经建设单位和监理单位共同签字确认的施工方案计算此项费用，有事实依据，某房地产开发有限公司的抗辩理由无证据佐证，不予支持。此项费用应当计入工程造价中。

（4）另一台塔式起重机的进出场、安拆及（方案）基础的费用－65548.88元。如上所述，某投资（控股）集团有限公司按照《塔式起重机基础施工方案》施工，某房地产开发有限公司主张的只应有1台塔式起重机进场、安装施工的理由不能成立，所以不应当减去1台塔式起重机的进出场、安拆及（方案）基础的费用，即不应在工程造价中扣减65548.88元。

最高人民法院二审认为，《施工组织设计（施工方案）报审表》《塔式起重机基础专项方案审批表》《塔式起重机基础施工方案》等确认了塔式起重机数量、型号及详细的施工方案部署，某房地产开发有限公司和监理单位均已签字确认。《工程例会纪要》中记载了施工单位介绍的塔式起重机基础等施工情况，并由某房地产开发有限公司、某投资（控股）集团有限公司等参会人员签字确认，某房地产开发有限公司并未提出异议。是否必须使用两台塔式起重机属于施工方案问题，鉴定人虽认为施工方案的合理性需要由专家进行确定，但结合上述证据，能够证明案涉工程实际使用了两台塔式起重机，也能够证明某房地产开发有限公司在施工时同意某投资（控股）集团有限公司按照施工方案使用两台塔式起重机。故对某房地产开发有限公司关于塔式起重机费用与客观实际不符的主张，最高人民法院不予支持。

【评析】施工组织设计虽然只是技术资料，但能从客观上反映工程的实际情况以及施工已经过发包人或监理人同意。如本案，虽然没有签证等资料证明某房地产开发有限公司要求某投资（控股）集团有限公司使用塔式起重机，但根据施工组织设计及施工方案，能确认某房地产开发有限公司在施工时同意某投资（控股）集团有限公司按照施工方案使用两台塔式起重机。《建设工程施工合同解释（一）》第二十条规定："当事人对工程量有争议的，按照施工过程中形成的签证等书面文件确认。承包人能够证明发包人同意其施工，但未能提供签证文件证明工程量发生的，可以按照当事人提供的其他证据确认实际发生的工程量。”该条实质就是关于不能提供签证文件证明工程量情形下的处理方式的规定。

类似案例有最高人民法院（2020）最高法民终1145号案件。争议焦点：3号楼及D1地库高大模板支撑增加造价应否计取。某商业控股有限公司上诉称，案涉建设工程施工合同第8.7条约定“甲方对施工组织设计方案的确认是对施工组织设计方案可行性的确认，并不是对所涉及费用的确认，施工组织设计属于乙方自身的施工措施，所增加的人工、材料、机械等措施费用均由乙方自身承担”，故3号楼及D1地库高大模板支撑增加的费用不应计取。最高人民法院二审认为，案涉建设工程施工合同第6.1.1（b）条约定“所有的施工技术方案及施工组织设计方案，必须经总监代表、甲方工地总代表签署后方为有效，如果没有总监代表、甲方工地总代表的签字，乙方擅自施工，则不予结算费用”。案涉3号楼及D1车库高大模板支撑方案经过专家论证，已得到监理方和某商业控股有限公司工地总代表的认可，原审法院据此认定对于3号楼及D1地库高大模板支撑增加的费用应当予以结算，并无不当，某商业控股有限公司该项主张依据不足，不能成立。

（十三）施工现场情况

施工现场情况，主要是拟建项目场地的实际情况，如发包人是否按照合同约定完成“三通一平”或“七通一平”等。向承包人移交施工场地是发包人的基本义务，发包人不能如期提供施工场地等，可能会导致承包人不能按时开工，工期会迟延。因此，在发包人迟延提供施工场地等的情况下，可能存在承包人可以提起工期索赔、费用索赔的情形。

（十四）建设工程施工合同

合同，是民事主体之间设立、变更、终止民事法律关系的协议，是民事主体意思表示一致的结果。当事人订立合同，可以采用书面形式、口头形式或者其他形式。根据《民法典》的规定，所谓书面形式，是指合同书、信件、电报、电传、传真等可以有形地表现所载内容的形式。以电子数据交换、电子邮件等方式能够有形地表现所载内容，并可以随时调取查用的数据电文，视为书面形式。

《民法典》第七百八十八条规定：“建设工程合同是承包人进行工程建设，发包人支付价款的合同。建设工程合同包括工程勘察、设计、施工合同。”本书只涉及建设工程施工合同。所谓建设工程施工合同，是指发包人和承包人就工程项目的施工、工程价款计价等事宜达成一致的协议。因为建设工程施工具有周期长、内容复杂、不确定因素多等特点，《民法典》规定，建设工程合同应当采用书面形式。建设工程施工合同的内容包括建筑工程和安装工程，建筑工程实际上就是土建部分，安装工程就是指各种设备、装置的安装工程，通常包括电气、通风、给水排水以及设备安装等工作内容。故工程费用也包含了建筑工程费和安装工程费。

建设工程施工合同是承发包双方具体权利义务约定的体现，是确定双方权利义务的依据，在案件中起着至关重要的作用。如工程价款的计价方式和依据、工程工期、质量标准等事宜对双方都非常重要。另外，施工合同的约定往往也是代理律师拟定诉讼方案、诉讼思路以及预测对方诉讼策略的重要依据。

（十五）开工通知

开工通知，是指发包人在工程建设项目具备开工条件的情况下，通过自己或监理人向承包人下达开始施工的命令。开工通知作为工期起算时间点，对于判断工期是否延误具有非常重要的作用。当然，也并不是一旦发包人或监理人发出开工通知，开工日期就以开工通知的记载为准。开工通知发出后，如尚不具备开工条件，一般以开工条件具备的时间为开工日期。

另外，开工日期的起算，还要看实际情况。虽然没有开工通知，但承包人经发包人同意已经实际进场施工的，以实际进场施工时间为开工日期。发包人或者监理人未发出开工通知，亦无相关证据证明实际开工日期的，应当综合考虑开工报告、合同、施工许可证、竣工验收报告或者竣工验收备案表等载明的时间，并结合是否具备开工条件的事实，认定开工日期。

典型案例 16

无直接证据证明开工日期的，需结合其他事实进行认定

——某建筑工程有限责任公司与某房地产开发有限公司建设工程施工合同纠纷案[1]

关于开工时间认定的问题。某建筑工程有限责任公司申请再审称，关于开工时间，《建设工程施工合同》第一部分第 3 条明确约定，开工日期以开工令为准。因此，本案应当以 2010 年 8 月 18 日开工令上注明的开工时间 2010 年 8 月 24 日为准。

最高人民法院再审认为，某建筑工程有限责任公司主张原判决认定案涉工程的开工日期为 2010 年 3 月 5 日缺乏证据证明。《建设工程施工合同解释（二）》第五条[2]规定："当事人对建设工程开工日期有争议的，人民法院应当分别按照以下情形予以认定：（一）开工日期为发包人或者监理人发出的开工通知载明的开工日期；开工通知发出后，尚不具备开工条件的，以开工条件具备的时间为开工日期；因承包人原因导致开工时间推迟的，以开工通知载明的时间为开工日期。（二）承包人经发包人同意已经实际进场施工的，以实

---

[1] 参见最高人民法院（2019）最高法民申 3651 号民事裁定书。

[2] 参见《最高人民法院关于审理建设工程施工合同纠纷案件适用法律问题的解释（一）》第八条。

际进场施工时间为开工日期。（三）发包人或者监理人未发出开工通知，亦无相关证据证明实际开工日期的，应当综合考虑开工报告、合同、施工许可证、竣工验收报告或者竣工验收备案表等载明的时间，并结合是否具备开工条件的事实，认定开工日期。”某建筑工程有限责任公司与某房地产开发有限公司2010年3月5日至同年9月3日多次召开的监理例会以及工作会议所形成的会议纪要、监理记录表等书面记录能够证明工程的实际开工时间，从“截至2010年7月31日止，7号楼完成五层主体，8号、9号、10号楼要向7号楼看齐”的记载可见，某建筑工程有限责任公司已经于2010年7月31日前进场施工。原审法院根据2010年3月5日监理例会记录“今日是本工程第一次生产前例会，今天定为开工日期”的记载，将实际进场施工日期2010年3月5日确定为案涉工程的开工日期，符合《建设工程施工合同解释（二）》第五条第二项[1]的规定。

【评析】开工日期的确定涉及承发包双方当事人的切身利益，在具体案件中承发包人对开工时间的确定争议也较大。开工日期，涉及工期是否延误，以及延误期间人工、材料、设备等的价格调整等事宜。

（十六）施工图设计文件审查报告

《建设工程质量管理条例》第十一条第二款规定：“施工图设计文件未经审查批准的，不得使用。”这是我国关于施工设计文件审查制度的基本规定。施工图设计文件审查，包含勘察文件的审查，即审查包括了施工图设计文件和勘察文件的审查。

施工图审查，是指施工图审查机构按照有关法律、法规，对施工图涉及公共利益、公众安全和工程建设强制性标准的内容进行的审查。施工图未经审查合格的，不得使用。从事房屋建筑工程、市政基础设施工程施工、监理等活动，以及对房屋建筑和市政基础设施工程质量安全实施监督管理，应当以审查合格的施工图为依据。也就是说，未经审查合格的施工图，发包人不得交付承包人用以施工。施工图设计文件的审查时间，是在施工图设计文件完成之后，交付承包人之前，以此保证工程质量。

施工图审查依据主要有：《建筑工程施工图设计文件技术审查要点》《市政公用工程施工图设计文件技术审查要点》《岩土工程勘察文件技术审查要点》《装配式混凝土结构建筑工程施工图设计文件技术审查要点》《城市轨道交通工程施工图设计文件技术审查要点》；《绿色建筑减隔震建筑施工图设计文件技术审查要点》《民航专业工程施工图设计文件审查及备案管理办法》等。

根据专业不同，施工图审查内容有所区别。

房屋建筑和市政基础设施工程，施工图审查的内容主要有：①是否符合工程建设强制性标准；②地基基础和主体结构的安全性；③消防安全性；④人防工程和（不含人防指挥工程）防护安全性；⑤是否符合民用建筑节能强制性标准，对执行绿色建筑标准的项目，

[1] 参见《最高人民法院关于审理建设工程施工合同纠纷案件适用法律问题的解释（一）》第八条第二项。

还应当审查是否符合绿色建筑标准；⑥勘察设计企业和注册执业人员以及相关人员是否按规定在施工图上加盖相应的图章和签字；⑦法律、法规、规章规定必须审查的其他内容。任何单位或者个人不得擅自修改审查合格的施工图，确需修改的，如涉及必须审查的内容，建设单位应当将修改后的施工图送原审查机构审查。

民航专业工程，施工图审查的主要内容应当包括：①地基基础、主体结构和防护工程结构的稳定性、安全性审查；②设备安装和系统调试类工程是否满足正常运行要求；③是否满足运行安全要求；④是否符合工程建设强制性国家标准，以及民航有关工程建设行业标准；⑤是否符合批准的初步设计文件；⑥是否达到规定的施工图设计深度要求；⑦是否包含安全风险分析（包括工程施工和运行阶段），以及根据安全风险分析结果作出的技术说明；⑧是否在施工图中注明涉及危大工程的重点部位和环节，提出保障工程周边环境安全和工程施工安全的意见，必要时是否进行专项设计；⑨是否对采用新结构、新材料、新工艺的专业工程以及特殊结构的专业工程提出保障安全生产的措施建议；⑩设计单位、注册执业人员和相关人员是否按照规定在施工图上加盖相应的图章和签字；⑪法律、法规、规章规定必须审查的其他内容。

审查机构对施工图进行审查后，根据下列情况分别作出处理：①审查合格的，审查机构应当向建设单位出具审查合格书，并在全套施工图上加盖审查专用章，审查合格书应当有各专业的审查人员签字，经法定代表人签发，并加盖审查机构公章，审查机构应当在出具审查合格书后5个工作日内，将审查情况报工程所在地县级以上地方人民政府住房和城乡建设主管部门备案；②审查不合格的，审查机构应当将施工图退建设单位并出具审查意见告知书，说明不合格原因。同时，应当将审查意见告知书及审查中发现的建设单位、勘察设计企业和注册执业人员违反法律、法规和工程建设强制性标准的问题，报工程所在地县级以上地方人民政府住房和城乡建设主管部门。施工图退建设单位后，建设单位应当要求原勘察设计企业进行修改，并将修改后的施工图送原审查机构复审。

在实务中，施工图未经审查而用于施工的工程项目的情况也是存在的，还有就是建设单位报审的施工图设计文件与实际的施工图设计文件不一致，边设计、边施工的现象也有发生。如果施工图设计文件未经审查或虽经审查但建设单位擅自进行了修改，导致工程质量不合格，关于这种情况下责任主体是谁以及责任主体之间如何分配责任等问题争议还是比较大的。如果出现责任问题，还需要结合实际情况进行一一分析。

（十七）施工图纸

建筑工程项目设计一般分为方案设计、初步设计和施工图设计三个阶段；对于技术要求相对简单的民用建筑工程，有关主管部门在初步设计阶段没有审查要求，且合同中没有作初步设计的约定时，可在方案设计审批后直接进入施工图设计，即两阶段设计。

施工图，是表示工程项目总体布局，建筑物、构筑物的外部形状、内部布置、结构构造、内外装修、材料作法，以及设备、施工等要求的图样。施工图设计文件，应满足设备材料采购、非标准设备制作和施工的需要。

施工图主要包括建筑施工图、结构施工图、设备施工图。施工图在工程施工合同纠纷案件中的主要作用是：作为施工的依据，衡量承包人是否按图施工；计算工程量的依据；在隐蔽工程隐蔽后，作为隐蔽工程量的参考；承包人制作施工方案的依据等。

（十八）发包人指令

在建设工程项目施工过程中，发包人因为某些原因，向承包人发出指令，如要求承包人提前竣工，更换建筑材料，对承包范围外的零星工程进行施工等。

典型案例 17

指令单能证明承包人接受发包人指令而施工

——某矿业开发有限责任公司与某工程局有限公司建设工程施工合同纠纷案[1]

关于某工程局有限公司应否承担返工费和安全隐患整改费的问题。最高人民法院二审认为，本案工程施工期间，某矿业开发有限责任公司多次以通知形式变更设计、调整施工方案，并派人在现场指令某工程局有限公司施工。某工程局有限公司为履行合同、完成某矿业开发有限责任公司指令要求的施工任务，多次就协调爆破及确定施工图纸和方案等事宜请示某矿业开发有限责任公司。上述事实足以说明某工程局有限公司系严格按某矿业开发有限责任公司要求施工，不存在过错。同时，自某工程局有限公司 2014 年 11 月停止施工，至某工程局有限公司 2016 年提起本案诉讼，某矿业开发有限责任公司无证据证明其对施工工艺、安全隐患等问题提出过异议或请求，该公司亦自认某工程局有限公司撤场后其他公司已进场施工。现该公司未提交任何证据证明某工程局有限公司存在过错，即请求按照公平原则酌情判令某工程局有限公司承担一半的过错责任，不具有事实和法律依据，最高人民法院不予支持。

【评析】建设工程施工过程中，因其地理环境的复杂性以及客观情况发生变化，发包人会通过联系单、指令单等形式通知承包人按其要求进行施工。发包人另行指令实施的事项在施工图纸中一般没有载明或发生了变化，如果发包人的指令发生错误，应当由发包人承担责任。同时，指令单也是承包人计算工程量或发包人同意其施工的有力证据。

（十九）监理通知

监理人，是指在合同条款中约定的，受发包人委托按照法律规定进行工程监督管理的法人或其他组织。因此，监理人与发包人之间系委托关系。监理通知主要是针对工程项目

[1] 参见最高人民法院（2019）最高法民终 1163 号民事判决书。

施工进度、质量、安全、工程量等技术性事宜进行的指示和确认，一般不包括对工程款单价及工程结算价款的确认，简单说就是涉及价的事监理人没有相应的权限，除非监理合同或施工合同中有明确的约定。

典型案例 18

监理通知单记载内容是否属实，需要结合其他事实进行认定

——某建设集团有限公司与周某某、逯某某、某房地产开发有限公司建设工程施工合同纠纷案[1]

关于欠付工程款数额的问题。最高人民法院再审认为，周某某据以主张工程量的 2013 年 11 月 26 日《工程量确认单》经周某某与某建设集团有限公司的项目负责人逯某某签字确认，虽然该《工程量确认单》上注明“以上工程量为暂定工程量，最终按总承包上报房开决算为准”，但各方确认某房地产开发有限公司、某建设集团有限公司尚未决算，某建设集团有限公司亦无证据证明《工程量确认单》所载工程量与实际施工不符。逯某某虽然提交了 2013 年 4 月 28 日的 6 号“函”及 2013 年 4 月 29 日《监理通知单》，拟证明春季复工时创业城 14 标段工程的全部单体楼和地库尾项工程没有一个人员施工（包括周某某在内），《监理通知单》上第 4 项和第 5 项整改内容所涉施工问题全部是周某某承包范围内没有完工部分和已完工部分中存在的需整改内容，但是，该《监理通知单》发生于 2013 年 11 月 26 日逯某某与周某某签订《工程量确认单》之前，不能否定《工程量确认单》确认的工程量。原审参照案涉建设工程施工合同确定劳务价格并根据《工程量确认单》确认的工程量计算工程款，并根据各方当事人举示的证据确定周某某已实际收取工程款 2256820 元，判决某建设集团有限公司向周某某支付尚欠工程款 2658309.9 元，认定事实和适用法律并无明显不当。

【评析】监理通知单，是指监理单位就施工过程中的相关事项向承包人发出的指示或指令，类似于发包人的指令，承包人按监理通知从事相应的工作。内容具体看监理通知单的记载，可能是停工通知、复工通知，也有可能涉及工程量等事宜。监理通知单在工程案件中也属于非常重要的一类证据材料。

（二十）往来函件签收记录表

施工过程中，在参建各方进行往来函件递交的过程中通常需要收取方作登记，往来函件通常是与工程有关，记录施工过程中的有关事实以及向对方递交相关材料的记录。包含工程联系单、索赔意向书、索赔报告、进度款申请、通知书等材料。签收记录主要是在收

[1] 参见最高人民法院（2018）最高法民申 405 号民事裁定书。

到往来函件后以书面形式予以确认的相关记载。签收记录表，主要证明相关材料的签收情况，解决各方关于是否收到相关材料产生的分歧。例如，在承包人向发包人递交工程款结算文件时，各方对是否已递交存在分歧，如有签收记录，其就是最直接的证据材料。

（二十一）工程照片及影像资料

工程照片及影像资料也是重要的证据材料，特别是对隐蔽工程或不能再现的事物有着非常重要的作用。大多数情况下，隐蔽工程在隐蔽或覆盖前承包人已向发包人办理隐蔽记录，对工程量已有记载。如人工挖孔桩土石方开挖隐蔽记录，记载有孔桩直径、孔桩扩大头直径、轴线位置、土石比及类别、现场施工情况等事宜。在工程隐蔽后以隐蔽记录计算工程量。

但在实务中，有些承包人没有完整记载或没有隐蔽记录，那只能根据工程照片及影像资料进行推断。工程照片及影像资料对反映施工现场的实际情况也是非常重要的，如某工程项目，地上有高压线及铁塔未拆，地下有军事光缆线未迁改，导致承包人进场后不能施工，发包人也不予办理签证手续，这时可以拍照、录像以固定当时的情况，证明当时施工现场的实际情况。

（二十二）竣工图纸

竣工图，是指在建筑工程竣工验收后，承包人根据实际的施工情况绘制的反映建筑工程施工结果的图纸。简单说，竣工图就是将施工图结合实际施工情况绘制而成的。竣工图按绘制方法不同可分为以下几种形式：利用电子版施工图改绘的竣工图；利用施工蓝图改绘的竣工图；利用翻晒硫酸纸底图改绘的竣工图；重新绘制的竣工图。

竣工图的编制至少应符合下列规定：①新建、改建、扩建的建筑工程均应编制竣工图，竣工图应真实反映竣工工程的实际情况；②竣工图应依据施工图、图纸会审记录、设计变更通知单、工程洽商记录（包括技术核定单）等绘制；③当施工图没有变更时，可直接在施工图上加盖竣工图章形成竣工图。

竣工图主要有：建筑竣工图；结构竣工图；钢结构竣工图；幕墙竣工图；室内装饰竣工图；建筑给水、排水与采暖竣工图；建筑电气竣工图；智能建筑竣工图；通风与空调竣工图；室外给水、排水、供热、供电、照明管线竣工图；室外道路、园林绿化、花坛、喷泉等竣工图。

在竣工图上，要加盖竣工图章。竣工图章的基本内容应包括："竣工图"字样、施工单位、编制人、审核人、技术负责人、编制日期、监理单位、总监理工程师、监理工程师。

之所以要收集竣工图纸，是因为竣工图能比较客观地反映施工项目的实际施工情况，可以据此计算工程量。特别是对于一些隐蔽工程，在无其他相反证据材料的情况下，竣工图是计算工程量的依据。

典型案例19

竣工图纸经监理单位签字确认，可以反映实际的工程量

——某建筑有限公司、某商业控股有限公司与某集团有限公司、某地产开发有限公司建设工程施工合同纠纷案[1]

某商业控股有限公司上诉请求：

（1）3号楼地下车库土建工程垂直运输费应按照“公寓楼”造价计取1535996元。工程竣工图纸总说明系某建筑有限公司单方制作，未得到某商业控股有限公司确认，且在施工过程中没有任何“公寓楼”变更为“宾馆”的设计变更或工程变更资料，最终竣工验收备案表和目前使用用途均不是“宾馆”，因此在工程量没有发生变化的前提下，额外计取垂直运输费用缺乏事实依据。

（2）3号楼墙面抹灰、天棚装饰造价应按照施工图计取费用。原审法院认定该项造价按照竣工图计取费用的依据是竣工图有施工单位和监理单位人员签字，可以反映工程实际，但本案中竣工图与施工图载明做法存在明显差别，且竣工图系施工单位单方制作的，没有任何设计变更和工程变更，也未得到某商业控股有限公司确认，且竣工图与某商业控股有限公司委托的第三方检测机构检测结果不一致。

（3）1号、2号楼墙面加浆、拉毛费用不应当计取费用。根据案涉工程设计变更单，1号、2号楼地面仅为细石混凝土面层，取消加浆、拉毛，某建筑有限公司实际也没有实施墙面加浆、拉毛工程，原审法院按照某建筑有限公司单方出具的竣工图认定该项造价，缺乏事实依据且与工程实际情况不符。

宁夏回族自治区高级人民法院一审观点：

（1）3号楼地下车库土建工程垂直运输费工程造价是按照宾馆造价2672037元计取还是按照公寓楼造价1535996元计取。某建筑有限公司提交的图纸会审纪要原件载明3号楼使用功能为宾馆，工程竣工图纸总说明中也显示“三层及三层以上主要功能为宾馆”，且某商业控股有限公司提交的2015年6月30日由项目部、技术部、预算部、消防单位、施工单位、监理公司等多家单位参加的3号楼专题会议，形成的会议纪要也载明：批发市场二期3号楼功能性定位为毛坯酒店。故对某建筑有限公司的质证意见予以采信，对3号楼、地下车库土建工程垂直运输费工程造价按照宾馆造价2672037元予以计取。

（2）3号楼墙面抹灰、天棚装饰造价是按照竣工图纸计取2850459元（2237271元+613188元）还是按照施工图纸计取1893552元（1757446元+136106元）。因施工图纸是在工程开工前形成的，施工过程中可能存在设计变更、工程增加或减少等情形，如按图施工，没有变动，可以在原施工图上加盖“竣工图”标志，但案涉施工图纸上并没有加盖“竣工图”标志，而案涉竣工图纸上加盖有“竣工图”标志，且有施工单位和监理单位相

[1] 参见最高人民法院（2020）最高法民终1145号民事判决书。

关人员签字，竣工图纸可以反映工程的实际，故对某建筑有限公司的质证意见予以采信，对3号楼墙面抹灰、天棚装饰造价按照竣工图纸予以计取，应为2850459元（2237271元+613188元）。

（3）1号、2号楼楼面加浆、拉毛工程造价应否按照竣工图380214元计取。因竣工图纸上有施工单位和监理单位相关人员签字，竣工图纸可以反映工程的实际，故对某建筑有限公司的质证意见予以采信，对1号、2号楼楼面加浆、拉毛工程造价按照竣工图380214元予以计取。

最高人民法院二审观点：

（1）3号楼地下车库土建工程垂直运输费计取标准问题。某商业控股有限公司上诉称，3号楼地下车库土建工程垂直运输费应按照“公寓楼”造价计取，原审法院按照“宾馆”的标准予以计取，认定事实错误。在案证据显示，案涉工程图纸会审纪要载明3号楼使用功能为宾馆，且某商业控股有限公司提交的2015年6月30日由项目部、技术部、预算部、消防单位、施工单位、监理公司等多家单位参加的3号楼专题会议，形成的会议纪要也载明：批发市场二期3号楼功能性定位为毛坯酒店，原审法院据此认定3号楼、地下车库土建工程垂直运输费工程造价按照宾馆的标准计取，并无不当，某商业控股有限公司该项主张依据不足，不能成立。

（2）3号楼墙面抹灰、天棚装饰造价计算标准问题。某商业控股有限公司上诉称，3号楼墙面抹灰、天棚装饰造价应按照施工图计取费用。最高人民法院认为，案涉竣工图纸经监理单位和施工单位相关人员签字确认，竣工图纸可以反映该部分工程的实际工程量，原审法院依据竣工图纸计取该部分工程价款并无不当，某商业控股有限公司该项主张依据不足，不能成立。

（3）1号、2号楼墙面加浆、拉毛费用应否计取。某商业控股有限公司上诉称，某建筑有限公司并未实际实施1号、2号楼墙面加浆、拉毛工程，原审法院依据某建筑有限公司单方出具的竣工图认定该项造价，属于认定事实不清。最高人民法院认为，案涉竣工图纸经监理单位人员签字确认，可以反映实际的工程量，原审法院据此认定1号、2号楼楼面加浆、拉毛工程应当计取并无不当，某商业控股有限公司该项主张依据不足，不能成立。

【评析】竣工图是在工程项目施工完毕后，根据工程的实际情况绘制而成的。竣工图一般有施工单位及监理单位相关人员签字，一般不需要发包人签字。对于某商业控股有限公司所说的竣工图系施工单位单方制作，没有任何设计变更和工程变更，也未得到某商业控股有限公司确认没有任何法律依据。

（二十三）图纸会审记录

设计施工图纸是合同文件的组成部分，也是衡量承包人是否按照约定施工的标准之一，是施工单位开展工作最直接的依据。图纸本身的质量直接影响工程的质量和安全，以及合同的目能否实现。图纸会审，主要解决图纸质量问题，使得图纸质量问题在工程施工之前即被消除，消灭隐患。

图纸会审，指在工程项目开工前，建设单位、监理单位、施工单位等参建单位在收到施工图审查机构审查合格的施工图设计文件后，对施工图纸进行全面的熟悉和掌握，审查、发现并解决设计图纸存在的矛盾、差错以及模糊不清将来在施工过程中可能存在分歧的问题。通过图纸会审可以使各参建单位特别是施工单位熟悉设计图纸、掌握工程特点及难点，找出需要解决的技术难题并拟定解决方案，找出图纸存在的问题，减少图纸差错，消灭隐患。

图纸会审的目的，简单说就是对设计施工图纸进行熟悉，查找设计施工图纸中存在的问题以及不合理的情况并提交设计单位进行处理。

图纸会审的基本内容主要有：设计图纸与说明是否符合当地要求；建筑、结构说明有没有互相矛盾或者意图不清楚的地方；预留洞、预埋件是否错漏；等等。监理单位将施工图会审记录整理汇总形成会议纪要，经与会各方签字确认后，该纪要即被视为设计文件的组成部分，施工单位应当按图纸会审记录施工。

典型案例 20

图纸会审意见是各方对具体施工细节等的落实，是各方意见的统一

——某房地产股份有限公司与某集团有限公司、某房地产集团有限公司建设工程施工合同纠纷案[1]

最高人民法院查明：鉴定机构方在某集团有限公司和某房地产股份有限公司提交的施工图纸基础上作出鉴定意见书，后根据某集团有限公司的申请，又在由某集团有限公司提交且经某房地产股份有限公司质证的《图纸会审记录》、试桩监理验收资料、试桩详图四个支盘证明、试打桩记录的证据基础上作出补充鉴定意见书。编号为 JZB-20141029-2 的《图纸会审记录》第 4 点图纸修订意见为："普通灌注桩混凝土浇筑强度为 C35、挤扩支盘桩混凝土浇筑强度为 C45，成桩后桩身混凝土强度分别达到 C30、C40。"鉴定机构在补充鉴定意见书中对此解释为：按照该会审记录，它表达了两个意思，一个是混凝土浇筑时必须使用 C45 的混凝土进行桩身浇筑，另一个是浇筑后成桩的混凝土强度可以按照 C40 标准进行核算和验收。同时补充鉴定意见书还载明，按照成桩后桩身混凝土强度 C40 标准，根据桩身强度设计承载力时，其单桩竖向抗压承载力特征值为 3811kN。

关于案涉工程质量是否合格的问题。最高人民法院二审认为，根据已查明的事实，某集团有限公司依据某房地产股份有限公司在施工过程中出具的施工图纸得出单桩竖向抗压承载力特征值为 4210kN 并得出桩顶标高设计值，某房地产股份有限公司则依据最终施工设计图得出单桩竖向抗压承载力特征值为 4811kN 并得出桩顶标高设计值。而某集团有限

[1] 参见最高人民法院（2019）最高法民终 485 号民事判决书。

公司于2014年4月进场施工，2014年10月29日施工单位图纸会审，开始工程桩施工。编号为JZB-20141029-2的《图纸会审记录》第4点图纸修订意见载明，普通灌注桩混凝土浇筑强度为C35、挤扩支盘桩混凝土浇筑强度为C45，成桩后桩身混凝土强度分别达到C30、C40。该《图纸会审记录》表明案涉桩基工程在实际施工中已发生变更，鉴定机构在此基础上作出补充鉴定意见书，符合本案施工实际，由此得出的鉴定意见更符合本案事实，案涉桩基工程符合双方在施工过程中达成一致修订意见后的质量要求。因此，一审判决以该补充鉴定意见书认定案涉桩基工程质量合格并无不当。

【评析】图纸会审意见，属于施工图纸的组成部分，是对施工图纸中具体实施细节等事宜进行的说明或修改，是各方一致意见的书面记载，施工方应当按照图纸会审内容进行施工。

类似案例有最高人民法院（2019）最高法民终379号案件。最高人民法院二审认为，图纸会审记录增加的11963712.4元应计入工程总造价。根据案涉《建设工程施工合同》第一部分协议书第6条，组成该合同的文件包括图纸及会审纪要。即图纸会审记录是合同的组成部分，是对设计图纸的补充、修改和完善，并非某房地产开发有限公司所称图纸会审是听取施工方意见的务虚会议，不直接涉及工程量的增减。事实上，案涉图纸会审记录得到了某房地产开发有限公司、某建设集团有限公司及设计、勘察、监理单位的盖章确认，施工方应当按照其内容进行施工。因此，某房地产开发有限公司有关图纸会审结果不应作为工程价款鉴定依据的主张，与案涉合同约定不符；该公司也未提交证据证明该部分增加工程量并未实际施工。因此，对于某房地产开发有限公司该项主张，最高人民法院不予认可。图纸会审记录增加的11963712.4元应当计入工程总造价。

关于基础梁两边及承台四周填充费用的问题。鉴定机构系根据图纸会审，005、006、007、009施工联系单认定基础梁两边及承台四周采用C15素混凝土填充。该填充施工联系单监理签复意见：已审核属实。某房地产开发有限公司签复意见：上述内容符合或同意监理意见给予增量。某房地产开发有限公司虽提交了现场施工录像等证据证明系用素土回填，但上述证据是由某房地产开发有限公司单方制作，证明力低于由监理单位等多方签署的书证，且其内容与该公司签复的意见相悖，最高人民法院不予采信。此外，案涉工程图纸显示，此项目设计为自然地基直接受力设计，如采用松土回填，地基无法达到高层建筑受力要求，而案涉工程已验收合格，在验收合格记录中并无此处施工不符合设计要求的内容。综合判断，一审法院认定基础梁两边及承台四周系采用C15素混凝土填充，并将其费用2017915.54元计入工程总造价，并无不当。

（二十四）设计变更单

设计变更，是指建设工程项目自工程初步设计批准之日起至工程竣工验收之日止，对已批准的原设计图纸进行的修正、设计补充或变更等活动。目的是完善工程设计。

关于设计变更在法律法规层面没有专门的规定，设计变更的定义在部门规章中有所体现。根据《水利工程设计变更管理暂行办法》的规定，设计变更，是自水利工程初步设计批准之日起至工程竣工验收交付使用之日止，对已批准的初步设计所进行的修改活动。水利工程设计变更分为重大设计变更和一般设计更。根据《公路工程设计变更管理办法》的规定，设计变更，是指自公路工程初步设计批准之日起至通过竣工验收正式交付使用之日止，对已批准的初步设计文件、技术设计文件或施工图设计文件所进行的修改、完善等活动。公路工程设计变更分为重大设计变更、较大设计变更和一般设计变更。

建设单位、施工单位、监理单位不得修改建设工程勘察、设计文件。根据建设过程中出现的问题，施工单位、监理单位等可以提出设计变更建议。建设单位应当对设计变更建议及理由进行评估，必要时，可以组织勘察设计单位、施工单位、监理单位及有关专家对设计变更建议进行技术、经济论证。建设单位或监理单位将需要进行设计变更的部分通知施工单位，施工单位按照设计变更事项进行施工。实务中，设计变更的形式一般是原设计单位出具的设计变更通知单，原设计单位将变更情况说明、变更内容、变更类别等事项记载于通知单中，施工单位按照设计变更通知单进行施工。当然，在图纸会审、设计交底中也可能会涉及设计变更。设计变更可能由建设单位、施工单位、监理单位提出，也可能由设计单位提出。

设计变更，主要涉及工程量、工程价款、工程工期调整等事项。如《建设工程施工合同解释（一）》第十九条第二款规定："因设计变更导致建设工程的工程量或者质量标准发生变化，当事人对该部分工程价款不能协商一致的，可以参照签订建设工程施工合同时当地建设行政主管部门发布的计价方法或者计价标准结算工程价款。"

另外，设计变更分为重大设计变更、较大设计变更和一般设计变更，承发包方在签订施工合同时依据施工图纸等内容确定工程价款，但在施工过程中，如果发生了重大变更，那么是否意味着施工合同工程价款计价的合意基础发生了变化，这时工程价款计价依据是否应发生变化？这是非常有必要研究的。当然，设计变更除对工程价款有影响外，还会对工程的质量、安全、工期、投资、效益等产生重大影响。

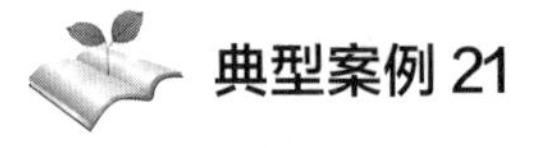

典型案例 21

设计变更等情况导致工程量大幅度变化的，工程价款的结算标准和方式也应当发生变化，合同中另有约定的除外

——某建设集团有限公司与某物业有限公司建设工程施工合同纠纷案[1]

关于3号楼工程价款应以何种计价方式和标准结算的问题。最高人民法院再审认为，某物业有限公司与某建设集团有限公司就诉争工程建设签订的两份建设工程施工合同因违反法律及行政法规，被一、二审法院依法认定无效，双方当事人对此均不持异议，最高人民法院予以确认。因案涉工程均已竣工验收合格并办理竣工验收备案手续，依照《建设工

[1] 参见最高人民法院（2018）最高法民再166号民事判决书。

程施工合同解释》第二条[1]“建设工程施工合同无效，但建设工程经竣工验收合格，承包人请求参照合同约定支付工程价款的，应予支持”的规定，案涉施工合同虽无效，但原则上对诉争工程价款的结算仍应依法参照该合同约定予以认定。某物业有限公司、某建设集团有限公司就1号、2号楼工程参照执行合同约定进行结算未持异议，但就3号楼工程结算的计价方式，某建设集团有限公司认为，案涉3号楼工程由约定的原建筑结构为地下2层、地上1层，改为地上5层，该重大变更导致工程量增加、工期延误、施工成本大幅增长，实际施工已超出了执行合同的约定范围，且某建设集团有限公司没有主张诉争工程参照合同结算，工程应当据实结算，原判决适用法律错误。最高人民法院认为，《建设工程施工合同解释》第二条是《合同法》关于合同无效的“折价补偿”原则的体现，因建设工程施工合同具有特殊性，已竣工验收合格的工程无法“各自返还”，考虑到合同无效后工程价款结算缺乏折价补偿的相关标准，故司法解释规定在工程验收合格的客观基础上，以尊重各方当事人的意思自治为原则及以缔约时的市场调节结果即合同约定价格为参考，对工程进行结算。然而，如设计变更、工程建设规模变更等情况导致工程量大幅增加，受市场、人工等因素波动的影响，工程成本处于变动状态，在此情况下，如承包人未明确同意按照合同价格进行结算，不宜仅以施工方继续施工为由推定当事人具有继续按照合同价格结算的意思表示。具体到该案，案涉3号楼工程合同约定原建筑结构为地下2层、地上1层，在实际施工过程中，某物业有限公司变更设计方案，结构变更为地上5层，且该公司办理了工程规划许可手续的变更。3号楼施工面积大幅增加，相应地，某建设集团有限公司工程量亦大幅增加，由于某物业有限公司设计变更的相关手续未能及时办理，3号楼实际竣工验收时间大大超出了合同约定工期。3号楼工程在设计规划、施工面积、工程量、工期上均超出了原合同约定的范围，应当认定存在重大设计变更。因此，除非合同明确约定由施工方承担合同外风险，否则从公平的角度来看，对于3号楼的工程价款，应予以适当调整。

在3号楼施工期间，即2011年4月8日，某建设集团有限公司向某物业有限公司出具《工作联系函》要求调整工程价款，2011年11月20日，某建设集团有限公司总经理周某在鄂建〔2011〕145号文复印件上明确批复：“在2011年12月15日前完成并取得竣工备案证的前提下，就3号楼主材、人工价格等事宜，我司将结合施工实际参考该相关文件规定，待竣工结算时给予综合考虑并协商处理。”可见，某建设集团有限公司与某物业有限公司对于3号楼工程的结算方式一直处于磋商阶段，某物业有限公司同意就3号楼工程结算价格另行协商。某建设集团有限公司系在某物业有限公司承诺另行协商的前提下继续履行施工义务，结合诉争工程发生设计变更、工程量增加，工期延长期间施工主材料、人工价格确有上涨的事实，二审判决按照执行合同的计价标准对3号楼进行结算确有不当。依照《建设工程施工合同解释》第十六条第二款[2]的规定，因设计变更导致建设工程的工

[1] 参见《民法典》第七百九十三条。

[2] 参见《最高人民法院关于审理建设工程施工合同纠纷案件适用法律问题的解释（一）》第十九条第二款。

程量或者质量标准发生变化，当事人对该部分工程价款不能协商一致的，可以参照签订建设工程施工合同时当地建设行政主管部门发布的计价方法或者计价标准结算工程款。对此，鉴定机构出具的《3号楼工程造价两种计算方式的比较》，将按照定额据实计价和按照合同约定计价差额项目细化为人工费、材料费、机械费、措施费、安装费、间接费六项。鉴于双方已经于2011年11月20日就调差的范围（主材和人工）达成一致，对机械费、措施费、安装费、间接费不再予以调整。至于调差的数额，根据鉴定机构的回复意见，某建设集团有限公司与某物业有限公司各自作出的差异计算方式都有一定的合理性，但考虑到某物业有限公司所主张的合同工期内外分阶段项目及数量界定准确性未经双方当事人认可，某建设集团有限公司主张实际造价确实远高于合同约定结算方式造价，又考虑到双方当事人对案涉两份建设工程施工合同被认定为无效均有过错，最高人民法院依法酌定对差异造价数额673.4万元（629.62万元+43.78万元）的80%（包含鄂建〔2011〕145号文件中规定的由承包人承担的5%变化幅度以内的材料价格）予以调整。

【评析】当建设工程工程量因设计变更、工程建设规模变更等情况发生大幅度变化时，建设工程价款的结算标准和方式也应当发生变化，原合同中有关工程价款的结算并非当然不适用，除非合同中另有约定。当然，并非只要有设计变更就得对工程价款的结算进行调整。在建设工程施工领域，设计变更是常有之事，只有当工程量的变化实质性影响了工程价款的结算时，才不能参照原合同的约定进行结算，此时如承发包双方不能协商一致，可以参照签订建设工程施工合同时当地建设行政主管部门发布的计价方法或者计价标准结算工程款。

（二十五）工程变更单

工程变更，是指在施工合同履行过程中，承包人根据监理签发的设计文件及监理变更指令进行的、在合同工作范围内的各种类型的变更，包括合同工作内容的增减、合同工程量的变化、因地质原因引起的设计更改、根据实际情况引起的结构物尺寸与标高的更改、合同外增加的任何工作等。

建设工程施工合同签订时依据是发包人提供的施工图纸确定施工范围、施工工艺、施工流程，承包人依据发包人提供的材料编制施工组织设计等并进行相应的施工准备，承包人的所有工作都是在施工图纸、设计标准、承包范围等未有任何变化的条件下确定的，也就是静态的。在工程施工过程中，如承包范围、施工内容、设计标准或施工条件发生变化或发包人要求变更等，导致施工工程发生变更，此时项目发生变化，应调整合同价款和（或）工期等。

1. 变更范围

合同履行过程中，发生以下情形时，应进行变更：

（1）增加或减少合同中任何工作，或追加额外的工作；

（2）取消合同中任何工作；

（3）改变合同中任何工作的质量标准或其他特性；

（4）改变工程的基线、标高、位置和尺寸；

（5）改变工程的时间安排或实施顺序。

2. 工程变更价款调整方法

根据《建设工程工程量清单计价规范》GB 50500—2013的规定，因工程变更引起已标价工程量清单项目或其工程数量发生变化时，应按照下列规定调整价款：

（1）已标价工程量清单中有适用于变更工程项目的，应采用该项目的单价；但当工程变更导致该清单项目的工程数量发生变化，且工程量偏差超过15%时，可进行调整。当工程量增加15%以上时，增加部分的工程量的综合单价应予调低；当工程量减少15%以上时，减少后剩余部分的工程量的综合单价应予调高。

（2）已标价工程量清单中没有适用但有类似于变更工程项目的，可在合理范围内参照类似项目的单价。

（3）已标价工程量清单中没有适用也没有类似于变更工程项目的，应由承包人根据变更工程资料、计量规则和计价办法、工程造价管理机构发布的信息价格和承包人报价浮动率提出变更工程项目的单价，并应报发包人确认后调整。

（4）已标价工程量清单中没有适用也没有类似于变更工程项目，且工程造价管理机构发布的信息价格缺价的，应由承包人根据变更工程资料、计量规则、计价办法和通过市场调查等取得有合法依据的市场价格提出变更工程项目的单价，并应报发包人确认后调整。

当然，关于工程变更价款进行调整时，首先要按施工合同中的约定进行调整，如何调整，取决于承发包双方的意思。

另外，《建设工程施工合同（示范文本）》GF—2013—0201通用条款关于工程变更工程价款的调整与清单计价规范有类似的规定。

3. 措施费调整

工程变更引起施工方案改变并使措施项目发生变化时，承包人提出调整措施项目费的，应事先将拟实施的方案提交发包人确认，并应详细说明与原方案措施项目相比的变化情况。拟实施的方案经承发包双方确认后执行，并应按照下列规定调整措施项目费：

（1）安全文明施工费应按照实际发生变化的措施项目调整。

（2）采用单价计算的措施项目费，应按照实际发生变化的措施项目按照前述分部分项工程费的调整方法确定单价。

（3）按总价（或系数）计算的措施项目费，按照实际发生变化的措施项目调整，但应考虑承包人报价浮动因素。如果承包人未事先将拟实施的方案提交给发包人确认，则应视为工程变更不引起措施项目费的调整或承包人放弃调整措施项目费的权利。

4. 删除工作或工程的补偿

当发包人提出的工程变更因非承包人原因删减了合同中的某项原定工作或工程，致使承包人发生的费用或（和）得到的收益不能被包括在其他已支付或应支付的项目中，也未被包含在任何替代的工作或工程中时，承包人有权提出并应得到合理的费用及利润补偿。

工程变更单，是在工程需要变更时，发包人或监理人向承包人确定变更内容的书面材料，承包人可以依据工程变更单向发包人主张调整工程款及工期，因此，工程变更可能引起工程价款增减和工期变化，是否必然引起工程价款、工期变化，需要结合个案事实和证据予以确定。在实务中，工程变更主要涉及的法律条文有《建设工程施工合同解释（一）》第十九条第二款："因设计变更导致建设工程的工程量或者质量标准发生变化，当事人对该部分工程价款不能协商一致的，可以参照签订建设工程施工合同时当地建设行政主管部门发布的计价方法或者计价标准结算工程价款。"第二十条："当事人对工程量有争议的，按照施工过程中形成的签证等书面文件确认。承包人能够证明发包人同意其施工，但未能提供签证文件证明工程量发生的，可以按照当事人提供的其他证据确认实际发生的工程量。"

（二十六）工程洽商记录

工程洽商记录，是指在工程项目施工过程中，出现需要解决的施工技术问题，承包人为完成施工，采取合理的施工措施等技术事宜，提出的具体方案、方法、工艺、措施等，其应经发包人等有关单位确定后实施。工程洽商记录，主要用于记载工程方面的技术问题，一般需要建设、监理、设计、施工单位签认。

在实务中，施工单位并没有严格区分工程联系单、工程洽商记录、工程签证单，而相关内容以记载为准。不管是工程联系单、工程洽商记录，还是工程签证单，都可能涉及工程施工过程中相关事宜的记载，如工程施工技术问题的解决，工期、工程价款以及工程量等事项的记载。

（二十七）工程会议纪要

工程会议纪要，是指在工程项目施工过程中，项目工程参建方为解决相关问题而形成的议定事项的书面文件。会议纪要主要是记载相关问题的解决方案或解决什么问题，其作为施工合同的组成部分。

典型案例 22

各方在会议纪要上签字后视为其对内容认可，该会议纪要对各方具有约束力

——某置业有限公司与季某某、某建筑工程有限公司、倪某建设工程施工合同纠纷案[1]

某置业有限公司申请再审称，《退场协商备忘录》《会议纪要》约定各方的权利义务以最终签订的退场协议为准，其为预约合同性质，并不发生本约效力，各方不履行《退场协商备忘录》《会议纪要》只能按照预约合同追究缔约过失责任，不能追究本约责任。原审

[1] 参见最高人民法院（2021）最高法民申 7057 号民事裁定书。

法院将《退场协商备忘录》《会议纪要》作为争议各方的结算依据是错误的，在作为本约的退场协议没有达成的情况下，应当通过司法鉴定确定争议工程价款。

关于《退场协商备忘录》《会议纪要》法律效力的问题。最高人民法院再审认为，某建筑工程有限公司、季某某、某置业有限公司三方形成的《退场协商备忘录》记载了结算金额5900万元的具体组成，对款项的支付时间、支付进度等内容进行了约定，内容详细具体，《会议纪要》系对《退场协商备忘录》的补充，与会各方在《退场协商备忘录》《会议纪要》上均签字确认。《退场协商备忘录》《会议纪要》虽有“本次会议内容以甲方审批后的最终退场协议为准”“4月20日签订退场协议”的记载，但《退场协商备忘录》《会议纪要》中的签字人员马某某当时被某区域公司任命为豫东区域某事业部总经理，负责统筹某事业部各项工作，某置业有限公司当时所属的某区域公司的负责人王某某亦对案涉工程的结算金额认可；《退场协商备忘录》《会议纪要》签订后，在未签订退场协议的情况下，某置业有限公司即按照约定退还季某某50万元投标保证金，455万元退场材料款、费用及部分工程款，履行了备忘录和纪要中约定的部分义务；且自2018年2月28日形成《退场协商备忘录》至本案诉讼时，无证据证明某置业有限公司已按内部流程审批工程价款或因季某某的原因导致未能审批。原审法院据此认为《退场协商备忘录》《会议纪要》对某置业有限公司具有约束力，双方已结算，并未予准许某置业有限公司对案涉工程造价进行鉴定的申请，无不当之处。

【评析】工程会议纪要，是在工程项目施工过程中，项目工程参建方为解决相关问题而形成的议定事项的书面文件，其本质类似于合同，参会各方签字后视为其认可纪要记载的内容。

（二十八）工程验收记录

工程验收是对项目建设情况的检验，工程相应阶段施工完毕后，在施工单位自行检查合格的基础上，由工程质量验收责任方组织，工程建设相关单位参加，依据规定的验收标准，采取一定的手段来检验工程产品的特质、性能等是否满足规范规定的验收标准，对工程建设质量和成果进行评定，并根据设计文件和相关标准以书面形式对工程质量是否达到合格作出确认。建筑工程施工质量验收划分为单位工程、分部工程、分项工程和检验批。

检验批质量验收合格应符合下列规定：①主控项目的质量经抽样检验均应合格；②一般项目的质量经抽样检验合格；③具有完整的施工操作依据、质量验收记录。在满足要求的情况下，检验批质量评定合格。检验批验收时，应进行现场检查并填写现场验收检查原始记录。该原始记录应由专业监理工程师和施工单位专业质量检查员、专业工长共同签署，并在单位工程竣工验收前存档备查，保证该记录的可追溯性。现场验收检查原始记录的格式可由施工、监理等单位确定，包括检查项目、检查位置、检查结果等内容。检验批质量验收记录应根据现场验收检查原始记录按规定的格式填写，并由专业监理工程师和施工单位专业质量检查员、专业工长在检验批质量验收记录上签字，完成检验批的验收。

分项工程质量验收合格应符合下列规定：①所含检验批的质量均应验收合格；②所含检验批的质量验收记录应完整。

分部工程质量验收合格应符合下列规定：①所含分项工程的质量均应验收合格；②质量控制资料应完整；③有关安全、节能、环境保护和主要使用功能的抽样检验结果应符合相应规定；④观感质量应符合要求。

单位工程质量验收合格应符合下列规定：①所含分部工程的质量均应验收合格；②质量控制资料应完整；③所含分部工程中有关安全、节能、环境保护和主要使用功能的检验资料应完整；④主要使用功能的抽查结果应符合相关专业验收规范的规定；⑤观感质量应符合要求。

而工程验收记录，是指在检验批质量验收、分项工程质量验收、分部工程质量验收、单位工程质量验收过程中，就验收项目的检查结果、抽样数量、设计要求及规范规定、质量控制资料、安全和功能检验结果、感观质量检验结果等验收过程检查事项的记载，形成的验收记录。

（二十九）单位工程竣工验收报告

单位工程竣工验收是依据国家有关法律、法规及规范、标准的规定，全面考核建设工作成果，检查工程质量是否符合设计文件和合同约定的各项要求。竣工验收通过后，工程将投入使用，发挥其投资效应，也将与使用者的人身健康或财产安全密切相关。因此工程建设的参与单位应对竣工验收给予足够的重视。建筑工程施工质量验收应划分为单位工程、分部工程、分项工程和检验批。检验批是工程验收的最小单位，是分项工程、分部工程、单位工程质量验收的基础。

检验批验收包括资料检查、主控项目和一般项目检验。检验批的合格与否主要取决于对主控项目和一般项目的检验结果。主控项目是对检验批的基本质量起决定性影响的检验项目，须从严要求，因此主控项目必须全部符合有关专业验收规范的规定，这意味着主控项目不允许有不符合要求的检验结果。对于一般项目，虽然允许存在一定数量的不合格点，但某些不合格点的指标与合格要求偏差较大或存在严重缺陷时，仍将影响使用功能或观感质量，对这些部位应进行维修处理。

分项工程的验收是以检验批为基础进行的。一般情况下，检验批和分项工程两者具有相同或相近的性质，只是批量的大小不同而已。分项工程质量合格的条件是构成分项工程的各检验批验收资料齐全完整，且各检验批均已验收合格。

分部工程的验收是以所含各分项工程为基础进行的。首先，组成分部工程的各分项工程已验收合格且相应的质量控制资料齐全、完整。此外，由于各分项工程的性质不尽相同，因此对于分部工程不能简单地将分项工程组合而加以验收，尚须进行以下两类检查项目：①涉及安全、节能、环境保护和主要使用功能的地基与基础、主体结构和设备安装等分部工程应进行有关的见证检验或抽样检验；②以观察、触摸或简单量测的方式进行观感质量验收，并结合验收人的主观判断，检查结果并不给出“合格”或“不合格”的结论，而是综合给出“好”“一般”“差”的质量评价结果。对于“差”的检查点应进行返修处理。

单位工程质量验收也称质量竣工验收，是建筑工程投入使用前的最后一次验收，也是最重要的一次验收。验收合格的条件有以下五个方面：①构成单位工程的各分部工程应验收合格；②有关的质量控制资料应完整；③涉及安全、节能、环境保护和主要使用功能的分部工程检验资料应复查合格，这些检验资料与质量控制资料同等重要，首先资料复查要全面检查其完整性，不得有漏检缺项，其次复核分部工程验收时要补充进行的见证抽样检验报告，这体现了对安全和主要使用功能等的重视；④对主要使用功能应进行抽查，这是对建筑工程和设备安装工程质量的综合检验，也是用户最为关心的内容，体现了完善手段、过程控制的原则，也将减少工程投入使用后的质量投诉和纠纷，因此，在分项、分部工程验收合格的基础上，竣工验收时再作全面检查；抽查项目在检查资料文件的基础上由参加验收的各方人员商定，并用计量、计数的方法抽样检验，检验结果应符合有关专业验收规范的规定；⑤观感质量应通过验收；观感质量检查须由参加验收的各方人员共同进行，最后共同协商确定是否通过验收。

单位工程完成后，施工单位应首先依据验收规范、设计图纸等组织有关人员进行自检，对检查发现的问题进行必要的整改。监理单位应根据质量验收统一标准和建设工程监理规范的要求对工程进行竣工预验收。符合规定后由施工单位向建设单位提交工程竣工报告和完整的质量控制资料，申请建设单位组织竣工验收。

另外，需要注意的是，在施工项目中途解除等情形导致施工合同终止时，承包人向发包人主张工程款，发包人可能会以工程质量未验收等进行抗辩。承包人应尽可能提供已施工工程质量合格的证据材料，如隐蔽验收记录、分部分项工程验收记录等材料。

（三十）工程质量检测报告

根据住房和城乡建设部《建设工程质量检测管理办法》的规定，建设工程质量检测，是指在新建、扩建、改建房屋建筑和市政基础设施工程活动中，建设工程质量检测机构接受委托，依据国家有关法律、法规和标准，对建设工程涉及结构安全、主要使用功能的检测项目，进入施工现场的建筑材料、建筑构配件、设备，以及工程实体质量等进行的检测。需要注意的是，根据《建设工程质量检测管理办法》的规定，非建设单位委托的检测机构出具的检测报告不得作为工程质量验收资料。

（三十一）工程计量单

工程量是指分项工程（子分项工程）和构配件的数量，它以自然计量单位和物理计量单位表示。自然计量单位是以建筑成品在自然状态下的表现来表示的，如：个、樘、组、套、台、座、根等。物理计量单位是以分项工程和构配件的物理属性来表示的，如：米、平方米、立方米、吨等。

工程计量指的是根据工程设计文件及施工合同约定，监理人按工程量计算规则对施工单位申报的合格工程的工程量进行的核验。工程计量必须以净值为准，计量的任务是确定实际工程数量。

根据《建设工程价款结算暂行办法》的规定，工程量计算程序为：①承包人应当按照合同约定的方法和时间，向发包人提交已完工程量的报告。发包人接到报告后 14 天内核实已完工程量，并在核实前 1 天通知承包人，承包人应提供条件并派人参加核实，承包人收到通知后不参加核实，以发包人核实的工程量作为工程价款支付的依据，发包人不按约定时间通知承包人，致使承包人未能参加核实，核实结果无效；②发包人收到承包人报告后 14 天内未核实完工程量，从第 15 天起，承包人报告的工程量即视为被确认，作为工程价款支付的依据，双方合同另有约定的，按合同执行；③对承包人超出设计图纸（含设计变更）范围和因承包人原因造成返工的工程量，发包人不予计量。

工程计量单，指的是监理单位根据施工图纸以及施工现场实际施工情况，按照工程量计算规则，将施工单位实际施工的工程量记载于纸质载体中，形成书面材料。工程量计量单对于隐蔽工程是非常有必要的，隐蔽工程被覆盖后，在无法恢复原状的情况下，只能依据施工时的第一手资料即计量单结算工程价款。

（三十二）合同约定的主要材料价格

钢材、水泥、木材是建筑工程中占比较大的材料，建筑材料在工程造价中的权重一般为 60%左右。在工程款结算时就工程材料价格常常产生比较大的争议，因此对建筑材料价格的约定非常重要。工程价款的计价方式不外乎清单计价和定额计价，在采用全费用清单计价时，一般对材料调整的约定比较明确，采用定额计价时，关于材料调整容易发生分歧。

根据设计施工图纸及发包人要求，承发包双方应在合同中明确调整的材料品种，如对钢材、木材、预制构件等的调整及方式。对调整材料之外的零星材料及辅材，是否调整以及如何调整，也需要约定，如采用定额计价，还是信息价或市场价，或是三方确认价等。

材料调差依据、价格调整方式、调整幅度、风险范围、材料损耗率等都需要在施工合同中约定，其虽然不直接体现材料的价格，但能通过约定的方式得出材料价格。

（三十三）工程结算书

建设工程项目竣工后，承发包双方按照约定的合同价款及合同价款调整内容以及索赔事项，进行工程竣工结算，对工程最终的价款进行确认，形成工程款结算书。简单说，工程结算书就是承发包双方对工程项目价款的确定。

工程竣工结算分为单位工程竣工结算、单项工程竣工结算和建设项目竣工总结算。

（三十四）工程款支付申请（含进度款申请）

工程款支付申请，是指在施工过程中或工程结算完毕后承包人为索要工程款而向发包人提交的工程款支付申请书，一般包括预付款、进度款、结算款及质量保证金支付申请。

一般情况下有申请才有支付，当然，并非工程款的支付必须以承包人申请为前提。工程款支付申请主要是证明承包人已经申请工程款支付，发包人违约迟迟未予以支付，其主要目的是证明发包人违约，未按时支付工程款。

（三十五）甲供材料、设备明细

甲供材料或甲供材，是建设工程施工行业术语，全称为发包人提供的材料，是指在施工合同中约定，施工项目所需要的某一种或几种材料由发包人提供，发包人根据承包人的施工进度计划以及施工合同的约定向承包人提供材料。在承发包双方结算工程款时，该部分材料费用不计入结算总价。

甲供材是否计入工程款结算价，一般由承发包双方在施工合同中约定，通常约定有：一是甲供材金额不计入工程款金额，这种情况下承包人计取施工费用和采保费等；二是甲供材金额计入分部分项工程费用，并在税前扣除。

（三十六）原始地貌测绘图或报告

原始地貌，指地表面高低起伏的状态，即地球表面的形态。原始地貌测绘图，就是指在施工单位进场施工前，采用全站仪、水准仪等测量工具，测绘拟施工场地标高或高程等数据，并制作成的测绘图。地貌测绘图主要用于计算土石方开挖、回填等方量。某纠纷案件中，在场坪及土石方开挖中，先前施工单位退场后，新的施工单位进场施工，但在进场时未进行地貌测绘，后就施工量问题双方产生分歧。

对于前述诉讼材料，并非每个案件都需要全部收集，具体要看委托人的诉求以及案件的实际情况。如，工程已进行结算，要求发包人支付工程款，那就不需要竣工图、工程量签证单等资料了。

二、诉讼材料整理

（一）资料常规归类整理

根据已收集的资料，对资料分门别类进行整理，再结合委托人的请求补充资料。我们收集到的资料通常有如下几类：①当事人主体资格材料；②招标投标及合同签订资料；③工程建设规划审批材料；④施工过程资料；⑤验收资料；⑥工程款结算资料；⑦工程款付款资料；⑧工程质量异议资料。

在资料收集后，接下来就是根据委托人的请求，结合相应的证据材料进行分析，看诉讼请求是否有证据支持，如果没有证据支持，是否还有其他诉讼方案。同时，也要站在被告方的角度思考，其会怎样应对，以及是否会提起反诉，如对方提起反诉，该如何应对。根据整理情况，归纳可能存在的争议点，向委托人汇报并为诉讼下一步作准备。

（二）按诉讼目的归类整理

根据所要证明的目的不同，对资料进行分类整理。

1. 当事人主体资格

证明当事人主体资格的证据材料主要有：营业执照；事业单位法人证书；居民身份证；等等。

2. 存在施工合同关系

证明承包人与发包人之间建立施工合同关系的证据材料主要有：投标前的资料；招标投标文件；招标文件答疑资料；投标文件；中标通知书；建设工程施工合同及补充协议；等等。

3. 施工合同效力

证明施工合同效力的证据材料主要有：投标前的资料；招标投标文件；招标文件答疑资料；投标文件；中标通知书；工程规划审批资料；建筑业企业质证证书；安全生产许可证；等等。

4. 施工合同履行资料

证明承包人履行工程施工义务及施工过程的证据材料主要有：发包人指令；监理通知；开工通知；施工组织设计；施工图设计文件审查报告；施工现场情况；施工图纸；往来函件及签收记录表；工程照片及影像资料；图纸会审记录；设计变更单；工程变更单；工程洽商记录；工程会议纪要；等等。

5. 工期延误

证明工程工期存在延误的证据材料主要有：建设工程施工合同及补充协议；施工许可证；开工报告；开工通知或开工令；工期签证；工程照片及影像资料；施工现场情况；竣工验收报告；竣工验收备案表；等等。

6. 工程质量

证明工程质量验收合格的证据材料主要有：建设工程施工合同及补充协议；有关质量约定的文件；地质勘察报告；工程验收记录；隐蔽工程验收记录；单位工程竣工验收报告；单项工程竣工验收报告；项目工程竣工验收报告；工程质量检测报告；发包人擅自使用的材料；发包人拖延验收的材料；等等。

7. 工程价款

证明工程价款的证据材料主要有：建设工程施工合同及补充协议；施工图纸；竣工图纸；设计变更；图纸会审；原始地貌测绘图或报告；甲供材；工程款期中结算；进度款支付确认书；工程款竣工结算书；等等。

8. 工期延误损失

证明工期延误损失的证据材料主要有：建设工程施工合同及补充协议；管理人员工资；机械、设备租赁费或折旧费；可见预期收益损失；工期延误期间人工、材料、设备上涨费用；等等。

（三）可视化之流水线图

建设工程施工合同纠纷案件周期长、关系复杂，且施工过程中发生的事件多，代理律师不可能将所有的内容都记清楚，但可以借助流水线图，流水线图可以简单地展示事件的流程，清晰知道在各个时间点发生了什么，使人一目了然。

第四讲　诉讼材料审查

一、合同关系的判断

是否存在合同关系，是启动诉讼前首先要解决的问题。存在合同关系的情况下，可以直接根据合同约定提起诉讼。如果没有合同关系或其他法律规定的情形，无权提起诉讼。在没有合同关系的情况下，欲向非合同方提起诉讼，须有法律的明确规定或突破合同相对性以及其他事由等作为请求权基础。

（一）存在合同关系的判断

有合同关系，则有权提起诉讼。在建设工程施工合同纠纷案件中，提起诉讼的原告一般是施工总承包人、分包人以及实际施工人等，其首先要证明与所诉被告之间存在合同关系。根据《民事诉讼法解释》第九十一条“人民法院应当依照下列原则确定举证证明责任的承担，但法律另有规定的除外：（一）主张法律关系存在的当事人，应当对产生该法律关系的基本事实承担举证证明责任；（二）主张法律关系变更、消灭或者权利受到妨害的当事人，应当对该法律关系变更、消灭或者权利受到妨害的基本事实承担举证证明责任”的规定，原告主张存在合同法律关系，应当对产生法律关系的基本事实进行举证；被告主张法律关系变更、消灭等，应当承担举证责任。

就建设工程施工合同纠纷而言，原告提起诉讼，应就合同法律关系的存在承担举证责任。实务中，承包人提起诉讼时，其需要举示下列证据：第一，书面合同等存在合同关系的证据材料；第二，履行合同的证据材料。只有同时提供前述两项证据材料，才算完成基本举证义务。缺乏前述任一项，原告的请求都有可能得不到支持。即虽然原告与被告签订了承包合同，但未实际履行；或双方之间不存在书面合同，但原告能提供实际履行的证据材料，这两种情况下，都有可能被认定为不存在合同关系。

典型案例 23

主张与被告存在法律关系的原告，应当对产生该法律关系的基本事实承担举证责任

——某甲房地产开发有限公司与王某某建设工程施工合同纠纷案[1]

关于案涉消防工程能否认定由王某某施工的问题。王某某主张案涉消防工程由其施工，主要理由有四：①虽然案涉2010年9月5日《建设工程施工合同》约定的承包范围不包括消防工程，但经与某甲房地产开发有限公司口头协商，该部分工程先期由王某某的合伙人袁某某施工，之后全部由王某某施工，王某某在再审中举示的《花鸟鱼市综合楼各分部分项已完工程统计表》《花鸟鱼市综合楼未完工程统计表》及证人徐某、张某甲的证言可以证明；②王某某将消防工程的人工部分发包给案外人张某乙，并签订了施工合同，给付张某乙人工费39.6万元；③消防工程不能和主体工程相脱离进行单独施工，某甲房地产开发有限公司主张主体工程2010年开建，在2014年9月王某某离场后再进行消防工程施工，违背施工顺序；④某甲房地产开发有限公司提交的证据不能证明案涉消防工程实际施工人是程某某。

黑龙江省高级人民法院二审认定案涉消防工程由王某某施工，主要理由为：①袁某某在一审中出庭证明其与王某某系合作关系，二人施工完成大部分消防工程，某甲房地产开发有限公司对此并无异议；②根据某甲房地产开发有限公司在一审中举示的某消防设施安装有限公司于2010年5月12日出具的《某乙房地产开发有限公司花鸟鱼市高层住宅消防工程预算书》，消防工程的预算总金额为3821710.56元。某甲房地产开发有限公司并未能举证证明其自行施工完成或委托他人完成该部分工程的工程价款，而王某某对此自认为582967.56元，据此，某甲房地产开发有限公司应给付王某某施工完成的消防工程的工程价款为3238743元。

最高人民法院再审认为，《民事诉讼法解释》第九十一条规定："人民法院应当依照下列原则确定举证证明责任的承担，但法律另有规定的除外：（一）主张法律关系存在的当事人，应当对产生该法律关系的基本事实承担举证证明责任；（二）主张法律关系变更、消灭或者权利受到妨害的当事人，应当对该法律关系变更、消灭或者权利受到妨害的基本事实承担举证证明责任。"第一百零八条规定："对负有举证证明责任的当事人提供的证据，人民法院经审查并结合相关事实，确信待证事实的存在具有高度可能性的，应当认定该事实存在。对一方当事人为反驳负有举证证明责任的当事人所主张事实而提供的证据，人民法院经审查并结合相关事实，认为待证事实真伪不明的，应当认定该事实不存在。法律对于待证事实所应达到的证明标准另有规定的，从其规定。"本案中，2010年9月5日《建设工程施工合同》不包含消防工程，一审鉴定意见中亦无消防工程造价。王某某作为原告主张实际对消防工程进行了施工，根据以上司法解释的规定，其对案涉消防

---

[1] 参见最高人民法院（2021）最高法民再46号民事判决书。

工程由其施工的“法律关系存在”负有举证证明义务，并应达到“高度可能性”标准。本案中，王某某并未提供消防工程签证单或消防工程交接验收手续等核心客观证据，其提交的证据均未能达到直接证明或间接形成链条证明其主张成立的高度可能性。王某某未完成举证证明义务，依法应当承担举证不能的不利后果。对此，最高人民法院具体评析如下。

①本案已查明，王某某主张依据2010年9月5日《建设工程施工合同》与袁某某挂靠某建筑工程有限公司进行施工，王某某为实际施工人。但在该份施工合同中，施工内容并不包含消防工程。②王某某主张案涉消防工程由其施工的其他证据为王某某与张某乙签订的《建设工程施工合同》，4张材料款收据（复印件），证人张某丙的证言，王某某与宫某某的通话录音，现场照片，《花鸟鱼市综合楼各分部分项已完工程统计表》《花鸟鱼市综合楼未完工程统计表》，徐某、张某甲的证人证言等。本案中，王某某主张的消防工程承包人张某乙并未到庭，该《建设工程施工合同》的真实性难以确定；4张材料款收据系复印件，亦不能特定为案涉消防工程支出；证人张某丙与王某某存在利害关系；王某某与宫某某的通话录音，其性质应视为证人证言，宫某某在二审中亦未到庭作证，从形式上不能确定是否为宫某某本人，从内容上亦未明确表示消防工程是王某某施工；两张统计表及徐某、张某甲的证言，性质上总概为证人证言，在某房地产开发有限公司、程某某始终否认的情况下，不能径行推定为王某某对案涉消防工程施工完毕。③根据袁某某的证言，袁某某仅施工至案涉工程二楼即撤出，消防工程并未完成，从袁某某的证言中不能得出案涉消防工程由王某某施工的结论。因此，王某某提供的以上证据，均不能从正面证明其主张达到“高度可能性”，王某某并未完成证明其主张的举证。

另外，某房地产开发有限公司在本案中举证证明案涉消防工程另由他人施工，实系欲从反面否认王某某施工案涉消防工程，即该事实至少为“真伪不明”。王某某以某房地产开发有限公司提交的证据不能直接证明案涉消防工程由程某某等案外人施工为由，反推王某某施工，规避己方初始举证义务，无法律依据。二审法院以某房地产开发有限公司未能举证证明其自行施工完成或委托他人完成该部分工程的工程价款，而王某某对此自认为582967.56元为由，判令某房地产开发有限公司给付王某某工程价款3238743元，属举证责任分配错误，应予纠正。

【评析】根据《民事诉讼法解释》第九十一条的规定，主张法律关系存在的当事人，应当对产生该法律关系的基本事实承担举证证明责任。王某某作为原告主张实际对消防工程进行了施工，根据以上司法解释的规定，其对案涉消防工程由其施工的“法律关系存在”负有举证证明义务，并应达到“高度可能性”标准，这是作为主张存在法律关系的一方应当承担的举证义务。主张法律关系的存在，应当举证证明有书面或口头的约定以及实际履行了合同，这是作为原告应当承担的初始举证责任。

典型案例 24

原告主张其为实际施工人的证明责任

——张某、郑某某与某建设集团有限公司建设工程施工合同纠纷案[1]

关于张某、郑某某主张某建设集团有限公司拖欠其工程款1000万元是否有事实及法律依据的问题。最高人民法院再审认为，《民事诉讼法解释》第九十一条规定："主张法律关系存在的当事人，应当对产生该法律关系的基本事实承担举证证明责任。"本案中，张某、郑某某主张其为案涉工程实际施工人，故其二人应就与某建设集团有限公司成立建设工程施工合同关系承担举证责任。张某、郑某某自认其与某建设集团有限公司之间并未签订书面建设工程施工合同，其作为实际施工人，与某建设集团有限公司形成事实上的施工合同关系。最高人民法院经审查认为，实际施工人一般是指，对相对独立的单项工程，通过筹集资金、组织人员机械等进场施工，在工程竣工验收合格后，与业主方、被挂靠单位、转承包人进行单独结算的自然人、法人或其他组织。本案中，张某、郑某某一、二审中举示的证据均无法证明其与某建设集团有限公司之间形成事实上的建设工程施工合同关系。一审时其虽提交了几十份工程签证原件，但原件中仅两份有郑某某签字，内容与合同、结算均无关联。其再审审查中提交的有关张某、郑某某起诉鲁某某、田某某不当得利纠纷的另案材料，仅能证明其二人与他人之间的往来，不能作为确定其与某建设集团有限公司之间建设工程施工合同关系成立或施工内容、价款的依据。张某、郑某某一审中举示的相关录音证据亦不能证明某建设集团有限公司对欠付其工程款事实的认可。综上，张某、郑某某未能提供案涉项目与其二人相关的施工记录、范围、材料报验单、工程验收单等施工过程中产生的凭证材料，以证明其进行施工、请款并与某建设集团有限公司独立进行工程结算等事实，故一、二审法院认定张某、郑某某主张其为案涉工程实际施工人、某建设集团有限公司尚欠其工程款依据不足，并无不当。

【评析】就建设工程施工合同纠纷而言，原告提起诉讼，应就合同法律关系的存在承担举证责任。实务中，承包人提起诉讼时，需举示下列证据：第一，书面合同等存在合同关系的证据材料；第二，履行合同的证据材料。只有同时提供前述两项证据材料，才算完成基本举证义务。而本案中，张某、郑某某并不能证明其与某建设集团有限公司之间存在施工合同关系。

（二）无合同关系的判断

原被告之间无任何口头或书面的合同关系，但原告要以无合同关系的第三方作为被告提起诉讼，这时需要审查是否具有相应的法律依据。

[1] 参见最高人民法院（2021）最高法民申4627号民事裁定书。

《建设工程施工合同解释（一）》第四十三条规定："实际施工人以转包人、违法分包人为被告起诉的，人民法院应当依法受理。实际施工人以发包人为被告主张权利的，人民法院应当追加转包人或者违法分包人为本案第三人，在查明发包人欠付转包人或者违法分包人建设工程价款的数额后，判决发包人在欠付建设工程价款范围内对实际施工人承担责任。"层层转包、违法分包情况下的实际施工人，可以直接依据合同的约定向合同相对方主张权利。但实际施工人以发包人为被告主张权利，是基于法律的规定，突破了合同的相对性。虽然法律规定实际施工人可以向发包人主张权利，但二者之间并不存在合同关系。

《建设工程施工合同解释（一）》第四十四条规定："实际施工人依据民法典第五百三十五条规定，以转包人或者违法分包人怠于向发包人行使到期债权或者与该债权有关的从权利，影响其到期债权实现，提起代位权诉讼的，人民法院应予支持。"基于代位权的相关规定，实际施工人可以代位提起诉讼。

《建设工程质量管理条例》第二十七条规定："总承包单位依法将建设工程分包给其他单位的，分包单位应当按照分包合同的约定对其分包工程的质量向总承包单位负责，总承包单位与分包单位对分包工程的质量承担连带责任。"《建设工程施工合同解释（一）》第十五条规定："因建设工程质量发生争议的，发包人可以以总承包人、分包人和实际施工人为共同被告提起诉讼。"发包人与分包人、实际施工人并不存在合同关系，基于法律规定，发包人就工程质量问题可以以分包人和实际施工人为被告提起诉讼。

《公司法若干问题规定（三）》第十三条规定："股东未履行或者未全面履行出资义务，公司或者其他股东请求其向公司依法全面履行出资义务的，人民法院应予支持。公司债权人请求未履行或者未全面履行出资义务的股东在未出资本息范围内对公司债务不能清偿的部分承担补充赔偿责任的，人民法院应予支持；未履行或者未全面履行出资义务的股东已经承担上述责任，其他债权人提出相同请求的，人民法院不予支持。股东在公司设立时未履行或者未全面履行出资义务，依照本条第一款或者第二款提起诉讼的原告，请求公司的发起人与被告股东承担连带责任的，人民法院应予支持；公司的发起人承担责任后，可以向被告股东追偿。股东在公司增资时未履行或者未全面履行出资义务，依照本条第一款或者第二款提起诉讼的原告，请求未尽公司法第一百四十七条第一款规定的义务而使出资未缴足的董事、高级管理人员承担相应责任的，人民法院应予支持；董事、高级管理人员承担责任后，可以向被告股东追偿。"

《民事诉讼法解释》第五十四条规定："以挂靠形式从事民事活动，当事人请求由挂靠人和被挂靠人依法承担民事责任的，该挂靠人和被挂靠人为共同诉讼人。"

合作开发房地产项目，合作一方作为发包人与承包人签订施工合同，其他合作人是否对承包人承担责任？目前实务中尚有争议。合作各方成立项目公司进行开发的，实质上合作各方是项目公司的股东，不应当对外承担发包人的责任。根据《最高人民法院关于审理涉及国有土地使用权合同纠纷案件适用法律问题的解释》第二十一条"合作开发房地产合同约定提供土地使用权的当事人不承担经营风险，只收取固定利益的，应当认定为土地使用权转让合同"、第二十二条"合作开发房地产合同约定提供资金的当事人不承担经营风险，只分配固定数量房屋的，应当认定为房屋买卖合同”、第二十三条“合作开发房地产合同约定提供资金的当事人不承担经营风险，只收取固定数额货币的，应当认定为借款合同”、第二十四条“合作开发房地产合同约定提供资金的当事人不承担经营风险，只以租赁或者其他形式使用房屋的，应当认定为房屋租赁合同”的规定，名为合作开发房地产合同实为土地使用权转让合同、房屋买卖合同、借款合同、房屋租赁合同的，不应承担责任。

委托代建情况下，对于施工单位能否突破合同相对性，要求委托单位对代建单位的付款义务承担连带责任或直接要求委托单位承担责任，实务中有不同的观点。第一种观点认为，工程代建合同的委托人与代建人应向施工单位承担连带责任。第二种观点认为，委托人不对代建人的付款义务承担责任。《回顾与展望——写在〈最高人民法院关于审理建设工程施工合同纠纷案件适用法律问题的解释〉颁布实施三周年之际》一文指出：“目前，立法机关的立法理念是将占建筑市场很大份额的政府工程实行强制的委托代建制度。委托代建合同与施工合同是两个独立的法律关系，原则上在审理建设工程施工合同纠纷案件中，不宜追加委托人为本案当事人，不宜判令委托人对发包人偿还工程欠款承担连带责任。委托人也无权以承包人为被告向人民法院提起诉讼，主张承包人对工程质量缺陷承担责任。委托人与代建人就委托代建合同发生的纠纷，也不宜追加承包人为本案当事人。”第三种观点认为，根据《民法典》中的委托合同进行处理，受托人以自己的名义，在委托人的授权范围内与第三人订立的合同，第三人在订立合同时知道受托人与委托人之间的代理关系的，该合同直接约束委托人和第三人；但是，有确切证据证明该合同只约束受托人和第三人的除外。受托人以自己的名义与第三人订立合同时，第三人不知道受托人与委托人之间的代理关系的，受托人因第三人的原因对委托人不履行义务，受托人应当向委托人披露第三人，委托人因此可以行使受托人对第三人的权利。但是，第三人与受托人订立合同时如果知道该委托人就不会订立合同的除外。受托人因委托人的原因对第三人不履行义务，受托人应当向第三人披露委托人，第三人因此可以选择以受托人或者委托人作为相对人主张其权利，但是第三人不得变更选定的相对人。实务中，持三种观点的判决均存在。

二、合同性质判断

（一）合同性质

合同的性质是指合同属于什么类型的合同，权利义务归属于哪一类型的合同，合同具有什么法律特征等。按照合同的性质，《民法典》规定了买卖合同，供用电、水、气、热力合同，赠与合同，借款合同，保证合同，租赁合同，融资租赁合同，保理合同，承揽合同，建设工程合同，运输合同，技术合同，保管合同，仓储合同，委托合同等有名合同，而在实际生活中，法律不可能概括所有，在有名合同之外还存在大量的无名合同。因此，在拿到案件后，要确定案件所涉合同的性质，以便快速确定所应适用的法律。

对于合同性质，应根据合同内容所反映的当事人的真实意思，并结合其签订合同的真实目的以及合同的实际履行情况等因素进行综合判断，切不可依照合同名称等表面内容片面认定。有的合同虽然名义上为建设工程施工合同，但实质上并非建设工程施工合同，在这种情况下，一定要根据合同内容以及合同双方的真实意思对合同的性质进行判断，寻找双方之间真正的法律关系，正确适用法律。

（二）名为分包，实为挂靠

典型案例 25

名为分包，实为挂靠

——某建筑安装有限公司、某建筑安装集团有限责任公司与某城建投资开发有限公司建设工程施工合同纠纷案[1]

黑龙江省高级人民法院一审认为，2012 年 7 月 5 日、8 月 1 日，某城建投资开发有限公司与某建筑安装集团有限责任公司签订《一标段施工合同》《配套工程施工合同》《剩余工程施工合同》；2012 年 7 月 5 日、8 月 2 日，某建筑安装集团有限责任公司与某建筑安装有限公司签订《一标段分包协议》《剩余工程分包协议》。某建筑安装有限公司主张其以某建筑安装集团有限责任公司的名义参与招标投标并签订本案所涉全部合同，系挂靠某建筑安装集团有限责任公司施工，某建筑安装集团有限责任公司和某城建投资开发有限公司则认为其二公司之间为承发包关系，某建筑安装集团有限责任公司与某建筑安装有限公司为转包关系。

最高人民法院二审认为，某建筑安装有限公司与某城建投资开发有限公司之间并无合同关系，其直接请求某城建投资开发有限公司向其支付工程款，首先要明确其与某建筑安装集团有限责任公司之间是分包、转包还是挂靠关系。某建筑安装集团有限责任公司与某建筑安装有限公司签订的《一标段分包协议》《剩余工程分包协议》尽管名为分包合同，但综合考虑以下因素，一审判决认定二者之间构成借用资质即挂靠关系符合客观实际：一是从缔约过程看，某建筑安装有限公司的工作人员参与了某建筑安装集团有限责任公司的招标投标工作，可见其知晓总承包合同的有关内容；二是从实际施工情况看，某建筑安装集团有限责任公司与某城建投资开发有限公司签订系列建设工程施工合同后，于同日或次日便将所承包的工程交由某建筑安装有限公司施工建设，可见某建筑安装集团有限责任公司没有施工的意图，事实上其也没有实际施工行为；三是从履约过程看，某城建投资开发有限公司与某建筑安装有限公司及施工单位就案涉工程的建设、结算等问题进行磋商并形成会议纪要，在此过程中某建筑安装集团有限责任公司并未参会，即某城建投资开发有限公司直接与某建筑安装有限公司交涉工程建设事宜；四是从另案 30 号调解书的内容看，

[1] 参见最高人民法院（2021）最高法民终 985 号民事判决书。

本案三方当事人曾认可某建筑安装有限公司借用某建筑安装集团有限责任公司资质与某城建投资开发有限公司签订建设工程施工合同的事实。

在挂靠关系中，挂靠人能否依据被挂靠人与发包人之间的合同向发包人主张权利，主要取决于发包人在缔约时对挂靠关系是否知情：知情的，挂靠人可以基于事实关系直接向发包人主张权利；反之，则不可以。就本案而言，某城建投资开发有限公司与某建筑安装集团有限责任公司于2012年7月5日签订《一标段施工合同》后，其于2012年7月31日组织某建筑安装有限公司及相关施工单位召开会议时，作为名义上的总承包人的某建筑安装集团有限责任公司并未参会，而某建筑安装有限公司则以总承包人身份参加会议。2012年8月1日，某城建投资开发有限公司与某建筑安装集团有限责任公司签订《剩余工程施工合同》《配套工程施工合同》后，又于2014年12月组织某建筑安装有限公司及施工单位召开会议。前述事实表明，某城建投资开发有限公司对某建筑安装有限公司是案涉工程的实际承包人不仅知情，而且予以认可。在此情况下，某建筑安装有限公司作为案涉工程的实际承包人，有权依据某建筑安装集团有限责任公司与某城建投资开发有限公司签订的施工合同的有关约定，向某城建投资开发有限公司主张工程款。

【评析】名为分包，实为挂靠的情形下，实际施工人能否向发包人主张工程款以及工程价款优先权？这主要取决于发包人在缔约时对挂靠关系是否知情，知情的，挂靠人可以基于事实关系直接向发包人主张权利；反之，则不可以。工程价款优先受偿权依附于工程款，在发包人对挂靠知情的情况下，实际施工人可以主张优先受偿权。

（三）名为装饰装修合同，实为买卖合同

典型案例 26

不能将卖方负有安装义务的买卖合同认定为装饰装修合同

——某木业有限公司与某装饰股份有限公司买卖合同纠纷案[1]

某木业有限公司于2021年4月1日起诉称，2017年7月12日，某木业有限公司与某装饰股份有限公司签订《建材产品购销合同》，约定某木业有限公司为某装饰股份有限公司承接的某艺术中心第四五标段精装修工程项目提供木制品等事宜，后某木业有限公司依约完成了全部木制品制作和现场安装工作，但某装饰股份有限公司在某木业有限公司多次催要后仍未支付合同款。故某木业有限公司提起本案诉讼，请求判决某装饰股份有限公司支付木制品采购款1580684.94元及利息损失，承担诉讼费。

绍兴市上虞区人民法院受理本案后，某装饰股份有限公司在提交答辩状期间未对管辖权提出异议。2021年4月6日，绍兴市上虞区人民法院以本案为装饰装修合同纠纷、属于不动

[1] 参见最高人民法院（2022）最高法民辖60号管辖裁定书。

产纠纷为由，作出（2021）浙0604民初2336号民事裁定，将本案移送装饰装修地的北京市东城区人民法院处理。北京市东城区人民法院认为移送不当，遂报请北京市高级人民法院。

北京市高级人民法院经审查认为，本案系买卖合同纠纷，并非装饰装修合同纠纷。案涉合同第10页末部载明“合同签订地址为浙江省绍兴市上虞区”，同时约定“争议无法自行和解的，任何一方均可向签约地人民法院提起诉讼”，故绍兴市上虞区人民法院对该案有管辖权，移送北京市东城区人民法院处理缺乏法律依据。经与浙江省高级人民法院协商未果，依照《民事诉讼法》第三十八条第二款的规定，报请最高人民法院指定管辖。

最高人民法院认为，本案管辖争议的焦点问题是依照装修装饰合同纠纷还是买卖合同纠纷确定本案管辖。民事案件案由反映民事案件所涉及的民事法律关系的性质，在案由的确定涉及诉讼管辖时，人民法院应当依据当事人主张的民事法律关系的性质来确定案由。本案中，案涉《建材产品购销合同》约定“因某装饰股份有限公司承接的工程施工需要采购木制品，某木业有限公司系生产或者销售木制品的供货商，愿意按照本合同的约定供应该产品”“作为供方的售后服务，提供安装服务”等内容。从上述约定看，产品安装系木制品买卖的售后服务，本案合同属于买卖合同，不能认定为装饰装修合同。《民事诉讼法》第三十五条规定：“合同或者其他财产权益纠纷的当事人可以书面协议选择被告住所地、合同履行地、合同签订地、原告住所地、标的物所在地等与争议有实际联系的地点的人民法院管辖，但不得违反本法对级别管辖和专属管辖的规定。”该案中，某木业有限公司和某装饰股份有限公司明确约定合同签订地为浙江省绍兴市上虞区，发生争议后管辖法院为合同签订地人民法院，故绍兴市上虞区人民法院对本案具有管辖权。在先行受理的情况下，绍兴市上虞区人民法院将本案移送北京市东城区人民法院处理不当，最高人民法院予以纠正。

【评析】由案涉《建材产品购销合同》约定的内容可知，供货方提供安装服务仅是附随义务，而非合同的主要义务，不能将有安装义务的买卖合同认定为装饰装修合同。

（四）名为承揽合同，实为施工合同

典型案例27

名为承揽合同，实为建设工程施工合同

——畦某某与某水电开发有限公司、某工程局（有限公司）、某建设工程有限公司及某建筑工程有限公司建设工程施工合同纠纷案[1]

关于畦某某与某水电开发有限公司之间的法律关系如何认定及二审法院适用法律是否正确的问题。新疆维吾尔自治区高级人民法院再审认为，《合同法》第二百五十一条[2]规

[1] 参见新疆维吾尔自治区高级人民法院（2022）新民申783号民事裁定书。

[2] 参见《民法典》第七百七十条。

定："承揽合同是承揽人按照定作人的要求完成工作，交付工作成果，定作人给付报酬的合同。"第二百六十九条[1]规定："建设工程合同是承包人进行工程建设，发包人支付价款的合同。"建设工程合同在性质上虽然属于特殊的承揽合同，但二者在主体资格要求、合同标的物、承包方式、合同价格、质量管理、合同要式等方面存在明显差别。具体到该案中，根据已查明事实，2009年10月23日，某水电开发有限公司与某工程局（有限公司）签订《某水电站工程混凝土骨料砂石加工系统建设、运行管理及供货》（C2料场）合同文件，该合同文件包括：协议书（包括补充协议书）；中标通知书；评标及合同谈判中有关问题的澄清函、会谈纪要、投标报价书；招标人在招标期间发出的所有补充通知及答疑文件；专用合同条款；通用合同条款；技术条款；图纸；已标价工程量清单（含工程量清单说明）；经发包人确认的投标辅助资料；经双方确认进入合同的其他文件（其中含授权委托书、履约保函、质量保函等）；合同总价款为5067762元；合同内容为料场覆盖层清除、成品砂石骨料供应等。再审法院认为，首先，从上述合同内容来看，不管是在招标投标文件中的资质要求、合同约定的标的物、合同要式及结构，还是在合同价格、工程质量管理等方面，案涉合同均表现出建设工程合同特有的特征；其次，虽然案涉合同内容中既包括工程建设，也包括运行管理及供货，类似于工程总承包合同，但是从双方约定的工程价款来看，案涉合同并未将工程建设、运行管理、供货项目进行拆分并独立结算，而是将上述三部分项目价款摊销到砂石料价款中以综合单价的形式进行整体结算，故不宜将案涉合同进行拆分认定。结合上述因素，应当认定《某水电站工程混凝土骨料砂石加工系统建设、运行管理及供货》实质为建设工程施工合同。《某水电站工程混凝土骨料砂石加工系统建设、运行管理及供货》签订后，某工程局（有限公司）并未实际履行合同，而是由某水电开发有限公司指定眭某某实际施工，后眭某某挂靠某建设工程有限公司、某建筑工程有限公司履行了合同内容，故眭某某与某水电开发有限公司之间直接形成事实上的施工合同关系。该合同履行过程中，2013年5月25日，某水电开发有限公司书面通知某工程局（有限公司），要求再建设两套砂石加工系统（分别为C1、C2料场），满足砂石骨料生产。后该项目得到批复，眭某某在立项审批表中以项目经理名义签字。眭某某购买机械设备增加生产。虽然某水电开发有限公司与某工程局（有限公司）未针对该两套砂石加工系统签订书面合同，但某水电开发有限公司针对该两套砂石加工系统进行了招标，某工程局（有限公司）亦进行了投标，且双方亦在2014年1月18日签订了《补充协议02》，并与眭某某就上述两套砂石加工系统进行了部分结算。再审法院认为，从上述招标投标文件内容、《补充协议02》、结算情况来看，该两套砂石加工系统在资质要求、施工范围、价款结算等方面与《某水电站工程混凝土骨料砂石加工系统建设、运行管理及供货》约定的内容基本一致，均为建设工程施工合同内容，眭某某未与某水电开发有限公司签订施工合同的事实并不能否定其实际进行施工的事实及与某水电开发有限公司之间形成建设工程施工合同法律关系的事实。综上，二审法院认定眭某某与某水电开发有限公司之间就案涉工程形成建

[1] 参见《民法典》第七百八十八条。

设工程施工合同法律关系并适用相关法律规定，并无不当。

【评析】 属于哪一类合同，并不是简单看合同标题来确定，而应以合同约定的具体事项来确定。就本案而言，《某水电站工程混凝土骨料砂石加工系统建设、运行管理及供货》约定的内容均为建设工程施工合同内容，因此不能以合同名称来确定该合同为承揽合同。

三、合同效力审查

所谓合同效力，指依法成立受法律保护的合同，对合同当事人产生的必须履行其合同义务，不得擅自变更或解除合同的法律拘束力，即法律效力。合同是最为常见的民事法律行为，合同效力的认定也涉及法律的适用，合同有效和无效所涉及的法律适用以及处理规则也不相同。

在合同性质已经明确的情况下，首先要对合同效力进行审查。在案件审理时，合同效力是法院在裁判文书中必须评判的内容，属于法院自动审查的内容。合同并不因为合同双方认可有效而被法院认定有效，也不因为一方抗辩无效而无效，对于合同的效力，裁判人员应当在确定合同性质的基础上主动审查，合同效力不因任何一方当事人的主观判断或双方的一致意见而受影响。因此，作为案件代理律师，审查合同效力是必然的，诉讼请求与合同效力是紧密联系的，如果对合同效力的判断错误，那诉讼请求必然受到影响，并且要准备合同有效与无效的诉讼方案及应对策略。《民法典》第一百四十三条规定："具备下列条件的民事法律行为有效：（一）行为人具有相应的民事行为能力；（二）意思表示真实；（三）不违反法律、行政法规的强制性规定，不违背公序良俗。"

四、合同内容审查

合同内容，指的是民事主体在合同中对民事权利与义务等事项的具体约定。合同内容约定的具体事项，直接关系到合同各方的利益，如工程款支付条件是否成就、工程价款的计价依据等都直接影响各方的切身利益。因此，合同内容的审查非常重要。

（一）合同的形式

《建设工程施工合同（示范文本）》GF—2017—0201是比较常用的文本，其由合同协议书、通用合同条款和专用合同条款三部分组成。合同协议书部分，主要包括：工程概况、合同工期、质量标准、签约合同价和合同价格形式、项目经理、合同文件构成、承诺以及合同生效条件等重要内容，集中约定了合同当事人基本的合同权利义务。通用合同条款部分，就工程建设的实施及相关事项，对合同当事人的权利义务作出原则性约定。专用合同条款是对通用合同条款原则性约定进行细化、完善、补充、修改或另行约定的条款。合同当事人可以根据不同建设工程的特点及具体情况，通过双方的谈判、协商对相应的专用合同条款进行修改补充。采用示范文本签订的施工合同，更加规范，对具体事项的约定更加清晰，对合同条款约定不明时如何处理也有明确的办法。

当然，在实践中，承发包人并非都使用示范文本签订施工合同，有些可能是使用发包人或承包人自行拟定的文本，这种文本相对于示范文本来讲规范性要差，且有可能存在合同内容缺项或不完整或自相矛盾等情形，这情况下一定要仔细看合同具体事项的约定。

另外，需要注意的是中标合同，前文也有阐述中标合同不是合同，而是一系列的法律文件，如招标文件、投标文件、投标答疑、中标通知书、已标价工程量清单等共同组成了中标合同。

（二）合同的具体内容

对于建设工程合同，由于委托人的权利请求不同，需关注的合同内容也有所差异，但第一次看施工合同，应当全面掌握合同的具体约定。

1. 合同签约主体

施工合同签订主体，决定谁有权提起诉讼。当然，也不能认为只要是合同签约主体都有资格提起诉讼，比如在挂靠施工的情况下就可能存在被挂靠人无权提起诉讼或被法院裁定主体不适格的情形。签约合同主体审查，需要核实承包人信息与是否具备相应的施工资质。对于发包人，需要审查：①合同中公司盖章名称与落款或抬头名称是否一致，如果不一致，应当以公章的名称为准；②合同相对方是否具备《民法典》规定的主体资格，如果不具备，则在起诉时将成立或开办该单位的组织作为被告。在实务中，比较多的是筹建处、指挥部等临时机构作为发包人与承包人签订施工合同，在这种情况下，若筹建处、指挥部不具备主体资格，则不能将其列为被告。合同签约主体的审查，主要是审查可能将哪些主体列为被告，以及原被告主体是否适格。对发包人的企业性质也有必要审查，这主要涉及项目是否属于必须招标的情形。

2. 工程项目名称及地点

施工合同中约定的工程项目名称与施工许可证中记载的名称是否一致，如果不一致，在诉讼请求中的优先受偿权的表述应当以施工许可证为准。工程项目地点，主要涉及诉讼地的问题，如无有效的仲裁约定，工程施工合同纠纷由项目所在地法院管辖。

3. 项目资金来源与性质

根据《招标投标法》的规定，在中华人民共和国境内进行下列工程建设项目包括项目的勘察、设计、施工、监理以及与工程建设有关的重要设备、材料等的采购，必须进行招标：①大型基础设施、公用事业等关系社会公共利益、公众安全的项目；②全部或者部分使用国有资金投资或者国家融资的项目；③使用国际组织或者外国政府贷款、援助资金的项目。对于哪些项目必须招标投标，详见《必须招标的工程项目规定》和《必须招标的基础设施和公用事业项目范围规定》的规定。

4. 开工日期与竣工日期

在施工合同中，有些施工合同只约定了开工日期和竣工日期，没有具体施工工期，这种情况下根据开工日期和竣工日期，可以得出施工工期。还有一些施工合同只约定了总工期，而未约定具体的开工日期和竣工日期，这种情况下需要结合实际的开工日期确定竣工日期。当然，即便在明确开工日期的情况下，有时也需要结合其他材料确定开工日期和竣工日期。

开工日期首先由双方当事人确定，如果不能确定或是有争议，按下列情形予以确定：①开工日期为发包人或者监理人发出的开工通知载明的开工日期，开工通知发出后，尚不具备开工条件的，以开工条件具备的时间为开工日期，因承包人原因导致开工时间推迟的，以开工通知载明的时间为开工日期；②承包人经发包人同意已经实际进场施工的，以实际进场施工时间为开工日期；③发包人或者监理人未发出开工通知，亦无相关证据证明实际开工日期的，应当综合考虑开工报告、合同、施工许可证、竣工验收报告或者竣工验收备案表等载明的时间，并结合是否具备开工条件的事实，认定开工日期。

竣工日期同样看双方当事人是否能确定，如果不能确定或是有争议，按下列情形予以确定：①建设工程经竣工验收合格的，以竣工验收合格之日为竣工日期；②承包人已经提交竣工验收报告，发包人拖延验收的，以承包人提交验收报告之日为竣工日期；③建设工程未经竣工验收，发包人擅自使用的，以转移占有建设工程之日为竣工日期。

为什么要审查开工日期、竣工日期或总工期呢？主要是因为作为承包人的代理人，要考虑工期延误是谁的原因或什么风险造成的。如果是承包人造成的，发包人可能会提起反诉，这时要考虑发包人反诉的应对方案；如果是发包人造成的，需要综合考虑承包人是否提起索赔等事宜。

5. 工程质量

对于工程质量，主要是看是否有清晰的验收标准，以及是否有其他约定，如承包人施工工程需获得“鲁班奖”“黄果树杯”“钱江杯”等国家优质工程或省级优质工程的约定。当然，如果承包人施工工程未能获得施工合同中约定的国家或省级优质工程，但工程质量满足国家验收标准的，承包人还是能向发包人主张工程款的，只是可能承担未能获得相应优质工程的违约责任。

6. 工程内容和承包范围

工程内容反映的是拟建工程项目的一些基本情况，如结构类型、层数等。而承包范围，指的是承包人的具体施工内容，是需要承包人具体实施的内容。因此，承包人的承包范围不一定等于工程内容，承包范围一般小于或等于工程内容。

如果是经过招标投标签订的施工合同，要审查约定的承包范围是否与招标投标文件一致。

7. 工程价款

工程价款，是在承包人施工工程质量合格的情况下，发包人向承包人支付的报酬。工程款分为预付款、进度款、结算款和质量保证金。故审查：①施工合同是否约定有预付款，在有约定的情况下，发包人是否按期保量支付，没有按期保量支付的情况下，是否有违约责任的约定等；②进度款，看施工合同约定是全垫资施工还是有进度款以及进度款支付约定，在实践中，进度款支付的方式有按月支付、按季度支付和按工程形象进度支付等，要审查发包人是否按时保量支付；③关于工程结算款，在下文阐述；④关于质量保证金，需要审查返还时间以及具体金额，以便确定是一并主张还是分开主张。

另外，需要注意建设工程分包合同中的“背靠背条款”。“背靠背条款”，一般是指承包人与分包人在分包合同中约定，承包人向分包人付款的时间、金额、方式等决定于发包人如何向承包人给付，即以发包人付款作为承包人向分包人付款的前提条件，发包人未付款，承包人不向分包人付款。承包人在与分包人签订分包合同时，通过这种方式将发包人不能及时付款的风险转移给了分包人。实务中，承包人与分包人在分包合同中约定的“在发包人向承包人支付工程款后，承包人再向分包人支付工程款”“承包人与分包人工程款的结算需以发包人与承包人的结算为前提，或承包人与分包人工程款的结算在承包人与发包人工程款结算的基础上下浮 10 个点”“以建设单位审计结果为准”“按照建设单位付款进度支付工程款”等均属于此类条款。

关于“背靠背条款”的效力问题，实务中一直有争议。有观点认为无效，其理由为：分包人对发包人与承包人的付款进度是不知情的，该条款让分包人处于无限期的等待中，有违公平原则，应无效；承包人以收到发包人工程款作为向分包人支付的前提，实质上是将施工经营风险转嫁给了分包人，该条款为格式条款，排除分包人主张工程款的权利，应无效。从目前的审判实务来看，“背靠背条款”属于有效条款，其理由为：“背靠背条款”不违反法律强制性规定，是当事人对建筑市场资金风险判断的共识，体现当事人的意思自治，应为有效条款；该条约定不违反法律、行政法规的强制性规定，亦不涉及社会公共利益，应当认定为有效。当然，“背靠背条款”有效的情况下，并不意味着其成为承包人向分包人支付工程款的挡箭牌。在如下几种情形下，分包人可以向承包人主张工程款：承包人超出结算日期的一定合理期限拖延结算；承包人怠于行使到期债权的请求权；承包人怠于履行施工义务；发包人已无财产可供执行；承包人已收到部分工程款，如不向分包人支付工程款明显不公平；“背靠背条款”约定不明，视为未约定。

典型案例 28

“背靠背条款”的法律效力问题

——某局（集团）有限公司与某市政工程有限公司、某投资有限公司建设工程施工合同纠纷案[1]

关于案涉工程的工程款是否具备支付条件的问题。某局（集团）有限公司主张案涉工程尚未竣工，亦未结算、审计，其也未从发包方某投资有限公司处收到全部工程款，因而不应向某市政工程有限公司支付工程款。一审法院认为，案涉土方工程系某公司新工厂总

[1] 参见最高人民法院（2020）最高法民终 106 号民事判决书。

包工程的一部分，现某公司工厂已经使用，某投资有限公司对某市政工程有限公司提供的工程资料进行了初步审核，确认暂定工程造价为121828599元。在原一审期间，法院委托鉴定机构对案涉工程的造价进行了司法鉴定，鉴定金额为141698000元，争议金额为3003830元。虽然《分包合同》第9.1条约定了“竣工结算且经发包人委托审计机构的最终审计合格后45天内支付到本分包工程竣工结算额的60%”，但由于案涉《分包合同》中并未明确约定审计方式为政府审计，合同的双方亦为平等的民事法律关系主体，且案涉工程已于2014年12月16日竣工验收，并由某公司使用至今，就其造价已由法院委托的专业鉴定机构作出造价鉴定结论，在此情况下，如再以未结算审计为由拒绝支付工程欠款，既不利于纠纷的解决，也有失公允。法律规定审计机关对政府投资和以政府投资为主的建设项目的预算执行情况和决算进行审计监督，目的在于维护国家财政经济秩序，提高财政资金使用效益，防止建设项目中出现违规行为，而案涉合同约定上述内容实际上也是为了保证工程最终结算价须通过专业的审查途径或方式进行审查，以确定结算工程款的真实合理性，故鉴定机构的鉴定意见应当作为确定工程造价的依据。关于某局（集团）有限公司是否存在怠于结算情形，重审一审庭审之后，某局（集团）有限公司提交证据证明其已于2019年6月24日向辽宁省沈阳市中级人民法院起诉，要求某投资有限公司向其支付欠付工程款，并主张其早在某市政工程有限公司在本案中提出鉴定申请后即要求某投资有限公司出具审计结论。一审法院认为，无论是本次庭审结束后某局（集团）有限公司起诉某投资有限公司，还是按其所称于第一次审理期间（2017年）要求某投资有限公司出具审计报告，时间均远迟于案涉工程竣工时间即2014年12月16日，某局（集团）有限公司该项主张并不能证明其积极向发包方主张权利。结合证人房某出庭证实某局（集团）有限公司当时的项目直属领导指示暂不结算的证言，对于某局（集团）有限公司否认其存在怠于结算情形的抗辩理由，一审法院不予以采信。某局（集团）有限公司虽未从发包人某投资有限公司处收取工程款，但因其怠于向发包人主张权利，对于某市政工程有限公司向其主张相应的工程款，应予支持。

最高人民法院二审认为，该问题的争议主要在三个方面，一是案涉工程是否已经竣工，二是某局（集团）有限公司主张的工程款支付所附审计条件是否成就，三是某局（集团）有限公司主张的工程款支付所附“背靠背”条件是否成就。经审理，最高人民法院认定案涉工程款已经具备支付条件，具体理由如下。①关于案涉工程是否已经竣工，某市政工程有限公司提交的《单位（子单位）工程质量竣工验收记录》由设计单位某设计研究院有限公司、监理单位某工程监理咨询有限公司以及某局（集团）有限公司盖章确认，标注竣工日期为2014年12月16日，某市政工程有限公司亦提供了某局（集团）有限公司该时点工作人员房某的证人证言，证据能够相互印证。某局（集团）有限公司虽提出某市政工程有限公司在借款申请、鉴定机构笔录中的表述与其主张不一致，但某市政工程有限公司对此能够作出合理解释。因此，一审法院根据以上情形，并结合各方确认案涉工程已经实际投入使用较长时间的实际状况，认定案涉工程已经于2014年12月16日竣工，并无不当。②关于某局（集团）有限公司主张的审计条件是否成就，本案中当事人对于审计的结算约定，意义在于落实对政府投资和以政府投资为主的建设项目的预算执行情况和决算进行监督，维护国家财政经济秩序，提高财政资金使用效益，防止建设项目中出现违规行为。一审法院按照法定程序委托鉴定机构，通过专业的审查方式，确定工程结算款，其真实性、合理性并不与前述关于审计的约定本质相悖，效果与审计基本等同，某局（集团）有限公司以未经审计主张工程款支付条件未成就，理由不能成立。③关于“背靠背”付款条件是否已经成就，某局（集团）有限公司提出双方约定了在某投资有限公司未支付工程款情况下，某局（集团）有限公司不负有付款义务。但是，某局（集团）有限公司的该项免责事由应以其正常履行协助验收、协助结算、协助催款等义务为前提，作为某投资有限公司工程款的催收义务人，某局（集团）有限公司并未提供有效证据证明其在盖章确认案涉工程竣工后至本案诉讼前，已积极履行以上义务，对某投资有限公司予以催告验收、审计、结算、收款等。相反，某局（集团）有限公司工作人员房某的证言证实某局（集团）有限公司主观怠于履行职责，拒绝某市政工程有限公司要求，始终未积极向某投资有限公司主张权利，该情形属于《合同法》第四十五条第二款[1]规定的附条件的合同中“当事人为自己的利益不正当地阻止条件成就的，视为条件已成就”的情形，故某局（集团）有限公司关于“背靠背”条件未成就、某局（集团）有限公司不负有支付义务的主张，理据不足。另外，某局（集团）有限公司主张某市政工程有限公司未足额发放工人工资，但其未能提供证据证明；其主张某市政工程有限公司未能实现不与案外人发生债务纠纷的承诺，但纠纷均已解决。因此，某局（集团）有限公司的以上主张均不能成立，一审法院认定案涉工程款已经具备支付条件，并无不当。

【评析】关于“背靠背条款”的法律效力问题，实务中一直存在分歧。一种观点认为，“背靠背条款”不违反法律强制性规定，属于当事人意思自治的范畴，是当事人对建筑市场资金风险判断的共识，亦不涉及社会公共利益，应认定为有效。另一种观点认为，“背靠背条款”有悖于公平原则和风险共担原则，应认定为无效。从本案中可以看出，最高人民法院持合同有效观点。在“背靠背条款”有效的情形下，分包人请求承包人支付工程款，承包人需要举证证明其存在已积极向发包人主张权利等免责事由，这是承包人的举证责任。当然，分包人也可以举证证明承包人恶意阻碍付款条件成就或消极向发包人主张工程款，实质上损害了分包人的债权，分包人不受“背靠背条款”的约束而不能向承包人主张工程款债权。本案就是承包人消极向发包人主张债权的典范。

---

8. 工程价款的确定形式

工程价款的确定形式，主要指工程款是以什么样的形式呈现。实务中，工程价款的确定形式有以下几种。

（1）单价合同

单价合同是指合同当事人约定以工程量清单及其综合单价进行合同价格计算、调整和

---

[1] 参见《民法典》第一百五十九条。

确认的建设工程施工合同，在约定的范围内合同单价不作调整。合同当事人应在专用合同条款中约定综合单价中包含的风险范围和风险费用的计算方法，并约定风险范围以外的合同价格的调整方法，其中因市场价格波动引起的调整按约定执行。

（2）总价合同

总价合同是指合同当事人约定以施工图、已标价工程量清单或预算书及有关条件进行合同价格计算、调整和确认的建设工程施工合同，在约定的范围内合同总价不作调整。合同当事人应在专用合同条款中约定总价包含的风险范围和风险费用的计算方法，并约定风险范围以外的合同价格的调整方法。

（3）其他价格形式

合同当事人可在专用合同条款中约定其他合同价格形式。其他价格形式主要是指成本加酬金，成本加酬金合同也称为成本补偿合同，这是与固定总价合同正好相反的合同，工程施工的最终合同价格将按照工程实际成本再加上一定的酬金进行计算，在签订合同时，工程实际成本往往不能确定，只能确定酬金的取值比例或者计算原则，由发包人向承包人支付工程项目的实际成本，并按事先约定的方式支付酬金。成本加酬金的价格形式，在实务中越来越少，主要用于抢险救灾工程项目。

9. 工程价款的计价依据

我国目前关于工程价款的计价依据，不外乎清单计价和定额计价。在采用清单计价时，要审查工程量清单中的项目特征描述与实际的施工情况是否一致，不一致时，工程款如何计算。在采用定额计价时，看施工期间人工、材料、机械设备价格涨幅如何调整等。当然，不管是清单计价还是定额计价，关于施工期间价格的调整还需要看施工合同是如何约定的。

10. 工程款结算

《建设工程施工合同解释（一）》第二十一条规定："当事人约定，发包人收到竣工结算文件后，在约定期限内不予答复，视为认可竣工结算文件的，按照约定处理。承包人请求按照竣工结算文件结算工程价款的，人民法院应予支持。"这是"送审价"的法律依据，该条规定是为平衡承发包双方的不对等地位作出的，其目的是限制发包人无故拖延结算，即发包人在规定的结算期限内不答复所应当承担的法律后果。

审查施工合同是否明确约定按"送审价"结算工程款，其中"明确"主要指在施工合同中有书面、完整的约定，即有"发包人收到竣工结算文件后，在多少天内不予答复，视为认可竣工结算文件"等类似的约定。

11. 违约责任

违约责任，指在合同签订后，当事人一方不履行合同义务或者履行合同义务不符合约定的，应当承担的继续履行、采取补救措施或者赔偿损失等责任。对于违约责任的约定，主要审查有一方当事人违约的情况下其应当承担什么责任。

12. 管辖

主要看施工合同中是否有仲裁条款以及仲裁条款是否有效，其目的是看纠纷是通过仲裁还是通过诉讼解决。

当然，前述的合同内容审查，只是对常规合同内容的审查，具体要点还需要结合委托人的诉求。

（三）合同内容自相矛盾审查

施工合同涉及的内容较多，合同中的约定自相矛盾或前后不一以及约定不明在实务中是比较多的，如果有这种情况，首先遵循合同中关于适用顺序的约定。《建设工程施工合同（示范文本）》GF—2017—0201明确："组成合同的各项文件应互相解释，互为说明。除专用合同条款另有约定外，解释合同文件的优先顺序如下：（1）合同协议书；（2）中标通知书（如果有）；（3）投标函及其附录（如果有）；（4）专用合同条款及其附件；（5）通用合同条款；（6）技术标准和要求；（7）图纸；（8）已标价工程量清单或预算书；（9）其他合同文件。上述各项合同文件包括合同当事人就该项合同文件所作出的补充和修改，属于同一类内容的文件，应以最新签署的为准。在合同订立及履行过程中形成的与合同有关的文件均构成合同文件组成部分，并根据其性质确定优先解释顺序。"

在合同本身有约定冲突解决规则的情况下，应当按照当事人的意思自治来解决。但实践中，有许多当事人并未采用示范文本签订合同，而是自行编制合同文本，冲突难免会有，且没有约定冲突解决办法，这种情况是比较棘手的，通常遵从当事人的真实意思，但如何体现当事人的真实意思，需要相应证据材料予以支持，如果还不能证明，根据举证规则由负有举证责任的一方承担不利的法律后果。

另外，需要注意的是中标后签订的施工合同与中标合同不一致的，根据《招标投标法》第四十六条第一款"招标人和中标人应当自中标通知书发出之日起三十日内，按照招标文件和中标人的投标文件订立书面合同。招标人和中标人不得再行订立背离合同实质性内容的其他协议"以及《建设工程施工合同解释（一）》第二条第一款"招标人和中标人另行签订的建设工程施工合同约定的工程范围、建设工期、工程质量、工程价款等实质性内容，与中标合同不一致，一方当事人请求按照中标合同确定权利义务的，人民法院应予支持"的规定，按照中标合同确定双方的权利与义务。

（四）多份施工合同适用审查

在实务中，当事人出于不同的目的签订多份施工合同，一旦诉至法院，就会涉及适用哪一个合同结算工程价款的问题。当有多份施工合同时，首先要看纠纷涉及项目是否属于必须招标的情形，其次看施工合同形成时间。

五、施工合同无效的情形

合同效力的一般性规定主要体现在《民法典》第一百四十六条："行为人与相对人以

虚假的意思表示实施的民事法律行为无效。以虚假的意思表示隐藏的民事法律行为的效力，依照有关法律规定处理。”第一百五十三条：“违反法律、行政法规的强制性规定的民事法律行为无效。但是，该强制性规定不导致该民事法律行为无效的除外。违背公序良俗的民事法律行为无效。”第一百五十四条：“行为人与相对人恶意串通，损害他人合法权益的民事法律行为无效。”这是所有合同效力评价的基本规定，当然，施工合同也不例外。

关于建设工程施工合同无效的规定，散见于《建设工程施工合同解释（一）》《建筑法》《招标投标法》《建设工程质量管理条例》等相关法律法规。《建筑法》《招标投标法》《建设工程质量管理条例》中并没有直接规定施工合同无效，但合同双方当事人的行为因违反了《建筑法》《招标投标法》《建设工程质量管理条例》中的效力性强制性规定，构成《民法典》第一百五十三第一款和第七百九十一条第二款、第三款以及《建设工程施工合同解释（一）》的规定而使合同无效。需要注意的是《建设工程施工合同解释（一）》并未另行规定施工合同无效的情形，其中施工合同无效的情形来源于法律的规定，其只是对在审判工作中如何具体应用某一法律或者对某一类案件、某一类问题如何应用法律而制定的解释。

施工合同无效情形总结如下：①合同签约主体不适格（是否有相应资质，是否借用他人资质）；②合同签约的前提不满足（是否需要招标投标以及招标投标是否有效，规划审批手续是否取得）；③合同签订的行为不合法（是否存在转包、违法分包情形，变相降低工程款）。

（一）合同签约主体不适格

建设工程事关社会利益及人民群众生命财产安全，建筑施工企业有无相应资质关系到当事人的履约能力、施工质量、施工安全等，因此国家对建筑市场的准入设置了较高的门槛。

对于合同签约主体不适格，主要有以下情形：①承包人未取得建筑业企业资质；②承包人超越资质等级；③没有资质的实际施工人借用有资质的建筑施工企业的名义承揽工程。

根据《建筑法》第十二条、第十三条、第二十六条以及《建设工程质量管理条例》第二十五条的规定，从事建筑活动的施工企业，按照其拥有的注册资本、专业技术人员、技术装备和已经完成的建筑工程业绩等资质条件被划分为不同的资质等级，经资质审查合格，取得相应等级的资质证书后，可以在其资质等级许可的范围内承揽工程。按照《建筑法》《建设工程质量管理条例》的规定，只有具备相应资质的企业才能与建设单位签订建设工程施工合同，个人或不具备相应资质等级的企事业单位不能与建设单位签订建设工程施工合同，否则将导致合同无效。另外，承包人所持有的建筑业企业资质一定要满足承包项目对资质的要求，虽然承包人持有资质但不满足项目对资质的要求的，所签施工合同无效。也就说，承包人只能在其资质等级范围内承揽工程，即不能超越资质等级承揽工程业务，超越资质所签施工合同无效。但在建设工程竣工前承包人取得相应资质等级，一方请求按照无效合同处理的，不予支持。

没有资质的实际施工人借用有资质的建筑施工企业名义承揽工程，即挂靠行为。挂靠为法律所禁止，该情形下所签合同无效。这里需要注意的是，所签合同无效，指的是哪一份合同？是挂靠人与被挂靠人签订的合同还是被挂靠人与发包人签订的合同？或者说前述两份合同都无效？在处理无资质的企业或个人挂靠有资质的企业承揽建筑工程时，应当区分内部关系和外部关系，只有准确区分内外部关系，才能正确适用法律。“没有资质的实际施工人借用有资质的建筑施工企业名义”签订的合同无效，借用资质所签合同无效系针对“没有资质的实际施工人”借用资质行为的一种法律评价，并未涉及合同相对人的签约行为是否有效的问题。也就是说，法律评价的是挂靠人与被挂靠人的法律行为，而不涉及挂靠人与发包人之间的法律行为。根据《民法典》第一百四十六条“行为人与相对人以虚假的意思表示实施的民事法律行为无效。以虚假的意思表示隐藏的民事法律行为的效力，依照有关法律规定处理”的规定，“没有资质的实际施工人”作为行为人借用他人资质与发包人签约时，只有双方具有共同的虚假意思表示，所签协议才属无效，即发包人须明知或者应当知道实际施工人没有资质而借用他人资质与已签约。就此而言，实际施工人与被借用资质的建筑施工企业之间就借用资质施工事宜签订的挂靠或类似性质的协议，即所谓的对内法律关系，依法应属无效；而实际施工人借用被挂靠人资质与发包人就建设工程施工事宜签订的协议，即对外法律关系是否无效，需要根据发包人对于实际施工人借用资质承包工程事宜是否知道或者应当知道进行审查判断；若发包人知道或者应当知道，则所签协议无效，反之则协议有效。

典型案例 29

挂靠人对外从事民商事法律行为责任的认定

——某置业有限公司与牛某某、某建设工程有限公司建设工程施工合同纠纷案[1]

某置业有限公司申请再审称，某置业有限公司与某建设工程有限公司签订的《建设工程施工合同》及附属合同为有效合同，一、二审判决认定合同无效系适用法律错误。①本案所涉《建设工程施工合同》及附属合同均为某置业有限公司与某建设工程有限公司签订，某建设工程有限公司作为工程的承包方具有相应的建筑资质，合同双方意思表示明确、真实，不违反法律的强制性规定。某建设工程有限公司实际参与了该项目的施工及管理，施工期间，除了委托牛某某全权负责项目外，某建设工程有限公司还另指派张某某参与项目管理，故某建设工程有限公司是本案合法的承包人。某建设工程有限公司向牛某某出具了委托书且牛某某系某建设工程有限公司许昌县分公司负责人，因此某置业有限公司接受了牛某某代表某建设工程有限公司实施的部分行为，并不能因此影响《建设工程施工

[1] 参见最高人民法院（2019）最高法民申1245号民事裁定书。

合同》及附属合同的效力。②某置业有限公司在与某建设工程有限公司签订案涉《建设工程施工合同》及附属合同时并不知道某建设工程有限公司与牛某某之间是否还存在内部承包或转包关系，而是在后期因工程争议导致诉讼时才知晓该情况。即使某建设工程有限公司与牛某某之间存在转包行为，也与某置业有限公司无关，并不影响某置业有限公司与某建设工程有限公司之间的合同效力。某置业有限公司作为工程发包人不存在任何过错。

关于二审判决适用法律是否错误的问题。最高人民法院再审认为，在处理无资质的企业或个人挂靠有资质的建筑企业承揽工程时，应区分内部关系和外部关系。挂靠人与被挂靠人之间的协议因违反法律的禁止性规定，属于无效协议。而挂靠人以被挂靠人名义对外签订合同的效力，应根据合同相对人是否善意、在签订协议时是否知道挂靠事实来作出认定。如果相对人不知道挂靠事实，有理由相信承包人就是被挂靠人，则应优先保护善意相对人，双方所签订协议直接约束善意相对人和被挂靠人，该协议并不属于无效协议。如果相对人在签订协议时知道挂靠事实，即相对人与挂靠人、被挂靠人通谋作出虚假意思表示，则当事人签订的建设工程施工合同属于无效合同。本案中，某置业有限公司与某建设工程有限公司签订《建设工程施工合同》，某建设工程有限公司为承包方，该合同上加盖了某建设工程有限公司公章和某建设工程有限公司法定代表人马某某的私人印章。该合同及附属合同亦未将牛某某列为当事人。某建设工程有限公司与牛某某之间签订《内部承包协议书》，只能证明某建设工程有限公司与牛某某之间存在借用资质或者转包关系。某置业有限公司明确表示，其与某建设工程有限公司签订《建设工程施工合同》及附属合同，在签订合同时不知道某建设工程有限公司与牛某某之间的关系。本案无证据证明某置业有限公司在签订《建设工程施工合同》及附属合同时知道系牛某某借用某建设工程有限公司的名义与其签订合同，故某置业有限公司在签订上述合同时有理由相信承包人为某建设工程有限公司，是善意的。本案应优先保护作为善意相对人的某置业有限公司的利益。某置业有限公司主张案涉《建设工程施工合同》及附属合同有效，有法律依据。该协议直接约束某置业有限公司和某建设工程有限公司。一、二审判决认定案涉《建设工程施工合同》及附属合同无效缺乏法律依据，再审法院予以纠正。

【评析】挂靠施工在建筑领域是常有之事，在处理无资质的企业或个人挂靠有资质的建筑企业承揽工程的情况时，应区分内部关系和外部关系，只有区分二者之间的关系，才能准确地适用法律。挂靠人与被挂靠人之间的协议违反了法律的禁止性规定，符合《民法典》中有关合同无效的规定，属于无效协议。而挂靠人以被挂靠人名义对外签订合同的效力，应根据合同相对人是否善意、在签订协议时是否知道或应当知道挂靠事实来作出认定，而不能只要有挂靠，就认定合同无效。

（二）合同签约的前提不满足

合同签约的前提条件分为是否需要招标投标，招标投标是否有效以及规划审批手续是否取得，现对这三种情形分开阐述。

1. 依法必须招标的工程项目

《招标投标法》第三条第一款规定："在中华人民共和国境内进行下列工程建设项目包括项目的勘察、设计、施工、监理以及与工程建设有关的重要设备、材料等的采购，必须进行招标：（一）大型基础设施、公用事业等关系社会公共利益、公众安全的项目；（二）全部或者部分使用国有资金投资或者国家融资的项目；（三）使用国际组织或者外国政府贷款、援助资金的项目。"同时，《招标投标法》还授权国家发展改革委对具体的招标范围和规模标准进一步明确，故《招标投标法》第三条第二款规定："前款所列项目的具体范围和规模标准，由国务院发展计划部门会同国务院有关部门制订，报国务院批准。"

2018年6月1日起施行的《必须招标的工程项目规定》以及2018年6月6日起施行的《必须招标的基础设施和公用事业项目范围规定》对《招标投标法》第三条第一款必须进行招标的范围和标准进行了细化。必须招标的工程建设项目，在未招标的情况下直接签订施工承包合同，所签施工合同无效。因为法律规定必须招标的建设工程项目，若未招标直接进行发包，违反了法律的强制性规定，构成了《民法典》第一百五十三条第一款的规定，故所签施工合同无效。

《必须招标的工程项目规定》《必须招标的基础设施和公用事业项目范围规定》对《招标投标法》已明确范围的各类工程建设项目的具体范围和规模标准作了详细的、明确的规定，《必须招标的工程项目规定》《必须招标的基础设施和公用事业项目范围规定》虽属于效力位阶较低的部门规章的范畴，但其制定依据来自法律本身的明确授权，因此，其与《招标投标法》具有同等的法律效力。

在招标投标方面，特别是在建设工程施工合同纠纷案件审理过程中容易被忽视，因为，必须招标的建设工程项目，如果未在建筑市场上进行招标，将会导致所签建设工程施工合同无效。这要求律师在代理建设工程施工合同纠纷案件时高度重视，由于目前并非所有的建设工程项目都必须招标，不但承发包双方当事人在签订建设工程施工合同时容易忽视是否需要招标，就连代理律师也容易忽视是否需要招标，造成对施工合同效力认识错误。所以，律师在代理建设工程施工合同纠纷案件时，一定要注意建设工程项目是否需要招标投标，以及能熟练运用《招标投标法》等相关法律法规的规定。

2. 招标投标是否有效

因违反《招标投标法》的规定造成中标无效，会导致建设工程施工合同也无效。关于中标无效，《招标投标法》规定了以下六种情形。

（1）招标代理机构违反《招标投标法》第五十条的规定，泄露应当保密的与招标投标活动有关的情况和资料，或者与招标人、投标人串通损害国家利益、社会公共利益或者他人合法权益，影响中标结果的，中标无效；

（2）根据《招标投标法》第五十二条的规定，依法必须进行招标的项目的招标人向他人透露已获取招标文件的潜在投标人的名称、数量或者可能影响公平竞争的有关招标投标的其他情况，或者泄露标底，影响中标结果的，中标无效；

（3）根据《招标投标法》第五十三条的规定，投标人相互串通投标或者与招标人串通投标的，投标人以向招标人或者评标委员会成员行贿的手段谋取中标的；

（4）根据《招标投标法》第五十四条的规定，投标人以他人名义投标或者以其他方式弄虚作假，骗取中标的，中标无效；

（5）根据《招标投标法》第五十五条的规定，依法必须进行招标的项目，招标人违反《招标投标法》的规定，与投标人就投标价格、投标方案等实质性内容进行谈判，影响中标结果的，中标无效；

（6）根据《招标投标法》第五十七条的规定，招标人在评标委员会依法推荐的中标候选人以外确定中标人的，依法必须进行招标的项目在所有投标被评标委员会否决后自行确定中标人的，中标无效。

以上六种情形均会导致中标无效，根据《招标投标法》的规定，依法必须进行招标的项目因发生上述情形导致中标无效的，应当依法从其余投标人中重新确定中标人或者依照《招标投标法》的规定重新进行招标。因此，违反《招标投标法》的强制性规定，导致中标无效的，符合《民法典》第一百五十三条第一款的规定，所签施工合同无效。

另外，必须招标的建设工程项目先开工后补办招标及中标手续不改变合同无效的认定。实务中，许多建设工程项目已经开工，甚至已经建设完成，发包人才办理规划许可、招标投标、施工许可等前期手续。补办招标及中标手续后，承发包双方再次订立建设工程施工合同，由此形成前后两份施工合同，这两份合同是否有效呢?《招标投标法》第四十三条规定："在确定中标人前，招标人不得与投标人就投标价格、投标方案等实质性内容进行谈判。"第五十五条的规定："依法必须进行招标的项目，招标人违反本法规定，与投标人就投标价格、投标方案等实质性内容进行谈判的，给予警告，对单位直接负责的主管人员和其他直接责任人员依法给予处分。前款所列行为影响中标结果的，中标无效。"在招标投标之前先行确定工程承包人的，严重违反《招标投标法》，应当认定当事人的行为违反了法律的强制性规定，因此该类合同应无效。

3. 规划手续不完善

《建设工程施工合同解释（一）》第三条规定："当事人以发包人未取得建设工程规划许可证等规划审批手续为由，请求确认建设工程施工合同无效的，人民法院应予支持，但发包人在起诉前取得建设工程规划许可证等规划审批手续的除外。发包人能够办理审批手续而未办理，并以未办理审批手续为由请求确认建设工程施工合同无效的，人民法院不予支持。"工程项目的建设，应当取得国有土地使用权证、建设用地规划许可证、建设工程规划许可证、建筑工程施工许可证，也称"四证"。"四证"中，建设用地规划许可证、建设工程规划许可证会影响施工合同的效力，如果未取得建设用地规划许可证、建设工程规划许可证，所签订施工合同无效。获得建设用地规划许可是取得工程规划许可证的前提，如果没有获得建设用地规划许可，一般不可能取得建设工程规划许可证。需要注意的是，根据《城乡规划法》第六十四条的规定，未取得工程规划许可证，包含未取得建设工程规划许可证和未按照建设工程规划许可证的规定进行建设两种情形。

国有土地使用权证，是土地使用者对国有土地享有占有、使用、收益权利的证明文件。土地使用者支付全部土地使用权出让金后，依照规定办理登记，领取土地使用证，取得土地使用权。实务中，最高人民法院认为未取得国有土地使用权证不影响施工合同的效力。根据《城乡规划法》第四十条的规定，申请办理建设工程规划许可证，应当提交使用土地的有关证明文件、建设工程设计方案等材料。实际上在申请办理工程规划许可证时，也需要提交使用土地的有关证明文件，提交这些材料也是办理规划许可证的前置条件。因此，如果土地使用者已支付土地出让金，事实上已经取得了土地使用权，仅是未办理土地使用权登记，不会导致建设工程施工合同无效。但如果土地使用者未支付土地使用出让金，未履行支付义务，不具备办理土地使用权登记条件，则与工程项目的承包人签订的建设工程施工合同无效。

建筑工程施工许可证，是建设单位在工程项目开工前依照法律的规定，向工程所在地的县级以上地方人民政府住房和城乡建设主管部门申请领取，是工程项目能开始施工的凭证。应当申请领取施工许可证的建筑工程未取得施工许可证的，一律不得开工。根据《建筑法》和《建筑工程施工许可管理办法》的相关规定，对于施工许可证的规定属于管理性规定，未取得施工许可证并不会导致合同无效。

典型案例 30

未取得建设工程规划许可证，所签施工合同无效

——某贸易集团热电有限公司与某建设集团有限公司建设工程施工合同纠纷案[1]

某贸易集团热电有限公司申请再审称，原审判决将无效的建设工程施工合同认定为有效，适用法律错误。因政府部门的原因导致案涉工程项目至今未取得建设用地规划许可证、建设用地土地使用证、建设工程规划许可证以及建设工程施工许可证。根据《建设工程施工合同解释（二）》第二条[2]的规定，案涉施工合同应认定为无效。

关于案涉施工合同效力的问题。某贸易集团热电有限公司依据《建设工程施工合同解释（二）》第二条的规定，以其未取得建设工程规划许可证等规划审批手续为由，主张案涉施工合同应当认定无效。最高人民法院认为，首先，根据案涉施工合同的约定及相关法律规定，某贸易集团热电有限公司作为建设单位负有办理规划审批手续的义务。某建设集团有限公司已按照合同约定及某贸易集团热电有限公司要求进行施工，已完工程经过竣工验收，而某贸易集团热电有限公司并未履行办理规划审批手续的义务，构成违约。在施工过程中，某贸易集团热电有限公司从未告知某建设集团有限公司案涉工程未取得建设用地规划许可证、建设用地土地使用证、建设工程规划许可证以及建设工程施工许可证。在本案一、二审期间，某贸易集团热电有限公司从未提及案涉工程项目未取得相关规划审批手

[1] 参见最高人民法院（2021）最高法民申 2174 号民事裁定书。

[2] 参见《最高人民法院关于审理建设工程施工合同纠纷案件适用法律问题的解释（一）》第三条。

续，一审法院认定案涉施工合同有效后，某贸易集团热电有限公司上诉也未提及合同效力问题。现某贸易集团热电有限公司以其未履行合同约定及法律规定义务为由，主张案涉施工合同无效，明显违反诚实信用原则，不应予以支持。其次，根据《建设工程施工合同解释》第二条[1]"建设工程施工合同无效，但建设工程经竣工验收合格，承包人请求参照合同约定支付工程价款的，应予支持"的规定，本案即使认定案涉施工合同无效，某贸易集团热电有限公司仍应参照合同约定向某建设集团有限公司支付工程款，即案涉施工合同效力不影响本案实体处理结果。因此，对某贸易集团热电有限公司该再审主张最高人民法院不予支持。

【评析】建设工程规划许可证，是工程建设的合法手续。未取得建设工程规划许可证，所签施工合同无效。就本案而言，案涉工程项目至今未取得建设工程规划许可证，违反了法律的强制性规定，施工合同无效。但是，《民事诉讼法》第十三条规定："民事诉讼应当遵循诚信原则。"在本案一、二审期间，某贸易集团热电有限公司从未提及案涉工程项目未取得相关规划审批手续，一审法院认定案涉施工合同有效后，某贸易集团热电有限公司上诉也未提及合同效力问题。后某贸易集团热电有限公司以其未履行合同约定及法律规定义务为由，主张案涉施工合同无效，明显违背诚实信用原则。

另外，根据《土地管理法》《城乡规划法》等相关法律法规的规定，在城市规划区内，未取得建设工程规划许可证或者违反建设工程规划许可证的规定建设，严重影响城市规划的建筑，为违法建筑。对于违法建筑，《城乡规划法》第六十四条明确规定了处理方式，即"由县级以上地方人民政府城乡规划主管部门责令停止建设；尚可采取改正措施消除对规划实施的影响的，限期改正，处建设工程造价百分之五以上百分之十以下的罚款；无法采取改正措施消除影响的，限期拆除，不能拆除的，没收实物或者违法收入，可以并处建设工程造价百分之十以下的罚款"。

（三）合同签订行为违法

合同签订的行为主要指是否存在转包、违法分包、变相降低工程款、任意压缩工期等情形，分析如下。

1. 转包

对于转包，我国《民法典》第七百九十一条第二款、《建筑法》第二十八条及《建设工程质量管理条例》第七十八条都有相关的规定。转包是指承包单位承包建设工程后，不履行合同约定的责任和义务，将其承包的全部建设工程转给他人或者将其承包的全部建设工程支解以后以分包的名义分别转给其他单位或个人施工的行为。

虽然《建筑法》《招标投标法》《建设工程质量管理条例》等相关法律法规一再强调，建筑施工企业不得超越资质等级承接工程，更不允许不具备施工资质的建筑企业或非建筑

[1] 参见《民法典》第七百九十三条。

企业承接工程。但由于建筑市场存在巨大的利益诱惑，很多施工企业或非施工企业在不具备相应施工资质的情况下也四处承接工程。由于建设工程施工合同具有特殊性，所以即便合同无效，但考虑到建筑材料、劳动力等已经物化到建筑物当中，不能适用返还原则。也正因为如此，《民法典》规定，如果建筑工程质量经验收合格，可以参照合同关于工程价款的约定折价补偿。

结合《建筑工程施工发包与承包违法行为认定查处管理办法》的规定，可以认定如下行为属于转包：承包单位将其承包的全部工程转给其他单位（包括母公司承接建筑工程后将所承接工程交由具有独立法人资格的子公司施工的情形）或个人施工的；承包单位将其承包的全部工程支解以后，以分包的名义分别转给其他单位或个人施工的；施工总承包单位或专业承包单位未派驻项目负责人、技术负责人、质量管理负责人、安全管理负责人等主要管理人员，或派驻的项目负责人、技术负责人、质量管理负责人、安全管理负责人中一人及以上与施工单位没有订立劳动合同且没有建立劳动工资和社会养老保险关系，或派驻的项目负责人未对该工程的施工活动进行组织管理，又不能进行合理解释并提供相应证明的；合同约定由承包单位负责采购的主要建筑材料、构配件及工程设备或租赁的施工机械设备，由其他单位或个人采购、租赁，或施工单位不能提供有关采购、租赁合同及发票等证明，又不能进行合理解释并提供相应证明的；专业作业承包人承包的范围是承包单位承包的全部工程，专业作业承包人计取的是除上缴给承包单位“管理费”之外的全部工程价款的；承包单位通过采取合作、联营、个人承包等形式或名义，直接或变相将其承包的全部工程转给其他单位或个人施工的；专业工程的发包单位不是该工程的施工总承包或专业承包单位的，但建设单位依约作为发包单位的除外；专业作业的发包单位不是该工程承包单位的；施工合同主体之间没有工程款收付关系，或者承包单位收到款项后又将款项转拨给其他单位和个人，又不能进行合理解释并提供材料证明的。

2. 违法分包

我国《民法典》第七百九十一条第三款、《建筑法》第二十九条以及《建设工程质量管理条例》第七十八条都列举了违法分包的情形。违法分包，是指承包单位承包工程后违反法律法规规定，把单位工程或分部分项工程分包给其他单位或个人施工的行为。

概括起来，违法分包主要有以下几种情形：①承包单位将其承包的工程分包给个人的；②施工总承包单位或专业承包单位将工程分包给不具备相应资质单位的；③施工总承包单位将施工总承包合同范围内工程主体结构的施工分包给其他单位的，钢结构工程除外；④专业分包单位将其承包的专业工程中非劳务作业部分再分包的；⑤专业作业承包人将其承包的劳务再分包的；⑥专业作业承包人除计取劳务作业费用外，还计取主要建筑材料款和大中型施工机械设备、主要周转材料费用的。

转包、违法分包因违反我国相关法律法规的规定，必将导致合同无效。

3. 支解发包

《民法典》第七百九十一条第一款规定：“发包人可以与总承包人订立建设工程合同，也可以分别与勘察人、设计人、施工人订立勘察、设计、施工承包合同。发包人不得将应当由一个承包人完成的建设工程支解成若干部分发包给数个承包人。”《建筑法》第二十四条规定：“提倡对建筑工程实行总承包，禁止将建筑工程肢解发包。建筑工程的发包单位可以将建筑工程的勘察、设计、施工、设备采购一并发包给一个工程总承包单位，也可以将建筑工程勘察、设计、施工、设备采购的一项或者多项发包给一个工程总承包单位；但是，不得将应当由一个承包单位完成的建筑工程肢解成若干部分发包给几个承包单位。”这是对支解发包的法律强制性规定。

根据《建设工程质量管理条例》的规定，所谓支解发包，是指建设单位将应当由一个承包单位完成的建设工程分解成若干部分发包给不同的承包单位的行为。对于何为属于应当由一个承包单位完成的建设工程，法律没有明确的规定。根据《建筑工程施工发包与承包违法行为认定查处管理办法》第六条的规定，建设单位将一个单位工程的施工分解成若干部分发包给不同的施工总承包或专业承包单位的，属于违法发包。可以将《民法典》《建筑法》规定的“应当由一个承包单位完成”的建筑工程界定为“单位工程”。至于何为“单位工程”，在前文已有叙述，在此不再赘述。

另外，毕竟施工合同的主体是平等的民事主体，因此施工合同无效认定同样适用一般民事法律法规的规定。《民法典》是衡量合同无效一般意义上的规定，对所有种类的合同均适用，当然也不排除建设工程施工合同。

除此之外，低于工程建设成本所签订的建设工程施工合同也无效；当事人违反工程建设强制性标准，任意压缩工程合理工期、降低工程质量标准、变相压低工程款等也将导致建设工程施工合同无效。

第五讲 合同履行情况审查

合同履行，是指合同双方按照合同的约定或法律的规定，全面、适当地履行合同约定或法定的义务。根据《民法典》的规定，当事人应当按照约定全面履行自己的义务，同时，应当遵循诚信原则，根据合同的性质、目的和交易习惯履行通知、协助、保密等义务。因建设工程施工合同的履行具有周期长、法律关系复杂、不确定性因素多等特点，且存在转包、违法分包、借用资质等乱象，应审查承发包双方是否全面履行了自己的义务。合同履行审查，主要从静态和动态两方面进行，看工程项目目前处于什么状态。

一、静态审查

静态审查，主要是从施工合同是否履行以及是否履行完毕进行审查，是从静的角度来看施工合同的履行情况。

（一）未履行

建设工程施工合同是承包人进行工程建设，发包人支付价款的合同。因此，承包人履行施工义务是其主张工程款的前提之一。如果工程未施工，那承包人无权主张工程款。但是如果施工合同未能履行是由发包人造成的，承包人可以向发包人主张赔偿损失或承担违约责任；若是承包人造成的，则承包人应向发包人赔偿损失或承担违约责任。代理律师应当审查施工合同未履行的具体原因，以便准备相应的诉讼方案和应对方案。

（二）部分履行

所谓部分履行，是指承发包双方或一方未按照施工合同的约定全面履行自己的义务，只履行了部分义务。在这种情况下代理律师要审查施工合同未能继续履行的原因是什么，是发包人原因，还是承包人原因，抑或是第三方原因等，进而准备诉讼方案和应对方案。

《民法典》第五百七十七条规定："当事人一方不履行合同义务或者履行合同义务不符合约定的，应当承担继续履行、采取补救措施或者赔偿损失等违约责任。"据此，在部分履行的情况下，代理律师应审查尚未履行部分是否适用继续履行，在不能继续履行的情况下，可否要求对方采取补救措施或赔偿损失，以及是否可以就已完工部分主张工程款。

（三）履行完毕

履行完毕，指的是施工合同双方或一方按照约定全面履行了义务。就承包人而言，主要看其是否按照约定履行了施工义务，如工程项目是否已施工完毕，工程质量是否合格等。如果承包人施工完毕且工程质量合格，则承包人的基本义务已履行完毕。

二、动态审查

动态审查，主要是从施工合同的实际履行情况入手，审查工程项目实际的施工情况，是从动态的角度看施工合同的履行情况。如房屋建筑工程的施工顺序为：施工准备，地基与基础工程，主体结构工程，围护工程，装修工程，竣工验收及交付。根据施工顺序，结合工程的实际施工情况，就能知道施工合同的实际履行情况。

（一）工程是否施工完毕

工程是否施工完毕，主要是指承包人是否按照施工合同的约定完成了承包范围内的施工内容，对该事实的审查主要与承包人的诉讼请求及代理方案相关。如承包人未施工，则无权主张工程款，但是否可以主张损失赔偿或违约责任，需审查未施工的原因以及施工合同是否解除等；如承包人未完成全部施工，只施工了部分，应审查未完成施工的原因及责任，施工合同是否已解除或已终止履行，未解除或终止履行，承包人是否还要继续施工。在施工合同未解除或未终止的情况下，承包人只能请求发包人支付工程进度款及要求发包人承担违约责任。若施工合同已解除或终止，或诉讼解除合同，则承包人可以主张已完工部分的工程款。需要注意的是，在未完工情况下诉讼解除施工合同并主张工程款时，还需审查已完工程质量是否合格，分部分项工程是否验收等。

与发包人成立施工承发包合同关系，对工程项目实际施工且工程质量符合国家标准和施工合同的约定，是承包人向发包人主张工程款的前提要件。

（二）工期是否延误

工期是指在合同协议书中约定的承包人完成工程施工所需的期限，包括按照合同约定所作的期限变更，工期包括节点工期和总工期。实务中，若承包人未按节点工期完工，则可能会承担违约责任，比如施工合同约定桩基分部工程的具体完工时间，承包人未按节点工期完工，也会承担合同约定的违约责任。

工期是否延误，需要结合开工日期和竣工日期以及实际情况进行审查。在合同履行情况审查阶段，若工期存在延误，还需要审查工期延误的责任者，即发包人或承包人还是其他因素等造成了工期延误，代理律师一并将工期延误的证据材料收集齐，做好相应的诉讼或应诉准备。

典型案例 31

工期延误举证责任

——某建投集团股份有限公司与某股份有限公司建设工程分包合同纠纷案[1]

关于逾期交工违约金的问题。广西壮族自治区高级人民法院一审认为，案涉工程2011年4月30日开工，计划完工日期为2013年8月15日，实际交工验收时间为2015年11月27日，历时1673天，合同工期为840天，逾期833天。某股份有限公司主张某建投集团股份有限公司逾期支付工程预付款及工程进度款、工程发生重大设计变更、某建投集团股份有限公司因工程征地问题未解决无法移交施工工作面等，导致工程施工工期延后于合同工期；工程采取节点施工，其已在节点工期内交工，不存在逾期情形。双方签订的《工程施工承包合同》第4条约定："……（二）甲方总体计划作出调整时，乙方应作出相应的调整。（三）如因乙方原因未能按时开工或延误工期，由此产生的损失由乙方承担，必要时，甲方有权单方面终止合同。由于业主原因或不可抗力原因造成工期延误，则按照业主同意的工期予以顺延。（四）乙方认为工期延误是由于甲方原因造成的，应当在事件发生之日起10天内或者事件结束5天内以书面形式向甲方提出并附有关资料；由甲方确定延长工期的时间，否则工期不予延长……"根据本案证据材料以及（2018）桂民终430号民事判决（以下简称430号判决）认定的事实，在本案工程施工过程中，某特大桥因设计变更导致工期延误，直至2012年8月8日某自治区交通厅才批准变更的施工图纸。某股份有限公司主张延期466天有事实依据，也符合双方合同的约定，一审法院予以支持。虽然某建投集团股份有限公司存在迟延支付工程预付款及工程进度款的情况，案涉的四标路段也存在征地拆迁问题，但某股份有限公司提交的证据不足以证明其在事件发生之日起10天内或者事件结束5天内以书面形式向某建投集团股份有限公司提出异议并附有关资料，不符合《工程施工承包合同》约定的工期顺延的情形。根据430号判决认定的事实，某股份有限公司因未完成剩余工程节点计划被总承包部罚款，某股份有限公司确实存在逾期交工的问题；征地问题非某建投集团股份有限公司的责任，某股份有限公司也没有明确提出因征地问题可以顺延的工期的具体天数。故对某股份有限公司主张其在施工过程中不存在

---

[1] 参见最高人民法院（2021）最高法民终1287号民事判决书。

逾期，一审法院不予支持。根据《工程施工承包合同》中“乙方必须按合同规定的工期要求完成施工，否则每逾期一天应偿付给甲方10000元违约金，逾期超过十天按照20000元/天计算”的约定，某股份有限公司应向某建投集团股份有限公司支付逾期交工违约金7340000元［（833天－466天）×20000元/天］。

最高人民法院二审认为，基于本案已经查明的事实，案涉工程于2011年4月30日实际开工，规划完工日期为2013年8月15日，最后交工验收时间为2015年11月27日，扣除合同约定工期840天，逾期833天。某建投集团股份有限公司（甲方）根据其与某股份有限公司（乙方）签订的《工程施工承包合同》第8条“违约责任”第5项关于“乙方必须按合同规定的工期要求完成施工，否则每逾期一天应偿付给甲方10000元违约金，逾期超过十天按照20000元/天计算”的约定，要求某股份有限公司支付逾期交工违约金16660000元（833天×20000元/天）。但是，《工程施工承包合同》第4条“合同工期和要求”第2项同时亦约定“甲方总体计划作出调整时，乙方应作出相应的调整”。案涉某特大桥施工过程中进行了设计修改，变更后的施工图纸于2012年8月8日才获某自治区交通厅批复。一审判决据此认定案涉工程因设计变更、批复导致的延期466天应予以扣减，有相应的事实和合同依据，并无不当。某建投集团股份有限公司关于不应扣减该期限的主张不能成立，最高人民法院不予支持。某股份有限公司上诉主张案涉工程所涉征地责任应由某建投集团股份有限公司承担，未依约履行合同义务导致工程延期的责任应由某建投集团股份有限公司承担，但并没有提供其已经按照《工程施工承包合同》第4条第4项关于“乙方认为工期延误是由于甲方原因造成的，应当在事件发生之日起10天内或者事件结束5天内以书面形式向甲方提出并附有关资料；由甲方确定延长工期的时间，否则工期不予延长”的约定，向某建投集团股份有限公司提交工程延期的书面请求，也没有明确其因此要求延期的具体天数。故一审判决对某股份有限公司关于其在施工过程中不存在延期的主张不予支持，并无不当，某股份有限公司的该项上诉事由不能成立。

某股份有限公司上诉另主张案涉工程工期计算不应以整个工程验收时间（2015年11月27日）为准，而应以就其施工部分向某建投集团股份有限公司交工的时间（2015年5月30日）为准。经查，《工程施工承包合同》第8条第5项关于逾期交工违约金承担的基础是“乙方（某股份有限公司）必须按合同规定的工期要求完成施工”，而某股份有限公司提交的《中间交工证书》所载某股份有限公司施工的武宣联线K4＋450～K8＋356.343段工程完工交验的最后时间为2015年5月30日。根据2015年11月27日《桂平至来宾高速公路K171＋550～K172＋550段、武宣及来宾南联线、全线机电工程交工验收会议纪要》的所载内容，2014年11月已经组织一次工程交工验收，截至2015年11月，项目主体工程已经全部完成，故组织第二次交工验收，验收内容包括某股份有限公司施工的武宣联线在内的“K171＋550～K172＋550段、武宣及来宾南联线、全线机电工程”的交工验收。由此，鉴于案涉项目工程分为5个合同段并由不同承包人同时施工，而交工验收又未区分具体合同段并逐一进行，故遵照各自所签合同约定的时间分别计算各个合同段工程的工期更为公平合理。就某股份有限公司基于其所签《工程施工承包合同》施工的工程部分而言，《中间交工证书》显示完工交付验收的最后时间为2015年5月30日，某建投集团股份有限公司认可该部分证据的真实性，尽管不认可某股份有限公司的证明目的，但未提供进一步的反证足以推翻该部分证据拟证明的事实。某股份有限公司关于其承包施工工程部分的完工时间应为2015年5月30日的上诉主张成立，应予支持。一审判决将某高速公路有限公司对整个项目工程的交工验收时间（2015年11月27日）作为某股份有限公司承包施工工程部分的完工时间有失公允，最高人民法院予以调整。由此，某股份有限公司应向某建投集团股份有限公司支付的逾期交工违约金应为3720000元［（833天－466天－181天）×20000元/天］。

【评析】承包人逾期竣工，发包人一般会提起索赔，这也是发包人向承包人主张违约责任的常规做法。因某股份有限公司对案涉项目疏于管理，不能证明其向某建投集团股份有限公司提交了工程延期的书面请求，也没有明确其因此要求延期的具体天数，其应当承担相应的责任。

典型案例32

建设工程施工合同无效的，发包人关于支付工程逾期违约金、未达到优质工程标准违约金和未达到安全文明工地标准罚金的诉讼请求不能成立，但有权主张赔偿损失

——某置业有限公司与某建筑工程有限公司建设工程施工合同纠纷案[1]

关于一审判决未认定工期违约金、未达到优质工程标准违约金和未达到安全文明工地标准罚金是否正确的问题。最高人民法院二审认为，首先，《民法典》第一百五十七条规定："民事法律行为无效、被撤销或者确定不发生效力后，行为人因该行为取得的财产，应当予以返还；不能返还或者没有必要返还的，应当折价补偿。有过错的一方应当赔偿对方由此所受到的损失；各方都有过错的，应当各自承担相应的责任。"本案中，由于《建设工程施工合同》无效，某置业有限公司主张某建筑工程有限公司按照合同约定支付工程逾期违约金、未达到优质工程标准违约金和未达到安全文明工地标准罚金的诉讼请求不能成立，但有权主张赔偿损失。其次，《建设工程施工合同解释（二）》第三条[2]规定："建设工程施工合同无效，一方当事人请求对方赔偿损失的，应当就对方过错、损失大小、过错与损失之间的因果关系承担举证责任。损失大小无法确定，一方当事人请求参照合同约定的质量标准、建设工期、工程价款支付时间等内容确定损失大小的，人民法院可以结合双方过错程度、过错与损失之间的因果关系等因素作出裁判。"据此，某置业有限公司主张由某建筑工程有限公司支付工期逾期违约金、未达到优质工程标准违约金和未达到安全

[1] 参见最高人民法院（2022）最高法民终49号民事判决书。

[2] 参见《最高人民法院关于审理建设工程施工合同纠纷案件适用法律问题的解释（一）》第六条。

文明工地标准罚金，需要证明某建筑工程有限公司的过错、某置业有限公司的损失以及两者之间的因果关系。案涉工程工期逾期由多方面原因造成，难以认定仅由某建筑工程有限公司造成，一审法院未予支持某置业有限公司主张由某建筑工程有限公司承担工程逾期违约金及罚款的诉讼请求，具有事实和法律依据。再次，某置业有限公司未能证明某建筑工程有限公司对工程未达到优质工程标准和未达到安全文明工地标准存在过错，故一审判决未予支持某置业有限公司主张由某建筑工程有限公司支付未达到优质工程标准违约金和未达到安全文明工地标准罚金的诉讼请求，并无不当。最后，因双方原因造成案涉工程已无法被评定为优质结构工程，故优质结构工程申请主体对判定双方过错已无参考价值。综上，某置业有限公司的相关上诉理由不能成立，最高人民法院不予支持。

【评析】在建设工程施工合同无效的情况下，发包人不能依据合同的约定向承包人主张工程逾期违约金。《建设工程施工合同解释（一）》第六条规定："建设工程施工合同无效，一方当事人请求对方赔偿损失的，应当就对方过错、损失大小、过错与损失之间的因果关系承担举证责任。损失大小无法确定，一方当事人请求参照合同约定的质量标准、建设工期、工程价款支付时间等内容确定损失大小的，人民法院可以结合双方过错程度、过错与损失之间的因果关系等因素作出裁判。"因此，一方当事人主张对方赔偿损失需要举证证明对方存在过错、己方存在损失、过错与损失之间存在因果关系。本案中，因某置业有限公司举证不能，其主张未得到法院支持。

（三）建设工程质量情况

质量控制贯穿整个工程的施工过程，也会影响承包人主张工程款。工程质量合格是承包人向发包人主张工程款的前提，质量不合格，承包人无权向发包人主张工程款，且可能还需向发包人承担责任。

在建设工程完工的情况下，需要审查工程是否进行了竣工验收，发包人是否出具了竣工验收报告，在工程竣工验收合格的情况下，工程质量合格。在建设工程完工而未验收的情况下，需要审查承包人是否向发包人提交了竣工报告、发包人是否拖延验收、是否有书面材料证明发包人对工程质量认可等。在工程未完工而施工合同解除的情况下，需要确认当事人是否能提供检验批、分部分项工程验收资料等证明工程质量合格，或提供相关验收证据证明已施工工程质量满足设计要求或国家验收规范。如房屋建筑工程项目，主体工程完工，承包人提起诉讼，质量合格可提供地基与基础工程、主体工程验收合格的证据材料以证明已完工程质量合格。

当然，不管是建设工程完工未验收，还是部分施工，只要是工程未进行竣工验收，都会涉及工程质量是否合格的问题，从而影响承包人主张工程款，承包人可通过提供分部工程、分项工程和检验批等过程验收资料，以证明已完工程质量合格。

根据《民法典》第七百九十三条"建设工程施工合同无效，但是建设工程经验收合格的，可以参照合同关于工程价款的约定折价补偿承包人。建设工程施工合同无效，且建设工程经验收不合格的，按照以下情形处理：（一）修复后的建设工程经验收合格的，发包人可以请求承包人承担修复费用；（二）修复后的建设工程经验收不合格的，承包人无权请求参照合同关于工程价款的约定折价补偿。发包人对因建设工程不合格造成的损失有过错的，应当承担相应的责任”的规定，即便施工合同无效，只要工程质量验收合格，承包人可以请求参照施工合同关于工程价款的约定折价补偿。

典型案例 33

建设工程施工合同解除后，发包人认为工程质量不合格的，应承担举证责任

——某实业有限公司与某建设集团有限公司、某实业有限责任公司建设工程施工合同纠纷案[1]

最高人民法院再审认为，《建设工程施工合同解释》第十条第一款[2]规定："建设工程施工合同解除后，已经完成的建设工程质量合格的，发包人应当按照约定支付相应的工程价款。"据此，在案涉合同解除后，某建设集团有限公司有权就已完工的工程主张工程款。按照"谁主张，谁举证"的原则，若某实业有限公司对工程质量提出异议，其应承担相应的举证责任，而非由某建设集团有限公司就工程质量合格承担举证责任。

【评析】建设工程质量合格，是承包人向发包人主张工程款的前提，也是承包人应当履行的主要义务。在施工合同解除的情况下，工程质量合格的举证责任由谁来承担？虽然实务中对此有分歧，但按照最高人民法院的观点，发包人认为工程质量不合格的，应当由其承担举证责任。也就是说在建设工程施工合同解除的情况下，默认承包人施工工程质量合格，这实质上是免去了承包人的举证责任。不过如果遇到类似案件，还是建议承包人的代理人收集施工过程中的验收资料，以便证明工程质量合格。

（四）建设工程是否竣工验收

竣工一词本身具有完工之意，但在建设工程领域，竣工多与工程验收相关。竣工验收，指在施工单位对建设工程质量自行检查合格的基础上，由工程质量验收责任方组织工程建设相关单位参加，对检验批、分项工程、分部工程、单位工程及隐蔽工程的质量进行抽样检验，对技术文件进行审核，并根据设计文件和相关标准以书面形式对工程质量是否达到合格作出确认。

建筑工程施工质量验收划分为单位工程、分部工程、分项工程和检验批。检验批是工程验收的最小单位，是分项工程、分部工程、单位工程质量验收的基础。检验批根据施

[1] 参见最高人民法院（2016）最高法民申 1272 号民事裁定书。

[2] 参见《民法典》第八百零六条第三款。

工、质量控制和专业验收的需要，按工程量、楼层、施工段、变形缝进行划分。多层及高层建筑的分项工程可按楼层或施工段来划分检验批，单层建筑的分项工程可按变形缝等划分检验批；地基基础的分项工程一般划分为一个检验批，有地下层的基础工程可按不同地下层划分检验批；屋面工程的分项工程可按不同楼层屋面划分为不同的检验批；其他分部工程中的分项工程，一般按楼层划分检验批；对于工程量较少的分项工程可划为一个检验批。安装工程一般按一个设计系统或设备组别划分为一个检验批。室外工程一般划分为一个检验批。散水、台阶、明沟等含在地面检验批中。施工过程中的检验批、分项工程、分部工程由专业监理工程师、总监理工程师组织验收，工程在全部完工后由发包人组织工程竣工验收。

《建设工程质量管理条例》第十六条规定："建设单位收到建设工程竣工报告后，应当组织设计、施工、工程监理等有关单位进行竣工验收。建设工程竣工验收应当具备下列条件：（一）完成建设工程设计和合同约定的各项内容；（二）有完整的技术档案和施工管理资料；（三）有工程使用的主要建筑材料、建筑构配件和设备的进场试验报告；（四）有勘察、设计、施工、工程监理等单位分别签署的质量合格文件；（五）有施工单位签署的工程保修书。建设工程验收合格的，方可交付使用。"

建设工程竣工验收时间，还涉及质量保证金的返还。故需审查缺陷责任期是否届满，发包人是否扣留质量保证金以及质量保证金返还时间是否届满。

另外，还需审查人防、消防、节能等由行政主管部门进行的专项验收。

（五）是否擅自使用工程

在实践中，工程完工但未经竣工验收即为发包人擅自使用的情形较多。《民法典》第七百九十九条第二款规定："建设工程竣工经验收合格后，方可交付使用；未经验收或者验收不合格的，不得交付使用。"《建筑法》第六十一条第二款规定："建筑工程竣工经验收合格后，方可交付使用；未经验收或者验收不合格的，不得交付使用。"由此可见，建设工程必须经竣工验收合格后方可交付使用。但是，在工程未经竣工验收或验收不合格的情况下，发包人违反法律的强制性规定擅自使用的，可视为其认可工程质量，自愿承担相应的责任。需要注意的是，即便发包人擅自使用，承包人也需要对建设工程合理使用寿命范围内的地基基础工程和主体结构质量承担民事责任。

发包人擅自使用建设工程涉及一系列的法律问题。建设工程未经竣工验收，发包人擅自投入使用的，应视为建设工程质量合格，承包人的合同义务已经履行完毕，承包人有权向发包人主张工程款。发包人擅自使用建设工程后，又以工程质量不合格为由向承包人主张权利的，法院不予支持，但是承包人应当在建设工程的合理使用寿命内对地基基础工程和主体结构质量承担民事责任。发包人擅自使用的，以转移占有建设工程之日为竣工日期。

典型案例 34

发包人擅自使用未经竣工验收的建设工程，不免除承包人对地基基础工程和主体结构的保修责任

——某建设有限公司与某商贸有限公司、申某某建设工程施工合同纠纷案[1]

最高人民法院二审认为，某建设有限公司就案涉地基基础工程应承担的质量责任并未免除。某建设有限公司主张其责任已经免除的依据是《协议书》第5条，但是该条约定内容为“乙方承揽范围内的工程已经完工，但尚未竣工验收，乙方协助该工程的竣工验收，自相关五方单位签字盖章通过验收后20日内向甲方提交乙方承建完成工程的全部验收资料，该协议生效后，乙方不再承担保修责任。如乙方不提交项目的竣工资料，甲方有权拒付剩余1000万元工程款并不承担逾期付款的违约责任”。依据该条约定，《协议书》生效后，某建设有限公司免除的责任为“保修责任”。保修责任是施工单位就建设工程竣工验收后、保修期内出现的非因使用不当、第三方原因或者不可抗力造成的质量缺陷，承担的无条件按交付时的原貌和质量标准实施修复的责任。保修责任不同于对地基基础工程和主体结构的质量保证责任。而且《协议书》第6条也约定：“本工程质量以《建筑法》《建设工程质量管理条例》相关法律、法规的规定及双方签订的《建设工程施工合同》相关条款为依据。”《建筑法》第六十条第一款规定：“建筑物在合理使用寿命内，必须确保地基基础工程和主体结构的质量。”据此某建设有限公司应当对案涉地基基础工程承担质量保证责任。根据本案查明的事实，案涉工程经鉴定存在混凝土柱箍筋间距不合格、混凝土柱垂直度不合格、混凝土基础防腐做法不符合设计要求、混凝土柱的构件截面尺寸不合格等地基基础工程问题，依照《建设工程施工合同解释》第十三条[2]“建设工程未经竣工验收，发包人擅自使用后，又以使用部分质量不符合约定为由主张权利的，不予支持；但是承包人应当在建设工程的合理使用寿命内对地基基础工程和主体结构质量承担民事责任”之规定，某建设有限公司应当对案涉地基基础工程存在的质量问题承担整改责任。某建设有限公司称某商贸有限公司已经免除其责任的理由，依法不能成立。

【评析】本案重点在于对建设工程的保修责任和质量保证责任的区分。保修责任和质量保证责任是两个不同的法律概念，二者主要区别有：保修责任针对的是建设工程竣工验收后、保修期内出现的非因使用不当、第三方原因或者不可抗力造成的质量缺陷，而质量保证责任针对的是在工程交付之前即已存在的质量缺陷；承担保修责任的方式是无条件按交付时的原貌和质量标准实施修复，修复费用由责任方承担，而承担质量保证责任的方式为无偿修复、赔偿损失等。

---

[1] 参见最高人民法院（2021）最高法民终1054号民事判决书。

[2] 参见《最高人民法院关于审理建设工程施工合同纠纷案件适用法律问题的解释（一）》第十四条。

（六）工程款支付条件是否成就

工程款及其支付条件是施工合同的核心条款之一，承发包双方一般都会在施工合同中对此进行明确的约定。在建设工程施工合同纠纷案件中，需要审查工程款是否已经进行了相应的结算，即工程款是否已经确定。工程款已经确定的表现形式有：工程款已经审定，并有各方盖章的审定表或结算书；承发包双方已经签订结算协议书；是否能适用逾期不结算视为认可结算；工程款欠条等。当然，即便有结算协议等，也要分析是否存在无效、无权代理等情形。

若承发包双方没有签订书面施工合同，且工程未进行招标投标或中标无效，双方事后亦未结算或协商一致，那可能会涉及工程造价鉴定。

另外，发包人已支付工程款的数额也需要审查。

第六讲 请求权与诉讼方案

一、请求权

请求权，是指法律关系的一方主体请求另一方主体为或不为一定行为的权利。关于请求权的内容主要从权利请求和权利请求基础法律规范两方面进行阐述。

（一）权利请求

权利请求，具体表现为诉讼请求，亦即当事人为保护自己的权利而提出的诉讼请求。诉讼请求是诉权保护最原始的出发点，权利请求是确定当事人诉讼请求所依据的法律基础的出发点，所以也是诉的构成要件。根据《民事诉讼法》第一百二十二条的规定，当事人的起诉必须有具体的诉讼请求。由此可见，无诉讼请求则无诉[1]。

权利请求的确定首先来源于诉讼法的要求，即必须有具体的诉讼请求。具体的诉讼请求不仅要求文字表述具体，而且要求诉讼请求背后的法律关系明确，即一方当事人请求对方当事人为或不为的具体实体法律规范应当是确定的。如果一方当事人向对方当事人提起的诉讼请求有多种法律关系，那么当事人的诉讼请求实际上并未确定。此时“条条大路通罗马”，各条路径都可以达到当事人的诉讼目的，但当事人只能寻找一条路径，否则，对方当事人无法判断诉讼的性质以及所适用的实体法律规范，自然也就无法形成有效的抗辩。

权利请求是诉讼的核心，贯穿于整个诉讼阶段。作为代理律师，重要的任务之一就是要准确理解当事人的需求或想法，并转化为诉讼请求。实务中，当事人并非法律专业人士，很多时候仅凭直观感觉提出要求，有的要求在法律层面上不一定是可行的，如当事人根据施工合同的约定要求对方承担违约金时，很有可能并未考虑施工合同存在否无效情形，因此，不能将当事人的需求和目的与法律上的路径相混淆。

[1] 邹碧华．要件审判九步法［M］．北京：法律出版社，2010.

具体的权利请求确定了裁判者的审理方向，裁判者应根据原告的权利请求进行审理。代理律师在确定具体的诉讼请求时，应当区分最佳方案、次佳方案和最差方案，分别列出法律依据、理由与对应的诉讼材料，并选择最佳方案进行诉讼。例如，在施工过程中，如果发包人没有按时支付进度款，承包人提起诉讼要求发包人支付工程款，那么需要明确承包人要求支付的工程款是预付款、进度款还是结算款。如果是预付款、进度款，承包人可以依据合同约定提起诉讼，但不影响双方之间继续履行施工合同。如果承包人要求支付的是结算款，那就意味着其诉讼请求中需要增加一项，即解除施工合同，当然前提是施工合同有效；若承包人不解除施工合同，其主张支付结算款的前提则不存在。因此，权利请求确定，那权利请求背后的基础法律规范也应当是确定的。针对发包人无法支付工程款导致工程项目停工的情形，承包人可以综合考虑是起诉要求支付进度款还是结算款。在发包人无力支付工程款又无其他财产可供执行的情况下，承包人起诉要求支付进度款为宜。如果起诉要求支付结算款，在工程款没有结算的情况下，承包人需要申请工程造价鉴定，而预付鉴定费会增加诉讼投入。

（二）权利请求基础法律规范

权利请求基础法律规范，是指一方当事人对另一方当事人提起诉讼，要求法院支持其诉讼请求的实体法律规范，即支撑权利请求的实体法律规范。权利请求基础法律规范是代理律师在诉讼准备阶段就应当确定的。起诉状定稿，意味着诉讼请求已经确定，支撑诉讼请求的实体法律规范必然已明确。

所有的诉讼请求都有其权利请求基础法律规范。例如，请求确认建设工程施工合同无效的基础法律规范主要为《民法典》第一百四十六条、第一百五十三条、第一百五十四条，而适用哪一具体的法律条文得结合实际情况。在施工合同无效的情况下，请求返还财产、折价补偿和赔偿损失的基础法律为《民法典》第一百五十七条：“民事法律行为无效、被撤销或者确定不发生效力后，行为人因该行为取得的财产，应当予以返还；不能返还或者没有必要返还的，应当折价补偿。有过错的一方应当赔偿对方由此所受到的损失；各方都有过错的，应当各自承担相应的责任。法律另有规定的，依照其规定。”

在实务中，很多专业法律人士并未准确区分权利请求基础法律规范。例如，在建设工程领域，依法不属于必须招标的建设工程项目进行招标后，对于招标人与中标人另行订立的背离中标合同实质性内容的条款，据以认定其无效的法律规范并非《招标投标法》第四十六条第一款以及《招标投标法实施条例》第五十七条第一款，该条款是因为违反了《招标投标法》第四十六条第一款以及《招标投标法实施条例》第五十七条第一款的强制性规定，符合《民法典》第一百五十三条第一款的规定而无效。因此，对于另行订立的背离中标合同实质性内容的条款，据以认定其无效的基础法律规范是《民法典》第一百五十三条第一款。可见违反《招标投标法》第四十六条第一款和《招标投标法实施条例》第五十七条第一款的规定，并不直接导致另行订立的背离中标合同实质性内容的条款无效，根据《招标投标法》第五十九条“招标人与中标人不按照招标文件和中标人的投标文件订立合同的，或者招标人、中标人订立背离合同实质性内容的协议的，责令改正；可以处中标项目金额千分之五以上千分之十以下的罚款”的规定，另行订立背离中标合同实质性内容的条款会产生相应的行政责任，但该条并未规定其无效。

（三）建设工程施工合同纠纷权利请求基础法律规范

常见建设工程施工合同纠纷权利请求基础法律规范见表 6-1。

常见建设工程施工合同纠纷权利请求基础法律规范 **表 6-1**

权利请求	事由	基础法律规范
合同无效	虚假的意思表示	《民法典》第一百四十六条
	必须进行招标而未招标、化整为零或者以其他任何方式规避招标	《民法典》第一百五十三条第一款 《建设工程施工合同解释(一)》第一条第一款第三项
	泄露保密资料，串通损害国家利益、社会公共利益或者他人合法权益	《民法典》第一百五十三条第一款、第一百五十四条
	透露潜在投标人、泄露标底	《民法典》第一百五十三条第一款
	串通投标、行贿谋取中标	《民法典》第一百五十三条第一款
	弄虚作假骗取中标	《民法典》第一百五十三条第一款
	与招标人就投标价格、投标方案等实质性内容进行谈判	《民法典》第一百五十三条第一款
	招标人自行确定中标人	《民法典》第一百五十三条第一款
	未取得建筑业企业资质或者超越资质等级	《民法典》第一百五十三条第一款 《建设工程施工合同解释(一)》第一条第一款第一项
	挂靠或借用资质	《民法典》第一百五十三条第一款 《建设工程施工合同解释(一)》第一条第一款第二项
	转包、违法分包	《民法典》第一百五十三条第一款 《建设工程施工合同解释(一)》第一条第二款
	未取得建设工程规划许可证	《建设工程施工合同解释(一)》第三条第一款
合同无效后的权利主张	折价补偿	《民法典》第一百五十七条、第七百九十三条
	损失赔偿	《建设工程施工合同解释(一)》第六条
	工程质量不合格修复费用承担	《民法典》第七百九十三条
合同解除	协商解除	《民法典》第五百六十二条第一款
	约定解除	《民法典》第五百六十二条第二款
	不可抗力	《民法典》第五百六十三条第一款第一项
	预期违约	《民法典》第五百六十三条第一款第二项
	迟延履行	《民法典》第五百六十三条第一款第三项
	根本违约	《民法典》第五百六十三条第一款第四项
	情势变更	《民法典》第五百三十三条
	承包人转包、违法分包	《民法典》第八百零六条第一款
	发包人提供的主要建筑材料、建筑构配件和设备不符合强制性标准	《民法典》第八百零六条第二款
	发包人未履行协助义务	《民法典》第七百七十八条、第八百零六条第二款

续表

权利请求	事由	基础法律规范
合同解除后的权利主张	工程质量合格，工程价款的支付	《民法典》第八百零六条第三款
	工程质量不合格，工程价款的支付	《民法典》第八百零六条第三款、第七百九十三条第二款
	损失赔偿	《民法典》第五百六十六条第一款
	可得利益损失	《民法典》第五百八十四条
	违约金	《民法典》第五百八十五条
工程款支付	合同有效	《民法典》第五百零九条、第七百八十八条
	合同价款约定不明	《民法典》第五百一十条、第五百一十一条第二项
	合同无效	《民法典》第七百九十三条
优先受偿权	权利主体	《民法典》第八百零七条 《建设工程施工合同解释（一）》第三十五条、第三十七条
	优先受偿的范围	《建设工程施工合同解释（一）》第四十条

二、诉讼方案

（一）主管与管辖

民事案件的管辖，指的是各级人民法院之间以及同级人民法院之间，受理第一审民商事案件的分工和权限。根据我国《民事诉讼法》的规定，民事案件管辖分为级别管辖、地域管辖、移送管辖和指定管辖。建设工程施工合同纠纷案件，同其他类型合同纠纷案件一样，首先要解决主管与管辖的问题。

1. 主管

主管，指的是谁对案件有裁判权，解决的是人民法院与其他社会团体、纠纷处理机构之间解决民事纠纷的权限分工关系。具体而言，建设工程施工合同纠纷案件一般由法院主管，但根据我国《仲裁法》《仲裁法若干问题解释》的规定，当事人可以通过协议的方式将纠纷提交仲裁机构仲裁，排除法院主管。《仲裁法》第五条规定："当事人达成仲裁协议，一方向人民法院起诉的，人民法院不予受理，但仲裁协议无效的除外。"《仲裁法若干问题解释》第七条规定："当事人约定争议可以向仲裁机构申请仲裁也可以向人民法院起诉的，仲裁协议无效。但一方向仲裁机构申请仲裁，另一方未在仲裁法第二十条第二款规定期间内提出异议的除外。"

关于建设工程施工合同纠纷案件是由法院还是仲裁机构主管，首先要看是否有仲裁协议。仲裁协议应当具备下列内容：①请求仲裁的意思表示；②仲裁事项；③选定的仲裁机构。仲裁协议约定的仲裁机构名称不准确，但能够确定具体的仲裁机构的，应当认定选定了仲裁机构。仲裁协议的无效情形主要有四：①仲裁协议约定两个以上仲裁机构的，当事人可以协议选择其中的一个仲裁机构申请仲裁，当事人不能就仲裁机构选择达成一致的，仲裁协议无效；②仲裁协议约定由某地的仲裁机构仲裁且该地仅有一个仲裁机构的，该仲裁机构视为约定的仲裁机构，该地有两个以上仲裁机构的，当事人可以协议选择其中的一个仲裁机构申请仲裁；当事人不能就仲裁机构选择达成一致的，仲裁协议无效；③当事人约定争议可以向仲裁机构申请仲裁也可以向人民法院起诉的，仲裁协议无效，但一方向仲裁机构申请仲裁，另一方未在《仲裁法》规定期间内提出异议的除外；④仲裁协议对仲裁事项或者仲裁委员会没有约定或者约定不明确的，当事人可以补充协议，达不成补充协议的，仲裁协议无效。

因此，在建设工程施工合同纠纷案件中，同其他类型的合同纠纷案件一样，首先要判断其是由法院还是仲裁机构主管，即要看建设工程施工合同中是否存在有效的仲裁协议：若有，则排除法院主管；若无，则根据法院管辖规则进一步确定管辖法院。

典型案例 35

建设工程施工合同纠纷案件主管的确定

——某高科技有限公司与某科技股份有限公司、某融资租赁有限公司建设工程施工合同纠纷案[1]

关于某高科技有限公司与某科技股份有限公司是否达成仲裁协议的问题。某高科技有限公司于 2016 年 9 月 1 日与某科技股份有限公司签订《EPC 总承包合同》之后，又于 2016 年 9 月 23 日与某融资租赁有限公司签订《三方补充协议》，两份合同关于争议解决的方式约定不一致。《EPC 总承包合同》约定由有管辖权法院管辖，而《三方补充协议》约定“与本协议有关的争议由各方协商解决，协商不成，任意一方应提交上海国际经济贸易仲裁委员会(上海国际仲裁中心）仲裁解决”，并约定“本协议作为主合同的补充协议，与主合同不一致之处，以本协议为准”。最高人民法院认为，首先，从订立时间来看，《三方补充协议》成立生效的时间在《EPC 总承包合同》之后，成立在后的合同视为是对成立在前的合同内容的变更；其次，从内容来看，《三方补充协议》是对《EPC 总承包合同》的补充和变更，是《EPC 总承包合同》的一部分，《三方补充协议》增加某融资租赁有限公司作为案涉合同当事人，并不影响其补充和变更原合同的法律效果。因此，根据《合同法》第七十七条第一款[2]“当事人协商一致，可以变更合同”的规定，关于《EPC 总承包合同》的争议解决应以《三方补充协议》的约定为准。另外，其后签订的《四方合作协议》《五方合作协议》作为《EPC 总承包合同》履行的框架协议，亦具有和《三方补充协议》相同的仲裁条款内容。因此，某高科技有限公司与某科技股份有限公司通过补充协议的方式变更了《EPC 总承包合同》的争

---

[1] 参见最高人民法院（2019）最高法民申 4899 号民事裁定书。

[2] 参见《民法典》第五百四十三条。

议解决方式，达成了仲裁协议。某高科技有限公司关于其与某科技股份有限公司并未达成仲裁协议的主张，无事实和法律依据，最高人民法院不予支持。

关于本案是否属于人民法院的受理范围的问题。《仲裁法》第二十六条规定："当事人达成仲裁协议，一方向人民法院起诉未声明有仲裁协议，人民法院受理后，另一方在首次开庭前提交仲裁协议的，人民法院应当驳回起诉，但仲裁协议无效的除外；另一方在首次开庭前未对人民法院受理该案提出异议的，视为放弃仲裁协议，人民法院应当继续审理。"《民事诉讼法解释》第二百一十六条规定："在人民法院首次开庭前，被告以有书面仲裁协议为由对受理民事案件提出异议的，人民法院应当进行审查。经审查符合下列情形之一的，人民法院应当裁定驳回起诉：（一）仲裁机构或者人民法院已经确认仲裁协议有效的；（二）当事人没有在仲裁庭首次开庭前对仲裁协议的效力提出异议的；（三）仲裁协议符合仲裁法第十六条规定且不具有仲裁法第十七条规定情形的。"本案中，某高科技有限公司、某科技股份有限公司和某融资租赁有限公司已经就案涉合同达成了明确的仲裁协议，某融资租赁有限公司在一审首次开庭前向一审法院声明有仲裁协议，且某高科技有限公司没有主张该仲裁协议无效，故本案应裁定驳回起诉。二审法院驳回起诉有事实和法律依据，最高人民法院予以维持。

【评析】就本案而言，《EPC总承包合同》约定由法院主管，《三方补充协议》约定仲裁委员会主管。从合同签订的时间来看，《EPC总承包合同》在先，《三方补充协议》在后，而成立在后的合同视为对成立在先合同内容的变更，故应当以《三方补充协议》中约定的争议解决条款为准。

---

2. 建设工程施工合同纠纷适用专属管辖

专属管辖，是指对某些类型的案件，法律强制性规定只能由特定的人民法院管辖，不能由当事人通过协商等方式改变管辖法院。

《民事诉讼法》第三十四条规定："下列案件，由本条规定的人民法院专属管辖：（一）因不动产纠纷提起的诉讼，由不动产所在地人民法院管辖；（二）因港口作业中发生纠纷提起的诉讼，由港口所在地人民法院管辖；（三）因继承遗产纠纷提起的诉讼，由被继承人死亡时住所地或者主要遗产所在地人民法院管辖。"《民事诉讼法解释》第二十八条规定："民事诉讼法第三十四条第一项规定的不动产纠纷是指因不动产的权利确认、分割、相邻关系等引起的物权纠纷。农村土地承包经营合同纠纷、房屋租赁合同纠纷、建设工程施工合同纠纷、政策性房屋买卖合同纠纷，按照不动产纠纷确定管辖。不动产已登记的，以不动产登记簿记载的所在地为不动产所在地；不动产未登记的，以不动产实际所在地为不动产所在地。"

根据《民事案件案由规定》的规定，建设工程施工合同纠纷属于建设工程合同纠纷项下的第三个第四级案由，建设工程合同纠纷项下还包括：建设工程勘察合同纠纷、建设工程设计合同纠纷、建设工程价款优先受偿权纠纷、建设工程分包合同纠纷、建设工程监理合同纠纷、装饰装修合同纠纷、铁路修建合同纠纷、农村建房施工合同纠纷。而《民事诉讼法解释》只规定了建设工程施工合同纠纷属于专属管辖，对于其他类型纠纷的管辖没有特别规定。最高人民法院（2017）最高法民辖30号民事裁定指出，《民事诉讼法解释》第二十八条第二款规定："农村土地承包经营合同纠纷、房屋租赁合同纠纷、建设工程施工合同纠纷、政策性房屋买卖合同纠纷，按照不动产纠纷确定管辖。"对该条款涉及的建设工程施工合同纠纷的理解，应不限于《民事案件案由规定》的建设工程合同纠纷项下的第四级案由"建设工程施工合同纠纷"，还包括该项下的建设工程施工相关案件：建设工程价款优先受偿权纠纷、建设工程分包合同纠纷、建设工程监理合同纠纷、装饰装修合同纠纷、铁路修建合同纠纷、农村建房施工合同纠纷。因此，建设工程价款优先受偿权纠纷、建设工程分包合同纠纷、建设工程监理合同纠纷、装饰装修合同纠纷、铁路修建合同纠纷、农村建房施工合同纠纷属于专属管辖范围，由项目所在地人民法院管辖。

可以看出，建设工程施工合同纠纷属于专属管辖，排除当事人通过协议方式选择管辖法院。实务中，即便建设工程施工合同纠纷具有涉外情形，也不能通过协议方式改变管辖法院。《民事诉讼法解释》第五百二十九条规定："涉外合同或者其他财产权益纠纷的当事人，可以书面协议选择被告住所地、合同履行地、合同签订地、原告住所地、标的物所在地、侵权行为地等与争议有实际联系地点的外国法院管辖。根据民事诉讼法第三十四条和第二百七十三条规定，属于中华人民共和国法院专属管辖的案件，当事人不得协议选择外国法院管辖，但协议选择仲裁的除外。"

3. 判断建设工程施工合同纠纷是否属于专门人民法院管辖

《人民法院组织法》第十五条第一款规定："专门人民法院包括军事法院和海事法院、知识产权法院、金融法院等。"专门人民法院是我国法院审判体系的一个重要组成部分，与地方各级人民法院共同行使国家的审判权。

根据《最高人民法院关于军事法院管辖民事案件若干问题的规定》第一条第一项、第二项的规定，合同双方当事人均为军队单位以及涉及机密级以上军事秘密的建设工程施工合同纠纷案件，由军事法院管辖，排除地方法院管辖。

根据《最高人民法院关于海事法院受理案件范围的规定》第55条的规定，海洋、通海可航水域工程建设（含水下疏浚、围海造地、电缆或者管道敷设以及码头、船坞、钻井平台、人工岛、隧道、大桥等建设）纠纷案件，由工程所在地海事法院管辖。

综上所述，就建设工程施工合同纠纷案件而言，确定管辖非常重要。纠纷案件主管与管辖的确定步骤：第一步，确定案件是由法院还是仲裁机构主管，如果存在有效的仲裁协议，就提交仲裁机构，反之，则需要继续寻找管辖法院；第二步，在案件由法院主管的情况下，判断是否属于专门人民法院管辖，在不属于专门人民法院管辖的情况下，案件应由项目所在地人民法院管辖；第三步，根据诉讼标的额确定具体的管辖法院。

（二）诉讼主体

1. 合同相对性概述

《民法典》第四百六十五条规定："依法成立的合同，受法律保护。依法成立的合同，仅对当事人具有法律约束力，但是法律另有规定的除外。”这是我国法律关于合同相对性的规定。合同的相对性体现为合同在主体、内容和责任上具有相对性。

（1）主体的相对性。即合同关系只能发生在特定的主体之间，只有合同一方当事人能够向合同的另一方当事人基于合同约定提出请求或提起诉讼。由于合同关系仅在特定人之间发生，合同一方当事人只能向另一方当事人提出合同上的请求和提起诉讼，而不能向与合同无关的第三人提出合同上的请求及诉讼，也不能擅自为第三人设定合同上的义务。

（2）内容的相对性。即只有合同当事人才能享有合同约定的权利，并承担该合同约定的义务，当事人以外的任何第三人不能主张合同约定的权利，更不负担合同中约定的义务。

（3）责任的相对性。指违约责任只能在特定的合同关系当事人之间发生，合同关系以外的人不负违约责任，合同当事人也不对其承担违约责任。

合同相对性原则，体现了权利义务只在合同当事人之间发生。建设工程合同作为有名合同，其一方当事人只能基于合同的约定向另一方当事人主张权利，如承包人一般只能基于建设工程施工合同的约定向发包人主张权利。

2. 突破合同相对性的规定

（1）转包、违法分包情形下，实际施工人可以向发包人追索工程款。

《民法典》第四百六十五条第二款规定：“依法成立的合同，仅对当事人具有法律约束力，但是法律另有规定的除外。”“法律另有规定的除外”就是合同相对性的例外规定，即在法律明确规定的情况下，哪怕不是合同相对方，也要根据法律规定承担法律责任。建设工程合同作为有名合同，同样存在突破合同相对性规定的情形。

《建设工程施工合同解释（一）》第四十三条规定：“实际施工人以转包人、违法分包人为被告起诉的，人民法院应当依法受理。实际施工人以发包人为被告主张权利的，人民法院应当追加转包人或者违法分包人为本案第三人，在查明发包人欠付转包人或者违法分包人建设工程价款的数额后，判决发包人在欠付建设工程价款范围内对实际施工人承担责任。”实际施工人原本与发包人不存在合同关系，无权依据所谓合同约定向发包人主张权利，即不存在实际施工人请求发包人支付工程款的合同约定。但是该条规定在工程转包或违法分包的情形下，实际施工人可以起诉发包人，这是在遵循合同相对性原则下对实际施工人的一种特殊保护，是对合同相对性原则的突破。需要注意的是，《建设工程施工合同解释（一）》第四十三条规定的“实际施工人”是否包含借用资质以及多层转包和违法分包关系中的实际施工人？最高人民法院民事审判第一庭法官会议认为，可以依据《建设工程施工合同解释（一）》第四十三条规定突破合同相对性原则请求发包人在欠付工程款范围内承担责任的实际施工人不包括借用资质及多层转包和违法分包关系中的实际施工人，主要理由如下。该条规定涉及三方当事人和两个法律关系。这里的“两个法律关系”，一是发包人与承包人之间的建设工程施工合同关系，二是承包人与实际施工人之间的转包或者违法分包关系。原则上，当事人应当依据各自的法律关系，请求各自的债务人承担责任。但该条规定为保护建筑工人的利益，突破了合同相对性原则，允许实际施工人请求发包人在欠付工程款范围内承担责任。对该条规定的适用应当从严把握。该条规定只规范了转包和违法分包两种情形，未规定借用资质的实际施工人以及多层转包和违法分包关系中的实际施工人有权请求发包人在欠付工程款范围内承担责任。因此，只有在仅存在一次转包或违法分包时，实际施工人才可突破合同相对性起诉发包人。

（2）转包、违法分包情形下，转包人、违法分包人对工程质量不合格承担连带责任。

《建筑法》第六十七条规定：“承包单位将承包的工程转包的，或者违反本法规定进行分包的，责令改正，没收违法所得，并处罚款，可以责令停业整顿，降低资质等级；情节严重的，吊销资质证书。承包单位有前款规定的违法行为的，对因转包工程或者违法分包的工程不符合规定的质量标准造成的损失，与接受转包或者分包的单位承担连带赔偿责任。”在转包、违法分包情况下，如果转包、违法分包工程质量不合格，即便转包人、违法分包人与发包人之间没有合同关系，但基于上述规定，发包人可以就质量不合格造成的损失向转包人、违法分包人主张赔偿责任。

（3）合法分包情形下，分包人对分包工程承担连带责任。

《建筑法》第二十九条第二款规定：“建筑工程总承包单位按照总承包合同的约定对建设单位负责；分包单位按照分包合同的约定对总承包单位负责。总承包单位和分包单位就分包工程对建设单位承担连带责任。”根据该条规定，即便是合法分包，总承包人与分包人也应就分包工程质量问题向发包人承担连带责任。

（4）合法分包情形下，分包人对分包工程的安全生产承担连带责任。

《建设工程安全生产管理条例》第二十四条第三款规定：“总承包单位依法将建设工程分包给其他单位的，分包合同中应当明确各自的安全生产方面的权利、义务。总承包单位和分包单位对分包工程的安全生产承担连带责任。”对于分包工程的安全生产责任，总承包人与分包人承担连带责任。

（5）建筑施工企业对出借资质造成的损失承担连带责任。

《建筑法》第六十六条规定：“建筑施工企业转让、出借资质证书或者以其他方式允许他人以本企业的名义承揽工程的，责令改正，没收违法所得，并处罚款，可以责令停业整顿，降低资质等级；情节严重的，吊销资质证书。对因该项承揽工程不符合规定的质量标准造成的损失，建筑施工企业与使用本企业名义的单位或者个人承担连带赔偿责任。”《建设工程施工合同解释（一）》第七条规定：“缺乏资质的单位或者个人借用有资质的建筑施工企业名义签订建设工程施工合同，发包人请求出借方与借用方对建设工程质量不合格等因出借资质造成的损失承担连带赔偿责任的，人民法院应予支持。”在出借资质的情况下，建筑施工企业与实际施工人对工程质量不合格等因出借资质造成的损失承担连带赔偿责任。

（6）监理单位对恶意串通造成的损失承担连带责任。

《建筑法》第三十五条第二款规定：“工程监理单位与承包单位串通，为承包单位谋取非法利益，给建设单位造成损失的，应当与承包单位承担连带赔偿责任。”第六十九条第一款规定：“工程监理单位与建设单位或者建筑施工企业串通，弄虚作假、降低工程质量的，责令改正，处以罚款，降低资质等级或者吊销资质证书；有违法所得的，予以没收；造成损失的，承担连带赔偿责任；构成犯罪的，依法追究刑事责任。”《建设工程质量管理条例》第六十七条规定：“工程监理单位有下列行为之一的，责令改正，处50万元以上100万元以下的罚款，降低资质等级或者吊销资质证书；有违法所得的，予以没收；造成损失的，承担连带赔偿责任：（一）与建设单位或者施工单位串通，弄虚作假、降低工程质量的；（二）将不合格的建设工程、建筑材料、建筑构配件和设备按照合格签字的。”监理单位与承包单位串通，为承包单位谋取非法利益以及降低工程质量，给建设单位造成损失的，与承包单位承担连带赔偿责任。

3. 原告主体资格

原告，是指为了保护自己的民事权益，以自己的名义向人民法院提起诉讼，从而引起民事诉讼程序发生的人。《民事诉讼法》第一百二十二条规定：“起诉必须符合下列条件：（一）原告是与本案有直接利害关系的公民、法人和其他组织……”该条规定了原告作为诉讼主体或诉讼发起人的资格问题，即与案件具有直接利害关系。一般而言，原告要证明其为适格诉讼主体，需要证明其与案件存在直接的利益关系。在建设工程施工合同纠纷案件中，双方签订的建设工程施工合同是最直接、最有力的直接证据，合同双方即为案件的当事人。在没有签订建设工程施工合同的情况下，如何证明其与案涉项目存在利益关系呢？可提供证明其实际履行施工义务的证据材料，如会议纪要、签证单、联系单、往来函件、付款凭据等。

需要注意的是，《民事诉讼法》第一百二十二条的规定只解决立案问题，是程序问题，而是否承担责任是实体问题，需要法院查明。如果原告能提供与被告之间存在合同关系以及实际履行的证据，基本上可以证明被告需要在实体上承担责任的问题。如果原告举证证明其与被告之间存在中标通知书或书面的建设工程施工合同，但不能提供实际履行的证据，则其在实体上可能存在无权请求合同相对方承担责任的问题。如果原告不能举证证明与被告之间存在书面的合同，虽然提供了实际履行的证据材料，但不一定能证明与被告之间存在合同关系，被告可能不承担责任。

因此，《民事诉讼法》第一百二十二条的规定只能解决原告的立案问题，至于被告是否需要承担责任，还需要原告进行相应的举证，从实体的角度来组织证据材料。

原告为证明其诉讼主体适格，需要提供如下证据材料：①其与案涉项目存在直接利益关系的证据材料，如施工合同、中标通知书、联系单等；②营业执照、组织机构代码证等作为“人”的材料。

4. 不具有诉讼主体资格的情形

不具备诉讼主体资格，即不具有以自身名义参与诉讼的资格。实务中，不具有诉讼主体资格的主要有：

（1）发包人或承包人的内设机构。

（2）发包人或承包人非法设立的分支机构，或者虽依法设立，但没有领取营业执照的分支机构，实质为内设部门，该分支机构不具备诉讼主体资格，以设立该分支机构的法人为当事人。

（3）项目经理部。项目经理部是承包人为履行建设工程项目的施工而临时设立的职能部门，不能独立承担责任，以承包人为当事人。

（4）没有资质的工程队、劳务队等，如果系个体工商户的，以营业执照上登记的经营者为当事人；有字号的，以营业执照上登记的字号为当事人；如果没有营业执照也无字号，个人作为当事人。

（5）仅提供劳务的农民工，因不具有实际施工人身份，不能以实际施工人身份提起诉讼。

（6）共同承包或联合承包的，以共同承包人或联合承包人为当事人；如果联合体具备法人资格的，应以联合体为当事人。

（7）以筹建处、指挥部等临时机构的名义发包的工程项目，若该筹建处、指挥部已经被批准设立，该筹建处、指挥部为当事人；若筹建处、指挥部仍然为临时性机构，以成立或开办单位为当事人。

（三）诉讼请求

诉讼请求，本质是原告的权利请求，是原告为保护自身的权益而提出的。诉讼请求是诉讼的出发点，原告的诉讼请求必须准确、完整。

1. 合同状态影响诉讼请求。

在建设工程施工合同纠纷案件中，合同的状态决定诉讼请求，合同有效和无效情况下的诉讼请求是有所区别的。比如，发包人一直未支付工程款等导致工程停工，承包人因此而提起诉讼，要求发包人支付可得利益损失，承包人的可得利益损失这一项诉讼请求提出的前提是解除施工合同，而解除施工合同是在施工合同有效情况下进行的，如果施工合同无效，那么解除施工合同无从谈起。因此承包人要想在诉讼请求中列明可得利益损失，需要满足：①施工合同有效；②诉讼请求中需要列明解除施工合同。两要件缺一可得利益损失诉讼请求就有瑕疵。再如，在施工过程中，承包人请求发包人支付工程款，而并未明确是预付款、进度款还是结算款，这就造成请求不明确。同时，承包人请求支付工程款与合同状态同样有关系。

关于合同状态，原告的主张有以下几种：①合同未生效；②合同无效；③合同可撤销；④解除合同。合同的效力直接决定具体诉讼请求是否适当，最终影响权利能否实现。

2. 诉讼请求必须准确和适当

《民事诉讼法》第一百二十二条规定："起诉必须符合下列条件……（三）有具体的诉讼请求和事实、理由……"具体的诉讼请求，不仅要求文字表述具体、清晰，而且要求隐藏法律关系清晰明了，诉讼请求不存在错漏、不明确或显然无事实支撑等情形。比如，在施工过程中，承包人请求发包人支付工程款，一定要明确是支付预付款、进度款还是结算款，如果是请求支付结算款，那意味着必须要解除施工合同，因为在施工合同未解除或工程尚未施工完毕的情况下不具备工程款结算的条件。

（四）实际施工人诉讼请求的确定

实际施工人在我国《民法典》《建筑法》《建设工程质量管理条例》等法律法规中并未出现过，其并非是我国狭义法律层面的法律用语或法律概念，其作为法律概念首次出现在已失效的《建设工程施工合同解释》。《建设工程施工合同解释》虽然创设了实际施工人的称谓，但未对实际施工人进行定义。根据最高人民法院的观点，实际施工人包括三种类型：一是转包或层层转包合同的承包人，即转承包人；二是违法分包合同的承包人，即违法分承包人；三是借用有资质建筑企业名义与发包人签订建设工程施工合同的单位、个人或其他组织，即挂靠人。

《建设工程施工合同解释（一）》第四十三条规定："实际施工人以转包人、违法分包人为被告起诉的，人民法院应当依法受理。实际施工人以发包人为被告主张权利的，人民法院应当追加转包人或者违法分包人为本案第三人，在查明发包人欠付转包人或者违法分包人建设工程价款的数额后，判决发包人在欠付建设工程价款范围内对实际施工人承担责任。"转包、违法分包情况下的实际施工人，可以将发包人列为被告要求其在欠付施工总承包人工程款范围内承担责任。需要注意的是，在层层转包、违法分包情况下，对于中间转包人、违法分包人是否要对实际施工人承担责任，实务中有不同的做法，各法院的认识也不一致。

挂靠情形下的实际施工人，不能依据《建设工程施工合同解释（一）》第四十三条的规定要求发包人承担责任。没有资质的实际施工人借用有资质的建筑施工企业名义与发包人签订建设工程施工合同，在发包人知道或者应当知道系借用资质进行施工的情况下，发包人与借用资质的实际施工人之间形成事实上的建设工程施工合同关系。该建设工程施工合同因违反法律的强制性规定而无效。《民法典》第七百九十三条第一款规定："建设工程施工合同无效，但是建设工程经验收合格的，可以参照合同关于工程价款的约定折价补偿承包人。"因此，借用资质的实际施工人与发包人之间形成了事实上的建设工程施工合同关系且建设工程经验收合格的情况下，借用资质的实际施工人有权请求发包人参照合同关于工程价款的约定折价补偿。

转包、违法分包情形下的实际施工人不享有建设工程价款优先受偿权。《民法典》第八百零七条规定："发包人未按照约定支付价款的，承包人可以催告发包人在合理期限内支付价款。发包人逾期不支付的，除根据建设工程的性质不宜折价、拍卖外，承包人可以与发包人协议将该工程折价，也可以请求人民法院将该工程依法拍卖。建设工程的价款就该工程折价或者拍卖的价款优先受偿。"《建设工程施工合同解释（一）》第三十五条规定："与发包人订立建设工程施工合同的承包人，依据民法典第八百零七条的规定请求其承建工程的价款就工程折价或者拍卖的价款优先受偿的，人民法院应予支持。"只有与发包人订立建设工程施工合同的承包人才享有建设工程价款优先受偿权。转包、违法分包情形下的实际施工人不属于"与发包人订立建设工程施工合同的承包人"，不享有建设工程价款优先受偿权。

（五）实际施工人、转包人、违法分包人、发包人之间的争议解决疑难点

合同的相对性使得合同一方只能根据合同的约定向另一方主张权利，也必须遵循合同的约定提起仲裁或诉讼。《建设工程施工合同解释（一）》第四十三条规定："实际施工人以转包人、违法分包人为被告起诉的，人民法院应当依法受理。实际施工人以发包人为被告主张权利的，人民法院应当追加转包人或者违法分包人为本案第三人，在查明发包人欠付转包人或者违法分包人建设工程价款的数额后，判决发包人在欠付建设工程价款范围内对实际施工人承担责任。"该条规定了实际施工人有权向与其无合同关系的发包人主张权利，这是实体权利层面的规定。就程序权利而言，实际施工人主张权利会受各自之间的争议纠纷解决的约定的影响。

1. 实际施工人与转包人或违法分包人之间的仲裁协议

在转包或违法分包情况下，根据《建设工程施工合同解释（一）》第四十三条"实际施工人以转包人、违法分包人为被告起诉的，人民法院应当依法受理。实际施工人以发包人为被告主张权利的，人民法院应当追加转包人或者违法分包人为本案第三人，在查明发包人欠付转包人或者违法分包人建设工程价款的数额后，判决发包人在欠付建设工程价款范围内对实际施工人承担责任"的规定，实际施工人可以请求发包人在欠付工程款范围内承担责任。若实际施工人与转包人或违法分包人约定的争议解决方式为仲裁，而发包人与实际施工人之间并未约定以仲裁方式解决争议，发包人与转包人或违法分包人之间也未约定，那么实际施工人能否将发包人列为被申请人，一并向仲裁机构申请仲裁呢？这是不可以的，因为仲裁协议只约束实际施工人与转包人、违法分包人，并不当然约束发包人，仲裁协议的约束力来源于各方的意愿，而发包人并未同意以仲裁方式解决争议。

2. 发包人与转包人、违法分包人之间的仲裁协议

发包人与转包人、违法分包人之间关于争议的解决方式约定为仲裁，实际施工人能否在起诉转包人、违法分包人时，将发包人一并列为被告，要求其在欠付工程款范围内承担责任呢？仲裁协议源于当事人的约定，发包人与转包人、违法分包人之间已约定以仲裁方式解决争议，同意纠纷由仲裁机构主管，排除法院主管。如果同意实际施工人将发包人列为被告，且判令发包人在欠付范围内对实际施工人承担责任，实际上是削减了发包人的权利，有违发包人的预期。当然，如果发包人与转包人、违法分包人之间已进行了工程款结算且欠付金额比较容易确定，笔者认为，为了解决纠纷、减少诉累，可以将发包人在诉讼中一并列为被告。

实务中，也有法院认为，发包人与承包人之间的仲裁约定并不影响实际施工人通过诉讼方式将发包人列为被告且判令发包人在欠付范围内对实际施工人承担责任。在新疆维吾尔自治区高级人民法院（2022）新民再187号裁定中，关于熊某起诉某国有资产投资经营有限责任公司主张支付工程欠款及资金占用利息的诉讼请求人民法院是否应予受理的问题，根据《民事诉讼法》第一百二十七条第二项的规定，双方当事人达成书面仲裁协议申请仲裁的，不得向人民法院起诉。该案中，某国有资产投资经营有限责任公司与某建设有

限公司在《建设工程施工合同》中约定，因该合同及合同有关事项发生争议的，向工程所在地仲裁委员会申请仲裁，结合该工程所在地某市仅有一个仲裁委员会，即某仲裁委员会的事实，可以确定该仲裁协议合法有效。熊某能否依据《建设工程施工合同解释》第二十六条❶以及《建设工程施工合同解释（二）》第二十四条❷的规定，突破合同相对性向某国有资产投资经营有限责任公司提起诉讼，需要解决实际施工人是否受发包人与承包人在建设工程施工合同中约定的仲裁协议的约束的问题。此问题在司法实践中存在一定争议。第一种观点认为，实际施工人应受发包人与承包人之间的仲裁协议的约束。实际施工人主张权利的基础法律关系是承包人与发包人之间的建设工程施工合同，在该合同明确约定仲裁管辖的情形下，合同项下工程价款的结算及支付应提交仲裁机构解决，实际施工人无权向发包人提起诉讼，否则架空了发包人与承包人之间的仲裁协议，使其没有实质意义，从而改变了人民法院的主管范围。第二种观点认为，实际施工人可以突破合同相对性向发包人主张权利是一种特殊保护，不能简单地将其理解为对承包人权利的承继。实际施工人并非发包人与承包人之间的建设工程施工合同的当事人，其无法依据该仲裁协议对发包人提起仲裁，也不应受发包人与承包人之间仲裁协议的约束，理由如下。首先，任何人不得为他人缔约。《仲裁法》第四条规定："当事人采用仲裁方式解决纠纷，应当双方自愿，达成仲裁协议。没有仲裁协议，一方申请仲裁的，仲裁委员会不予受理。"根据合同相对性原则，仲裁协议约束的是纠纷的主体而非纠纷本身，即仲裁协议系当事人之间对纠纷解决方式的特殊约定，只能约束签订仲裁协议的当事人，而不能约束特定纠纷本身，原则上不能对仲裁协议之外的第三方产生约束力。实际施工人、承包人之间的转包合同与承包人、发包人之间的承包合同系不同的法律关系，分属独立合同。承包合同中的仲裁协议是发包人与承包人之间意思自治的产物，并不涉及实际施工人同意仲裁的意思表示，实际施工人亦无法申请仲裁解决其与发包人之间的纠纷。因此，将发包人与承包人之间的仲裁协议扩张适用于实际施工人，实质上损害了实际施工人意思自治的权利，故该仲裁协议不应约束实际施工人。其次，参照代位权制度，发包人与承包人之间的仲裁协议亦不能约束实际施工人。实际施工人向发包人主张权利，与债权人行使代位权具有一定的相似性。《合同法》第七十三条❸规定："因债务人怠于行使其到期债权，对债权人造成损害的，债权人可以向人民法院请求以自己的名义代位行使债务人的债权，但该债权专属于债务人自身的除外。"《最高人民法院关于适用〈中华人民共和国合同法〉若干问题的解释（一）》❹第十四条规定："债权人依照合同法第七十三条的规定提起代位权诉讼的，由被告住所地人民法院管辖。"根据上述法律及司法解释的精神，代位权是债的保全方式，债权人以自己的名义代位行使债务人的债权，其并非债务人与相对人债权债务关系的主体。除专属管辖外，代位权诉讼只能由相对人住所地管辖，排除债权人与债务人之间、债务人与相对人之间的管辖

---

❶ 参见《最高人民法院关于审理建设工程施工合同纠纷案件适用法律问题的解释（一）》第四十三条。

❷ 参见《最高人民法院关于审理建设工程施工合同纠纷案件适用法律问题的解释（一）》第四十三条。

❸ 参见《民法典》第五百三十五条。

❹ 已失效。

协议和仲裁协议，债务人、相对人不得以此进行管辖抗辩。因此，参照代位权制度的相关规定及精神，债务人与相对人之间的仲裁协议不能约束债权人行使代位权。同理，实际施工人向发包人主张权利时，亦不应受发包人与承包人之间的仲裁协议的约束。最后，如认定实际施工人向发包人主张权利受发包人与承包人之间的仲裁协议约束，可能会实质损害实际施工人的合法权利，社会效果不佳。为解决拖欠农民工工资等问题，对实际施工人突破合同相对性向发包人主张权利给予特殊保护，如认定实际施工人向发包人主张权利受发包人与承包人之间的仲裁协议的约束，将导致实际施工人既无法向发包人提起诉讼，亦因为其不是发包人与承包人之间的仲裁协议的缔约主体，而无法申请仲裁解决其与发包人之间的纠纷，从而导致实际施工人对发包人享有的权利被实际阻断，与相关司法解释对实际施工人权利进行特殊保护的目的相悖。实践中，建设工程领域相关合同的签订不尽规范，发包人与承包人签订仲裁协议后，实际施工人无权向发包人主张工程款，显然社会效果不佳。如发包人希望相关施工合同纠纷通过仲裁一次性解决，其应当在与承包人签订施工合同后，对后续建设工程的转包、分包予以更多关注和约束，这样也能使建设工程质量更有保证。

综上所述，根据仲裁协议的相对性原则和自愿原则，参照代位权制度法律及司法解释的相关规定，以及最高人民法院关于审理建设工程施工合同纠纷案件的相关司法解释规定中对实际施工人特殊权利的保护，结合该案具体案情，认定熊某并非某建设有限公司、某国有资产投资经营有限责任公司之间《建设工程施工合同》的当事人，熊某向某国有资产投资经营有限责任公司主张权利亦不应受该合同约定的仲裁协议的约束。

3. 挂靠情形下发包人与承包人之间的仲裁协议

《民法典》第一百四十三条规定："具备下列条件的民事法律行为有效：（一）行为人具有相应的民事行为能力；（二）意思表示真实；（三）不违反法律、行政法规的强制性规定，不违背公序良俗。"民事法律行为有效的要件之一是意思表示真实。在建设工程领域，挂靠情形下，因缺乏法律行为有效要件，各方当事人相应的法律行为无效。

发包人在知道挂靠的情况下而与被挂靠人签订建设工程施工合同，此时发包人与被挂靠人之间的法律关系，因缺乏"意思表示真实"要件而无效。发包人与挂靠人之间的民事法律行为，同样因缺乏"不违反法律、行政法规的强制性规定，不违背公序良俗"要件而无效。

《民法典》第一百四十六条规定："行为人与相对人以虚假的意思表示实施的民事法律行为无效。以虚假的意思表示隐藏的民事法律行为的效力，依照有关法律规定处理。"在挂靠情形下，如果发包人对挂靠是知情的，发包人与被挂靠人之间签订的施工合同无效，挂靠人可以依据施工合同向发包人主张权利。但在施工合同中约定了仲裁的情况下，关于挂靠人是向仲裁机构提起仲裁还是向法院提起诉讼存在争议。笔者认为，在发包人知道挂靠的情形下，实际上施工合同约束的是发包人与挂靠人，挂靠人作为实际施工人可以向仲裁机构提起仲裁，但实务中仲裁机构一般不予立案。

审判实践中，对于借用资质的挂靠人是否有权请求发包人对其施工工程折价补偿存在不同认识。最高人民法院民事审判第一庭法官会议认为，没有资质的挂靠人借用有资质的建筑施工企业名义与发包人签订建设工程施工合同，在发包人知道或者应当知道系借用资质的挂靠人进行施工的情况下，发包人与借用资质的挂靠人之间形成事实上的建设工程施工合同关系，该建设工程施工合同因违反法律的强制性规定而无效。《民法典》第七百九十三条第一款规定："建设工程施工合同无效，但是建设工程经验收合格的，可以参照合同关于工程价款的约定折价补偿承包人。"因此，在借用资质的挂靠人与发包人之间形成事实上的建设工程施工合同关系且建设工程经验收合格的情况下，借用资质的挂靠人有权请求发包人参照合同关于工程价款的约定折价补偿。

第七讲 建设工程施工合同纠纷案件代理细节

一、庭前准备

如果审判人员已经下定决心，对案件的裁判方向有了初步认识，代理人还有办法改变审判人员的认识吗？答案是一般情况下改变的可能性较小。这足以说明庭前准备是多么重要，可以直接影响审判人员的裁判观点。庭前准备，是指在第一次庭前会议、证据交换、庭审之前所要完成的所有开庭准备，主要包括对案件事实的充分了解和对证据材料的收集整理、对法律法规的充分理解及适用。简单说，庭前准备的目的，就是让案外人或审判人员能在较短时间内清楚、明白自己想要表达的内容，且让审判人员作出有利于己方的决定。

“法庭才是律师的主战场”，没有充分的准备，绝对不能将裁判者引领到律师的思路上，也绝不会有庭审的自信和流畅，最终将“一塌糊涂”或“一败涂地”，因此，庭前准备是非常重要的。

（一）寻找法律规范

在诉讼案件中，当事人都有明确的诉讼请求，能够取得什么样的效果或目的是所有当事人最为关心的。对于诉讼过程，大多数当事人不太在意。当事人想要的诉讼结果，在法律层面上是否具有可行性，是否具有相应的法律依据，这是代理律师需要权衡的。因此，在当事人明确其诉求后，代理律师应当从浩如烟海的法律规范中找出可适用的法律条文，即确定当事人的诉讼请求是否具有可依据的实体法律规范。当然，即使诉讼请求具有可依据的实体法律规范，也要分析对应的实体法律规范的构成要件。

建设工程施工合同纠纷案件的法律体系，可以分为两条线：一条是以《建筑法》为主的行政法律规范体系；另一条是以《民法典》为主的民事法律规范体系。代理律师要熟悉相应的法律规定，有效地寻找当事人的诉讼请求在实体法层面上所对应的可适用的法律条文。

（二）充分了解案件事实

很多时候，当事人没有将与案件有关的所有情况向代理律师和盘托出，不外乎有这么几种原因：第一，对代理律师不太信任，有所顾忌；第二，自认为与案件无关，无刻意隐瞒；第三，代理律师与当事人沟通太少，对案件事实并未深入了解，造成了你不问、我不说的情形；第四，代理律师对这一类型的案件并不熟悉，无法根据当事人的请求或目的向当事人询问，实际上，很多的案件事实是通过询问的方式从当事人处获取的。因此，代理律师只有深入了解案件基本事实，才能制订最优的诉讼方案或应对方案。

作为代理律师，一定要了解案件的所有事实，即便有的事实在当事人看来是无关紧要的，但对律师来说，这有可能是至关重要的基本事实，甚至直接影响案件裁判结果。当然，当事人所说的事实只是客观事实，只有证据能证明的事实才能成为法律上的事实，才能作为审判人员据以裁判的事实。

在一起承包人起诉发包人的建设工程施工合同纠纷案件中，承包人某公司承接发包人某公司的建设工程项目，在项目施工过程中，因项目未取得施工许可证，从实际开始施工至项目即将完工期间，所有的签证文件监理人和发包人都未予以签字，在工程项目即将完工时承包人聘请律师介入。介入之后，律师研究了施工合同，并了解了施工的实际情况。在工程款结算时，承包人按照施工合同的约定向发包人递交了工程款结算书，想适用施工合同中的"送审价"条款结算工程款。在承包人向发包人递交结算书后，发包人未按照施工合同约定的时间进行回复，回复期过了之后，发包人向承包人发送一份《竣工结算审计需要提供的资料》函件，内容为因承包人提供资料不完整，无法进行工程款结算，需要承包人提交材料有：①结算书软件版；②结算工程量来源；③竣工图电子版。收到该函件后，承包人向发包人发送了催款函，要求发包人按照承包人递送的结算书所记载的金额支付工程款，同时律师也跟承包人强调，不能再和发包人谈工程款结算的事。一年后，因为发包人未支付工程款，承包人向法院提起诉讼，诉讼方案是以"送审价"为准支付工程款。律师再三向承包人询问，在向发包人递交结算书之后是否和发包人谈过工程款如何结算等事宜，承包人坚定回复没有和发包人谈过。在起诉之后，庭审中，发包人认为工程款未结算，申请对工程造价进行鉴定，合议庭没有同意。庭审结束后，发包人补充了一份证据，是承包人在催款过程中出具的授权委托支付函，内容为"……年关将至，为维稳，由于时间拖延太长，工程款审计至今未出审计结果，请求先支付部分款项用于支付农民工工资……"，此时，"送审价"条款也就没有适用的基础了，最终法院同意了工程造价鉴定，虽然经代理律师极力争取最终的工程造价在鉴定初稿的基础上上调了一千多万，但最终的鉴定结果与"送审价"金额相差两千多万。这个例子想要表达的是，在当事人眼里无关紧要的材料或事实，也许会影响案件最终的走向。

案件事实之时间轴，能很好地反映各时间节点发生的事情，有利于法官更快知道各时间点发生的事情，也有利于代理律师在庭审过程中迅速查看各个时间节点发生的事情。

（三）证据材料的准备

证据是民事诉讼活动中最为重要的组成部分，直接决定案件的成败。当事人向代理律师所阐述的事实仅是客观事实，也有可能不是事实，而法律上的事实是需要用证据材料来证明的。下文详述如何组织证据材料让当事人所说的客观事实变成法律事实。

1. 证据类型

证据是指证明案件事实是否客观存在的材料，包括用于证明案件待证事实的所有材料。简单地说，用于证明案件客观事实的材料都是证据。根据《民事诉讼法》的规定，证据包括：当事人的陈述；书证；物证；视听资料；电子数据；证人证言；鉴定意见；勘验笔录。

（1）当事人的陈述

当事人的陈述，指的是案件的当事人就案件事实和证明这些案件事实的情况所作的陈述。民事诉讼的当事人是最了解案件事实的。对于律师来讲，当事人的陈述是查明案件事实的重要线索，但是，由于各方当事人在诉讼中的地位不同，他们之间必然存在利益冲突，可能会存在对案件事实进行夸大、缩小以及扭曲等情形。

当事人的陈述，主要体现在两个方面：一是在民事起诉状中，当事人为支持其诉讼请求，在事实与理由部分对案件事实进行陈述，当然，当事人的陈述贯穿于整个诉讼过程中，在证据交换、询问、调查过程中，或是在答辩状、代理词等书面材料中，都存在当事人的陈述；二是在诉讼过程中，一方当事人陈述的于己不利的事实，或者对于己不利的事实明确表示承认的，属于自认，自认本质上也属于当事人陈述。

《民事诉讼法解释》第一百一十条第一款规定："人民法院认为有必要的，可以要求当事人本人到庭，就案件有关事实接受询问。"《证据若干规定》第六十四条第一款规定："人民法院认为有必要的，可以要求当事人本人到场，就案件的有关事实接受询问。"因此，在案件诉讼过程中，审判人员为查清事实，可以要求当事人本人到庭接受询问。如果当事人无正当理由拒不到场、拒不签署或宣读保证书或者拒不接受询问，人民法院应当综合案件情况，判断待证事实的真伪。待证事实无其他证据证明的，人民法院应当作出不利于该当事人的认定。即拒不到庭接受询问的法律后果可能是作出不利于该当事人的认定。

《民事诉讼法解释》《证据若干规定》只规定法院可以要求当事人到场接受询问，诉讼中的一方当事人能否向法院申请另一方或另几方当事人到场，即询问程序除了法院依职权启动外，能否由当事人申请启动？没有相关法律、司法解释对此予以明确。实务中，若代理律师认为事实的查清需要当事人到庭，建议还是主动向法院提出申请，争取让法院通知当事人到庭接受询问。

（2）书证

书证，是指以文字、符号、图案等所记载或表述的，用以证明待证事实的书面材料。在民事诉讼中，书证是最主要的证据，也是普遍并大量存在的一种证据。在建设工程施工合同纠纷案件中，存在大量的书证，比如施工合同、签证单、联系函、设计变更单、竣工图等。这些证据材料大多数是在施工过程中形成的，也有在案件诉讼之前形成的，事先就已经固定并经各方确认，证明力较高。需要注意的是，无法与原件、原物核对的复制件、复制品，虽然不能单独作为认定案件事实的根据，但也是证据，只是证明力大大减弱。

实务中，有些证据原件在对方控制之中，根据《民事诉讼法解释》第一百一十二条“书证在对方当事人控制之下的，承担举证证明责任的当事人可以在举证期限届满前书面申请人民法院责令对方当事人提交。申请理由成立的，人民法院应当责令对方当事人提交，因提交书证所产生的费用，由申请人负担。对方当事人无正当理由拒不提交的，人民法院可以认定申请人所主张的书证内容为真实”，以及《证据若干规定》第九十五条“一方当事人控制证据无正当理由拒不提交，对待证事实负有举证责任的当事人主张该证据的内容不利于控制人的，人民法院可以认定该主张成立”的规定，负有举证责任的一方当事人可以申请人民法院责令对方当事人提交。代理律师要积极运用此规定，借助法律的规定，达到相应的法律效果。当然，是否责令对方提交取决于法院，因此，需要注意以下两点：第一，注意提出申请的时间，即为举证期限届满前；第二，重点阐述该证据的重要性以及对方掌控该证据。

（3）视听资料

视听资料，是指用录音、录像等方式记录下来的有关案件事实的证据材料。视听资料作为法定证据的一种，具有能够逼真再现或还原事实的特点，但视听资料具有科学技术成分，也容易通过技术手段进行修改。在建设工程施工合同纠纷案件中，特别是隐蔽工程、工期延误期间的录音和录像能很好地还原当时的客观情况。如施工现场上空尚有高压线未迁移，导致承包人不能施工，但发包人出于自我保护未予办理工期顺延签证，那现场情况的录像就是非常重要的证据材料，且能还原当时的客观情况。

（4）电子数据

电子数据，是指通过电子邮件、电子数据交换、网上聊天记录、博客、手机短信、电子签名、域名等形成或者存储在电子介质中的信息。

在建设工程施工合同纠纷案件中，以电子数据形式出现的证据材料还是比较多的。实践中，当事人在施工合同履行过程中常用即时工具如QQ、微信、电子邮件等进行沟通。但是，出示证据的一方如果不能证明相应的QQ、微信账号在使用过程中为相应的当事人所有并使用，则可能会导致无法确认聊天记录与案件具有关联性。因此，关于这类电子数据，出示证据的一方应提交聊天记录当事人的身份情况，将虚拟的当事人还原为现实的当事人，即将虚拟还原为现实，这样聊天记载的内容才能证明其主张的客观事实。

（5）证人证言

证人证言，是指证人就自己所了解的案件事实以口头或书面的形式向法院进行的陈述。在实践中，存在很多证据突袭的情形，证人突袭也是其中的一种。根据《证据若干规定》第七十条第一款“人民法院准许证人出庭作证申请的，应当向证人送达通知书并告知双方当事人。通知书中应当载明证人作证的时间、地点，作证的事项、要求以及作伪证的法律后果等内容”的规定，在证人出庭未告知双方当事人的情况下，相对方的代理人可以主张法院并未通知己方有证人出庭，不同意证人出庭作证，但在实务中，法院也很少因未通知当事人而不允许证人出庭。

关于鉴定意见、勘验笔录等证据类型，将在后续章节中阐述。物证，在建设工程施工合同纠纷案件中很少涉及，故不再阐述。

2. 证据的编排

实务中，证据不外乎按时间逻辑顺序排列和按要件事实逻辑排列。两种编排顺序，各有优势和不足。按照时间逻辑先后顺序进行编排，优点是符合人们的思维习惯，容易让人记住事情的起因经过，符合人们的认知习惯，不足是不能突出欲证明的案件要件事实。按照要件事实的逻辑编排，优点是能突出欲证明的要件事实，不足的是对要件事实背景说明不够，不能让人清晰地了解案件的过程。当然，两种排列顺序并没有优劣之分，具体用哪一种顺序编排，取决于其服务的案件情况。

3. 证据的筛选

证据材料并非越多越好，有时证据过多会适得其反。建设工程施工合同纠纷案件，涉及的证据材料比较多，但并非全部证据材料都对己方有利，如果向法院提交了对己方不利的证据，有可能被对方用于证明对其有利的主张，这对证据材料提供方来讲，与自认无本质的区别。进行证据材料筛选时一定要认真，且以诉讼请求或权利请求为中心，与欲证明的待证事实相关。若欲提交的证据材料中，内容有对己方有利的部分，也有对己方不利的部分，就需要综合考虑全案决定是否提交。

一般情况下，提交的证据材料一定是有利于己方的，与案件证明对象和证明目的有关。提交证据材料时需要注意以下问题：第一，对准备提交的证据材料应当从有利于己方或不利于己方两方面进行思考，仔细审查该份证据材料是利大于弊还是弊大于利，如果弊大于利建议不要提交，当然也要综合全案进行考虑；第二，相关材料如与证明对象、证明目的无关，建议不作为证据提交；第三，不真实的证据材料，建议不提交。

4. 证据清单

《证据若干规定》第十九条第一款规定："当事人应当对其提交的证据材料逐一分类编号，对证据材料的来源、证明对象和内容作简要说明，签名盖章，注明提交日期，并依照对方当事人人数提出副本。"证据来源，指的是证据材料是原始证据还是传来证据，是己方持有的还是对方或第三方持有的。证明对象，指当事人提交某一证据用来证明的待证事实。证明对象能让裁判者在开庭前、庭审中、庭审后了解该证据的功能。证据内容，即证据材料本身或其记载的内容。对证据内容的描述，可以使裁判者对证据内容一目了然。

实务中，举证一方当事人经常只列出证明目的，不列出证明对象，或者将二者混淆，不加以区别。证明对象主要是拟用证据证明的待证事实，而证明目的是主张支持其诉讼请求的构成要件。

（四）庭审提纲

主要围绕如下几方面准备庭审提纲：

1. 主体信息及关系

建设工程施工合同纠纷案件涉及层层转包、违法分包以及挂靠施工等情形，一定要清楚各方当事人之间的关系。在有股东作为被告时，需要了解各股东的持股情况、出资时间、出资方式等。梳理清楚各方当事人之间的关系，这样能在有限的庭审中了解各方当事人的情况，不用在庭审中回忆各方当事人的关系。

2. 案件基本事实

案件基本事实是法律适用的前提，一定要清楚案件基本事实。对案件事实可以用时间轴进行梳理，同时需要注明或标注案件事实对应的证据材料。梳理的内容包括所有的案件事实，梳理的同时应注明该事实是否对己方不利，不利的点是什么。

3. 法律依据

主要针对己方诉讼请求或权利请求来进行法律依据的准备，法律依据也包含对方可能提及的法律条文。

当然，庭审提纲的准备内容并非只有前述几项，根据案件的复杂难易程度，还包括诉讼请求陈述准备、事实和理由陈述准备、争议焦点准备、举证与质证准备、询问准备、辩论准备等。

（五）民事起诉状

民事起诉状是原告向法院提交的，根据其所说的事实与理由，请求法院支持其诉讼请求的法律文书。

诉讼请求是民事起诉状的核心，贯穿于整个民事诉讼活动，因此，明确诉讼请求是诉讼准备阶段最为重要的工作之一。诉讼请求如何确定？作为代理律师，首先要实质性地理解当事人的请求或想法，明白当事人想要的诉讼效果，这是非常重要的，当事人的请求或目的是启动诉讼的源点。当事人的需求和目的在法律层面并非都能实现，若当事人的需求在法律层面上不能实现，一定要和当事人沟通。在和当事人沟通后，初步确定诉讼请求，再根据诉讼请求组织证据材料，看诉讼请求是否有证据材料支撑。当然，有些诉讼请求来源于代理律师的诉讼方案，而诉讼请求的实现路径并非是唯一的，可能有多种法律途径可以实现诉讼请求。因此，对于诉讼方案，代理律师应当区分最佳方案、次佳方案和最次方案，并分别列出适用的法律和诉讼材料，以备诉讼之用。

起诉状的起草需要注意以下几点：

（1）清晰。起诉状一定要清晰，所谓清晰，是指起诉状的诉讼请求一定要明确、具体，诉讼请求有对应的请求权基础法律规范作支撑。事实与理由部分说理清晰，法律逻辑关系明了。无论是诉讼请求、事实还是法律依据，请求、说理、论证越清晰，对手就越难模糊它。

（2）简练。事实与理由部分的说理一定要简练，让每一部分的标题或每一段的第一句能高度精准地概括接下来所要表达的内容。观点要简明扼要，让审判人员一看便知道观点与权利主张之间的关系。

（3）理由与证据材料相对应。事实与理由的陈述源于证据材料，不能空洞毫无根据。在起诉状阐述理由部分，应将相应的证据序号标注，这样有利于审判人员查阅。

二、开庭陈述与答辩

（一）开庭陈述

开庭陈述，是案件进入正式审理的第一步，重点是让审判人员在短暂时间内理解原告的诉讼请求及核心理由。在开庭陈述阶段，要达到如下效果：第一，明确原告的诉讼请求是什么，这是最基本的；第二，简要概述原告诉讼请求对应的观点，这是很关键的，为什么是概括观点而不是照起诉状宣读，因为起诉状可能内容过长，论述点较多，如果照起诉状宣读，很难让审判人员在短时间内理解原告的核心观点。

因此，开庭陈述阶段同样要求简练，不要照起诉状宣读，也不要在开庭陈述阶段详细论证。开庭陈述时，用言辞阐明原告的诉讼请求和核心的事实与理由即可。

（二）答辩

民事答辩，是指被告在收到原告的起诉状后，针对原告的诉讼请求、事实与理由是否成立等问题所进行的辩驳。在被告未答辩的情况下，原告的起诉内容能让审判人员对案件先入为主。因此，被告的答辩内容应达到如下效果：第一，使审判人员根据答辩内容准确归纳案件争议焦点，让审判人员对原告事实与理由部分的陈述信任度下降，即怀疑原告的陈述是否属实；第二，有针对性地对原告的诉讼请求、事实与理由不成立等进行说明，并阐述正确的事实。起诉状与答辩状是天然的冤家，是矛盾的对立面，起诉状重在“立”，答辩状重在“破”，二者之间就是“立”与“破”的关系。答辩就是要找出原告起诉的破绽和漏洞，指出原告起诉状中的不足，找出法律关系和事实陈述的漏洞，证明原告所述内容不实，其诉讼请求不应得到支持。

针对原告的民事起诉状，被告答辩时需注意以下事项：

（1）简练。被告针对原告起诉的答辩，不宜长篇大论，一定要主次分明、简明扼要，概要观点即可。如果原告在陈述时并未按照起诉状进行宣读，而是概括性地陈述事实与理由，被告一定要仔细聆听原告的诉讼请求、事实与理由是否有变化，如果无变化，根据原告的口头陈述作出回应。如果基础事实、请求权基础法律规范等有变化，要仔细与起诉状对比，再进行一一回应。

（2）找漏洞。找出原告诉讼请求所适用的请求权基础法律规范，再结合起诉状陈述的基础事实进行辩驳，并找出原告基本事实及法律适用的漏洞。

三、争议焦点的归纳与辩论

（一）争议焦点归纳

争议焦点，顾名思义就是原被告双方对案件基本事实以及法律适用等问题有不一致看法，且都自认为是正确的，故而将各方认识不一致之处列为争议焦点。争议焦点实质上就是原被告双方矛盾的核心所在，蕴含法律适用逻辑，也需要审判人员裁判的方向。裁判文书也需要围绕争议焦点展开，并进行详细的说理。

实务中，经常会遇到审判人员不归纳争议焦点的情形，这种情况下该怎么办？这种情况下建议代理律师在进行法律辩论时，自行归纳争议焦点。实务中，争议焦点一般在被告进行答辩时已经呈现，代理律师可以此为基础，自行总结争议焦点并进行辩论。那么，如果审判人员遗漏争议焦点该怎么办？这种情况下要大胆地尝试进行补充，但语气要谦虚，必要时阐明将某个问题列为争议焦点的理由。

（二）争议焦点的类型

争议焦点分为事实问题和法律问题。事实问题如原告与被告是否建立合同关系；工期是否存在延误；工程款支付是否逾期等。法律问题如工程款利息与违约金是否可以同时主张；合同是否有效；结算书是否有效等。因此，应注意区分争议焦点是事实问题还是法律问题，尽量把问题细分，以便接下来进行辩论。

（三）争议焦点的辩论

辩论，就是原被告用各自的理由来说明自己观点的正确性或对法律适用的见解，揭露对方基本事实不属实或法律适用错误，其目的就是让审判人员相信己方所说的是真实的或正确的。实务中，第一轮辩论的内容应当全面、详细，第二轮辩论的内容应当更具体。第二轮辩论，实质是对对方回应的再回应以及针对第一轮的遗漏辩解，第二轮辩论应当注意：避免重复，回应第一轮未说到但对方提及的部分。

另外，在辩论时一定要注意区分所辩论的是事实问题还是法律问题。针对事实问题，第一，在提及相应的事实时，应结合证据材料引导审判人员相信自己说的是事实；第二，指出对方证据逻辑错误，让审判人员相信对方证据得不能证明其主张的事实。针对法律问题，主要是结合证据阐述法律观点。

处理法律问题疑难复杂，事实简单的案件时，对于法律适用的研究非常重要，要尽量为审判人员提供线索，比如会议纪要、指导性意见、最高人民法院释义书籍、指导性案例、公报案例、最高人民法院或审理法院类似案例等。而对于法律问题简单，事实复杂的案件，一定要在开庭前准备充足的支撑事实的证据材料。

四、最后陈述

实践中，大多数最后陈述的内容是支持原告诉讼请求，驳回原告诉讼请求等。但是，在最后陈述阶段，各方当事人还有一次机会表达之前想表达而未表达的内容。要抓住庭审结束前最后一次口头表达的机会，补充自己未能表达的内容，强调己方的观点。

第八讲 工程价款纠纷案件代理

建设工程施工合同纠纷案件中，绝大部分纠纷都与工程款有关，实务中大部分案件的诉讼程序都是承包人主张工程款而启动的。本章主要从工程造价的构成、工程计量与工程计价、承包人提起诉讼等方面进行阐述。

一、工程造价的含义

从建设单位的角度来看，其要开发建设工程项目，应对项目进行相应的投资，形成建设项目总投资。建设项目总投资是指为完成工程项目建设并达到使用要求或生产条件或运营目的，在建设期内建设一项工程项目预期投入或实际投入的全部费用的总和。投资者为了获得投资项目的预期效益，而对项目进行策划、决策及实施，以及竣工验收、运营等一系列投资管理活动，投入的费用包含为建筑施工和安装施工而支付给施工单位的费用，用于购买各种工程设备及工器具的费用，支付给勘察、设计单位的费用，用于购置土地的费用，投资者自身进行项目筹建、项目管理和项目运营所花费的费用等。在上述活动中所花费的全部费用，就构成建设项目总投资。当然，建设项目根据建设目的可以分为生产性建设项目和非生产性建设项目，两者的项目总投资是不一样的。生产性建设项目总投资包括建设投资、建设期利息和流动资金三部分；非生产性建设项目总投资包括建设投资和建设期利息两部分。生产性建设项目与非生产性建设项目中的建设投资、建设期利息属于固定资产投资，也称工程造价。因此，相对于投资者来说，工程造价包括建设投资、建设期利息，即固定资产投资。

非生产性建设项目，是指在工程竣工验收后就不再进行投资的项目，如投资人开发的商品房，在房屋竣工验收后随即交付房屋购买人，而无需再进行投资。生产性建设项目是指在工程竣工验收后还要进行投资的项目，如厂房建设，在工程验收后，还需要购买生产设备、原材料以及提供生产运营资金等。

从施工单位的角度来看，工程造价是指为建成一项工程，预计或实际在设备市场、技术劳务市场等交易活动中所形成的包括建筑工程费用和安装工程费用的总费用，也就是施工单位可以得到的工程款的总和。显然，工程造价的第二种含义是以社会主义商品经济和市场经济为前提的，是施工单位因其对工程项目进行具体实施、管理、投入而应得到的报酬。故，第二种含义是指以工程这种特定的商品作为交换对象的情况下，施工单位完成工程建设所需要的人工费、材料费、施工机具使用费、企业管理费、利润、规费和税金等费用的总和。因此，对施工单位而言，工程造价为建筑工程费和安装工程费。本书也是针对第二种含义展开阐述工程造价的构成及相关内容。

可以看出，站在建设单位的角度，工程造价指的是固定资产投资；站在施工单位的角度，工程造价指的是建筑安装工程费，建筑安装工程费包括建筑工程费和安装工程费。

在工程建设的各个阶段，分别通过投资估算、设计概算、施工图预算等确定与控制工程造价，逐步体现最终的工程造价。建设项目也是一个由抽象到具体的建设过程，最终形成建筑物或构筑物等实体。

工程造价在工程建设不同阶段的称谓是不同的，具体如图 8-1 所示。

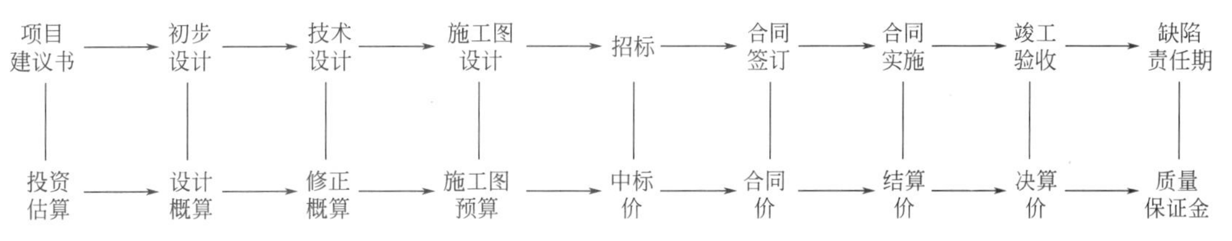

图 8-1　工程建设各阶段工程造价关系

二、工程计价基本方法及原理

工程计价的方法有多种，如类比匡算法、分部组合法等，各有差异，但工程计价的组价过程和原理是相同的，实务中，应用得比较普遍的是分部组合法。所谓分部组合法，即分解与组合，就是将工程建设项目层层分解，找到最基本或最小构造单元，这是分解；找到最基本构造单元后，计算出构造单元工程费，然后汇总形成单位工程造价，再逐级汇总并按规定计取相应的费用，最后形成工程项目总造价。

任何一个建设工程项目都可以分解为一个或几个单项工程，所谓单项工程是指具有独立的设计文件，竣工后可以独立发挥生产能力或效益的工程，也被称为工程项目，是建设项目工程的组成部分。如某工厂建设项目中的生产车间、办公楼、宿舍等即为单项工程，某学校建设项目中的教学楼、食堂等也可被称为单项工程。

任何一个单项工程都是由一个或几个单位工程组成的，所谓单位工程是指具有独立的设计文件，具备独立施工条件并能形成独立使用功能，但竣工后不能独立发挥生产能力或效益的工程，是单项工程的组成部分。若公路工程划分标段的话，每个标段的路基工程、路面工程就是单位工程。

一个单位工程的建筑工程和安装工程仍然比较复杂，还需要进一步分解。单位工程按照其结构部位、施工特点等再分解成分部工程，分部工程是由单位工程按结构部位、路段长度以及施工特点或施工任务划分而成的，如土石方工程、地基与基础工程。

分部工程按照不同的施工方法、工序等进一步分解成分项工程，分项工程是由分部工程按不同的施工方法、材料、工序及工种等划分而成的，如混凝土结构划分为模板工程、钢筋工程等，分项工程就是工程计价最基本的构造单元格。

建设工程项目分解举例如图 8-2 所示。

建设工程 — 单项工程 — 单位工程 — 分部工程 — 分项工程
↓ ↓ ↓ ↓ ↓
某大学新校区 — 三号教学楼 — 土建工程 — 土石方工程 — 人工挖土方

图 8-2 建设工程项目分解

工程计价的主要思路就是将项目工程层层分解，找到最基本的构造单元即分项工程，然后找到适当的计量规则及相应的单价，再根据相应的计价依据，就可以计算分项工程的造价，将各分项工程造价汇总，再按规定计取规费、增值税等，就计算出相应的工程总造价。因此，工程计价的基本原理就是工程项目的分解与组合。

上述对建设工程项目的分解让人很容易明白工程造价构成原理，工程造价计算原理实际上就是这样一个过程：分部分项工程造价→单位工程造价→单项工程造价→建设工程项目总造价。

工程计价的基本原理可以用公式表示为：分部分项工程费＝Σ（基本构造单元工程量×单价）。

三、工程造价计价环节

工程造价的计价可以分为工程计量和工程计价两个环节。

（一）工程计量

实务中，工程造价的确定一般都会涉及工程计量与工程计价两方面，而非仅仅计价。工程计量工作包括工程项目的划分和工程量的计算。工程量的计算就是按照工程项目的划分和工程量计算规则，就不同的工程实物量进行计算。工程实物量是工程计价的基础，没有工程量也就不存在工程计价，不同的计价依据有不同的计算规则，就同一分项工程，采取不同的计算规则，所得出的工程实物量也是有差异的。

关于工程量的计算，目前有两种计算规则：第一，各类工程定额规定的计算规则，即按定额计量；第二，各专业工程量计算规范附录中规定的计算规则，即按清单规范计量。

（二）工程计价

工程计价包括单价的确定和总价的计算。

工程单价，是指完成单位工程基本构造单元的工程量所需要的基本费用。工程单价包括工料单价和综合单价。

（1）工料单价也称不完全综合单价，仅包括人工、材料、机具使用费，是各类人、材、机的消耗量与其相应单价的乘积。定额计价方式采用的就是工料单价。

工料单价法计算工程造价的程序为：首先依据相应计价定额的工程量计算规则计算项目的工程量，然后依据定额的人、材、机要素消耗量和单价，计算出分部分项工程的直接工程费，之后计算出直接费，再按照相应的取费程序计算其他各项费用（间接费、利润、税金），最后汇总后形成相应的工程造价。

（2）综合单价，除包括人工、材料、机具使用费外，还包括可能分摊在单位工程基本构造单元中的费用。综合单价可以分为清单综合单价与全费用综合单价，清单综合单价也称非全费用综合单价或部分综合单价，我国现行的工程量清单计价规范所确定的综合单价为非全费用综合单价。根据《建设工程工程量清单计价规范》GB 50500—2013 的规定，综合单价由完成一个规定清单项目所需的人工费、材料和工程设备费、施工机具使用费和企业管理费、利润以及一定范围内的风险费用组成。而规费、增值税，在计算出单位工程分部分项工程费、措施费及其他项目费后再统一计取。可以看出，我国的清单综合单价并不包含规费和增值税，故不属于全费用综合单价。全费用综合单价除包括人工费、材料费、工程设备费、施工机具使用费、企业管理费、利润以及一定范围内的风险费用外，还包括规费和增值税。

综合单价法计算工程造价的程序为：若采用全费用综合单价，首先依据相应工程量计算规范规定的工程量计算规则计算出工程量，并依据相应的计价依据确定综合单价，然后用工程量乘综合单价，汇总得出分部分项工程费（及措施项目费），最后再按相应规则计算出其他项目费，汇总后形成工程造价。根据《建设工程工程量清单计价规范》GB 50500—2013 的规定，我国的清单综合单价属于非完全综合单价，在计算工程造价时，按规则计算出规费及增值税后再统一计取即成为全费用综合单价。

用公式形式对比三种工程单价的区别：

工料单价＝人工费＋材料费＋施工机具使用费；

综合单价＝人工费＋材料费＋施工机具使用费＋管理费＋利润＋一定范围内的风险费；

全费用综合单价＝人工费＋材料费＋施工机具使用费＋管理费＋利润＋一定范围内的风险费＋规费＋税金

四、工程定额计价

长期以来我国的工程造价计价模式实行的是“量价合一，固定取费”的政府指令性计价方式，即“定额预算计价法”或称“工料单价法”。这种计价方法，将本来应是千差万别的工程造价统一于预算定额体系中，体现的是社会平均技术水平。

定额计价是指根据招标文件，按照国家建设行政主管部门发布的建设工程预算定额的“工程量计算规则”，同时参照省级建设行政主管部门发布的人工工日单价、机械台班单价、材料以及设备价格信息及同期市场价格，计算出直接费（包括人工费、材料费、施工机具使用费、措施费等），再按规定的计算方法计算间接费、利润、增值税，汇总确定建筑安装工程造价。在实践中，它是指在正常的施工条件下，按照生产出一定计量单位质量合格的建筑安装工程产品所需要消耗的人工、材料、机械台班的数量标准计算工程总价的一种方式。

在实务中需要注意的是套定额单价时，套用不准确，就会导致价款偏低或偏高。在计价过程中，如果工程量核对无误，那套价就是关键：①分项工程名称、规格和计算单位必须与定额中所列内容完全一致，套价必须准确，否则得出的结果就会偏高或偏低；②定额换算，当缺项或不完全符合图纸要求时，应根据定额进行换算，定额换算也是计价的关键。

五、工程定额计价程序

工程定额计价程序，是指运用按照定额确定的工程量计算规则，依据施工合同、竣工图纸等材料，计算出工程造价的过程。建设工程领域的专业律师，一定要知道工程价款的计算过程以及需要的资料，这样才能对案件作出有效判断，这对工程造价鉴定也有非常大的帮助。试想，如果代理律师对工程计价程序一无所知，对鉴定机构的违法违规行为就不能作出正确判断，这将会给委托人带来巨大的损失。

了解工程计价程序，对工程造价鉴定有非常大的帮助。结合工程造价鉴定，就工程定额计价程序主要阶段作如下阐述：

第一阶段，收集资料。资料主要包括设计图纸、竣工图纸、施工合同、施工组织设计等，这个阶段是非常重要的。如果案件进入诉讼程序，在对工程造价进行鉴定时，收集资料就是在证据交换阶段进行。资料是否完整决定工程造价鉴定结果，即金额的大小，因此，鉴定资料是整个程序的基础，制约着后续阶段。简单地说，工程费用实际为五千万，但只提交了四千万的鉴定材料，鉴定机构的鉴定报告不可能出现五千万的结论。

第二阶段，熟悉图纸和施工现场。鉴定单位在工程造价鉴定过程中，需要去现场查勘，了解项目实施情况，实际的施工是否与图纸相符。现场查勘是非常有必要的，而且绝大多数项目都要对现场进行查勘，对于施工是否完成等情况一目了然，有助于工程造价鉴定计量。在工程未完工等情况下，现场查勘是必须的。

第三阶段，计算工程量。计算工程量是计价的基础，是一项烦琐的工作，且要求十分细致。工程量数据是计价的基本数据，对精准程度要求极高。在工程量计算过程中，最容易发生漏项漏算或重复计算的情形。该阶段极为重要，对于鉴定机构的计算底稿一定要认真复核，查找是否有漏算、重复计算以及其他违规行为。

计算工程量的步骤如下。首先，列项。即根据图纸及定额目录，列出需要计算工程量的分部分项项目。其次，算量。根据定额计算规则，计算工程量。再次，汇总。将计算出来的工程量汇总。

第四阶段，套定额单价。我们知道，工程造价为工程量与工程单价的乘积，知道工程量与工程单价就可以计算出工程造价。前面已经将工程量计算出来了，接下来的工作就是套价，正确套价是计算工程造价的关键。

套单价需要注意事项：

（1）分项工程名称、规格和计算单位必须与定额中所列内容完全一致，精准度要达到百分之百，哪怕只有一字之差，都会得出不同的结论。拟套价项目应当与定额中规定的项目编号相适应，查找该项目工程单价。套价一定要准确，否则会出现造价偏高或偏低情形。

（2）定额换算。在相应定额中无法找到与拟鉴定分项工程相适应的项目时，则不能直接运用定额计价，这时出现定额缺项情形。在定额缺项时应当进行定额换算。

（3）补充定额编制。当拟鉴定分项工程与定额项目特征描述相差大时，也不能采用定额换算的方式进行计价，此时应编制补充定额。

从上述注意事项中可以看出，工程造价鉴定并非易事，对律师要求也非常高。为什么需要鉴定机构提供工程造价计算底稿呢？主要是查看是否存在定额缺项、定额换算错误、漏项漏算等情形。

第五阶段，编制工料分析表。该阶段比较简单，将分部分项工程所需人工及材料数量相加汇总得出单位工程所需要的各类人工和材料的数量。

第六阶段，费用计算。在对工程量、单价复查无误后，将实物工程量全部计算出来，然后按照定额单件计算出人工费、材料费、施工机具使用费，再根据规则计算出企业管理费、利润、规费、增值税等费用，汇总得出工程造价。定额单价中只包括人工费、材料费、施工机具使用费，而不包括企业管理费、利润、规费、增值税，企业管理费、利润、规费、增值税按计算规则取费相加汇总即可。

以上六阶段是工程计价程序中最为重要的阶段，同时也是工程造价鉴定中须重视的事项，对于每一阶段容易出现错误的情形，代理律师一定要足够重视。否则，一旦鉴定结果出来再去找问题，则很难弥补。

六、工程量清单计价

工程量清单是建设工程进行计价的专用名词，是表示建设工程的分部分项工程项目、措施项目、其他项目的名称和相应数量以及规费、税金项目等内容的明细清单。由分部分项工程量清单，措施项目清单，其他项目清单，规费、税金清单组成。按照工程承发包的不同阶段和作用分为招标工程量清单和已标价工程量清单。另外，工程量清单是工程量清单计价的基础，应作为标准招标控制价、投标报价、计算工程量、支付工程款、调整合同价款、办理竣工结算以及工程索赔等的依据。

工程量清单计价，是指在建设工程招标投标中，投标人根据招标文件中的工程量清单以及相关要求，结合工程施工现场的实际情况、要求，由施工单位自行编制的工程施工方案或施工组织设计，按照企业定额并考虑风险因素，施工单位自主报价所确定的工程造价。这种计价方法有助于形成“企业自主报价，自由竞争”的建筑市场，体现公开、公平、公正的竞争原则。

根据《建设工程工程量清单计价规范》GB 50500—2013 的规定，使用国有资金投资的建设工程承发包，必须采用工程量清单计价；非国有资金投资的工程建设项目，可采用工程量清单计价。

七、工程量清单计价程序

清单计价程序与定额计价程序基本一致，不同之处主要有：①套价不同，清单套价是按照清单报价中的综合单价进行套价，而定额是按照定额单价套价；②费用计算不同，清单计价时，分部分项工程费为分部分项工程量乘以分部分项项目综合单价，综合单价包括人工费、材料费、机械费、管理费和利润，并考虑一定范围的风险费用，定额计价时，定额单价为工料单价，只包括人工费、材料费、施工机具使用费。

八、工程价款的确定形式

住房和城乡建设部发布的《建筑工程施工发包与承包计价管理办法》规定：“发承包双方在确定合同价款时，应当考虑市场环境和生产要素价格变化对合同价款的影响。实行工程量清单计价的建筑工程，鼓励发承包双方采用单价方式确定合同价款。建设规模较小、技术难度较低、工期较短的建筑工程，发承包双方可以采用总价方式确定合同价款。紧急抢险、救灾以及施工技术特别复杂的建筑工程，发承包双方可以采用成本加酬金方式确定合同价款。”

《建设工程工程量清单计价规范》GB 50500—2013 第 7.1.3 条规定：“实行工程量清单计价的工程，应采用单价合同；建设规模较小，技术难度较低，工期较短，且施工图设计已审查批准的建设工程可采用总价合同；紧急抢险、救灾以及施工技术特别复杂的建设工程可采用成本加酬金合同。”

工程价款的确定形式有以下几种。

1. 单价合同

单价合同是指合同当事人约定以工程量清单及其综合单价进行合同价格计算、调整和确认的建设工程施工合同，在约定的范围内合同单价不作调整。合同当事人应在专用合同条款中约定综合单价包含的风险范围和风险费用的计算方法，并约定风险范围以外的合同价格的调整方法，其中因市场价格波动引起的调整按约定执行。

2. 总价合同

总价合同是指合同当事人约定以施工图、已标价工程量清单或预算书及有关条件进行合同价格计算、调整和确认的建设工程施工合同，在约定的范围内合同总价不作调整。合同当事人应在专用合同条款中约定总价包含的风险范围和风险费用的计算方法，并约定风险范围以外的合同价格的调整方法。

3. 其他价格形式

合同当事人可在专用合同条款中约定其他合同价格形式。

九、承包人起诉的条件

作为承包人的代理人，在工程款纠纷案件中，除应了解工程造价有关知识外，还需要注意承包人主张工程款的条件是否成就。

第一，工程经验收合格。竣工验收是全面考核工程基本建设情况，查验建设工程是否符合设计要求和工程质量的重要环节。为保证建设工程质量，相关法律法规对工程竣工验收及验收程序有严格规定，工程要通过竣工验收，必须符合国家规定的建设工程质量标准。建设工程验收合格表明承包人施工工程质量满足国家标准和施工合同的约定，不合格的建设工程不得通过竣工验收交付使用。根据《民法典》第七百九十九条“建设工程竣工后，发包人应当根据施工图纸及说明书、国家颁发的施工验收规范和质量检验标准及时进行验收。验收合格的，发包人应当按照约定支付价款，并接收该建设工程。建设工程竣工经验收合格后，方可交付使用；未经验收或者验收不合格的，不得交付使用”，以及第七百九十三条“建设工程施工合同无效，但是建设工程经验收合格的，可以参照合同关于工程价款的约定折价补偿承包人。建设工程施工合同无效，且建设工程经验收不合格的，按照以下情形处理：（一）修复后的建设工程经验收合格的，发包人可以请求承包人承担修复费用；（二）修复后的建设工程经验收不合格的，承包人无权请求参照合同关于工程价款的约定折价补偿。发包人对因建设工程不合格造成的损失有过错的，应当承担相应的责任”的规定，不管施工合同有效与否，交付合格的建设工程产品是承包人主张工程款的前提，工程质量不合格，承包人无权主张工程款。因此，工程质量合格是承包人主张工程款的首要条件。当然，实务中存在工程质量未达到合同约定的取得“鲁班奖”的标准，这是否意味工程质量不合格呢？当然不是。所谓工程质量合格，一般指的是满足国家建设标准。而在建筑物中，结构的可靠性是最为重要的，结构的可靠性包括安全性、适用性和耐久性。当然，施工合同对工程质量性能有特殊要求，而建设工程并不满足施工合同的约定以致发包人不能使用的，那承包人向发包人主张工程款就有一定的障碍。

质量至上，乃工程至高原则。根据《民法典》的规定，工程质量合格是请求支付工程款的首要条件。因此，当律师代理建设工程施工合同纠纷案件时，首先要考虑的是工程质量是否合格，当然也并非绝对。

第二，满足工程款支付的约定条件。承包人主张工程款，还应当满足工程款支付的约定条件。满足工程款支付的约定条件主要有两种情形：①施工合同中有关于工程款支付时间或期限的约定，如约定工程款应于工程款结算后六个月支付，那在工程款支付届满前，发包人有权拒绝支付；②施工合同中有“背靠背条款”，该条款在实务中有争议，但其为施工合同中的约定内容，在不存在施工合同无效等情形时，应当对当事人的约定予以尊重，承认该条款对各方当事人具有约束力。

当然，在施工合同无效的情况下，工程款支付条件发生了变化。前文已述，施工合同无效，并不影响承包人应向发包人交付合格建筑工程的要求，工程质量合格是承包人在任何时候主张工程款都必须具备的条件。施工合同无效，约定的工程款支付时间等能否还适用？合同无效，除争议解决条款外，其他的约定皆无效。也就是说，在施工合同无效的情况下，承包人工程款请求权不再受支付时间及支付条件的约束。根据《民法典》第一百五十七条“民事法律行为无效、被撤销或者确定不发生效力后，行为人因该行为取得的财产，应当予以返还；不能返还或者没有必要返还的，应当折价补偿。有过错的一方应当赔偿对方由此所受到的损失；各方都有过错的，应当各自承担相应的责任。法律另有规定的，依照其规定”的规定，合同无效的处理原则为：返还原物；不能返还或者没有必要返还的，应当折价补偿；赔偿损失。而建设工程施工合同无效时，因为标的物具有特殊性，自然不能返还原物，故而适用折价补偿。

实务中还需要注意的其他情形：

（1）工程质量未经验收，发包人擅自使用的。在这种情况下，根据《建设工程施工合同解释（一）》第十四条“建设工程未经竣工验收，发包人擅自使用后，又以使用部分质量不符合约定为由主张权利的，人民法院不予支持；但是承包人应当在建设工程的合理使用寿命内对地基基础工程和主体结构质量承担民事责任”的规定，未经验收，发包人擅自使用的，视为发包人对工程质量已认可，视为工程质量合格。擅自使用的情况下，对于发包人能否主张承包人履行保修责任，实务中分歧较大。

需要注意的是在违章建筑或“三无”工程被擅自使用的情况下，是否应支付工程款。

违章建筑是指未取得建设工程规划许可证或者未按照建设工程规划许可证规定内容建设的建设工程。所谓“三无”工程，指未取得土地使用权证、未取得建筑工程规划许可证、未办理报建手续的工程。对于违章建筑或“三无”工程，因不具备合同有效要件，所签施工合同无效，且违章建筑或“三无”工程严重违反了法律法规规定，即使工程已移交发包人使用，承包人也不得以此作为支付工程款的前提或依据，应当对该工程予以拆除。在这种情况下，承包人不能依据《民法典》第七百九十三条的规定主张工程款，但可以根据《民法典》第一百五十七条“民事法律行为无效、被撤销或者确定不发生效力后，行为人因该行为取得的财产，应当予以返还；不能返还或者没有必要返还的，应当折价补偿。有过错的一方应当赔偿对方由此所受到的损失；各方都有过错的，应当各自承担相应的责任。法律另有规定的，依照其规定”的规定主张损失赔偿。发包人或承包人的损失，是由发包人造成的，发包人除需承担自己的损失外，还需承担承包人为施工支付的人工、材料、机械设备费用等实际损失；发包人或承包人的损失，是由承包人造成的，承包人除需承担自己的损失外，还需承担给发包人造成的实际损失。双方都有过错的，应当各自承担相应的责任。

（2）工程项目烂尾或施工合同解除情形下需要注意的问题。烂尾或施工合同解除的情况下，承包人主张工程款是否需要满足工程质量验收合格的条件？质量合格是主张工程款的前提，但在施工合同解除情况下，工程尚未验收，如何确定工程质量是否合格？由谁来承担工程质量合格或不合格的举证责任？建筑工程施工质量验收划分为单位工程、分部工程、分项工程和检验批。检验批是最小的验收单元，检验批可根据施工、质量控制和专业验收的需要，按工程量、楼层、施工段、变形缝进行划分。实践中，工程质量的验收实际上是在施工过程中就进行的。在施工合同解除或烂尾的情况下，承包人应当承担施工过程中工程质量验收合格的举证责任。关于工程款的支付，根据《民法典》第五百六十六条第一款“合同解除后，尚未履行的，终止履行；已经履行的，根据履行情况和合同性质，当事人可以请求恢复原状或者采取其他补救措施，并有权请求赔偿损失”的规定，建设工程的补救措施就是折价补偿。

因此，在工程项目烂尾或施工合同解除的情况下，承包人应提供施工过程中工程质量合格的基础性资料，当然，实务中有些法院在这种情况下推定工程质量合格，由发包人来举证证明工程质量不合格。为进行诉讼准备，建议承包人还是提交施工过程中的工程质量验收资料。

（3）承发包双方已经进行了工程款结算。实务中，一般是在工程验收或发包人对工程质量认可的情况下，承发包双方才进行工程款结算。如果发包人以工程未验收等理由否定结算行为，法院一般不予支持。

通过前面的阐述，工程款纠纷案件代理，针对不同的情形侧重点有所不同：

（1）看工程款是否进行了有效的结算，在有效结算的情况下，再看工程款支付时间等是否成就。

（2）工程施工完毕且验收，但工程款未结算的情况下，看施工合同中有关工程结算条款的约定及支付条件。确认合同中是否约定了工程款以政府部门的审计为准，是否有发包人逾期回复结算报告视为认可的“送审价”条款，以及能否适用“送审价”条款主张工程款。

（3）工程施工完毕未验收，工程款未结算的情况下，看施工过程验收资料，以及工程款支付条件。

（4）工程未施工完毕，施工合同需要解除，看施工合同是否满足解除条件以及工程质量是否合格。

（5）施工合同无效情形下，看工程质量是否合格。

当然，在工程未经承发包双方有效结算的情况下，可能会涉及工程造价鉴定。

十、诉讼请求的确定

诉讼请求，是原告为保护自己的合法权利而提出的权利请求。诉讼请求贯穿于诉讼始终，当事人起诉、答辩、举证、质证以及辩论等诉讼活动，都主要围绕原告的诉讼请求展开，审判人员的裁判也围绕原告的诉讼请求是否能够得到支持而进行，诉讼请求也决定了法院审理和裁判的范围。《民事诉讼法》第一百二十二条规定：“起诉必须符合下列条件：（一）原告是与本案有直接利害关系的公民、法人和其他组织；（二）有明确的被告；（三）有具体的诉讼请求和事实、理由；（四）属于人民法院受理民事诉讼的范围和受诉人民法院管辖。”

承包人起诉发包人支付工程款，诉讼请求该如何确定？承包人该如何提出行之有效的诉讼请求，很大程度上决定了原告的权利主张能否得到支持。工程款包含预付款、进度款、结算款和工程质量保证金。在发包人欠付工程款的情况下，首先得确定承包人想主张的权利是什么。

在施工合同有效的情况下，承包人可以在施工的同时起诉要求发包人支付预付款、进度款以及要求发包人承担违约责任，即承包人可以边施工边主张工程款。在发包人无力支付预付款、进度款等导致工程停工的情况下，承包人有两种诉讼选择：①提起诉讼只主张预付款、进度款，至于承包人导致的工期延误损失，可以通过索赔方式主张；②在具备合同解除条件的情况下，可以诉请解除合同，要求支付已完工程的工程款。这两种方式各有利弊。在承包人想快速收回工程款且减少诉讼成本的情况下，可以起诉要求支付预付款、进度款，这样会缩短诉讼时间，同时也免去了工程造价鉴定费预交压力。如果承包人对施工项目也不再抱有继续施工的希望，或继续施工将会亏损更多，为止损，可以诉请解除合同，要求发包人支付已完工程全部工程款。

在施工合同无效的情况下，合同约定的预付款、进度款支付条款丧失了基础。这种情况下不能单独依据合同中有关预付款、进度款的约定向发包人提起诉讼。《民法典》第一百五十七条规定：“民事法律行为无效、被撤销或者确定不发生效力后，行为人因该行为取得的财产，应当予以返还；不能返还或者没有必要返还的，应当折价补偿。有过错的一方应当赔偿对方由此所受到的损失；各方都有过错的，应当各自承担相应的责任。法律另有规定的，依照其规定。”承包人可以基于利己原则，在施工过程中确认合同无效并要求发包人支付已完工程款，或者施工完毕后一并主张工程款。具体的诉讼方案及思路需要结合实际情况来制定。

实务中，对于逾期支付工程款，施工合同约定了利息同时也约定了违约金，违约金和利息是否可以同时主张？根据民法中债的一般原则，债务人迟延履行债务时，除应向债权人支付本金外，还应向其支付利息。建设工程施工合同也是如此，如未按时支付工程款，发包人除向承包人支付工程款外，还应当向承包人支付未按时支付工程款所产生的利息，工程款利息属于法定孳息。违约金或违约损失赔偿是合同当事人约定的，一方违约时，即不履行或履行合同不符合约定条件时，应根据违约情况向对方当事人支付的一定数额的货币，因此，违约金或违约损失赔偿是违约责任承担的一种方式。从《民法典》第五百八十五条第一款“当事人可以约定一方违约时应当根据违约情况向对方支付一定数额的违约金，也可以约定因违约产生的损失赔偿额的计算方法”的规定来看，现行法律采取的是补偿性违约金和惩罚性违约金兼具的模式，在适用违约金时应该坚持以补偿为主，以惩罚为辅的原则。基于公平正义理念的填补损失，主要目的在于使守约方的损失能获得实质、完整、迅速的填补。但惩罚性违约金对于稳定交易秩序有特殊意义。故违约金并非仅以守约方所受损失为赔偿上限，应当适度适用惩罚性违约责任。适度的惩罚性违约金，有助于维系稳定的合同制度，保护当事人的合理预期，促进交易安全。法律条文对违约金的性质、作用等作了明确规定，其与作为法定孳息且具有与本金附随性质的利息显然是两种不同的给付，可以同时适用。

十一、工程价款的举证

当事人对自己提出的诉讼请求所依据的事实或者反驳对方诉讼请求所依据的事实，应当提供证据加以证明，这是对举证责任含义的规定。举证义务在于权利主张之人。在法律层面，没有将所有举证责任一一罗列，这也是不切实际的。审判人员也只是根据民事实体法规范进行分析，识别权利发生规范、权利变更规范、权利消灭规范、权利限制规范，并以此为基础在当事人之间进行举证责任分配。

作为承包人的原告提起诉讼向发包人主张工程款，其首先要证明工程款已经确定。确定工程款的材料主要有：工程款结算书；审计结论；“送审价”条款；欠条等。工程款也可以通过工程造价鉴定方式进行确定。

1. 工程款结算书

工程款结算书是承包人主张工程款的依据之一，但实务中判断结算书是否能作为原告主张工程款的有力证据，需要结合实际情况。工程款结算书根据签订内容及时间的不同，分为分部分项工程结算书、中间结算书、竣工结算书。这里所说的结算是指在工程竣工验收后，承发包双方根据施工合同的约定就工程项目进行最终工程价款的确定，并形成书面意见，对双方具有约束力。结算协议签订后，除非存在无效、被撤销或者确定不发生效力的情形，否则各方均应当予以遵守并予以履行。实务中需要注意的是，有些当事人或代理人将工程进度款申报单的金额累加得出整个项目工程款，这是不正确的，工程进度款申报只是为支付工程进度款，并不代表将工程进度款简单相加就得出工程结算款。

实务中，发包人对结算协议不认可，通常由发包人加以举证。证明如结算书上加盖的印章系他人伪造，结算人员没有得到授权，结算内容虚假，结算后双方又达成了新的协议等。

工程款结算书，本质上属于补充协议的范畴，如果一方当事人否认结算效力，通常否认印章真实性或主张结算人员并不具有相应的权利。第一种情形，一方否定印章的真实性。这种情形下一般需要否认方申请对印章进行鉴定，若经鉴定该印章并非否认方公安机关备案印章时，另一方需要举证否认方使用过该印章或对印章效力认可过，比如否认方用来签订过购销合同并支付相应的款项等。需要注意的是项目印章，实务中项目印章一般不会去公安部门备案，也就无从申请鉴定，在一方否认时，另一方可以提供否认方使用过或对印章效力认可过的证据材料来证明其效力。第二种情形，否定人员签字效力。一方否认签字人员系公司职员，主张该人员也未得到授权。这时需要另一方进行举证，提交该人员能代表否认方的证据，如该人员系否认方的法定代表人、负责人的证据，或有效的授权委托。都没有的情况下，需要举证签字人员的行为构成表见代理。表见代理制度不仅要求代理人的无权代理行为在客观上形成具有代理权的表象，而且要求相对人在主观上善意且无过失地相信行为人有代理权。合同相对人主张构成表见代理的，应当承担举证责任，不仅应当举证证明代理行为存在诸如合同书、公章、印鉴等有权代理的客观表象形式要素外，而且还应当证明其善意且无过失地相信行为人具有代理权。因此表见代理的构成要件有二：第一，主观善意无错过，这是表见代理构成要件的主观要件，相对方在与无权代理人从事相应的法律行为时，主观上善意且无过错；第二，客观上签字人员的行为具有外观授权的假象。

对于工程款结算书除了可以从印章或签字主体上进行否认外，还可以从结算形式不符合合同约定或结算内容虚假等方面进行否认。

因此，主张结算协议未成立、无效的切入点有：①印章不真实；②结算主体无授权且未追认；③结算形式不符合合同约定或违反交易习惯；④结算内容虚假；⑤结算后双方达成新的合意。主张结算协议成立、有效的切入点有：①对方使用过印章或认可其效力；②结算主体为职务代表、职务代理、授权代表，或构成表见代理；③结算达成后，对方按约履行或部分履行；④存在对方认可结算的事实证据，如会议纪要、微信、邮件、欠条等。

2. 审计结论

根据《审计法》的规定，审计机关的审计行为是对政府预算执行情况、决算和其他财政收支情况的审计监督。相关审计部门对发包人资金使用情况的审计与承包人和发包人之间对工程款的结算属不同法律关系，不能当然地以项目支出需要审计为由，否认承包人主张工程价款的合法权益。审计属于行政行为，并不当然干涉承发包工程款的结算。必须要在合同中明确约定以审计结论作为结算依据，此时才能将审计结论作为当事人工程款结算的依据。因此，如果施工合同约定以审计作为工程款结算依据，法院一般会支持。

3. “送审价”条款

《建设工程施工合同解释（一）》第二十一条规定：“当事人约定，发包人收到竣工结算文件后，在约定期限内不予答复，视为认可竣工结算文件的，按照约定处理。承包人请求按照竣工结算文件结算工程价款的，人民法院应予支持。”这就是“送审价”适用的法律依据。对于“送审价”的适用和实际操作前文有叙述，在此不再赘述。

4. 工程价款确定的其他情形

承包人主张工程款，应当举证证明工程款已经确定。除了前述工程价款确定的情形外，还存在以下工程款确定情形。①诉前承发包双方已经共同委托有关机构、人员对建设工程造价出具咨询意见，并明确表示受该咨询意见约束的。在这种情况下，第三方出具的咨询意见对承发包双方具有法律约束力。②合同约定固定总价。固定总价是指承包人按照约定的施工范围及内容完成项目施工所应得的工程价款，在约定风险范围及风险系数内，合同价款不予调整。因此，承发包双方当事人约定按照固定价结算工程价款时，对于该固定价应当予以确定。③背靠背条款。如总承包人与分包人约定，分包人工程款在业主与总承包人结算价的基础上下浮 10%，则业主与总承包人结算后，分包人工程款也就可以确定了。

典型案例 36

工程价款结算协议系双方的真实意思表示，发包人应当据此支付工程价款

——某房地产开发有限公司与某集团有限公司建设工程施工合同纠纷案[1]

关于某管理咨询有限公司出具的工程结算审计报告能否作为案涉工程价款结算依据的问题。一审诉讼前，某房地产开发有限公司已委托某管理咨询有限公司对案涉工程节点进度款进行审核。一审诉讼中，某集团有限公司申请对案涉工程造价进行鉴定，一审法院依法委托某工程造价咨询有限公司对案涉工程造价进行鉴定。在鉴定过程中，某房地产开发有限公司、某集团有限公司又与某管理咨询有限公司自行签订《江苏省建设工程造价咨询合同》，共同委托某管理咨询有限公司对案涉工程造价进行结算审核。同时，某集团有限公司向一审法院撤回了工程造价鉴定申请。因某管理咨询有限公司是工程造价咨询乙级企业，不具有对案涉工程进行造价审核的资质等级，一审法院专门就此向某房地产开发有限公司、某集团有限公司进行了释明，双方承诺不就某管理咨询有限公司资质问题提异议。某管理咨询有限公司出具案涉工程结算审计报告后，双方在该报告的工程结算审定单上签

[1] 参见最高人民法院（2017）最高法民终 20 号民事判决书。

字、盖章予以确认。该工程结算审定单，是双方在某管理咨询有限公司对工程造价进行审核的基础上，对案涉工程价款达成的结算协议，系双方的真实意思表示，不违反法律规定，双方应当依此结算工程价款。在签订结算协议后，某房地产开发有限公司又出尔反尔，以某管理咨询有限公司不具有对案涉工程进行造价审核的资质等级为由，主张其出具的咨询报告不能作为结算依据。一审法院对其该项主张不予支持，并无不当。现某房地产开发有限公司上诉再次提出某管理咨询有限公司不具备资质等级，其出具的咨询报告不能作为结算依据的意见，最高人民法院不予采纳。某管理咨询有限公司对案涉工程造价进行审核并出具审计报告，系基于某房地产开发有限公司与某集团有限公司的共同委托，并非一审法院委托，不属于司法鉴定，故某房地产开发有限公司关于某管理咨询有限公司出具审计报告未进行现场勘验，违反司法鉴定程序规范的上诉理由，不能成立。某房地产开发有限公司二审时提交了某管理咨询有限公司出具的《某项目工程造价咨询情况说明》《关于某项目工程造价咨询情况的补充说明》，证明某管理咨询有限公司此前出具的工程结算审计报告内容有误，不能作为工程价款结算依据，但该两份说明系某管理咨询有限公司应某房地产开发有限公司单方要求而作出，某管理咨询有限公司作出说明前并未组织双方当事人对说明中调整的价款进行核算、确认，两份说明上亦无审核案涉工程造价的注册造价工程师的签字或盖章，且对核减工程价款亦未提出明确可信的依据。因此，该两份说明不能推翻双方此前达成的结算协议。对某房地产开发有限公司的该项主张，最高人民法院不予支持。某房地产开发有限公司二审时申请证人徐某出庭，证明某管理咨询有限公司出具的工程结算审计报告有错，但徐某无注册造价工程师资质，并非某管理咨询有限公司、某房地产开发有限公司或某集团有限公司的工作人员，且其也未参加案涉工程造价审核，最高人民法院对其证言不予采信。

【评析】承发包双方当事人在起诉或诉讼过程中，自行委托第三方对工程造价进行审价或审核，并对工程造价结果进行签字确认的，视为承发包双方当事人对工程造价进行了结算，应当予以确认。除非有一方有相应的证据证明该结算存在无效或可撤销的情形，法院一般应当对结算协议予以确认。

不是所有的建设工程施工合同纠纷案件中只要一方申请工程造价鉴定法院都会允许，根据《民事诉讼法解释》的规定，法院应当对鉴定的必要性进行审查，对当事人已经达成结算协议的，再申请鉴定法院不应当允许，因为当事人已经达成协议，意思表示已一致，没有鉴定的必要性。除非申请鉴定一方有证据证明存在协议无效等情形，或在法定期限内就存在胁迫、欺诈等情形行使撤销权。

十二、未完工程价款的结算

工程未完工的原因很多，但不管是什么原因导致工程未完工，对于承包人而言，已经对工程项目进行了实际的施工，并且已将人力、物力、财力投入工程项目中，物化为建筑工程，在工程质量合格或满足发包人要求的情况下，其可以主张对应的工程款。

在工程未完工情形下工程款的结算主要涉及的争议为工程质量和工程款结算方式。

工程质量合格，是获得工程款的前提。在合同有效的情况下，如果合同中对工程质量有更高的要求，而实际工程质量满足国家标准，但达不到合同约定要求，承包人所主张的工程款可能会下浮并且承包人可能会承担相应的违约责任。当然，工程质量虽然满足国家标准，但不能满足合同约定以致发包人不能实现合同目的，这种情形下承包人是否还能主张工程款需要综合全案考虑。

当事人在工程款的结算问题上极易产生分歧，因为根据不同的计价依据得出的工程造价是不一样的。对未完工程价款进行结算时，所要面临的一个疑难问题是如何确定工程计价依据。工程价款的确定形式有固定价（包含固定单价和固定总价）、可调价等，计价依据有定额计价和清单计价。实务中，关于工程价款的约定的内容是前述要素的两两组合。

在合同约定固定总价的情况下，未完工程价款如何结算？在合同约定固定总价的情况下，因工程没有完工，自然没法直接适用合同的约定。对此，实务中比较常见的未完工程价款的结算方式有两种：一是根据承包人实际完成的工程量，结合工程所在地建设行政主管部门颁布的定额进行工程款的结算；二是按照实际已完成且质量合格的工程量占固定总价范围内工程量的比例折算工程款。实际上第二种方式更公平，但如果因发包人原因造成合同解除或终止，考虑当事人双方的利益平衡以及司法判决的价值取向，采取第一种方式对承包人更有利，更符合司法价值取向。在采用固定单价的方式计算工程款时，情况变得简单了许多，以承包人实际完成且合格的工程量套用固定单价即可。实务中还存在另一种结算方式，依据固定总价合同扣除未施工项，即对未施工部分造价进行鉴定，用合同约定固定总价减去未施工部分造价，得出已完工部分的工程造价。

在合同约定工程款按定额计价或清单计价的情况下，未完工程价款的结算就变得简单多了。在定额计价的情况下，承包人用已完成的工程量直接套用定额就可以结算已完工程价款。在清单计价的情况下，同样根据用完成的工程量套清单单价即可计算出工程款，只是在清单计价的情况下，如果承包人采用不平衡报价，其有可能产生亏损或获得更多的收益。

典型案例 37

固定总价合同解除的情况下，已完工程的工程价款如何确定

——某投资发展有限公司与某建筑安装工程有限公司建设工程施工合同纠纷案[1]

某投资发展有限公司申请再审称，《广东省高级人民法院关于审理建设工程施工合同

[1] 参见最高人民法院（2017）最高法民申568号民事裁定书、广东省高级人民法院（2015）粤高法民终字第11号民事判决书。

纠纷案件若干问题的指导意见》第五条规定："建设工程施工合同约定工程款实行固定价，如建设工程尚未完工，当事人对已完工程造价产生争议的，可将争议部分的工程造价委托鉴定，但应以建设工程施工合同约定的固定价为基础，根据已完工程占合同约定施工范围的比例计算工程款。当事人一方主张以定额标准作为造价鉴定依据的，不予支持。"本案《某花园建设工程施工合同》为总价包干的建设工程施工合同，对于合同范围内已完部分的工程价款，应按前述规定计算确定。《广东省高级人民法院关于审理建设工程施工合同纠纷案件若干问题的意见》第一条规定："当事人约定工程款实行固定价，而实际施工的工程量比约定的工程范围有所增减的，可在确认固定价的基础上，参照合同约定对增减部分进行结算，再根据结算结果相应增减总价款。不应撇开合同约定，对整个工程造价进行重新结算。"因此，对于案涉合同范围外已完工程价款，应按双方工程变更签证确认的单价进行结算。原审法院委托作出的鉴定结果，对于某建筑安装工程有限公司已完工程，未按前述规定计算工程价款，以致认定工程造价和适用法律均有错误。

广东省高级人民法院认为，由于双方签订的建设工程施工合同约定了固定价（总包价），而案涉的建设工程尚未完工，故应先计算出已完工程占合同约定施工范围的比例，再以建设工程施工合同约定的固定价为基础，按照上述比例计算即得出本案合同内已完成工程量的造价。然而，一审法院仅委托某工程咨询有限公司按照定额标准鉴定了已完成工程量的造价，而没有对上述的比例问题进行鉴定。二审期间，某建筑安装工程有限公司明确表示其认可一审鉴定的结果，如果二审要对上述的比例问题进行鉴定，该公司不同意也不会配合。某投资发展有限公司则表示其不认可一审鉴定的结果，要求重新对总工程量的造价以及已完工程量的造价进行鉴定，故该公司同意鉴定的项目并非二审法院需查明的事实。以上情况表明，双方当事人对二审期间是否对上述比例进行鉴定存在较大的分歧，由于当事人的不配合，二审法院无法通过再鉴定查明上述的比例问题。一审判决根据本案工程施工的实际情况及建筑行业的交易习惯，酌定已完成工程量的鉴定造价下浮15%，在没有证据证明该比例明显不当的情况下，二审法院综合全案，对此不予调整。

最高人民法院认为，《建设工程施工合同解释》第十六条第一款[1]规定："当事人对建设工程的计价标准或者计价方法有约定的，按照约定结算工程价款。"

根据原审法院查明的事实，2011年5月11日，某投资发展有限公司与某建筑安装工程有限公司签订的《某花园建设工程施工合同》第一部分"协议书"第5条约定，合同价款为合同总价包干60018000元（按建筑面积31823m^2计算）。前述合同未就案涉工程所包含的分部或分项工程相应的计价标准或计价方式逐一作出具体约定。所以，在工程没有完工合同即予解除的情况下，因合同就已完工程计价标准或者计价方法缺乏相应的具体约定，实际无法适用前述司法解释规定的方式计算已完工程的价款。

虽然从理论上讲，根据已完工程占合同约定工程范围的比例将合同约定的包干价款进行折算，确定已完工程价款似乎更符合合同约定，但建筑工程各构成部分及其相互关系非

---

[1] 参见《最高人民法院关于审理建设工程施工合同纠纷案件适用法律问题的解释（一）》第十九条第一款。

常复杂，从造价角度确定已完工程占全部工程的比例，即使是专业机构也未必能够做到。一审法院根据当事人意见委托相关专业机构进行鉴定时，某投资发展有限公司并未提出按此方式进行鉴定的要求。二审期间，其虽提出重新鉴定的请求，但某建筑安装工程有限公司明确表示认可一审鉴定结果，不同意亦不配合重新鉴定。在重新鉴定无法实际进行的情况下，原审法院综合本案实际情况和建筑行业交易习惯，在鉴定结果基础上确定已完工程部分造价酌情下浮15%，实际上已经考虑了合同双方关于限制工程造价的意图。因此，某投资发展有限公司以此为由主张原审判决认定事实和适用法律存在错误，依法不予采信。

《建设工程施工合同解释》第十六条第二款[1]规定："因设计变更导致建设工程的工程量或者质量标准发生变化，当事人对该部分工程价款不能协商一致的，可以参照签订建设工程施工合同时当地建设行政主管部门发布的计价方法或者计价标准结算工程价款。"案涉合同约定的工程为总价包干，系针对合同约定的工程范围而言。合同履行过程中，双方就合同范围外工程虽然出具了签证资料，但对此部分工程造价总体上存有较大争议。在此情况下，二审法院依据鉴定结果径行认定合同范围外已完工程相应价款，符合前述司法解释的规定。

【评析】从最高人民法院的观点来看，其也认为"根据已完工程占合同约定工程范围的比例将合同约定的包干价款进行折算，确定已完工程价款似乎更符合合同约定"，但也不否认在工程未完工情况下对已完工程以定额为依据进行工程造价鉴定。

本案中虽然按定额对已完工程造价进行鉴定，但根据工程施工的实际情况及建筑行业的交易习惯，酌定已完成工程量的鉴定造价下浮15%，实际上已经兼顾了各方的利益。律师在代理案件过程中，在对工程造价进行鉴定时，一定要选择适当的工程造价鉴定依据及鉴定方式，哪怕鉴定单位不采纳，也要通过法院要求鉴定单位根据其鉴定方式作出一个鉴定结果，毕竟是否采用和采用哪个鉴定结果属于法律适用问题，鉴定单位无权确定，否则可能会造成以鉴代审。

典型案例 38

固定总价合同解除，已完工程量工程款计价方式应综合考虑各方过错程度

——某建筑安装工程有限责任公司与某置业有限公司建设工程施工合同纠纷案[2]

关于案涉施工合同工程价款应当如何确定的问题。最高人民法院认为，第一，就本案应当采取的计价方法而言。首先，根据双方签订的《建设工程施工合同》的约定，合同价款采用按约定建筑面积量价合一计取固定总价的方式确定，即以一次性包死的承包单价

---

[1] 参见《最高人民法院关于审理建设工程施工合同纠纷案件适用法律问题的解释（一）》第十九条第二款。

[2] 参见最高人民法院（2014）民一终字第69号民事判决书。

1860元/m^2乘以建筑面积作为固定合同价，合同约定总价款约68345700元。作为承包人的某建筑安装工程有限责任公司，其实现合同目的、获取利益的前提是完成全部工程。因此，本案的计价方式，贯穿了工程地下部分、结构施工和安装装修三个阶段，即三个形象进度的综合平衡的报价原则。其次，我国当前建筑行业普遍存在地下部分和结构施工薄利或者亏本的现实，这是钢筋、水泥、混凝土等主要建筑材料价格相对较高且大多包死，施工风险和难度较高，承包人需配以技术、安全措施费用才能保质保量完成等所致；而安装、装修施工是在结构工程已完工之后进行，风险和成本相对较低，因此，安装、装修工程大多利润相对较高。本案中，某建筑安装工程有限责任公司将包括地下部分、结构施工和安装装修在内的土建和安装工程全部承揽，其一次性包死的承包单价是针对整个工程作出的。如果某建筑安装工程有限责任公司单独承包土建工程，其报价一般要高于整体报价中所包含的土建报价。作为发包方的某置业有限公司单方违约解除了合同，如果仍以合同约定的1860元/m^2作为已完工程价款的计价单价，则对某建筑安装工程有限责任公司明显不公平。再次，合同解除时，某建筑安装工程有限责任公司施工面积已经达到了双方审定的图纸设计的结构工程面积，但整个工程的安装、装修工程尚未施工，某建筑安装工程有限责任公司无法完成与施工面积相对应的全部工程量。此时，如果仍以合同约定的总价款约68345700元确定本案工程价款，则对某置业有限公司明显不公平，这也印证了双方当事人约定的工程价款计价方法已无法适用。最后，根据本案的实际，确定案涉工程价款，只能通过工程造价鉴定部门进行鉴定的方式进行。通过鉴定方式确定工程价款，司法实践中大致有三种方法：一是以合同约定总价与全部工程预算总价的比值作为下浮比例，再以该比例乘以已完工程预算价格进行计价；二是以已完施工工期与全部应完施工工期的比值作为计价系数，再以该系数乘以合同约定总价进行计价；三是依据政府部门发布的定额进行计价。

第二，就已完工程价款如何确定而言。如采用第三种方法即依据政府部门发布的定额计算已完工程价款，则已完工程价款应是40652058.17元。某置业有限公司应支付的全部工程价款为：40652058.17元＋13500000元（被某置业有限公司分包出去的屋面工程）＋14600000元（剩余工程的工程价款）＝68752058.17元，比合同约定的总价68345700元仅高出36万余元。此种处理方法既不明显低于合同约定总价，也不过分高于合同约定总价，与当事人预期的价款较为接近，因而比上述两种计算结果更趋合理。另外，政府部门发布的定额属于政府指导价，依据政府部门发布的定额计算已完工程价款亦符合《合同法》❶第六十二条第二项“价款或者报酬不明确的，按照订立合同时履行地的市场价格履行；依法应当执行政府定价或者政府指导价的，按照规定履行”以及《民法通则》❷第八十八条第二款第四项“价格约定不明确，按照国家规定的价格履行；没有国家规定价格的，参照市场价格或者同类物品的价格或者同类劳务的报酬标准履行”等相关规定，审理

---

❶ 参见《民法典》第五百一十一条。

❷ 参见《民法典》第五百一十一条。

此类案件，除应当综合考虑案件实际履行情况外，还特别应当注重双方当事人的过错和司法判决的价值取向等因素，以此确定已完工程的价款。一审判决没有分清哪一方违约，仅仅依据合同与预算相比下浮的76.6%确定本案工程价款，然而，该比例既非定额规定的比例，也不是当事人约定的比例，一审判决以此种方法确定工程价款不当，应予纠正；某建筑安装工程有限责任公司提出的以政府部门发布的预算定额价结算本案已完工程价款的上诉理由成立，应予支持。

【评析】在发包人违约的情况下，最高人民法院除综合考虑案件实际履行情况外，还特别注重双方当事人的过错程度和司法判决的价值取向等因素，最终以政府部门发布的预算定额价结算本案已完工程价款。

未完工程还存在以下需要注意的问题。

1. 已完工程量的确定

工程价款就是工程量与工程单价的乘积，因此，工程量在工程价款的确定过程中是非常重要的，其直接影响工程总价款。在未完工程项目中，证明已完工程量有多少，是承包人需要承担的举证责任。实务中容易出现分歧的地方在于施工界面或后续施工界面的确定，承包人需要举证证明具体的停工界面，停工界面确定，承包人已施工工程范围也就确定。

2. 承包人向发包人主张损失赔偿

施工合同被提前终止有各种各样的原因，可能归责于发包人或承包人，抑或既有发包人原因又有承包人原因，也有可能是第三人的原因等。在因承包人原因导致合同终止时，承包人可以向发包人提起损失赔偿。即承包人在主张工程款时可以同时主张损失赔偿。

承包人主张损失赔偿，需要证明因发包人原因造成的实际损失。实际损失主要有：第一，已经购买建筑材料、设备且已经运至施工现场，或已交付定金尚未交付材料、设备，以及定做非标准定制件等产生的相关损失；第二，大型机械设备的进出场费用；第三，项目部搭建损失；第四，项目部办公器具损失；第五，其他依法应当由发包人承担的损失。当然，损失赔偿额应当相当于因违约所造成的损失，包括合同履行后可以获得的利益，即损失主张包括实际损失和可得利益损失。实务中，对于预期可得利益损失的主张法院一般不会支持。

当然，施工合同被提前终止是由承包人原因造成的，发包人同样可以向承包人主张损失，包括实际损失和预期可得利益损失。

十三、工程变更工程价款的确定

工程变更，是指合同工程实施过程中由发包人提出或由承包人提出经发包人批准的合同工程任何一项工作的增、减、取消或施工工艺、顺序、时间的改变，设计图纸的修改，施工条件的改变，招标工程量清单的错、漏从而引起合同条件的改变或工程量的增减变化。

建设工程施工合同签订时依据的是根据发包人提供的施工图纸确定的施工范围、施工工艺、施工流程，承包人依据发包人提供的材料编制施工组织设计等并进行相应的施工准备，承包人所有这些工作都是在施工图纸、设计标准、承包范围等未有任何变化的条件下制定的，也就是静态的。在工程施工过程中，如由于承包范围、设计标准或施工条件发生变化或发包人要求变更等，导致施工工程发生变更，此时项目发生变化，应调整合同价款。

导致工程变更的原因主要包括：①增加或减少合同中任何工作，或追加额外的工作；②取消合同中任何工作；③改变合同中任何工作的质量标准或其他特性；④改变工程的基线、标高、位置和尺寸以及其他方面的设计变更；⑤改变工程的时间安排或实施顺序。

根据《建设工程施工合同解释（一）》第十九条第二款“因设计变更导致建设工程的工程量或者质量标准发生变化，当事人对该部分工程价款不能协商一致的，可以参照签订建设工程施工合同时当地建设行政主管部门发布的计价方法或者计价标准结算工程价款”的规定，当设计变更导致建设工程的工程量或者质量标准发生变化时，工程价款的计价方式也随之发生变化。设计变更导致工程量或工程质量发生变化的，除非施工合同中明确约定了这种情况下的计价方法或计价标准，否则并不能当然适用施工合同中的计价方式。

设计变更导致工程量或者质量标准发生变化的，在承发包双方不能协商一致的情况下，也并非一定要参照签订建设工程施工合同时当地建设行政主管部门发布的计价方法或者计价标准结算工程价款。需要注意两个方面的问题。第一，设计变更导致工程量的变化。工程量的变化有两种，即工程量的增加和工程量的减少，属于“量”的变化。实务中，要想按照施工图纸一成不变完成项目的施工是非常罕见的，设计变更是常有之事。是否只要有设计变更导致工程量变化，施工合同中原有的计价方式就不再适用呢？答案是否定的。在工程量的增减对工程价款结算没有实质性影响的情况下，应当按照施工合同既有的工程款计价方式进行结算；在工程量的增减对工程价款结算具有实质性影响的情况下，应参照签订建设工程施工合同时当地建设行政主管部门发布的计价方法或者计价标准结算工程价款。第二，设计变更导致工程质量的变化。质量标准不一样，工程成本自然也不一样。工程质量要求更高，标准更高，因此承包人的成本增加，施工合同中的计价方式也就不能再适用；同样，质量标准降低，意味着承包人的成本降低，如果再按施工合同的约定结算工程款，意味着承包人会获取更多的工程价款，这对发包人是不利的。因此在工程质量标准发生变化时，应视具体情况参照签订建设工程施工合同时当地建设行政主管部门发布的计价方法或者计价标准结算工程价款。其法律依据为《建设工程施工合同解释（一）》第十九条第二款的规定，当然，该条也并非由最高人民法院创设，其来源于《民法典》第五百一十一条第二项的规定：“价款或者报酬不明确的，按照订立合同时履行地的市场价格履行；依法应当执行政府定价或者政府指导价的，依照规定履行。”

十四、施工合同被确认无效后工程价款的确定

建设工程施工合同被确认无效后，工程价款如何确定，关系到承发包人的利益。合同

无效，是指合同因欠缺一定生效要件而当然不发生效力，建设工程施工合同无效的原因主要有：发包人原因；承包人原因；发包人与承包人共同的原因。根据《民法典》第一百五十五条的规定，无效的或者被撤销的民事法律行为自始没有法律约束力。因此，在施工合同无效的情况下，承发包双方关于工程价款的结算条款自然不具有法律约束力，承包人也不能按施工合同的约定主张工程款。

根据《民法典》第一百五十七条“民事法律行为无效、被撤销或者确定不发生效力后，行为人因该行为取得的财产，应当予以返还；不能返还或者没有必要返还的，应当折价补偿。有过错的一方应当赔偿对方由此所受到的损失；各方都有过错的，应当各自承担相应的责任。法律另有规定的，依照其规定”的规定，合同无效情况下的处理原则有返还财产、折价补偿、损失赔偿。而施工合同有其特殊性，因为承包人在履行施工合同的过程中，实际上已将人力、物力等物化成建设工程产品，如果适用返还原物，必然造成资源浪费，宜采用折价补偿进行处理。故《民法典》第七百九十三条第一款规定：“建设工程施工合同无效，但是建设工程经验收合格的，可以参照合同关于工程价款的约定折价补偿承包人。”

建筑安装工程费包括：人工费；材料费；施工机具使用费；企业管理费；利润；规费；增值税。实务中争议比较大的是在折价补偿的情况下，利润该如何处理。建设工程费用中的利润，是指承包人完成所承包工程项目建设获得的盈利。利润属于履行利益，只有在建设施工合同有效且承包人承包的工程已经完成的情况下，承包人才有权要求支付利润。因此，在施工合同无效的情况下，承包人不能依据无效合同主张利润。当然，也有观点认为利润是工程价款的组成部分，应当予以全部支持。

建设工程施工合同是承包人进行工程建设，发包人支付价款的合同。因此，承包人获得工程价款的前提是工程质量合格。同理，即便在施工合同无效的情况下，承包人主张折价补偿的前提也是工程质量合格。故承包人应举证证明工程质量合格，或工程经修复后验收合格。关于工程质量合格的证据材料有：①五方主体验收资料；②质检部门出具的竣工验收备案登记表；③隐蔽验收记录；④分部分项工程验收记录；⑤工程移交证书等。当然，在工程质量有缺陷时，承包人应从以下几个方面进行举证，证明发包人有过错：①提供的设计有缺陷；②提供或者指定购买的建筑材料、建筑构配件、设备不符合强制性标准；③直接指定分包人分包专业工程。

如果建设工程经验收不合格，按照以下情形处理：①根据《建设工程质量管理条例》第三十二条的规定，施工单位对施工中出现质量问题的建设工程或者竣工验收不合格的建设工程，应当负责返修，修复后的建设工程经验收合格的，发包人可以请求承包人承担修复费用；②建设工程质量验收不合格，可以修复并经再次验收合格的，承包人可以主张按施工合同约定折价补偿，但不能修复或修复后仍不能验收合格的，承包人无权主张工程款。

第九讲　工程造价鉴定

在建设工程施工合同纠纷案件中，就工程款是否结算以及结算金额多少问题各方当事人经常产生较大的分歧，为查明待证事实，在工程价款没有结算的情况下，一般会委托鉴定单位进行工程造价鉴定。工程造价鉴定，是指鉴定人员运用专门的知识和技能，辅之以必要的科学技术手段，对工程造价争议中涉及的专门性问题进行鉴别、判断并提供鉴定意见的活动。

一、工程价款的举证责任

《民事诉讼法》第六十七条第一款规定："当事人对自己提出的主张，有责任提供证据。"该条文确定"谁主张，谁举证"的举证规则。同时，《民事诉讼法解释》第九十条第一款规定："当事人对自己提出的诉讼请求所依据的事实或者反驳对方诉讼请求所依据的事实，应当提供证据加以证明，但法律另有规定的除外。"第九十一条规定："人民法院应当依照下列原则确定举证证明责任的承担，但法律另有规定的除外：（一）主张法律关系存在的当事人，应当对产生该法律关系的基本事实承担举证证明责任；（二）主张法律关系变更、消灭或者权利受到妨害的当事人，应当对该法律关系变更、消灭或者权利受到妨害的基本事实承担举证证明责任。"承包人主张发包人尚欠其工程款的，应当举证证明具体欠付金额，工程结算款未确定，自然欠付的具体金额就不能确定，故应由承包人申请工程造价鉴定。

当然，在承包人申请工程造价鉴定过程中，如发包人认为应当扣减已办理签证的工程量，则应当由发包人申请进行检测。例如，发包人认为已办理鉴定的工程量与已隐蔽的工程量不相符，应由发包人承担举证责任，故由发包人申请检测或鉴定。

二、工程造价鉴定的释明

鉴定申请应当由负有举证责任的一方当事人向法院提起，若不申请，视为放弃权利，应当承担举证不能的法律后果。实践中，负有举证责任的一方当事人因法律知识不足，或自认为工程款已确定无需鉴定以及不愿缴纳高额的鉴定费等原因，不向法院申请鉴定。同时，除法律明确规定外，鉴定也不属于法院依职权启动的范畴。但建设工程案件法律关系复杂、争议事项较多，存在待证事实不通过鉴定就无法查清的情形，因此，根据《证据若干规定》第三十条和《建设工程施工合同解释（一）》第三十二条的规定，法院认为专门性问题或待证事实需要鉴定证明的，应当向负有举证责任的当事人释明。释明，既是一种权利，也是一种义务，是指负有举证责任的一方当事人不申请鉴定，法院应当告知当事人鉴定的必要性以及不鉴定的法律后果，并询问其是否申请鉴定。

《建设工程施工合同解释（一）》第三十二条规定："当事人对工程造价、质量、修复费用等专门性问题有争议，人民法院认为需要鉴定的，应当向负有举证责任的当事人释明。当事人经释明未申请鉴定，虽申请鉴定但未支付鉴定费用或者拒不提供相关材料的，应当承担举证不能的法律后果。一审诉讼中负有举证责任的当事人未申请鉴定，虽申请鉴定但未支付鉴定费用或者拒不提供相关材料，二审诉讼中申请鉴定，人民法院认为确有必要的，应当依照民事诉讼法第一百七十条第一款第三项的规定处理。"对于该条文的理解，应注意：第一，在法院释明后，当事人未申请鉴定，虽申请鉴定但未支付鉴定费用或者拒不提供相关材料的，视为举证不能或未完成举证义务。实务中需要注意的是拒不提供资料或提供资料不完整的情形。鉴定材料，是用于鉴定所必须的检材。工程造价鉴定所需资料有投标前的文件、招标图纸、地质勘察报告、招标投标文件、建设工程施工合同、施工图纸等，如果一方当事人拒不提供资料，导致鉴定无法进行，则应当就此部分承担举证不能的法律后果。实务中，工程造价鉴定资料有部分在承包人处，有部分在发包人处，承发包双方都有义务提供，如地质勘察资料一般在发包人处。任何一方拒不提供其掌控的资料时，都会使鉴定数据不准确或无法鉴定，在这种情况下，根据《证据若干规定》第九十五条"一方当事人控制证据无正当理由拒不提交，对待证事实负有举证责任的当事人主张该证据的内容不利于控制人的，人民法院可以认定该主张成立"的规定，由拒不提交鉴定资料的一方承担不利的法律后果。

典型案例 39

释明，既是法院的权利，也是义务

——某装饰工程有限公司与某银行股份有限公司福建省分行营业部建设工程施工合同纠纷案[1]

最高人民法院认为，所谓释明是指在当事人的主张不正确、有矛盾，或者不清楚、不充分，或者当事人误认为自己提出的证据已经足够时，法官依职权予以提示，让当事人将不正确和有矛盾的主张予以排除，不清楚的主张予以澄清，不充足的证据予以补充的行为。经查，一审法院仅在开庭时询问双方当事人是否继续委托鉴定机构进行补充鉴定，在双方当事人均表示不同意的情况下，未进一步向双方当事人解释不补充鉴定的法律后果，某装饰工程有限公司并不掌握原二审法院发回重审的原因，不同意补充鉴定的原因仍是主张依照其“送审价”结算，一审法院并未真正起到释明的作用。

【评析】释明，既是一种权利，也是一种义务，是指负有举证责任的一方当事人不申请鉴定，法院应当告知当事人鉴定的必要性以及不鉴定的法律后果，并询问其是否申请鉴定。

典型案例 40

工程造价鉴定很大程度取决于工程资料

——某工程局有限公司与某置业发展有限公司建设工程施工合同纠纷案[2]

某工程局有限公司申请再审称，案涉工程部分资料丢失系由某置业发展有限公司 2008 年 4 月强行搬迁造成的，某置业发展有限公司以资料不全为由主张付款条件不成就是为了逃避债务，不应由某工程局有限公司承担因资料丢失不能完成竣工结算的不利后果。一、二审审理过程中，某工程局有限公司曾向法院提出工程造价鉴定申请，但两审法院并未委托鉴定单位进行造价鉴定。对工程结算数额存在争议时，进行造价鉴定是法律允许的最好解决方案，某工程局有限公司也根据证据主张原则向法庭申请造价鉴定，法院未予委托鉴定是错误的。

最高人民法院认为，某工程局有限公司虽称工程部分资料丢失系由某置业发展有限公司强行搬迁造成，但未提供证据证明，最高人民法院不予采信。关于原审法院未依申请委托鉴定单位进行造价鉴定是否错误的问题。最高人民法院认为，因在原审期间某工程局有

---

[1] 参见最高人民法院（2015）民申字第 1417 号民事裁定书。

[2] 参见最高人民法院（2016）最高法民申 259 号民事裁定书。

限公司尚不能提供据以确定其已完工程量的详细施工资料，其亦无充分证据证明某置业发展有限公司掌握相关施工材料，故原审法院对其鉴定申请未予准许并无不当，最高人民法院对其该项申请理由不予支持。

【评析】工程造价的确定本身就具有多次性、不唯一性等特点，同一鉴定人员就同一工程项目，在不同时间计算出来的工程造价一般不会完全一致。提高工程造价的准确性是一个由粗到细的过程，造价准确与否很大程度上取决于鉴定资料。实务中，存在欠缺资料无法对工程造价进行鉴定的情形，但有些工程是能直接看见的，可以现场踏勘。但有些隐蔽工程如基础工程因已隐蔽不能再现或再现将带来更大的损失，这种情况下可以根据举证规则由负有举证责任的一方承担不利的后果。

三、申请鉴定时间

《证据若干规定》第三十一条："当事人申请鉴定，应当在人民法院指定期间内提出，并预交鉴定费用。逾期不提出申请或者不预交鉴定费用的，视为放弃申请。对需要鉴定的待证事实负有举证责任的当事人，在人民法院指定期间内无正当理由不提出鉴定申请或者不预交鉴定费用，或者拒不提供相关材料，致使待证事实无法查明的，应当承担举证不能的法律后果。"从该条的规定来看，申请鉴定的，应当在法院指定期间内提出。

《民事诉讼法解释》第一百二十一条第一款规定："当事人申请鉴定，可以在举证期限届满前提出。申请鉴定的事项与待证事实无关联，或者对证明待证事实无意义的，人民法院不予准许。"根据该条的表述，当事人可以在举证期限届满前申请鉴定，也可以在举证期限届满后申请鉴定。与《证据若干规定》相比，该条的规定随意性较强。

《建设工程施工合同解释（一）》第三十二条规定："当事人对工程造价、质量、修复费用等专门性问题有争议，人民法院认为需要鉴定的，应当向负有举证责任的当事人释明。当事人经释明未申请鉴定，虽申请鉴定但未支付鉴定费用或者拒不提供相关材料的，应当承担举证不能的法律后果。一审诉讼中负有举证责任的当事人未申请鉴定，虽申请鉴定但未支付鉴定费用或者拒不提供相关材料，二审诉讼中申请鉴定，人民法院认为确有必要的，应当依照民事诉讼法第一百七十条第一款第三项[1]的规定处理。"该条的规定使得负有举证责任一方当事人申请鉴定的期限更加宽松。这样就会造成，一审中负有举证责任的当事人未申请鉴定，或者虽申请鉴定但未支付鉴定费用或者拒不提供相关材料，导致无法通过鉴定查明案件待证事实，在二审中又提起鉴定的，法院应对是否有必要进行鉴定进行审查，而不能一概予以否定。因此，二审中，负有举证责任的一方当事人申请鉴定，二审法院审查认为确有必要的，可以根据《民事诉讼法》"原判决认定基本事实不清的，裁定

[1] 现为《民事诉讼法》第一百七十七条第一款第三项。

撤销原判决，发回原审人民法院重审，或者查清事实后改判”的规定，以事实认定不清发回重审或查清后改判。具体是发回重审还是改判，需要结合案件的实际情况。实务中一般以发回重审为原则，但在各方当事人都愿意放弃审级利益且同意二审委托鉴定的情况下，二审法院可以委托鉴定后根据查明的事实进行裁判。

从前述法律条文来看，关于工程造价鉴定申请期限的规定，实际上是非常宽松的。当然，这样带来的后果就是案件久拖不决。但是，根据《民事诉讼法解释》第三百九十七条的规定，审查再审申请期间，再审申请人申请人民法院委托鉴定、勘验的，人民法院不予准许。

四、工程造价鉴定的启动

《民事诉讼法》第七十九条规定：“当事人可以就查明事实的专门性问题向人民法院申请鉴定。当事人申请鉴定的，由双方当事人协商确定具备资格的鉴定人；协商不成的，由人民法院指定。当事人未申请鉴定，人民法院对专门性问题认为需要鉴定的，应当委托具备资格的鉴定人进行鉴定。”该条是关于鉴定程序启动的规定。

工程造价鉴定启动的途径有两种。

1. 当事人申请鉴定

对于待证事实负有举证责任的当事人，若待证事实需要通过鉴定确定，由该负有举证义务的当事人申请鉴定。因此，一般情况下，工程造价鉴定申请由负有举证责任的一方当事人向法院提起。但实务中，也存在不负有举证责任的一方当事人申请鉴定的情况，但在该种情况下不免除举证义务人的举证责任。如承包人起诉要求发包人支付工程款，但承包人未申请工程造价鉴定，而发包人主动提起工程造价鉴定，此时发包人并不负有举证责任，工程款的举证责任方还是承包人，承包人并不因发包人申请鉴定而不负有举证责任，若承包人在鉴定过程中未提交相应证据材料，也应承担举证不能的法律后果。实务中，还存在发包人主动提起诉讼的情形，如发包人提起诉讼要求确定承包人施工工程款，在工程款未结算的情况下，发包人申请工程造价鉴定，在鉴定过程中，承包人同样需要提供证据材料证明其应得工程款，否则，也将承担不利的法律后果。

需要注意的是，在承包人起诉要求发包人支付工程款的案件中，在工程款未结算，也不适用“送审价”确定工程款的情况下，承包人未申请工程造价鉴定，但发包人申请工程造价鉴定，其后又反悔未预交鉴定费。在这种情况下，不能认定发包人承担举证不能的法律后果而按承包人的主张确定工程结算款。因为发包人对工程款不确定的待证事实并不承担举证责任，其不承担举证不能的法律后果。实务中，要正确区分鉴定申请人与举证义务人，二者有时并非同一人，在二者并非同一人时，负有举证义务的一方当事人未申请工程造价鉴定的，应承担举证不能的法律后果。

典型案例 41

工程造价鉴定程序的启动，应由负有举证责任的一方申请

——郭某某与某建设有限公司、张某某建设工程施工合同纠纷案[1]

郭某某申请再审的理由。①一、二审判决驳回郭某某的诉讼请求，违背最高人民法院和内蒙古自治区高级人民法院的裁定意见。最高人民法院（2016）最高法民申2667号民事裁定书及内蒙古自治区高级人民法院（2017）内民再89号民事裁定书均载明法院必须对郭某某的主张进行审核认定，或依职权对相关事实进行调查，必要时委托专门机构对工程量的占比进行鉴定。原审法院未按这两份裁定要求进行审核认定，更没有依职权调查工程量，也没有依职权委托专门机构进行鉴定。②原审法院未调查确定工程量，也未去查看现场，判决错误。二审判决称郭某某不主张鉴定，因此驳回上诉请求错误。案涉工程快完工时，张某某将郭某某强行赶离现场，后完成少许施工。施工现场有大量郭某某自带的施工机械设备，如电缆、推车、各种材料等。郭某某并未将此工程转包给张某某，双方之间没有任何的交接手续。造成郭某某施工量无法核实的过错在于某建设有限公司和张某某，他们强占了工地，未催告郭某某回现场施工，未对郭某某施工量进行证据保全，未办理交接手续，无法进行鉴定。根据上述事实，本案没有必要对工程量进行鉴定，某建设有限公司与张某某强占郭某某的施工现场，应承担过错责任，即使张某某对少量的剩余工程进行了施工，考虑到他们存在严重过错，也应判决他们向郭某某给付全部工程款。

最高人民法院认为，在其以（2016）最高法民申2667号民事裁定将本案指令内蒙古自治区高级人民法院再审后，一、二审法院多次向郭某某释明需进行鉴定才能查明其实际施工的工程量，但郭某某均以无需鉴定、无法鉴定等理由拒绝申请鉴定，使得法院凭现有证据无法对其实际施工量及施工比例作出准确认定。因此，原审法院认定郭某某应承担举证不能的不利后果，驳回其诉讼请求并无不当。

【评析】在鉴定程序的启动上，我国《民事诉讼法》采取以当事人申请为主，以法院依职权为辅的模式。多数情况下，鉴定程序实际上是依当事人的申请而启动，这是源于当事人负有相应的举证责任，即当事人对自己提出的诉讼请求所依据的事实应当提供证据加以证明，而鉴定，也是查明案件待证事实的一种方式。

---

2. 法院依职权进行鉴定

法院依职权启动鉴定，本质上属于法院调查收集证据的行为，使用不当，会使得法院帮助负有举证责任的一方调查取证。根据《民事诉讼法》第六十六条的规定，鉴定意见属于证据的一种，申请鉴定是负有举证责任的一方的义务，其需要用鉴定意见来证明自己的主张或证明待证事实。如果未申请鉴定，则视为对权利的放弃，应承担举证不能的法律后

---

[1] 参见最高人民法院（2019）最高法民申3325号民事裁定书。

果。但在特殊情况下，即便当事人不申请，法院也可以根据《民事诉讼法》第六十七条第二款“人民法院认为审理案件需要的证据，人民法院应当调查收集”的规定进行鉴定。但何为“审理案件需要”?《民事诉讼法解释》第九十六条规定：“民事诉讼法第六十七条第二款规定的人民法院认为审理案件需要的证据包括：（一）涉及可能损害国家利益、社会公共利益的；（二）涉及身份关系的；（三）涉及民事诉讼法第五十八条规定诉讼的；（四）当事人有恶意串通损害他人合法权益可能的；（五）涉及依职权追加当事人、中止诉讼、终结诉讼、回避等程序性事项的。除前款规定外，人民法院调查收集证据，应当依照当事人的申请进行。”即在建设工程施工合同纠纷案件中，只有在可能损害国家利益、社会公共利益或者损害他人合法权益的情况下，法院才能依职权启动鉴定。

法院依职权启动鉴定，其权利来源于法律法规关于特定情况下主动调查收集证据的规定。因此，法院依职权启动鉴定只限于《民事诉讼法解释》第九十六条规定的情况，除此之外，法院不得依职权启动鉴定，否则，存在程序违法。

典型案例 42

工程造价鉴定不属于法院依职权调查收集证据的范畴，除非法律有明确规定

——某建筑安装工程有限公司与某食品工业股份有限公司建设工程施工合同纠纷案[1]

某食品工业股份有限公司申请再审称，对审理案件需要的主要证据，当事人因客观原因不能自行收集，书面申请人民法院调查收集，人民法院未调查收集。鉴定结论属于当事人可以委托法院调查收集的证据范畴，申请鉴定是当事人的重要权利。一审过程中，某食品工业股份有限公司以书面形式向原审法院提交了要求组织鉴定的申请，而原审法院未予准许。

最高人民法院认为，某食品工业股份有限公司申请再审主张的“对审理案件需要的主要证据，当事人因客观原因不能自行收集，书面申请人民法院调查收集，人民法院未调查收集的”情形，是指该公司在原审中以书面形式向原审法院提交了工程造价鉴定申请，而原审法院未予准许。最高人民法院认为，关于申请鉴定，《证据若干规定》作了明确规定，同时该规定第十七条[2]对于当事人申请人民法院调查收集证据的范围也作出了明确规定，即“（一）申请调查收集的证据属于国家有关部门保存并须人民法院依职权调取的档案材料；（二）涉及国家秘密、商业秘密、个人隐私的材料；（三）当事人及其诉讼代理人确因客观原因不能自行收集的其他材料”。申请鉴定和申请调查取证是当事人在民事诉讼中的两项不同的权利，某食品工业股份有限公司将申请鉴定未获人民法院准许视为人民法院未依职权调查收集证据，是对《民事诉讼法》及相关司法解释规定的理解错误。某食品工业

[1] 参见最高人民法院（2016）最高法民申 3085 号民事裁定书。

[2] 现行《最高人民法院关于民事诉讼证据的若干规定》已删除该条内容。

股份有限公司在原审中申请工程造价鉴定，应当按照《民事诉讼法》及相关司法解释的规定提出，但该申请显然不属于《民事诉讼法》规定的人民法院调查收集证据的范围。故某食品工业股份有限公司该项申请再审事由不成立。

【评析】只有在可能损害国家利益、社会公共利益或者损害他人合法权益的情况下，法院才能依职权启动鉴定。

五、工程造价鉴定启动前的审查

工程造价鉴定并非只要当事人申请就启动，是否启动鉴定需要法院进行实质审查。鉴定申请只是引发鉴定启动的前提条件，并不当然产生鉴定启动。

鉴定是指在诉讼活动中鉴定人运用科学技术或者专门知识对诉讼涉及的专门性问题进行鉴别和判断并提供鉴定意见的活动。鉴定的本质是法官对专门性问题难以通过其自身的专业知识认定或缺乏判断能力，需要借助于鉴定单位通过科学技术手段查明待证事实。

实践中，法官是否启动鉴定，一般会从如下方面进行审查。第一，属于专门性问题。即需要运用科学技术或者专门知识进行鉴别和判断的专门性问题。第二，鉴定的必要性。不通过鉴定的方式就不能查明案件待证事实的，应进行鉴定；有其他方式可以查明案件待证事实的，可以不鉴定；只需要查明部分案件事实的，则只对需要查明的事实部分进行鉴定，而不应全部鉴定。第三，鉴定的可行性。鉴定事项能通过鉴定的方式得出结论，否则不具有鉴定可行性。如土石方工程，土石方已开挖外运，且外运的土和石已被利用，因承发包双方对石的类别和土石比产生分歧，承包人申请对石的类别和土石比进行鉴定，在这种情况下显然不具有鉴定的可行性。

《最高人民法院关于人民法院民事诉讼中委托鉴定审查工作若干问题的规定》第 1 条规定："有下列情形的，人民法院不予委托鉴定：(1) 通过生活常识、经验法则可以推定的事实；(2) 与待证事实无关联的问题；(3) 对证明待证事实无意义的问题；(4) 应当由当事人举证的非专门性问题；(5) 通过法庭调查、勘验等方法可以查明的事实；(6) 对当事人责任划分的认定；(7) 法律适用问题；(8) 测谎；(9) 其他不适宜委托鉴定的情形。"

实践中，不予以启动工程造价鉴定的情形主要有：当事人对申请鉴定的争议事项已自行达成协议的；施工合同为固定总价合同，不存在施工合同约定的可以调整工程款的情形；可以适用"送审价"条款确定工程款的；施工合同约定以政府审计为准，已出具审计报告的；已签订结算书或出具欠条的；自认的；当事人没有证据或者理由足以反驳另一方当事人就专门性问题自行委托有关机构或者人员出具意见的；当事人共同委托有关机构、人员对建设工程造价出具咨询意见，且明确表示受该咨询意见约束的；法院根据双方提交的结算材料可以直接计算工程价款的。上述情形可以概括为：一是鉴定事项与待证事实无关联性；二是鉴定无意义或鉴定无必要。

典型案例 43

工程造价鉴定并非只要当事人申请，法院就得启动，需审查是否有必要启动鉴定

——某材料股份有限公司与某建筑施工队建设工程施工合同纠纷案[1]

某材料股份有限公司申请再审称，原审法院对某材料股份有限公司提出的鉴定申请未予准许，违反法律规定。因案涉工程造价审计结果未出，某材料股份有限公司提出鉴定申请，但原审法院以根据设计施工图、测绘现场图及《现场收方确认单》可以确定工程价款为由，驳回了某材料股份有限公司的申请。某材料股份有限公司虽对《现场收方确认单》无异议，但《现场收方确认单》对应的工程价款仅300万～400万元，而法院及各方代理人不是专业人员，不能依据施工图纸推导出工程款项，故原审法院不准予鉴定的理由不能成立。

关于原审法院未准许某材料股份有限公司提出的鉴定申请是否违反法律规定的问题。最高人民法院认为，经查，本案一审中，某材料股份有限公司未提出鉴定申请，二审中，某材料股份有限公司虽提出鉴定申请，但其鉴定申请超过了举证期限，且根据双方陈述，案涉工程的部分工程已被拆除，客观上已不具备鉴定的基础，加之根据双方在一审中已经提交的证据能够对工程价款作出认定，启动鉴定程序并无必要。因此，原审法院未予准许某材料股份有限公司的鉴定申请，不违反法律规定。

【评析】一般情况下工程造价鉴定是依当事人申请而启动，但并非只要有当事人申请鉴定，法院就得委托第三方进行鉴定，鉴定的前提条件之一就是“有必要进行鉴定”。而本案通过既有的证据可以对工程款进行确定，故没有鉴定的必要。

实务中还存在一种情形，即挂靠施工的鉴定问题。

第一种情形：在挂靠施工的情形下，被挂靠人与发包人就结算达成一致，挂靠人是否可以否定该结算结果，另行申请鉴定？

发包人与被挂靠人是施工合同的双方，在发包人对挂靠不知情的情况下，被挂靠人与发包人已经就结算达成一致，挂靠人申请鉴定的，法院一般不会准许。发包人明知挂靠施工的事实，仍与被挂靠人就结算达成一致，如果损害挂靠人合法利益，挂靠人申请以工程造价鉴定形式确定工程价款的，人民法院予以支持。

第二种情形：挂靠人与发包人就工程款结算达成一致，被挂靠人是否可以否定该结算结果，另行申请鉴定？

一般情况下，被挂靠人并未对项目进行实际施工，项目的施工是由挂靠人完成，其是权利的享有者及义务的负担者，在挂靠人与发包人达成结算协议后，被挂靠人提出异议并

[1] 参见最高人民法院（2021）最高法民申2702号民事裁定书。

申请鉴定的，人民法院不予准许。

实务中还存在另一种情形，合同约定以审计结论作为结算依据时，在审计未出具结果的情况下，可否申请工程造价鉴定？

施工合同的约定是承发包双方当事人意思表示一致的结果，应当予以尊重。施工合同约定以审计结论作为工程款结算依据的，应当予以尊重，当事人一方申请鉴定的，不予准许。但审计并非确定工程价款的唯一方式，在审计超出合理期限、超出合同约定期限，以及因其他非承包人原因导致无法作出审计意见的情况下，当事人一方申请工程造价鉴定的，人民法院可委托鉴定确定工程价款。

施工合同约定工程价款以审计为准，当事人对审计结果不服，是否可以申请鉴定？

根据《审计法》的规定及其立法宗旨，法律规定审计机关对政府投资和以政府投资为主的建设项目的预算执行情况和决算进行审计监督，目的在于维护国家财政经济秩序，提高财政资金使用效益，防止建设项目中出现违规行为。实务中多数行政单位为规避责任，往往约定工程款以审计为准。但由于认识以及立场不一致，审计报告往往比较“苛刻”。在约定以审计报告作为工程款结算依据时，审计报告本质上也属于证据，也应对审计报告的三性进行质证。同时，人民法院对审计机构出具的审计报告的合法性、合理性具有审查义务及权利，如经审查，确有证据证明审计报告存在明显不真实、不客观、不合理之处，则该审计意见不应作为案涉工程价款结算的依据。

六、工程造价鉴定申请事项及范围

《建设工程施工合同解释（一）》第三十三条规定：“人民法院准许当事人的鉴定申请后，应当根据当事人申请及查明案件事实的需要，确定委托鉴定的事项、范围、鉴定期限等，并组织当事人对争议的鉴定材料进行质证。”法院启动鉴定的原因之一是当事人申请，在当事人向法院提交工程造价鉴定申请后，法院同意鉴定的，应根据当事人的申请及实际情况，确定鉴定的事项、范围。因此，当事人的鉴定申请的内容就很重要，也是法院考虑是否启动鉴定的因素之一。当事人提交的鉴定申请中，一定要明确需要鉴定的事项和范围。

鉴定事项，是指对于鉴定项目的工程造价中涉及的问题，通过当事人的举证无法达到高度盖然性证明标准，需要对其进行鉴别、判断并提供鉴定意见的争议项目。比如，是进行工程造价鉴定还是评估，还是工程质量鉴定，或是工期鉴定等。

在鉴定事项固定之后，接下来就是确定鉴定范围，即鉴定涉及的周边界限，具体对哪些内容进行鉴定，比如是对全部内容鉴定还是对部分内容鉴定。《建设工程施工合同解释（一）》第三十一条规定：“当事人对部分案件事实有争议的，仅对有争议的事实进行鉴定，但争议事实范围不能确定，或者双方当事人请求对全部事实鉴定的除外。”“仅对有争议的事实进行鉴定”就属于申请鉴定范围。

七、工程造价鉴定的委托

工程造价鉴定的启动，是基于法院与鉴定单位之间的委托关系，也就是说，鉴定单位是接受法院的委托对待查明事实进行鉴定的。

（一）委托书的内容

法院向鉴定机构出具鉴定委托书，委托书中应当载明鉴定事项、鉴定范围、鉴定目的和鉴定期限。鉴定事项和鉴定范围，根据不同案件和需要查明的事实而有所区别，主要是围绕待证事实所需要的具体事项和内容展开。鉴定事项和鉴定范围一定要明确，要不然鉴定单位将对未委托事项进行鉴定。如法院委托对工程造价进行鉴定，但并没有表述清楚，导致鉴定单位对停工损失也进行了鉴定。鉴定期限过长是导致案件久拖不决的根本原因，委托书中一定要明确鉴定期限。

（二）委托的接受与终止

有下列情形之一的，鉴定机构应不予接受委托：①委托事项超出本机构业务经营范围的；②鉴定要求不符合本行业执业规则或相关技术规范的；③委托事项超出本机构专业能力和技术条件的；④其他不符合法律、法规规定情形的。

鉴定过程中遇有下列情形之一的，鉴定机构可终止鉴定：①委托人提供的证据材料未达到鉴定的最低要求，导致鉴定无法进行的；②因不可抗力致使鉴定无法进行的；③委托人撤销鉴定委托或要求终止鉴定的；④委托人或申请鉴定当事人拒绝按约定支付鉴定费用的；⑤约定的其他终止鉴定的情形。

典型案例 44

未按时缴纳鉴定费，视为放弃鉴定

——赵某与某安装工程有限公司、某化工有限公司、某建设工程有限公司建设工程施工合同纠纷案❶

赵某申请再审称，鉴定程序未能启动，过错不完全在赵某。原一审启动了鉴定程序，但因某安装工程有限公司不能提供鉴定所需材料而终止。发回重审后因未及时缴纳鉴定费而致使鉴定机构退案，过错不在赵某。鉴定机构催缴鉴定费是在一审审理过程中，鉴定机构催缴后，赵某向一审法院申请，希望从某安装工程有限公司被查封的财产中预支，因为一审法院

❶ 参见最高人民法院（2019）最高法民申4418号民事裁定书。

的意见非常明确，所以赵某没有缴纳鉴定费。而且此后，赵某也没有收到催缴通知。

最高人民法院认为，本案发回重审一审中，一审法院依法委托鉴定机构对案涉工程进行司法造价鉴定，但因赵某未能按期缴纳鉴定费致使鉴定机构退案。对此，赵某称未能缴纳鉴定费不能归责于其个人，但赵某在再审申请书中称“鉴定机构催缴后，赵某向一审法院申请，希望从某安装工程有限公司被查封的款项中预支”，由此可知，负有缴纳鉴定费义务的赵某知晓鉴定费未缴且鉴定机构已催缴。赵某陈述其向一审法院提出从某安装工程有限公司被查封的款项中预支鉴定费。首先，赵某的该项要求没有任何依据。其次，即使如其所述“一审法院意见非常明确”，但其作为缴费义务人应对是否完成缴费具有确认义务，赵某怠于履行自己的义务，致使在鉴定机构催缴期限内未能及时缴纳鉴定费，鉴定机构由此退案，赵某应承担全部责任。故对赵某“未能缴纳鉴定费不能归责于其个人”的意见，最高人民法院不予采信。赵某在催缴期限内未按期缴纳鉴定费致使鉴定机构退案，无法确定案涉工程造价，其应承担举证不能的后果。

【评析】在鉴定因当事人一方申请而启动的情况下，根据证据举证规则，申请鉴定一方当事人有义务按时缴纳鉴定费，否则将承担举证不能的法律后果。

（三）鉴定回避

有下列情形之一的，鉴定机构应当自行回避：①担任过鉴定项目咨询人的；②与鉴定项目有利害关系的。

八、工程造价鉴定的准备

在工程造价鉴定单位选定后，接下来就是法官组织鉴定人、当事人召开鉴定会，就鉴定相关事宜进行确定和固定。

（一）确定鉴定事项

虽然法院向鉴定单位出具的委托书中已明确记载了鉴定事项，但这毕竟只是法院的委托内容之一，为避免与申请人的鉴定申请事项不同，有必要在鉴定准备会中再次确定，以免造成超鉴定或少鉴定的情形。

法院决定进行建设工程造价鉴定的，原则上应当根据当事人的申请确定鉴定事项。人民法院认为当事人申请的鉴定事项不符合合同约定或者相关法律、法规规定，或者与待证事实不具备关联性的，应当指导当事人选择正确的鉴定事项。

（二）确定鉴定范围

鉴定范围即双方对案件事实有争议的部分，比如说在固定总价合同中，只对风险范围外的部分进行鉴定，又或者双方已经对某一阶段前的工程款进行了确定，对已确定部分的工程造价无需再进行鉴定。

还存在一种情形，在施工合同解除的情况下，之前的施工单位撤离现场，但未对已施工部分进行确认，对于这种情况下怎么确定之前施工单位的施工范围，各方分歧较大。这种情况下一定要先确定施工范围，以免造成超鉴定或少鉴定。

还有一种情况，承包人将某部分工程（如外墙漆）分包给分包人施工，后因承包人与发包人解除合同，承包人退场后，发包人要求分包人继续施工。如果分包人与承包人未对已施工范围进行确定，此时分包人施工范围如何确定也会成为争议点。

（三）确定鉴定方法

工程造价之争，本质就是计量与计价之争。因此，在准备阶段，应确定工程量的计量依据和工程价的计价方式，以免后期鉴定意见出来后各方对计量、计价方式不予认可。

1. 计量依据

关于工程量的计算规则，首先应遵循当事人合同的约定，这是当事人意思表示一致的体现。因此，建设工程的工程量应当按照合同约定的工程量计算规则、施工图纸、竣工图纸、变更指示、签证单以及现场勘验等确定。在施工合同无效的情况下，如何确定工程造价？根据《民法典》第七百九十三条第一款“建设工程施工合同无效，但是建设工程经验收合格的，可以参照合同关于工程价款的约定折价补偿承包人”的规定，施工合同无效，参照合同约定折价补偿。而工程价款是工程量与工程价的乘积，故即便合同无效，仍可以参照施工合同中关于工程量的计算规则计算。

2. 计价方式

建设工程的计价，通常情况下，可以通过以下方式确定。

（1）固定总价合同中，对风险范围以外的工程造价进行鉴定的，应当根据合同约定的风险范围以外的合同价格的调整方法确定工程造价；若合同未对承包范围外或风险范围外的价格调整进行约定，可以参照签订建设工程施工合同时当地建设行政主管部门发布的计价方法或者计价标准对工程造价进行鉴定。

（2）固定单价合同中，工程量清单载明的工程以及工程量清单的漏项工程、变更工程均应根据合同约定的固定单价或按合同约定确定的单价确定工程造价；工程量清单外的新增工程，合同有约定的从其约定，未作约定的，可以参照签订建设工程施工合同时当地建设行政主管部门发布的计价方法或者计价标准对工程造价进行鉴定。

（3）合同约定采用建设工程定额及相关配套文件计价，或者约定根据建设工程定额及相关配套文件下浮一定比例计价的，从其约定。

（4）可调价格合同中，合同对计价原则以及价格的调整方式有约定的，从其约定；合同虽约定采用可调价格方式，但未对计价原则以及价格调整方式作出约定的，可以参照签订建设工程施工合同时当地建设行政主管部门发布的计价方法或者计价标准对工程造价进行鉴定。

（5）合同未对工程的计价原则作出约定的，可以参照签订建设工程施工合同时当地建设行政主管部门发布的计价方法或者计价标准对工程造价进行鉴定。

（6）建设工程为未完工程的，应当根据已完工程量和合同约定的计价方式来确定已完工程造价。当然，若工程未完工是由发包人造成的，承包人可以向发包人提起索赔，主张损失，包括可得利益损失；若是由承包人造成的，发包人可以追究承包人的违约责任，赔偿发包人的损失。

对于未完工程，若施工合同为固定总价合同，已完工程价款如何确定是结算难题。实务中有两种常见的鉴定方式：一是根据已完成工程量，按工程所在地建设行政主管部门颁布的定额取费标准进行鉴定；二是根据已完工程量占整个工程量的比例，再以固定总价乘以该比例来确定已完工程造价。

（7）因设计变更导致工程量或者质量标准发生变化，当事人对该部分工程价款不能协商一致的，可以参照签订建设工程施工合同时当地建设行政主管部门发布的计价方法或者计价标准对工程造价进行鉴定。

（8）双方当事人签订多份工程施工合同的，应当首先确定以哪一份合同作为鉴定的依据，再根据合同约定的计价方式进行鉴定。

（四）鉴定材料及质证

1. 所需鉴定材料

在法院启动鉴定后，接下来就是提供工程造价鉴定所需要的鉴定材料。鉴定材料并非都应由负有举证责任的一方提供，因为承发包双方都持有鉴定所需的鉴定材料。无论是哪一方申请鉴定，另一方都有配合的义务。如果持有鉴定材料的任何一方，拒不配合提供资料，根据《证据若干规定》第九十五条“一方当事人控制证据无正当理由拒不提交，对待证事实负有举证责任的当事人主张该证据的内容不利于控制人的，人民法院可以认定该主张成立”的规定，若不配合鉴定、拒不提供自己掌握的相关材料，致使对某一待证事实无法通过鉴定确定的，则由其承担不利后果。

实践中，就工程造价鉴定而言，所需鉴定材料有：投标前的文件；招标图纸；项目前期审批手续；地质勘察报告；招标投标文件；招标投标答疑资料；中标通知书；施工组织设计（含工程进度计划）；建设工程施工合同（补充协议）；工程监理合同；开工报告；施工图设计文件审查报告；施工图纸；发包人的指令及确认材料；监理通知；往来函件及签收记录表；工程照片及影像资料；竣工图纸；图纸会审记录；设计变更单；工程变更单；工程洽商记录；工程会议纪要；工程验收记录（隐蔽、阶段）；单位工程竣工验收报告；工程质量检测报告；工程计量单；进度款支付单；工程结算报告；合同约定的主要材料价格；甲供材料、设备明细等与工程造价有关的鉴定材料。一句话，提交的鉴定材料应当全面、详尽，当然，也不能自相矛盾。

2. 鉴定材料质证

工程造价鉴定在工程款纠纷案件中的地位十分重要，鉴定单位所形成的鉴定意见书最终会影响法院的判决，可以说，工程款纠纷案件，打的是“工程造价鉴定”。鉴定结果不理想，意味着案件最终的判决不理想。而鉴定材料的提交和质证，是工程造价鉴定的开始，因此，应做好鉴定材料的提交及质证。

在工程造价鉴定案件中，无论是哪一方当事人申请工程造价鉴定，均需要向法院提交材料，鉴定材料是工程造价鉴定的基础性材料。实践中，鉴定单位会向法院提交鉴定所需的基本材料清单，各方当事人根据其所掌握的情况向法院提交鉴定材料。法院作为鉴定的委托人，应向鉴定机构提供真实、充分的鉴定材料，并对鉴定材料的真实性、合法性负责。故，对于各方提交的鉴定材料，法院应当组织各方当事人进行质证，且鉴定材料应经法院认证。

对于鉴定材料的质证，与其他证据的质证一样，也是围绕证据的三性进行的。证据的“三性”：一是真实性，包括证据形成过程客观真实和证据所反映的内容真实；二是关联性。证据与待证事实之间具有关联性，如因果关系等；三是合法性，合法性表现为主体合法、形式合法、来源合法。

对鉴定材料的质证除了围绕证据的三性展开外，还应当注意几个问题。第一，所有的鉴定材料均应当经过证据交换和质证。各方对证据材料均应进行证据交换和质证，确保各方充分发表意见。第二，对于只有复印件的材料一定要谨慎认定真实性。对于代理人而言，其并不是施工过程的直接参与者，不知晓实际的情况，且施工鉴定材料本身就很多，对于复印件确定一定要谨慎。第三，对于鉴定材料的真实性、合法性不认可的，一定要坚持法院不能将异议材料移交鉴定单位。鉴定单位人员并非法律专业人士，实务中，大部分鉴定单位对于法院移交的资料都视为无异议，一并作为鉴定材料。第四，异议材料的质证意见一定要在笔录中详细记载，并要求法院一并移交鉴定单位。

九、工程造价鉴定的实施

（一）鉴定材料移交

鉴定材料的真实、合法是鉴定意见合法、有效的基础，未认证真实性、完整性的鉴定材料降低了鉴定意见的准确性。因此，所有的鉴定材料必须提交法院，由法院组织对鉴定材料进行交换和质证。在法院进行认证后，最终确定是否可以作为鉴定材料使用，能作为鉴定材料的，移交鉴定单位；不能作为鉴定材料使用的，不移交鉴定单位。

（二）鉴定事项调查

《民事诉讼法》第八十条第一款规定：“鉴定人有权了解进行鉴定所需要的案件材料，必要时可以询问当事人、证人。”《证据若干规定》第三十四条规定：“经人民法院准许，鉴定人可以……询问当事人……”这是鉴定人就案件需要向当事人询问的依据。因鉴定材料存在局限性，鉴定人作为中立的第三方，有权就一些表达不清楚、自相矛盾的鉴定材料向各方当事人进行调查。

重庆某建筑公司作为承包人与发包人贵州某投资公司施工合同纠纷一案中，合同约定的暂定价格与投标清单报价不一致，合同约定的总价为暂定金额6425000元，合同附件工程量清单报价合计为6950258.31元，在鉴定阶段，就该问题，鉴定单位询问承包人并记载："经过双方磋商达成一致意见，合同工程量清单范围内总金额为642.5万元。"鉴定单位据此得出：根据《合同书》第3.1条项目单价附件一"报价清单总金额为6950258.31元"和第3.2条项目总价"合同暂定总金额为6425000元"的约定，两条约定的合同总金额不一致；根据2023年2月13日的《询问笔录》，发包人与承包人达成一致意见，合同附件报价清单总金额为6950258.31元，经双方磋商后，合同报价清单范围内总金额为6425000元；则执行合同单价部分造价按7.56%进行下浮［下浮率7.56%＝（报价清单总金额－合同总金额）/报价清单总金额］。

可以看出，争议双方当事人对每一份材料都要重视，即便是鉴定人的询问笔录，也要重视。

（三）现场勘验

现场勘验，是指在法院的组织及各方当事人的参加下，鉴定单位凭借专业知识和科学技术手段，对与案件事实有关的现场进行分析、勘验、测量等收集证据的活动。现场勘验过程本身不属于证据，但勘验形成的勘验笔录属于证据。故鉴定单位出具鉴定意见书的基础材料增加了勘验笔录，勘验笔录与法院移交的证据材料、鉴定单位自己主持形成的询问笔录共同构成了鉴定单位作出鉴定意见书的依据。

1. 现场勘验的启动

（1）当事人申请

《民事诉讼法解释》第一百二十四条第一款规定："人民法院认为有必要的，可以根据当事人的申请或者依职权对物证或者现场进行勘验。"因此，在鉴定过程中，任何一方当事人都可以申请对鉴定项目进行现场勘验。但是否启动勘验，决定权在于法院，即需满足"有必要进行勘验"。但何为有必要，需要结合鉴定实际情况认定。如某施工纠纷案件，根据发包人的收方记录，计算出承包人施工的桩基工程所使用的混凝土方量为26804.48m^3，而发包人认为承包人实际使用的混凝土方量为20998.62m^2，差额为6015.85m^3，发包人申请现场勘验，法院没有同意，其理由为施工过程中所有的收方都由发包人盖章认可，且现孔桩工程已隐蔽，没有勘验的必要。

（2）鉴定单位申请

在鉴定过程中，鉴定单位认为根据鉴定工作需要进行现场勘验的，鉴定单位应提请法院同意并由法院组织各方当事人参与现场勘验。鉴定单位申请现场勘验，同样要满足"有必要进行勘验"，否则法院不予同意。

2. 现场勘验利弊

申请或鉴定单位依职权进行现场勘验，其本质属于调查收集证据的一种方式，也是对已有鉴定材料真实性的核实。

实践中，大多数鉴定单位在接受法院的委托进入实际鉴定前，都要求法院组织各方进行现场勘验，这是极不正确的。如果现场的实际情况与各方认可的书面材料不一致，鉴定单位该如何认定？以实际现场还是以书面材料为准呢？这是自找麻烦。正确的做法是根据已质证、认证的证据进行鉴定，待鉴定意见出来后根据各方的意见再确定是否需要看现场。因此，原则上鉴定单位不应当主动申请现场勘验，申请现场勘验本质属于调查收集证据的一种，这样有违鉴定单位的"中间角色"，使得"客观事实"代替"法律事实"，这不符合举证规则。

当然，实务中还有些情况是，没有证据或几乎没有证据，但能看实物，这种情况下应当进行现场勘验。这种情况出具的鉴定意见不一定准确，特别是隐蔽工程，不利后果由负有举证责任的一方当事人承担。在施工合同解除等情形导致合同履行终止的情况下，有必要进行现场勘验。

现场勘验人员是否必须一定是鉴定人员呢？原则上应当由鉴定人员进行现场勘验，这样可以使鉴定人员对现场有一个直观的认识，但非鉴定人员能否进行现场勘验，法律并未明确禁止。最高人民法院（2016）最高法民申1745号裁定认为："张某申请再审称案涉《鉴定报告》载明的现场勘验人员与鉴定人员不一致，鉴定程序违法，《鉴定报告》不应采信。但是，现场勘验是鉴定机构组织双方当事人对工程施工项目、内容的确认，属于鉴定过程中的事务性工作，并非一定要由鉴定人员实施。本案中现场勘验人员系鉴定机构指派，现场勘验笔录经双方签字确认，现场勘验人员并非鉴定人员并不违反法律规定。张某该项再审理由，不能成立。"

（四）合同计价依据争议

工程造价的计价依据，直接影响工程价款的鉴定，因此，关于计价依据的确定也是鉴定过程中非常重要的一项内容。这在前面鉴定准备中已经阐述，在此就不赘述。

1. 合同有效

合同有效且约定明确的情况下，按照约定的计价依据对工程造价进行鉴定。

合同有效，但合同中对计价依据条款约定前后矛盾的情况下，如何确定计价依据是非常重要的，代理人一定要认真对待，不要坐等鉴定结果。当然，合同中对工程价款的计价依据没有约定或约定不明的情况下，应当按照订立合同时履行地的市场价格以及签订建设工程施工合同时当地建设行政主管部门发布的计价方法或者计价标准进行鉴定。

还有种情况是，中标后所签订的施工合同中有关工程款的结算约定不一致。如，某施工合同纠纷案件中，招标投标文件以及中标通知书，均载明按某省定额计价，但施工合同约定按某省定额下浮15%计价。这明显属于另行签订的建设工程施工合同约定的工程价款等实质性内容与中标合同不一致情形，根据规定一方当事人可以请求按照中标合同确定权利义务。但在前述案件工程造价鉴定过程中，鉴定单位直接按照施工合同的约定出具鉴定意见书，这实际造成以鉴代审。出现这种情形时，代理人一定要让鉴定单位将下浮问题列为争议项，由审判人员来认定，毕竟是否需要下浮属于法律问题，而非属于需要鉴定解决的技术性问题。

2. 合同无效

合同无效，合同中关于工程价款的计价依据当然不能再适用。这种情况下，根据《民法典》的规定，施工合同无效，但是建设工程经验收合格的，可以参照施工合同关于工程价款的约定折价补偿。这实际上也是合同无效情况下的一种处理方式，即折价补偿。在参照无效合同时，当工程价款计价依据出现约定不明、条款矛盾等情形时，应按照订立合同时履行地的市场价格以及签订建设工程施工合同时当地建设行政主管部门发布的计价方法或者计价标准进行鉴定。

3. 多份施工合同

出现多份施工合同时，该以哪份合同作为鉴定依据？实务中，在施工合同均无效的情况下，参照实际履行的合同关于工程价款的约定进行鉴定；不能确定实际履行的合同的，参照最后签订的合同关于工程价款的约定进行鉴定。在多份施工合同均有效的情况下，需要根据实际履行情况来确定工程款的计价依据。

当然，不管是以哪份施工合同作为鉴定依据，当出现工程价款计价依据约定不明、条款矛盾等情形时，按照订立合同时履行地的市场价格以及签订建设工程施工合同时当地建设行政主管部门发布的计价方法或者计价标准进行鉴定。

（五）工程计量争议

1. 图纸缺失

工程量多少直接影响最终的工程造价。在实务中，因为承包人管理原因或其他原因，导致施工图纸或竣工图纸丢失，而施工图纸或竣工图纸又是计算工程量非常重要的依据。在没有施工图纸或竣工图纸的情况下，如何确定工程量？实务中做法为：建筑实体还在的，申请鉴定单位进行现场踏勘，形成勘验笔录；需要确定工程量的部位已经隐蔽的，可以要求鉴定人运用专门知识和经验法则以及根据工程性质、是否为其他工程组成部分等进行鉴定。当然，在建筑实体灭失的情况下，根据举证规则，由负有举证责任的一方承担举证不能的法律后果。

实务中，还有种情况是实际进行了施工，但施工项目不属于施工图纸内的施工内容，这需要承包人举证证明发包人同意其施工。

2. 对签证单有异议

实务中，存在一方当事人对施工过程中双方已经签字确认的工程量有异议的情形。这种情况实际上是否认已经签字确认的签证单，签证单本质属于补充协议，如要否定签证单需要具备相应的法律要件。针对这种情况的处理方式为：有证据证明签证单记载工程量不属实的，按实际工程量计算；施工部位已隐蔽，且无法核实的，按签证单计量。

（六）计价争议鉴定

1. 当事人因工程变更导致工程量变化，要求调整综合单价发生争议的；或对新增工程项目组价发生争议的，鉴定人应按以下方式进行鉴定：

（1）合同中有约定的，应按合同约定进行鉴定，即有约定从约定；

（2）合同中约定不明或没有约定的，可以参照签订建设工程施工合同时当地建设行政主管部门发布的计价方法或者计价标准进行鉴定。

2. 当事人因物价波动，要求调整合同价款发生争议的，鉴定人应按以下方式进行鉴定：

（1）合同中约定了计价风险范围和幅度的，按合同约定进行鉴定，合同中约定了物价波动可以调整，但没有约定风险范围和幅度的，应提请委托人决定，按现行国家标准计价规范的相关规定进行鉴定，但已经采用价格指数法进行了调整的除外；

（2）合同中约定物价波动不予调整的，不予调整。

3. 当事人因人工费调整文件要求调整人工费发生争议的，鉴定人应按以下方式进行鉴定：

（1）如合同中约定不执行调价文件的，不作调整；

（2）合同中没有约定或约定不明的，可按工程所在地人工费调整文件作出鉴定意见。

4. 当事人因材料价格发生争议的，鉴定人应提请委托人决定并按其决定进行鉴定。委托人未及时决定可按以下方式进行鉴定，供委托人判断使用：

（1）材料价格在采购前经发包人或其代表签批认可的，应按签批的材料价格进行鉴定；

（2）材料采购前未报发包人或其代表认质认价的，应按合同约定的价格进行鉴定；

5. 当事人因工程签证费用发生争议的，鉴定人应按以下方式进行鉴定：

（1）签证明确了人工、材料、机械台班数量及其价格的，按签证的数量和价格计算；

（2）签证只有用工数量没有人工单价的，其人工单价按照工作技术要求比照鉴定项目相应工程人工单价计算；

（3）签证只有材料和机械台班用量没有价格的，其材料和台班价格按照鉴定项目相应工程材料和台班价格计算；

（4）签证只有总价款而无明细表述的，按总价款计算。

十、工程造价鉴定意见的质证

《民事诉讼法解释》第一百零四条规定：“人民法院应当组织当事人围绕证据的真实性、合法性以及与待证事实的关联性进行质证，并针对证据有无证明力和证明力大小进行说明和辩论。能够反映案件真实情况、与待证事实相关联、来源和形式符合法律规定的证据，应当作为认定案件事实的根据。”鉴定意见是证据类型之一，同样应对其三性进行质证。

对于鉴定意见书，通常从专业技术问题和法律问题两方面来进行质证。

（一）技术问题

大多数律师并不具备工程造价专业知识，即便具备这方面的知识也未必能作出正确的判断，因此，对于技术问题，需专业造价人员的辅助，由专业造价人员将具体的问题进行罗列。比如是否有漏项，遗漏的是哪些项目，取费标准是否正确，正确的取费标准是什么，有无相应的依据支持。这些属于专业技术问题，需要由造价人员来收集整理。

（二）法律问题

法律问题由代理人来收集和整理，比如：鉴定程序是否合法，鉴定人员是否具备相应资格等。

对于鉴定意见的审查，一般主要从以下方面进行。

1. 鉴定意见形式要件审查

《证据若干规定》第三十六条规定：“人民法院对鉴定人出具的鉴定书，应当审查是否具有下列内容：（一）委托法院的名称；（二）委托鉴定的内容、要求；（三）鉴定材料；（四）鉴定所依据的原理、方法；（五）对鉴定过程的说明；（六）鉴定意见；（七）承诺书。鉴定书应当由鉴定人签名或者盖章，并附鉴定人的相应资格证明。委托机构鉴定的，鉴定书应当由鉴定机构盖章，并由从事鉴定的人员签名。”这是鉴定意见作为证据必须符合的形式要件。如果鉴定意见缺少相应的内容，将导致鉴定意见因形式上不满足要求而证明力降低。

（1）鉴定单位经营范围及回避

其一，审查鉴定单位经营范围。根据《住房和城乡建设部办公厅关于取消工程造价咨询企业资质审批加强事中事后监管的通知》（建办标〔2021〕26号）的规定，自2021年7月1日起，住房和城乡建设主管部门停止工程造价咨询企业资质审批，工程造价咨询企业按照其营业执照经营范围开展业务，行政机关、企事业单位、行业组织不得要求企业提供工程造价咨询企业资质证明。故，工程造价咨询企业资质审批已取消，企业按营业执照经营范围开展业务。

其二，审查鉴定单位是否应当回避。虽然取消了工程造价资质审批，但根据《民事诉讼法》第四十七条的规定，鉴定单位在出现下列情形时应当予以回避：第一，担任过鉴定项目的咨询人的；第二，与案件当事人、诉讼代理人有其他关系，可能影响对案件公正审理的；第三，接受当事人、诉讼代理人请客送礼，或者违反规定会见当事人、诉讼代理人的；第四，与鉴定项目有利害关系的。

需要注意的是，当事人对鉴定机构的回避申请，应当在鉴定委托、实施以及鉴定意见的质证过程中提出，如未提出并接受鉴定机构进行鉴定，应当视为其认可鉴定机构的客观公正性。

其三，审查是否超范围超能力。从以下几个方面进行审查：第一，委托事项是否超过鉴定单位业务经营范围；第二，鉴定要求是否符合本行业执业能力和相关技术规范；第三，委托事项是否超过鉴定单位专业能力和技术条件；第四，是否存在其他不符合法律、法规规定的情形。

（2）鉴定人员

鉴定人员，是指对鉴定项目具体实施鉴定的人员。对鉴定人员的审查，也主要围绕是否应当回避以及是否超能力等方面进行。

其一，审查鉴定人员是否应当回避。鉴定人员的回避，与鉴定单位的回避是一致的，也适用《民事诉讼法》第四十七条的规定。

其二，审查是否超能力。根据工程项目类别，一级造价工程师分为土木建筑工程、交通运输工程、水利工程和安装工程四个类别。如果是土木工程项目造价鉴定，应当由具有土木资格的一级造价师进行鉴定。

关于超能力问题，也有法院持有不同的观点。如最高人民法院（2021）最高法民申5686号裁定书中记载，再审申请人认为："案涉工程由土建和安装两部分组成，本案鉴定人员罗某某、郦某的专业均为土建专业，不具备安装专业的造价鉴定资质，故鉴定结论缺乏客观性。"最高人民法院认为："鉴定人员罗某某、郦某均为有鉴定资质的注册造价工程师，可以对建设工程提供造价咨询，相关规定也并未就提供造价咨询鉴定的注册造价工程师的专业提出具体的要求，故一审法院委托程序合法。"

实务中需要注意以下问题：

第一，鉴定是否必须由两名以上的鉴定人员共同进行且鉴定人员是否应在鉴定意见上署名。《建设工程造价鉴定规范》GB/T 51262—2017 第 3.4.3 条规定："鉴定机构对同一鉴定事项，应指定二名及以上鉴定人共同进行鉴定。对争议标的较大或涉及工程专业较多的鉴定项目，应成立由三名及以上鉴定人组成的鉴定项目组。"《司法鉴定程序通则》第十九条规定："司法鉴定机构对同一鉴定事项，应当指定或者选择二名司法鉴定人进行鉴定；对复杂、疑难或者特殊鉴定事项，可以指定或者选择多名司法鉴定人进行鉴定。"根据前述的规定，应当至少由两名以上具备鉴定资格的鉴定人员共同对鉴定项目进行鉴定。但最高人民法院在（2020）最高法民再 360 号判决中认为："虽然本案三个鉴定人中，仅鉴定人黄某具有注册造价工程师资质，其他二人均非注册造价工程师，但目前并无明确的法律法规规定司法鉴定人员数量须三人以上且全部须具备注册造价工程师资质，否则鉴定意见无效。"从最高人民法院的判决来看，工程项目的鉴定只需要一人具备相应资格即可。

第二，鉴定人员可否在两个鉴定单位执业。《建设部办公厅关于对工程造价司法鉴定有关问题的复函》（建办标函〔2005〕155 号）第二条规定："从事工程造价司法鉴定的人员，必须具备注册造价工程师执业资格，并只得在其注册的机构从事工程造价司法鉴定工作，否则不具有在该机构的工程造价成果文件上签字的权力。"《全国人民代表大会常务委员会关于司法鉴定管理问题的决定》第八条规定："鉴定人应当在一个鉴定机构中从事司法鉴定业务。”可知，鉴定人员只能在一个鉴定单位执业。但最高人民法院在（2021）最高法民申2096号裁定中认为：“虽然某建筑工程有限公司提交新证据证明案涉《鉴定意见》的鉴定人杨某某、宋某某、马某某三人同时在某工程造价咨询有限公司和某司法会计鉴定所从事司法鉴定业务，但杨某某、宋某某、马某某三人的上述行为并不能得出该三人丧失鉴定人资格的结论，亦不能得出案涉《鉴定意见》无效的结论，故二审法院将《鉴定意见》作为认定本案相关事实的依据并无不当。”

2. 鉴定意见实质性内容审查

鉴定意见实质性内容，也是决定鉴定意见能否作为证据使用的重要因素之一。主要从以下方面对鉴定意见实质性内容进行审查：鉴定程序是否合法；鉴定事项是否属于委托范围；鉴定依据是否符合合同约定及法律规定；现场勘验是否有瑕疵；鉴定材料是否质证；鉴定意见之间是否相互矛盾等。

十一、补充鉴定和重新鉴定

补充鉴定，是指鉴定过程中或鉴定意见出具后发现鉴定不满足鉴定需要时，对原鉴定意见进行修改、补充的再鉴定活动。

根据《最高人民法院关于人民法院民事诉讼中委托鉴定审查工作若干问题的规定》第11条的规定，出现下列情形的，人民法院应当要求鉴定人补充鉴定或重新鉴定：①鉴定意见和鉴定意见书的其他部分相互矛盾的；②同一认定意见使用不确定性表述的；③鉴定意见书有其他明显瑕疵的。

《建设工程造价鉴定规范》GB/T 51262—2017第5.12.1条规定：“有下列情形之一的，鉴定机构应进行补充鉴定：1委托人增加新的鉴定要求的；2委托人发现委托的鉴定事项有遗漏的；3委托人就同一委托鉴定事项又提供或者补充了新的证据材料的；4鉴定人通过出庭作证，或自行发现有缺陷的；5其他需要补充鉴定的情形。”

重新鉴定，是指原鉴定或补充鉴定出现法律规定需要重新鉴定的情形，委托人再委派原鉴定人或聘请新的鉴定人进行的鉴定。

《证据若干规定》第四十条第一款规定：“当事人申请重新鉴定，存在下列情形之一的，人民法院应当准许：（一）鉴定人不具备相应资格的；（二）鉴定程序严重违法的；（三）鉴定意见明显依据不足的；（四）鉴定意见不能作为证据使用的其他情形。

十二、鉴定人出庭

《民事诉讼法》第八十一条规定：“当事人对鉴定意见有异议或者人民法院认为鉴定人有必要出庭的，鉴定人应当出庭作证。”这是鉴定人出庭作证的法律依据。鉴定意见是鉴定人运用专业知识对待证事实进行鉴别和判断所形成的结论，属于证据的一种。鉴定意见毕竟是鉴定人员运用专业知识所作出的意见书，直接影响案件，涉及当事人的切身利益，应当进行质证，保障当事人的合法权益。

根据《民事诉讼法》的规定，鉴定人出庭作证有两种情形：一种为当事人对鉴定意见有异议的；另一种为人民法院认为鉴定人有必要出庭的。

鉴定人经委托人通知，应当依法出庭作证，接受当事人对工程造价鉴定意见书的质询，回答与鉴定事项有关的问题。实务中，大多数法官不具备工程造价相关知识，如果只是对鉴定意见提出异议，直接向法官说明异议事项，大多数法官是愿意相信鉴定单位的，这种情况下，有必要申请鉴定人出庭接受询问。鉴定人出庭，其主要目的是通过询问鉴定人，让鉴定人无法回答相关问题或回答问题自相矛盾，使法官认为鉴定意见不完善或不能直接作为案件事实认定的依据。在代理人提出异议后，鉴定人不能正面回答问题或回答问题模糊不清等时，代理人应当引导法官，告知正确的做法是什么，该如何做，要求鉴定单位补充鉴定，若存在法律规定需重新鉴定的情形，应要求重新鉴定。

典型案例 45

当事人对鉴定意见有异议申请鉴定人出庭，鉴定人拒不出庭作证的，鉴定意见不得作为认定事实的根据

——某房地产开发有限公司与某信息技术有限公司建设工程施工合同纠纷案[1]

某房地产开发有限公司申请再审称，因《鉴定意见书》中存在遗漏、模糊不清和有争议的内容，其在一审中申请鉴定人出庭接受质询，但鉴定人员未能出庭，根据《民事诉讼法》第七十八条[2]之规定，《鉴定意见书》不能作为认定本案事实的依据。而且未对《补充说明》进行庭前质证。根据最高人民法院《证据若干规定》，鉴定结论明显依据不足的，人民法院应当准许重新鉴定。

最高人民法院认为，根据一审庭审笔录记载的内容，可以认定，鉴定人只是在庭前的证据交换中回答了当事人提出的问题，但是未出庭作证。根据《民事诉讼法》的规定，当事人对鉴定意见有异议或者人民法院认为鉴定人有必要出庭的，鉴定人应当出庭作证。经人民法院通知，鉴定人拒不出庭作证的，鉴定意见不得作为认定事实的根据；支付鉴定费用的当事人可以要求返还鉴定费用。本案《鉴定意见书》已经过庭前质证，在庭前质证中，鉴定人回答了当事人提出的异议。本案当事人对鉴定意见有异议，人民法院应当通知鉴定人出庭作证。但法院并未通知，鉴定人并未出庭作证。一审判决依据仅经过庭前质证的《鉴定意见书》认定工程造价，程序上有瑕疵。本案虽不符合重新鉴定的条件，但在当

[1] 参见最高人民法院（2018）最高法民申 50 号民事裁定书。

[2] 现为《民事诉讼法》第八十一条。

事人上诉已经对鉴定人未出庭作证提出异议，认为不能将鉴定意见作为定案依据的情况下，二审亦未能弥补该问题，而是直接依据在庭前质证后作出、作为鉴定意见组成部分的《补充说明》认定了本案的工程造价。原判决认定基本事实缺乏证据证明。

【评析】鉴定意见是鉴定人运用专业知识对待证事实进行鉴别和判断所形成结论，属于证据的一种，在当事人对鉴定意见有异议申请鉴定人出庭或法院认为鉴定人应出庭时，鉴定人应当依法出庭作证，接受当事人对工程造价鉴定意见书的质询，回答与鉴定事项有关的问题。在实践中，当事人对鉴定意见提出异议的，人民法院应当要求鉴定人员出庭作证。

第十讲 工期纠纷案件代理

《民法典》第七百九十五条规定："施工合同的内容一般包括工程范围、建设工期、中间交工工程的开工和竣工时间、工程质量、工程造价、技术资料交付时间、材料和设备供应责任、拨款和结算、竣工验收、质量保修范围和质量保证期、相互协作等条款。"可见，工期是施工合同的重要组成部分。因工期涉及承发包人的切身利益，在工程案件中工期争议占比相当大。工期，具体来讲就是开工日期到竣工日期的期间，也就是开工之日到竣工之日的期间。开工日期与竣工日期的确定对建设工程施工合同承发包双方都非常重要，这牵涉到工程款的给付及利息的起算、工期违约责任、工程质量保修期的起算及保修金的返还等诸多问题。

一、开工日期

《建设工程施工合同（示范文本）》GF—2017—0201 第 1.1.4.1 目约定："开工日期：包括计划开工日期和实际开工日期。计划开工日期是指合同协议书约定的开工日期；实际开工日期是指监理人按照第 7.3.2 项〔开工通知〕约定发出的符合法律规定的开工通知中载明的开工日期。"第 7.3.2 项约定："发包人应按照法律规定获得工程施工所需的许可。经发包人同意后，监理人发出的开工通知应符合法律规定。监理人应在计划开工日期 7 天前向承包人发出开工通知，工期自开工通知中载明的开工日期起算。"

开工日期，包括计划开工日期和实际开工日期。计划开工日期是指合同协议书约定的开工日期；实际开工日期是指监理人按照约定发出的符合法律规定的开工通知中载明的开工日期。计划开工日期是施工合同约定的工期总日历天数的起算点，实际开工日期是实际完成工程所需总日历天数的起算点。

二、开工日期的载体

开工日期是承包人就工程项目开始施工的时间起算点，是确定承包人实际完成施工的重要时间节点之一，故，开工日期的确定非常重要。实务中，关于开工日期的载体，主要有以下几种。

（一）建设工程施工合同

建设工期、工程开工和竣工时间是施工合同的重要组成部分，也是施工合同的核心内容，一般在施工合同中有具体的约定。但施工合同中约定的开工时间一般只是计划开工时间，现实中按照合同约定的时间开始施工的比较少，实际的开工时间需要结合其他证据来确定。

（二）建筑工程施工许可证

施工许可证，是建筑施工单位符合各种施工条件、允许开工的批准文件，是建设单位进行工程施工的法律凭证。《建筑法》第七条规定："建筑工程开工前，建设单位应当按照国家有关规定向工程所在地县级以上人民政府建设行政主管部门申请领取施工许可证；但是，国务院建设行政主管部门确定的限额以下的小型工程除外。按照国务院规定的权限和程序批准开工报告的建筑工程，不再领取施工许可证。"

根据《住房和城乡建设部办公厅关于全面推行建筑工程施工许可证电子证照的通知》的附件《全国一体化在线政务服务平台电子证照-建筑工程施工许可证标准》，建筑工程施工许可证载明的信息有计划开工日期和计划竣工日期。

当然，施工许可证记载的开工日期与实际的开工日期没有必然关系。《建筑法》第八条规定："申请领取施工许可证，应当具备下列条件：（一）已经办理该建筑工程用地批准手续；（二）依法应当办理建设工程规划许可证的，已经取得建设工程规划许可证；（三）需要拆迁的，其拆迁进度符合施工要求；（四）已经确定建筑施工企业；（五）有满足施工需要的资金安排、施工图纸及技术资料；（六）有保证工程质量和安全的具体措施。建设行政主管部门应当自收到申请之日起七日内，对符合条件的申请颁发施工许可证。"另外，《建筑法》第六十四条规定："违反本法规定，未取得施工许可证或者开工报告未经批准擅自施工的，责令改正，对不符合开工条件的责令停止施工，可以处以罚款。"建筑工程施工许可证是建设主管部门依建设单位的申请向其颁发的一个准许施工的凭证，只是表明建设工程符合开工的条件，建设工程施工许可证本身不是确定开工日期的凭证。施工许可证属于行政管理范畴，虽然未取得施工许可证，但符合开工条件并实际开工的，则按实际的开工日期计算工期。

典型案例 46

开工日期的认定

——某建设集团有限公司与某商贸投资开发有限公司建设工程施工合同纠纷案[1]

某建设集团有限公司再审称：①未取得施工许可的施工行为不能视为法律意义上的开工，原审错误认定案涉建设工程项目开工日期为 2012 年 2 月 1 日，案涉工程工期应从 2012 年 9 月 3 日建设单位取得施工许可、施工行为具备合法性后开始计算；②某商贸投资开发有限公司不能基于自己的违法行为而获益，在未取得施工许可、不符合开工条件的情况下，无论建设单位的主观意愿如何，施工单位进场施工均违反法律规定，某商贸投资开发有限公司不能一边违法要求某建设集团有限公司进场施工，一边以某建设集团有限公司延误工期为由主张违约责任。

最高人民法院认为，开工日期的确定要坚持实事求是的原则，以合同约定及施工许可证记载的日期为基础，综合工程的客观实际情况，以最接近实际进场施工时间的日期作为开工日期。本案双方签订的《建设工程施工合同》约定的开工日期为 2012 年 2 月 1 日，某建设集团有限公司提交的经济技术签证资料也能够证明项目自 2012 年 2 月 1 日已经开工，且某建设集团有限公司在本案诉讼中对其曾于该日期进场施工亦不否认。故虽然某商贸投资开发有限公司取得施工许可证的日期为 2012 年 9 月 3 日，但从上述情况来看，2012 年 2 月 1 日应为最接近实际进场施工时间的日期。某建设集团有限公司主张未取得施工许可的施工行为不能视为法律意义上的开工，应以 2012 年 9 月 3 日建设单位取得施工许可证的时间来确定本案的开工日期，该主张与客观事实不符，不应得到支持。至于案涉工程在未取得施工许可证前已经实际施工的问题，属于行政处罚范围，有关行政机关亦对该行为作出了相应的行政处罚决定，该事实不影响最高人民法院对实际开工日期的认定。

【评析】开工日期的确定坚持实事求是的原则，工程在未取得施工许可证前已经实际施工的，不影响对实际开工日期的认定。

（三）开工报告

开工报告，是承包人在工程开工前按合同约定向监理工程师或发包人提交的，经总监理工程师或发包人批准后拟对工程建设项目施工的计划。开工报告记载了工程拟开工的时间以及人员、机械设备安排等情况。

（四）开工通知或开工令

《建设工程施工合同（示范文本）》GF—2017—0201 第 7.3.2 项约定：“工期自开工

[1] 参见最高人民法院（2018）最高法民再 442 号民事判决书。

通知中载明的开工日期起算。”开工通知，是发包人向承包人下达开工指令并记载具体开工时间的载体。

（五）施工过程中有关开工日期的记载资料

在工程项目施工过程中，承发包双方或监理单位就工程项目开工日期等形成的书面文件，如会议纪要、工程联系单等，是确定开工日期的重要凭据。

（六）工程竣工报告和工程竣工验收报告

竣工报告和竣工验收报告虽然只有两字之差，但实质内容有很大差别。竣工报告是施工单位编制的，而竣工验收报告是建设单位编制的。先有竣工报告，再有竣工验收报告。

单位工程完工后，施工单位组织有关人员进行自检。总监理工程师应组织各专业监理工程师对工程质量进行竣工预验收。存在施工质量问题时，应由施工单位整改。整改完毕后，由施工单位向建设单位提交工程竣工报告，申请工程竣工验收。建设单位收到工程竣工报告后，应由建设单位项目负责人组织监理、施工、设计、勘察等单位项目负责人进行单位工程验收。

竣工报告和竣工验收报告一般包括工程概况，开工时间、完工或竣工时间。

（七）竣工验收备案表

建设单位在工程竣工验收合格后，应依照法律的规定，向工程所在地的县级以上地方人民政府建设主管部门备案。备案资料中有工程竣工验收备案表，该表中有开工时间、竣工时间的记载。

三、实际开工日期认定

《建设工程施工合同解释（一）》第八条规定：“当事人对建设工程开工日期有争议的，人民法院应当分别按照以下情形予以认定：（一）开工日期为发包人或者监理人发出的开工通知载明的开工日期；开工通知发出后，尚不具备开工条件的，以开工条件具备的时间为开工日期；因承包人原因导致开工时间推迟的，以开工通知载明的时间为开工日期。（二）承包人经发包人同意已经实际进场施工的，以实际进场施工时间为开工日期。（三）发包人或者监理人未发出开工通知，亦无相关证据证明实际开工日期的，应当综合考虑开工报告、合同、施工许可证、竣工验收报告或者竣工验收备案表等载明的时间，并结合是否具备开工条件的事实，认定开工日期。”

开工日期的认定是非常重要的。实践中承发包双方就开工日期的认定经常产生分歧，根本原因在于约定的开工日期与实际的开工日期不一致。这牵涉到承发包双方的利益，对于承包人来说，工期延误可能面临巨额索赔等相应的违约责任，对于发包人来说，也有可能面临因不具备开工条件导致承包人要求赔偿损失等相应的违约责任。承发包双方的认定意见不一致时怎样确定实际开工日期呢？笔者认为，应当按照下列原则来确定实际开工日期。

（1）遵循“有约定，从约定”的基本原则，即当事人协商一致确定开工日期，体现在双方签署的会议纪要、备忘录等文件中。

（2）开工日期为发包人或者监理人发出的开工通知载明的开工日期，但开工通知发出后，尚不具备开工条件的，应区分不同的情况：

① 非承包人原因造成不具备开工条件的，以开工条件具备的时间为开工日期；

② 承包人原因导致开工时间推迟的，以开工通知载明的时间为开工日期；

③ 如果不具备开工条件有承包人原因，也有发包人原因，在这种情况下需要查明初始责任者是谁，再根据初始责任者的责任消失时间来综合判断开工时间。

（3）承包人经发包人同意已经实际进场施工的，以实际进场施工时间为开工日期。但是要区分承包人进场是开工准备还是施工。如果是开工准备，则不宜认定已实际施工；如果是正式施工，且实际能施工，应以实际进场施工时间为开工日期。

（4）发包人或者监理人未发出开工通知，亦无相关证据证明实际开工日期的，应当综合考虑开工报告、施工合同、施工许可证、竣工验收报告或者竣工验收备案表等载明的时间，并结合是否具备开工条件的事实，认定开工日期。

发包人或者监理人未发出开工通知，亦无相关证据证明实际开工日期的，开工报告、施工合同、施工许可证、竣工验收报告或者竣工验收备案表对开工时间的证明力大小是否不同？这个问题在实践中非常复杂。最高人民法院认为，开工报告记载的开工日期最接近实际开工时间，如果没有开工报告，施工合同中约定的开工时间可以作为参考。在欠缺开工通知、开工报告等其他证据的情况下，施工许可证可证明建设工程具备了开工条件，后补办施工许可证的情况，应结合施工合同约定的工期、是否有顺延工期的情况等进行认定。如果依据施工许可证、竣工验收报告或竣工验收备案表等记载的开工日期至竣工日期计算的工期与合同约定的工期相比，明显缩短，则其记载的开工日期未必属实。

四、竣工日期

实践中承发包双方对实际竣工日期的认定往往分歧较大，如果当事人双方对实际竣工日期的认定不一致，就会导致不易确定工期是否延误以及施工合同约定的责任如何承担等问题。对此，结合实践以及《建设工程施工合同解释（一）》的规定，对实际竣工日期作如下认定。

（1）承发包双方当事人（或经授权代表）签字确认了竣工日期的，则认定双方确认日期为实际竣工日期。如果双方当事人对竣工日期没有争议，并签字或盖章确认了竣工日期，则双方当事人意思表示一致，可以认定该确认日期为实际竣工日期，有证据能证明意思表示不真实除外。确认的形式一般是书面的，可以会议纪要、联系单、往来函件等书面凭证确认。

（2）建设工程经竣工验收合格的，以竣工验收合格之日为竣工日期。《民法典》第七百九十九条规定：“建设工程竣工后，发包人应当根据施工图纸及说明书、国家颁发的施工验收规范和质量检验标准及时进行验收。验收合格的，发包人应当按照约定支付价款，并接收该建设工程。建设工程竣工经验收合格后，方可交付使用；未经验收或者验收不合格的，不得交付使用。”承包人的主要义务是按期、按质完成工程建设施工；发包人的主要义务是支付工程款。因此，建设工程是否验收合格成为发包人支付工程款的前提，建设工程经竣工验收合格的以竣工验收合格之日为竣工日期成为必然。基于该理由，《建设工程施工合同解释（一）》第九条规定：“建设工程经竣工验收合格的，以竣工验收合格之日为竣工日期。”

需要注意的是，根据《建设工程施工合同（示范文本）》GF—2017—0201的约定，工程经竣工验收合格的，以承包人提交竣工验收申请报告之日为实际竣工日期。该约定内容与《建设工程施工合同解释（一）》第九条规定的验收合格之日作为竣工日期有差异。在这种情况下，根据意思自治原则，应当以提交竣工验收申请报告之日为实际竣工日期。

（3）承包人已经提交竣工验收报告，发包人拖延验收的，以承包人提交验收报告之日为竣工日期。需要注意的是，对于发包人没有在合理期限内进行验收或者发包人拖延验收的，到底多长时间算“合理验收时间”或“拖延验收”？对此，相关法律法规没有作明确的规定，这个问题在司法实践中有争议，没有统一的做法。因此为了避免此问题的出现，承包人与发包人应尽量在合同中约定发包人在收到承包人的竣工报告后在多少天内应进行竣工验收，如果该期限内发包人没有进行竣工验收的，则可认定发包人拖延竣工验收。此种情况下，承包人提交竣工报告之日即为竣工日期。

如果承发包双方签订施工合同采用的是标准文本或示范文本，那对“拖延验收”是比较好理解的。九部委标准文件规定：“发包人在收到承包人竣工验收申请报告56天后未进行验收的，视为验收合格，实际竣工日期以提交竣工验收申请报告的日期为准，但发包人由于不可抗力不能进行验收的除外。”因此，在这种情况下，发包人“拖延验收”是指“发包人在收到承包人竣工验收申请报告56天后未进行验收”，但发包人由于不可抗力不能进行验收的除外。《建设工程施工合同（示范文本）》GF—2017—0201约定：“因发包人原因，未在监理人收到承包人提交的竣工验收申请报告42天内完成竣工验收，或完成竣工验收不予签发工程接收证书的，以提交竣工验收申请报告的日期为实际竣工日期。”因此，在这种情况下，发包人“拖延验收”是指“发包人收到承包人提交的竣工验收申请报告42天内未完成竣工验收”。

当前的建筑市场，发包人拖欠工程款主要有两个手段：一是拖而不验，即拖延不验收，工程完工后承包人向发包人提起工程竣工验收，发包人借口验收的条件不成就；第二是验而不审，即验收合格，承包人向发包人提交工程结算报告以后，发包人拖着不审价。针对第一种情形，《建设工程施工合同解释（一）》作出了专门的规定，即承包人已经提交竣工验收报告，发包人拖延验收的，以承包人提交验收报告之日为竣工日期。针对第二种情形，《建设工程施工合同解释（一）》第二十一条规定：“当事人约定，发包人收到竣工结算文件后，在约定期限内不予答复，视为认可竣工结算文件的，按照约定处理。承包人请求按照竣工结算文件结算工程价款的，人民法院应予支持。”但这需要在施工合同中约定审价的期限以及未在规定期限内审价完毕的法律后果。

（4）建设工程未经竣工验收，发包人擅自使用的，以转移占有建设工程之日为竣工日期。这比较好理解，发包人擅自使用未经竣工验收的工程，视为对质量的认可。未经竣工验收的工程，发包人擅自使用的，因工程质量问题而产生的责任由谁承担很难确定，对此，《建设工程施工合同解释（一）》第十四条规定：“建设工程未经竣工验收，发包人擅自使用后，又以使用部分质量不符合约定为由主张权利的，人民法院不予支持；但是承包人应当在建设工程的合理使用寿命内对地基基础工程和主体结构质量承担民事责任。”

为什么“建设工程未经竣工验收，发包人擅自使用的，以转移占有建设工程之日为竣工日期”？不外乎有这样几点理由。

第一，发包人在建设工程未经竣工验收的情况下使用工程违反了法律法规的规定，《民法典》明确规定：“建设工程竣工经验收合格后，方可交付使用；未经验收或者验收不合格的，不得交付使用。”《建设工程质量管理条例》也有相关规定：“建设工程经验收合格的，方可交付使用。”因此，违反相关规定必然承担相应的法律责任。

第二，发包人使用建设工程，视为对工程质量的认可，表明其已经实现了合同目的。

第三，发包人已使用了建设工程，再来进行建设工程竣工验收的话会导致由哪一方当事人承担工程质量缺陷责任界限不清。

当然，现行法律法规没有规定未验收擅自使用发生工程质量问题的责任一律由发包人承担，实践中情况十分复杂，要结合个案区别对待。

五、发包人导致工期延误的情形

实际中，认定发包人原因造成工期延误的依据主要来源于法律规定和合同约定。法律规定主要指在出现某一原因造成工期延误时，法律直接明确责任主体；合同约定是指合同双方当事人在合同中明确约定，在出现某一原因造成工期延误时，按约定由责任方承担责任。根据《建设工程施工合同（示范文本）》GF—2017—0201 的相关内容，发包人原因造成的工期延误见表 10-1，其他原因造成的工期延误见表 10-2。

发包人原因造成的工期延误　　　　表 10-1

序号	条款	内容	索赔内容		
			工期	费用	利润
1	1.6.1	因发包人未按合同约定提供图纸导致承包人费用增加和(或)工期延误的，按照第 7.5.1 项〔因发包人原因导致工期延误〕约定办理	√	√	√
2	1.7.3	发包人和承包人应当及时签收另一方送达至送达地点和指定接收人的来往信函。拒不签收的，由此增加的费用和(或)延误的工期由拒绝接收一方承担	√	√	

续表

序号	条款	内容	索赔内容		
			工期	费用	利润
3	2.1	发包人应遵守法律，并办理法律规定由其办理的许可、批准或备案，包括但不限于建设用地规划许可证、建设工程规划许可证、建设工程施工许可证、施工所需临时用水、临时用电、中断道路交通、临时占用土地等许可和批准。发包人应协助承包人办理法律规定的有关施工证件和批件。因发包人原因未能及时办理完毕前述许可、批准或备案，由发包人承担由此增加的费用和(或)延误的工期，并支付承包人合理的利润	√	√	√
4	2.4.4	因发包人原因未能按合同约定及时向承包人提供施工现场、施工条件、基础资料的，由发包人承担由此增加的费用和(或)延误的工期	√	√	
5	4.3	监理人发出的指示应送达承包人项目经理或经项目经理授权接收的人员。因监理人未能按合同约定发出指示、指示延误或发出了错误指示而导致承包人费用增加和(或)工期延误的，由发包人承担相应责任	√	√	
6	5.1.2	因发包人原因造成工程质量未达到合同约定标准的，由发包人承担由此增加的费用和(或)延误的工期，并支付承包人合理的利润	√	√	√
7	5.2.3	监理人的检查和检验不应影响施工正常进行。监理人的检查和检验影响施工正常进行的，且经检查检验不合格的，影响正常施工的费用由承包人承担，工期不予顺延；经检查检验合格的，由此增加的费用和(或)延误的工期由发包人承担	√	√	
8	5.3.2	除专用合同条款另有约定外，监理人不能按时进行检查的，应在检查前24小时向承包人提交书面延期要求，但延期不能超过48小时，由此导致工期延误的，工期应予以顺延	√		
9	5.3.3	承包人覆盖工程隐蔽部位后，发包人或监理人对质量有疑问的，可要求承包人对已覆盖的部位进行钻孔探测或揭开重新检查，承包人应遵照执行，并在检查后重新覆盖恢复原状。经检查证明工程质量符合合同要求的，由发包人承担由此增加的费用和(或)延误的工期，并支付承包人合理的利润	√	√	√
10	5.4.2	因发包人原因造成工程不合格的，由此增加的费用和(或)延误的工期由发包人承担，并支付承包人合理的利润	√	√	√
11	7.3.2	除专用合同条款另有约定外，因发包人原因造成监理人未能在计划开工日期之日起90天内发出开工通知的，承包人有权提出价格调整要求，或者解除合同。发包人应当承担由此增加的费用和(或)延误的工期，并向承包人支付合理利润	√	√	√
12	7.5.1	在合同履行过程中，因下列情况导致工期延误和(或)费用增加的，由发包人承担由此延误的工期和(或)增加的费用，且发包人应支付承包人合理的利润： (1)发包人未能按合同约定提供图纸或所提供图纸不符合合同约定的； (2)发包人未能按合同约定提供施工现场、施工条件、基础资料、许可、批准等开工条件的； (3)发包人提供的测量基准点、基准线和水准点及其书面资料存在错误或疏漏的； (4)发包人未能在计划开工日期之日起7天内同意下达开工通知的； (5)发包人未能按合同约定日期支付工程预付款、进度款或竣工结算款的； (6)监理人未按合同约定发出指示、批准等文件的； (7)专用合同条款中约定的其他情形	√	√	√

续表

序号	条款	内容	索赔内容		
			工期	费用	利润
13	7.8.1	因发包人原因引起的暂停施工，发包人应承担由此增加的费用和（或）延误的工期，并支付承包人合理的利润	√	√	√
14	7.8.5	因发包人原因无法按时复工的，按照第7.5.1项〔因发包人原因导致工期延误〕约定办理	√	√	√
15	8.5.3	发包人提供的材料或工程设备不符合合同要求的，承包人有权拒绝，并可要求发包人更换，由此增加的费用和（或）延误的工期由发包人承担，并支付承包人合理的利润	√	√	√
16	9.3.3	监理人对承包人的试验和检验结果有异议的，或为查清承包人试验和检验成果的可靠性要求承包人重新试验和检验的，可由监理人与承包人共同进行。重新试验和检验的结果证明该项材料、工程设备或工程的质量不符合合同要求的，由此增加的费用和（或）延误的工期由承包人承担；重新试验和检验结果证明该项材料、工程设备和工程符合合同要求的，由此增加的费用和（或）延误的工期由发包人承担	√	√	
17	10.7.3	因发包人原因导致暂估价合同订立和履行迟延的，由此增加的费用和（或）延误的工期由发包人承担，并支付承包人合理的利润。因承包人原因导致暂估价合同订立和履行迟延的，由此增加的费用和（或）延误的工期由承包人承担	√	√	√
18	13.3.1	监理人不能按时参加试车，应在试车前24小时以书面形式向承包人提出延期要求，但延期不能超过48小时，由此导致工期延误的，工期应予以顺延	√		
19	13.3.2	因设计原因导致试车达不到验收要求，发包人应要求设计人修改设计，承包人按修改后的设计重新安装。发包人承担修改设计、拆除及重新安装的全部费用，工期相应顺延。 因工程设备制造原因导致试车达不到验收要求的，由采购该工程设备的合同当事人负责重新购置或修理，承包人负责拆除和重新安装，由此增加的修理、重新购置、拆除及重新安装的费用及延误的工期由采购该工程设备的合同当事人承担	√	√	
20	13.4.2	发包人要求在工程竣工前交付单位工程，由此导致承包人费用增加和（或）工期延误的，由发包人承担由此增加的费用和（或）延误的工期，并支付承包人合理的利润	√	√	√

其他原因造成的工期延误　　表10-2

序号	条款	内容	索赔内容		
			工期	费用	利润
1	1.9	在施工现场发掘的所有文物、古迹以及具有地质研究或考古价值的其他遗迹、化石、钱币或物品属于国家所有。一旦发现上述文物，承包人应采取合理有效的保护措施，防止任何人员移动或损坏上述物品，并立即报告有关政府行政管理部门，同时通知监理人。 发包人、监理人和承包人应按有关政府行政管理部门要求采取妥善的保护措施，由此增加的费用和（或）延误的工期由发包人承担	√	√	

续表

序号	条款	内容	索赔内容		
			工期	费用	利润
2	7.6	承包人遇到不利物质条件时，应采取克服不利物质条件的合理措施继续施工，并及时通知发包人和监理人。通知应载明不利物质条件的内容以及承包人认为不可预见的理由。监理人经发包人同意后应当及时发出指示，指示构成变更的，按第10条〔变更〕约定执行。承包人因采取合理措施而增加的费用和（或）延误的工期由发包人承担	√	√	
3	7.7	承包人应采取克服异常恶劣的气候条件的合理措施继续施工，并及时通知发包人和监理人。监理人经发包人同意后应当及时发出指示，指示构成变更的，按第10条〔变更〕约定办理。承包人因采取合理措施而增加的费用和（或）延误的工期由发包人承担	√	√	
4	11.2	基准日期后，法律变化导致承包人在合同履行过程中所需要的费用发生除第11.1款〔市场价格波动引起的调整〕约定以外的增加时，由发包人承担由此增加的费用；减少时，应从合同价格中予以扣减。基准日期后，因法律变化造成工期延误时，工期应予以顺延	√	√	
5	17.3.2	不可抗力导致的人员伤亡、财产损失、费用增加和（或）工期延误等后果，由合同当事人按以下原则承担： (1)永久工程、已运至施工现场的材料和工程设备的损坏，以及因工程损坏造成的第三人人员伤亡和财产损失由发包人承担； (2)承包人施工设备的损坏由承包人承担； (3)发包人和承包人承担各自人员伤亡和财产的损失； (4)因不可抗力影响承包人履行合同约定的义务，已经引起或将引起工期延误的，应当顺延工期，由此导致承包人停工的费用损失由发包人和承包人合理分担，停工期间必须支付的工人工资由发包人承担； (5)因不可抗力引起或将引起工期延误，发包人要求赶工的，由此增加的赶工费用由发包人承担； (6)承包人在停工期间按照发包人要求照管、清理和修复工程的费用由发包人承担。 不可抗力发生后，合同当事人均应采取措施尽量避免和减少损失的扩大，任何一方当事人没有采取有效措施导致损失扩大的，应对扩大的损失承担责任	√	√	

六、承包人导致工期延误的情形

根据《建设工程施工合同（示范文本）》GF—2017—0201的相关内容，承包人原因造成的工期延误见表10-3。

承包人原因造成的工期延误 **表10-3**

序号	条款	内容	索赔内容		
			工期	费用	利润
1	1.7.3	发包人和承包人应当及时签收另一方送达至送达地点和指定接收人的来往信函。拒不签收的，由此增加的费用和（或）延误的工期由拒绝接收一方承担	√	√	

续表

序号	条款	内容	索赔内容		
			工期	费用	利润
2	1.10.1	承包人应在订立合同前查勘施工现场，并根据工程规模及技术参数合理预见工程施工所需的进出施工现场的方式、手段、路径等。因承包人未合理预见所增加的费用和(或)延误的工期由承包人承担	√	√	
3	3.2.1	项目经理应是承包人正式聘用的员工，承包人应向发包人提交项目经理与承包人之间的劳动合同，以及承包人为项目经理缴纳社会保险的有效证明。承包人不提交上述文件的，项目经理无权履行职责，发包人有权要求更换项目经理，由此增加的费用和(或)延误的工期由承包人承担	√	√	
4	3.4	承包人应对施工现场和施工条件进行查勘，并充分了解工程所在地的气象条件、交通条件、风俗习惯以及其他与完成合同工作有关的其他资料。因承包人未能充分查勘、了解前述情况或未能充分估计前述情况所可能产生后果的，承包人承担由此增加的费用和(或)延误的工期	√	√	
5	3.6	在承包人负责照管期间，因承包人原因造成工程、材料、工程设备损坏的，由承包人负责修复或更换，并承担由此增加的费用和(或)延误的工期。 对合同内分期完成的成品和半成品，在工程接收证书颁发前，由承包人承担保护责任。因承包人原因造成成品或半成品损坏的，由承包人负责修复或更换，并承担由此增加的费用和(或)延误的工期	√	√	
6	5.1.3	因承包人原因造成工程质量未达到合同约定标准的，发包人有权要求承包人返工直至工程质量达到合同约定的标准为止，并由承包人承担由此增加的费用和(或)延误的工期	√	√	
7	5.3.2	监理人应按时到场并对隐蔽工程及其施工工艺、材料和工程设备进行检查。经监理人检查确认质量符合隐蔽要求，并在验收记录上签字后，承包人才能进行覆盖。经监理人检查质量不合格的，承包人应在监理人指示的时间内完成修复，并由监理人重新检查，由此增加的费用和(或)延误的工期由承包人承担	√	√	
8	5.3.3	承包人覆盖工程隐蔽部位后，发包人或监理人对质量有疑问的，可要求承包人对已覆盖的部位进行钻孔探测或揭开重新检查，承包人应遵照执行，并在检查后重新覆盖恢复原状。经检查证明工程质量符合合同要求的，由发包人承担由此增加的费用和(或)延误的工期，并支付承包人合理的利润；经检查证明工程质量不符合合同要求的，由此增加的费用和(或)延误的工期由承包人承担	√	√	
9	5.3.4	承包人未通知监理人到场检查，私自将工程隐蔽部位覆盖的，监理人有权指示承包人钻孔探测或揭开检查，无论工程隐蔽部位质量是否合格，由此增加的费用和(或)延误的工期均由承包人承担	√	√	
10	5.4.1	因承包人原因造成工程不合格的，发包人有权随时要求承包人采取补救措施，直至达到合同要求的质量标准，由此增加的费用和(或)延误的工期由承包人承担	√	√	
11	6.1.6	承包人对安全文明施工费应专款专用，承包人应在财务账目中单独列项备查，不得挪作他用，否则发包人有权责令其限期改正；逾期未改正的，可以责令其暂停施工，由此增加的费用和(或)延误的工期由承包人承担	√	√	

续表

序号	条款	内容	索赔内容		
			工期	费用	利润
12	6.1.7	在工程实施期间或缺陷责任期内发生危及工程安全的事件，监理人通知承包人进行抢救，承包人声明无能力或不愿立即执行的，发包人有权雇佣其他人员进行抢救。此类抢救按合同约定属于承包人义务的，由此增加的费用和(或)延误的工期由承包人承担	√	√	
13	6.3	承包人应当承担因其原因引起的环境污染侵权损害赔偿责任，因上述环境污染引起纠纷而导致暂停施工的，由此增加的费用和(或)延误的工期由承包人承担	√	√	
14	7.8.2	因承包人原因引起的暂停施工，承包人应承担由此增加的费用和(或)延误的工期，且承包人在收到监理人复工指示后 84 天内仍未复工的，视为第 16.2.1 项〔承包人违约的情形〕第(7)目约定的承包人无法继续履行合同的情形	√	√	
15	7.8.5	承包人无故拖延和拒绝复工的，承包人承担由此增加的费用和(或)延误的工期	√	√	
16	8.3.2	承包人采购的材料和工程设备不符合设计或有关标准要求时，承包人应在监理人要求的合理期限内将不符合设计或有关标准要求的材料、工程设备运出施工现场，并重新采购符合要求的材料、工程设备，由此增加的费用和(或)延误的工期，由承包人承担	√	√	
17	8.5.1	监理人有权拒绝承包人提供的不合格材料或工程设备，并要求承包人立即进行更换。监理人应在更换后再次进行检查和检验，由此增加的费用和(或)延误的工期由承包人承担	√	√	
18	8.8.3	承包人使用的施工设备不能满足合同进度计划和(或)质量要求时，监理人有权要求承包人增加或更换施工设备，承包人应及时增加或更换，由此增加的费用和(或)延误的工期由承包人承担	√	√	
19	9.3.3	监理人对承包人的试验和检验结果有异议的，或为查清承包人试验和检验成果的可靠性要求承包人重新试验和检验的，可由监理人与承包人共同进行。重新试验和检验的结果证明该项材料、工程设备或工程的质量不符合合同要求的，由此增加的费用和(或)延误的工期由承包人承担；重新试验和检验结果证明该项材料、工程设备和工程符合合同要求的，由此增加的费用和(或)延误的工期由发包人承担	√	√	
20	10.7.3	因发包人原因导致暂估价合同订立和履行迟延的，由此增加的费用和(或)延误的工期由发包人承担，并支付承包人合理的利润。因承包人原因导致暂估价合同订立和履行迟延的，由此增加的费用和(或)延误的工期由承包人承担	√	√	
21	11.2	因承包人原因造成工期延误，在工期延误期间出现法律变化的，由此增加的费用和(或)延误的工期由承包人承担	√	√	
22	13.2.2	竣工验收不合格的，监理人应按照验收意见发出指示，要求承包人对不合格工程返工、修复或采取其他补救措施，由此增加的费用和(或)延误的工期由承包人承担	√	√	
23	13.2.4	对于竣工验收不合格的工程，承包人完成整改后，应当重新进行竣工验收，经重新组织验收仍不合格的且无法采取措施补救的，则发包人可以拒绝接收不合格工程，因不合格工程导致其他工程不能正常使用的，承包人应采取措施确保相关工程的正常使用，由此增加的费用和(或)延误的工期由承包人承担	√	√	

续表

序号	条款	内容	索赔内容		
			工期	费用	利润
24	13.3.2	因设计原因导致试车达不到验收要求，发包人应要求设计人修改设计，承包人按修改后的设计重新安装。发包人承担修改设计、拆除及重新安装的全部费用，工期相应顺延。因承包人原因导致试车达不到验收要求，承包人按监理人要求重新安装和试车，并承担重新安装和试车的费用，工期不予顺延。 因工程设备制造原因导致试车达不到验收要求的，由采购该工程设备的合同当事人负责重新购置或修理，承包人负责拆除和重新安装，由此增加的修理、重新购置、拆除及重新安装的费用及延误的工期由采购该工程设备的合同当事人承担	√	√	

七、工期延误的举证责任

工期责任是指责任方应承担的因工期延误所造成的损失。实践中，工期延误是由多种原因造成的，有发包人的原因，有承包人的原因，有第三人的原因，也有发包人承包人共同的原因，也就有一方的责任、双方的责任等。

“谁主张，谁举证”，这是当事人在民事诉讼中应遵循的基本举证规则，否则将承担举证不能的法律后果。从理论上讲，发包人、承包人关于工期纠纷的主张大概为：发包人认为合同约定的施工工期是明确的，承包人完成工程建设的时间晚于合同约定的竣工时间；承包人则认为，合同约定的工期并不明确，或虽明确但工程实际竣工日期晚于合同约定竣工时间是由发包人原因、自然因素等造成的，即工期延误是不可归责于承包人的原因造成的，承包人不承担责任。围绕各自的主张，承发包双方提供相应的证据材料加以证明。

在实践中，一方向另一方进行工期索赔，就需要举证证明是对方的原因或并非己方原因造成工期延误。下文就从承发包双方的角度看一下各方的举证责任。

（1）发包人如果向承包人提起工期索赔，那一般只需提供两份证据足够：①承发包双方签订的建设工程施工合同；②开工令、竣工验收报告。

建设工程施工合同一般都约定了工程的开工日期以及工程的竣工日期，这样很容易就得出工程的建设工期是多少天，开工令能证明开始施工的时间，竣工验收报告能证明建设工程实际的竣工日期。结合上述两项证据就可以得出工期延误的天数，即发包人只要能证明实际竣工的时间晚于合同约定竣工的时间，就可以得出承包人工期延误的时间。可以看出，发包人提供施工合同，其目的是证明合同约定的具体工期；提供竣工报告，其目的是证明工程的实际竣工日期；开工令，可以证明开始施工的时间。

（2）相对而言，承包人要向发包人提起工期索赔就困难得多。工期的延误肯定是事实，关键在于是谁的责任。根据我国的举证责任制度，工期延误责任认定制度对承包人是很不利的。承包人提起工期索赔需要达到的证明标准为：①举证证明导致工期延误的事项且并非承包人的责任；②证明实际延误的天数；③证明延误的事项发生在关键线路上；④证明在合同约定的期限内向发包人提起过签证或索赔，当然，是否需要在期限内提起索赔，看要施工合同是否有约定。

从上述内容可看出，工期索赔举证责任规则对承包人是不利的，这就要求承包人要在合同履行过程中重视合同的相关规定，多收集证据，增强法律意识。

典型案例 47

在工期延误的情况下，承包人应举证证明工期延误非由己方原因造成

——某建设集团有限公司与某房地产开发有限公司建设工程施工合同纠纷案[1]

关于某建设集团有限公司应否以及如何承担工期延误违约金的问题。最高人民法院认为，对案涉工程工期存在延误，当事人并无异议，争议的焦点是工期延误的原因。《民事诉讼法解释》第九十条规定："当事人对自己提出的诉讼请求所依据的事实或者反驳对方诉讼请求所依据的事实，应当提供证据加以证明，但法律另有规定的除外。在作出判决前，当事人未能提供证据或者证据不足以证明其事实主张的，由负有举证证明责任的当事人承担不利的后果。"本案中，针对某房地产开发有限公司的反诉请求，某建设集团有限公司抗辩称案涉工程工期延误系某房地产开发有限公司所致，对于该反驳所依据的事实，某建设集团有限公司应当提供证据加以证明。某建设集团有限公司一审虽提交了包括《工程签证单》《工程联系单》在内的多份证据，证明因某房地产开发有限公司原因导致工期延误，但某建设集团有限公司并不否认其提交的证据不能完全覆盖实际的工期延误天数，二审中某建设集团有限公司亦未提交补充证据证明所有的工期延误均系某房地产开发有限公司所致，某建设集团有限公司应承担相应的不利后果。一审判决以存在某房地产开发有限公司造成工期延误的客观事实为由，将工期延误全部认定为某房地产开发有限公司的责任，认定不当，最高人民法院予以纠正。关于工期延误违约金数额，从已经查明的事实看，导致案涉工程工期延误的原因是多方面，且无法精确计算不同原因导致的具体延误天数，根据公平原则和诚实信用原则，兼顾合同履行情况及当事人过错，最高人民法院酌定某建设集团有限公司支付某房地产开发有限公司工期延误违约金 750000 元。

【评析】工期延误的举证对承包人而言难度较大，原因在于在施工合同履行过程中承包人缺乏证据意识，以至于诉讼中处于被动地位。当然，也不排除承包人施工能力不足造成工期延误的可能。

在实践中，并不是所有的当事人在施工合同中对工期都有明确的约定，在承发包双方未对工期有明确、具体约定的情形下，怎样认定工期以及由谁来承担举证责任呢？《民法

[1] 参见最高人民法院（2018）最高法民终 24 号民事判决书。

典》第五百一十条规定："合同生效后，当事人就质量、价款或者报酬、履行地点等内容没有约定或者约定不明确的，可以协议补充；不能达成补充协议的，按照合同相关条款或者交易习惯确定。"第五百一十一条规定："当事人就有关合同内容约定不明确，依据前条规定仍不能确定的，适用下列规定：（一）质量要求不明确的，按照强制性国家标准履行；没有强制性国家标准的，按照推荐性国家标准履行；没有推荐性国家标准的，按照行业标准履行；没有国家标准、行业标准的，按照通常标准或者符合合同目的的特定标准履行。（二）价款或者报酬不明确的，按照订立合同时履行地的市场价格履行；依法应当执行政府定价或者政府指导价的，依照规定履行。（三）履行地点不明确，给付货币的，在接受货币一方所在地履行；交付不动产的，在不动产所在地履行；其他标的，在履行义务一方所在地履行。（四）履行期限不明确的，债务人可以随时履行，债权人也可以随时请求履行，但是应当给对方必要的准备时间。（五）履行方式不明确的，按照有利于实现合同目的的方式履行。（六）履行费用的负担不明确的，由履行义务一方负担；因债权人原因增加的履行费用，由债权人负担。"当承发包双方在施工合同中未约定工期且事后又不能达成补充协议时，是否可以按照《民法典》第五百一十一条的规定来确定工期？这显然是不能的，因为无交易习惯可遵循。在无法按照《民法典》的规定确定工期时，实践中通常的做法是进行工期鉴定，由鉴定机构根据施工图纸、技术方案，结合施工实际情况确定合理的施工工期。

八、发包人诉讼请求的确定

工期延误，有可能是发包人的原因，有可能是承包人的原因，有可能是承发包双方共同的原因，也有可能是第三方的原因等造成的。总之，在工期延误的情况下，一定有干扰因素的介入。

在承包人原因造成工期延误时，发包人提起诉讼，如何确定诉讼请求？

（一）施工合同有效情形下的诉讼请求

如施工合同中明确约定有逾期竣工违约金，一般可直接请求承包人承担逾期竣工违约金。实务中可能会出现逾期竣工违约金不足以赔偿发包人的实际损失的情形，在这种情况下，发包人有两种诉讼方案可供选择：第一种方案，根据《民法典》第五百八十五条第二款"约定的违约金低于造成的损失的，人民法院或者仲裁机构可以根据当事人的请求予以增加；约定的违约金过分高于造成的损失的，人民法院或者仲裁机构可以根据当事人的请求予以适当减少"的规定，请求调增违约金，只是在调整违约金时，应当结合合同履行情况、实际损失、当事人过错程度等因素，根据损失填平原则予以衡量；第二种方案，同时行使违约金请求权和损害赔偿请求权，只是对于超出违约金的损害部分，发包人必须对损害赔偿的构成进行证明。

如果施工合同中未约定违约金，也未约定因违约产生的损失赔偿额的计算方法，那么发包人只能行使损害赔偿请求权，且须对损害赔偿的构成进行证明。

（二）施工合同无效情形下的诉讼请求

在施工合同无效的情况下，合同中有关违约金等的责任条款不能当然适用，根据《民法典》第一百六十七条“民事法律行为无效、被撤销或者确定不发生效力后，行为人因该行为取得的财产，应当予以返还；不能返还或者没有必要返还的，应当折价补偿。有过错的一方应当赔偿对方由此所受到的损失；各方都有过错的，应当各自承担相应的责任。法律另有规定的，依照其规定”的规定，赔偿损失是无效合同的救济制度。因此，在施工合同无效的情况下，发包人可以主张损害赔偿。

根据“谁主张，谁举证”的举证规则，发包人对自己提出的主张有提供证据的义务，并应当运用该证据证明其主张成立。发包人需要举证的内容有：第一，损失应限于已经发生的实际损失；第二，承包人具有过错，如果承包人不具有过错，则其不承担责任；第三，损失与过错之间具有因果关系。

虽然《民法典》规定无过错方有权要求过错方赔偿其实际损失，但在实务中有时无过错方很难对其实际损失进行举证，如果严格按照举证规则进行举证责任分配由负有举证责任一方承担举证不能的法律后果，实际上是损害守约方利益，对守约方不公平。故《建设工程施工合同解释（一）》第六条规定：“建设工程施工合同无效，一方当事人请求对方赔偿损失的，应当就对方过错、损失大小、过错与损失之间的因果关系承担举证责任。损失大小无法确定，一方当事人请求参照合同约定的质量标准、建设工期、工程价款支付时间等内容确定损失大小的，人民法院可以结合双方过错程度、过错与损失之间的因果关系等因素作出裁判。”如，在承包人逾期竣工，发包人无法证明其损失的情况下，可以参照无效施工合同中约定的逾期竣工违约责任条款来衡量发包人的损失，并结合各方的过错程度以及公平原则确定损失的分担。

不管施工合同有效还是无效，在逾期竣工的情形下，发包人的损失大致包括：工程管理成本增加，投资成本增加，逾期交房承担的违约责任，租金损失等。

典型案例 48

施工合同无效，具备一定条件同样可以参照合同约定确定损失大小

——某建工集团有限责任公司与某房地产开发有限公司建设工程施工合同纠纷案[1]

关于某建工集团有限责任公司是否应当向某房地产开发有限公司承担违约金和赔偿损

[1] 参见最高人民法院（2019）最高法民终 523 号民事判决书、最高人民法院（2020）最高法民申 1127 号民事裁定书。

失责任的问题。最高人民法院认为，一审判决依据《建设工程施工补充协议》的约定，根据工期延误情况，计算某建工集团有限责任公司应承担逾期竣工违约金46.4万元。案涉建设工程施工合同无效，当事人不应当再承担违约责任。故一审判决某建工集团有限责任公司承担逾期竣工违约金责任不当，应予纠正。某房地产开发有限公司关于某建工集团有限责任公司应承担500万元违约金责任的上诉请求与其关于案涉建设工程施工合同无效的主张相矛盾，缺乏事实依据，最高人民法院不予支持。《建设工程施工合同解释（二）》第三条[1]规定："建设工程施工合同无效，一方当事人请求对方赔偿损失的，应当就对方过错、损失大小、过错与损失之间的因果关系承担举证责任。损失大小无法确定，一方当事人请求参照合同约定的质量标准、建设工期、工程价款支付时间等内容确定损失大小的，人民法院可以结合双方过错程度、过错与损失之间的因果关系等因素作出裁判。"故虽然案涉建设工程施工合同无效，当事人仍然有权请求相对人承担赔偿损失的责任。

关于逾期竣工赔偿责任的问题。案涉工程的开工日期为2014年7月1日，竣工验收合格日期为2017年8月9日。根据一审查明的事实，扣除法定节假日等合理期限后，某建工集团有限责任公司仍逾期竣工232天。某建工集团有限责任公司关于竣工日期至迟为2017年6月23日、其不存在工期违约情形的上诉主张缺乏事实依据，最高人民法院不予支持。某房地产开发有限公司亦未提交充分有效的证据证明某建工集团有限责任公司逾期竣工达13个月，对其此项上诉主张，最高人民法院不予支持。一审中，某房地产开发有限公司基于对案涉建设工程施工合同有效的认识，起诉请求某建工集团有限责任公司支付合同违约金572万元，最高人民法院根据查明的事实认定案涉建设工程施工合同无效，从减少当事人诉累、有效解决纠纷的角度，对于因工期延误造成的损失一并处理。由于违约金具有填补损失的功能，本案确实存在逾期竣工的事实，双方当事人均未提交充分有效的证据证明按46.4万元标准计算某建工集团有限责任公司逾期竣工造成的损失明显不当。故最高人民法院认定某建工集团有限责任公司应当赔偿某房地产开发有限公司逾期竣工造成的损失46.4万元。此外，某房地产开发有限公司存在迟延支付工程款的情况，未就商品混凝土抵房款800万元是否属于提前支付工程款以及如果确系提前支付工程款是否与某建工集团有限责任公司之间就该笔款项占用成本达成过协议，故其要求某建工集团有限责任公司支付300万元资金占用损失缺乏事实依据，最高人民法院不予支持。

【评析】虽然在施工合同无效的情况下，不能依据合同中的违约责任条款向违约方追究责任，但并不代表违约方不承担责任。根据司法解释的规定，在施工合同无效的情况下，一方当事人请求对方赔偿损失的，应当就对方过错、损失大小、过错与损失之间的因果关系承担举证责任。损失大小无法确定，一方当事人请求参照合同约定的质量标准、建设工期、工程价款支付时间等内容确定损失大小的，人民法院可以结合双方过错程度、过错与损失之间的因果关系等因素作出裁判。

---

[1] 参见《最高人民法院关于审理建设工程施工合同纠纷案件适用法律问题的解释（一）》第六条。

九、承包人诉讼请求的确定

工期延误是由发包人造成的，承包人提起诉讼，如何确定诉讼请求？

（一）施工合同有效情形下的诉讼请求

施工合同有效的情况下，承包人的诉讼请求同前述发包人的请求。

（二）施工合同无效情形下的诉讼请求

施工合同无效的情况下，承包人的诉讼请求同前述发包人的请求。

当然，不管是施工合同有效还是无效，就损失赔偿举证而言，承包人更容易举证。承包人的损失大致包括：人工费、材料费、施工机具使用费、企业管理费、保险费、保函担保费、规费、利润、留守人员费用等。

第十一讲　工程质量纠纷案件代理

建设工程质量是指在国家现行的有关法律、法规、技术标准、设计文件和施工合同中，对工程的安全、适用、经济、美观等特性的综合要求和约定。建设工程质量不合格，是指建设工程质量不符合工程建设强制性标准、设计文件以及施工合同中有关质量的约定。

一、工程质量问题发生阶段

（一）合同解除

在施工合同履行过程中，可能出现因施工合同解除等导致工程未能进行竣工验收的情况，包括工程未完工和已完工但未竣工验收。

在工程未完工而中途退场时，承包人主张工程款同样需要以工程质量合格为前提，只是在未完工的情况下，工程谈不上竣工验收，但承包人应提供如分项工程、检验批等质量验收合格的依据。同样，在工程已完工但尚未竣工验收的情况下，承包人也应提供如分部工程、分项工程、检验批等质量验收合格的依据。

作为承包人的代理人，在施工合同解除的情形下，应审查已施工部分工程质量是否验收以及验收是否合格。

（二）工程验收阶段

单位工程完工后，施工单位应组织有关人员进行自检。总监理工程师应组织各专业监理工程师对工程质量进行竣工预验收。存在施工质量问题时，应由施工单位整改。整改完毕后，由施工单位向建设单位提交工程竣工报告，申请工程竣工验收。建设单位收到工程竣工报告后，应由建设单位项目负责人组织监理、施工、设计、勘察等单位项目负责人进行单位工程验收。

（三）工程是否移交使用

在建设工程未经竣工验收情形下，发包人擅自使用后，又以使用部分质量不符合约定为由主张权利的，人民法院不予支持；但是承包人应当在建设工程的合理使用寿命内对地基基础工程和主体结构质量承担民事责任。因此，作为代理律师，需要审查工程是否已移交发包人使用。

（四）保修期

建设工程质量保修，是指建设工程竣工验收后在保修范围和保修期限内发生质量问题的，承包人应当履行保修义务，并对造成的损失承担赔偿责任。

在保修期内出现质量缺陷，发包人就质量缺陷提起诉讼，代理律师需要审查如下内容：

（1）质量缺陷是否存在。关于质量缺陷的证据，主要有专业机构出具的意见、往来函件、视频、照片、检测报告等。

（2）质量缺陷是否发生在质量保修期内以及是否属于保修范围。《建设工程质量管理条例》第四十一条规定："建设工程在保修范围和保修期限内发生质量问题的，施工单位应当履行保修义务，并对造成的损失承担赔偿责任。"因此，在保修范围和保修期限内发生质量问题，承包人有义务承担保修责任。为此，需要查明：①具体的保修范围；②约定的保修期具体时限；③竣工验收合格时间；④质量缺陷发生时间；⑤是否通知承包人对质量缺陷进行修复等。

（3）质量缺陷原因。工程质量缺陷，与勘察、设计、材料设备以及分包人的行为相关，应当查明是什么原因造成的质量缺陷。

当然，在前述阶段，在确定工程质量有缺陷后，也要查明出现工程质量缺陷的原因。

二、工程质量责任主体

在建设工程质量纠纷案件中，首先要确定的是责任主体，即谁是被告。工程质量的责任主体主要包括：发包人、勘察单位、设计单位、承包人、实际施工人、分包单位、监理单位、检测单位、材料设备供应单位。

（一）发包人

《建设工程施工合同解释（一）》第十三条第一款规定："发包人具有下列情形之一，造成建设工程质量缺陷，应当承担过错责任：（一）提供的设计有缺陷；（二）提供或者指定购买的建筑材料、建筑构配件、设备不符合强制性标准；（三）直接指定分包人分包专业工程。”

1. 提供的设计有缺陷

建设工程设计，是指根据建设工程的要求，对建设工程所需的技术、经济、资源、环境等条件进行综合分析、论证，编制建设工程设计文件的活动。从事建设工程勘察、设计活动，应当坚持先勘察、后设计、再施工的原则。

在施工总承包模式下，设计文件是由发包人委托设计单位编制的。如果发包人提供的设计文件本身存在设计缺陷，则由发包人承担责任。根据《民法典》第八百条“勘察、设计的质量不符合要求或者未按照期限提交勘察、设计文件拖延工期，造成发包人损失的，勘察人、设计人应当继续完善勘察、设计，减收或者免收勘察、设计费并赔偿损失”的规定，因设计造成损失的，在发包人承担相应的责任后可另行向设计人主张损失。

实务中还存在另一种情形，设计单位出具的施工图纸并不存在缺陷，但发包人根据实际需要或因其他原因自行对图纸进行修改，承包人根据修改后的图纸进行施工，而修改后的图纸存在缺陷，最终导致工程质量出现问题。根据《建设工程勘察设计管理条例》第二十八条第一款“建设单位、施工单位、监理单位不得修改建设工程勘察、设计文件；确需修改建设工程勘察、设计文件的，应当由原建设工程勘察、设计单位修改。经原建设工程勘察、设计单位书面同意，建设单位也可以委托其他具有相应资质的建设工程勘察、设计单位修改。修改单位对修改的勘察、设计文件承担相应责任”的规定，发包人不得修改建设工程设计文件，若需要修改，应当按照规定程序由原建设工程设计单位修改或委托其他具有相应资质的建设工程设计单位修改。因此，在发包人未按照规定程序对设计进行修改，而是自行修改或委托不具相应资质的单位修改的，发包人应对修改后的设计文件承担相应的责任。

2. 提供或者指定购买的建筑材料、建筑构配件、设备不符合强制性标准

《建设工程勘察设计管理条例》第二十七条第一款规定：“设计文件中选用的材料、构配件、设备，应当注明其规格、型号、性能等技术指标，其质量要求必须符合国家规定的标准。”根据该条的规定，设计单位只是注明材料设备的规格、型号、性能等技术指标，不得指定生产厂、供应商。而材料设备可以由发包人提供，也可以由承包人提供。但《建筑法》第二十五条规定：“按照合同约定，建筑材料、建筑构配件和设备由工程承包单位采购的，发包单位不得指定承包单位购入用于工程的建筑材料、建筑构配件和设备或者指定生产厂、供应商。”施工合同中约定由承包人提供材料设备，但发包人基于地位优势，指定承包人购入用于工程的建筑材料、建筑构配件和设备或者指定生产厂、供应商的，若质量出现问题，由发包人承担责任。

工程质量合格是承包人主张工程款的前提，因发包人提供或指定购买的材料设备不合格导致工程质量不合格的，虽然承包人不能向发包人主张工程款，但因发包人存在过错，承包人可以向发包人主张损失赔偿。

3. 直接指定分包人分包专业工程

在发包人指定分包的情况下，发包人对分包人的选定等承担责任，对于分包人施工部分出现的质量问题，发包人应承担相应的责任。

（二）勘察单位

建设工程勘察、设计活动，应当坚持先勘察、后设计、再施工的原则。建设工程勘察，是指根据建设工程的要求，查明、分析、评价建设场地的地质地理环境特征和岩土工程条件，编制建设工程勘察文件的活动。勘察是设计的前提，没有勘察成果，也就缺乏设计基础。因此，勘察是建设项目中非常重要的一环，若勘察存在缺陷，设计单位向发包人提供的设计文件必然也会有缺陷，最终导致工程质量出现缺陷。

（三）设计单位

建设工程设计，是指根据建设工程的要求，对建设工程所需的技术、经济、资源、环境等条件进行综合分析、论证，编制建设工程设计文件的活动。

编制方案设计文件，应当满足编制初步设计文件和控制概算的需要。编制初步设计文件，应当满足编制施工招标文件、主要设备材料订货和编制施工图设计文件的需要。编制施工图设计文件，应当满足设备材料采购、非标准设备制作和施工的需要，并注明建设工程合理使用年限。因设计单位提供的设计文件存在缺陷，设计单位应当承担相应的责任。

（四）承包人

《民法典》从违约的角度规定了承包人的质量担保义务，如第八百零一条规定："因施工人的原因致使建设工程质量不符合约定的，发包人有权请求施工人在合理期限内无偿修理或者返工、改建。经过修理或者返工、改建后，造成逾期交付的，施工人应当承担违约责任。"第八百零二条规定："因承包人的原因致使建设工程在合理使用期限内造成人身损害和财产损失的，承包人应当承担赔偿责任。"

根据《建筑法》《建设工程质量管理条例》的规定，承包人承担工程质量责任的情形主要有：①未取得相应等级的资质证书，也未在其资质等级许可的范围内承揽工程；②未按工程设计图纸和施工技术标准施工；③擅自修改工程设计；④施工过程中偷工减料；⑤未按照工程设计要求、施工技术标准和合同的约定，对建筑材料、建筑构配件和设备进行检验等。

（五）实际施工人

挂靠施工在实务中是常有之事，因挂靠施工扰乱建筑市场秩序以及使工程质量没有保障，故法律明文禁止挂靠，如根据《建筑法》第二十六条的规定，禁止施工单位以其他施工单位的名义承揽工程，禁止施工单位允许其他单位或者个人以本单位的名义承揽工程。

《民事诉讼法解释》第五十四条规定："以挂靠形式从事民事活动，当事人请求由挂靠人和被挂靠人依法承担民事责任的，该挂靠人和被挂靠人为共同诉讼人。"《建筑法》第六十六条规定："建筑施工企业转让、出借资质证书或者以其他方式允许他人以本企业的名义承揽工程的，责令改正，没收违法所得，并处罚款，可以责令停业整顿，降低资质等级；情节严重的，吊销资质证书。对因该项承揽工程不符合规定的质量标准造成的损失，建筑施工企业与使用本企业名义的单位或者个人承担连带赔偿责任。”《建设工程施工合同解释（一）》第七条规定：“缺乏资质的单位或者个人借用有资质的建筑施工企业名义签订建设工程施工合同，发包人请求出借方与借用方对建设工程质量不合格等因出借资质造成的损失承担连带赔偿责任的，人民法院应予支持。”第十五条规定：“因建设工程质量发生争议的，发包人可以以总承包人、分包人和实际施工人为共同被告提起诉讼。”这是在挂靠情形下造成工程质量不合格的挂靠人与被挂靠人承担连带责任的法律依据。但需要注意的是，工程质量不合格的损失必须是由挂靠造成的，即损失的产生必须与挂靠具有因果关系。实务中，一般只要能证明存在挂靠关系和实际的损失，挂靠人与被挂靠人就应当承担连带责任。

（六）分包单位

合法分包是法律所允许的，建筑工程总承包单位可以将承包工程中的部分工程发包给具有相应资质条件的分包单位。《建筑法》第二十九条第二款规定：“建筑工程总承包单位按照总承包合同的约定对建设单位负责；分包单位按照分包合同的约定对总承包单位负责。总承包单位和分包单位就分包工程对建设单位承担连带责任。”《建设工程质量管理条例》第二十七条规定：“总承包单位依法将建设工程分包给其他单位的，分包单位应当按照分包合同的约定对其分包工程的质量向总承包单位负责，总承包单位与分包单位对分包工程的质量承担连带责任。”

（七）监理单位

监理单位与发包人之间的合同关系，本质属于委托代理关系，而非建设工程施工合同关系。根据《民法典》第九百二十九条第一款“有偿的委托合同，因受托人的过错造成委托人损失的，委托人可以请求赔偿损失。无偿的委托合同，因受托人的故意或者重大过失造成委托人损失的，委托人可以请求赔偿损失”的规定，当监理人的过错造成发包人损失时，发包人可以要求监理人承担损失。根据《建设工程质量管理条例》的规定，监理人的过错主要有：①与建设单位或者施工单位串通，弄虚作假、降低工程质量的；②将不合格的建设工程、建筑材料、建筑构配件和设备按照合格签字的。

（八）检测单位

检测合同也属于委托合同，而非建设工程施工合同。根据《民法典》第九百二十九条的规定，当检测人的过错造成发包人损失时，发包人可以要求检测人予以赔偿。

（九）材料设备供应单位

材料设备供应商与购买人之间建立的是买卖合同关系。买卖合同是出卖人转移标的物的所有权于买受人，买受人支付价款的合同。供应商承担的法律责任主要体现在《民法典》第二百八十三条、第五百八十二条、第五百八十四条、第六百一十七条和《产品质量法》第四十条至第四十六条。

三、支付工程款的核心要件——工程质量合格

《民法典》第七百八十八条第一款规定："建设工程合同是承包人进行工程建设，发包人支付价款的合同。"可以看出，在建设工程施工合同法律关系中，承包人的主要义务是按照工程建设强制性标准、设计文件以及施工合同中有关的质量约定向发包人提交建设成果，发包人的主要义务是按照约定向承包人支付工程价款。因此，交付合格的建设成果和支付对应的工程价款是建设工程施工合同的核心内容，也是常常引发争议的内容。

1. 建设工程施工合同有效，工程质量不合格时法律规范的适用

《建设工程施工合同解释（一）》第十九条第三款规定："建设工程施工合同有效，但建设工程经竣工验收不合格的，依照民法典第五百七十七条规定处理。"《民法典》第五百七十七条规定："当事人一方不履行合同义务或者履行合同义务不符合约定的，应当承担继续履行、采取补救措施或者赔偿损失等违约责任。"第八百零一条规定："因施工人的原因致使建设工程质量不符合约定的，发包人有权请求施工人在合理期限内无偿修理或者返工、改建。经过修理或者返工、改建后，造成逾期交付的，施工人应当承担违约责任。"

2. 建设工程施工合同有效，在施工合同解除的情况下，工程质量不合格时法律规范的适用

《民法典》第八百零六条第三款规定："合同解除后，已经完成的建设工程质量合格的，发包人应当按照约定支付相应的工程价款；已经完成的建设工程质量不合格的，参照本法第七百九十三条的规定处理。"第七百九十三条规定："建设工程施工合同无效，但是建设工程经验收合格的，可以参照合同关于工程价款的约定折价补偿承包人。建设工程施工合同无效，且建设工程经验收不合格的，按照以下情形处理：（一）修复后的建设工程经验收合格的，发包人可以请求承包人承担修复费用；（二）修复后的建设工程经验收不合格的，承包人无权请求参照合同关于工程价款的约定折价补偿。"

3. 建设工程施工合同无效，工程质量不合格时法律规范的适用

《民法典》第七百九十三条规定："建设工程施工合同无效，但是建设工程经验收合格的，可以参照合同关于工程价款的约定折价补偿承包人。建设工程施工合同无效，且建设工程经验收不合格的，按照以下情形处理：（一）修复后的建设工程经验收合格的，发包人可以请求承包人承担修复费用；（二）修复后的建设工程经验收不合格的，承包人无权请求参照合同关于工程价款的约定折价补偿。发包人对因建设工程不合格造成的损失有过错的，应当承担相应的责任。"

四、发包人诉讼请求的确定

（一）请求权基础法律规范

《民法典》第五百七十七条规定："当事人一方不履行合同义务或者履行合同义务不符合约定的，应当承担继续履行、采取补救措施或者赔偿损失等违约责任。"第五百八十二条规定："履行不符合约定的，应当按照当事人的约定承担违约责任。对违约责任没有约定或者约定不明确，依据本法第五百一十条的规定仍不能确定的，受损害方根据标的的性质以及损失的大小，可以合理选择请求对方承担修理、重作、更换、退货、减少价款或者报酬等违约责任。"第五百一十条规定："合同生效后，当事人就质量、价款或者报酬、履行地点等内容没有约定或者约定不明确的，可以协议补充；不能达成补充协议的，按照合同相关条款或者交易习惯确定。"第五百六十三条规定："有下列情形之一的，当事人可以解除合同：（一）因不可抗力致使不能实现合同目的；（二）在履行期限届满前，当事人一方明确表示或者以自己的行为表明不履行主要债务；（三）当事人一方迟延履行主要债务，经催告后在合理期限内仍未履行；（四）当事人一方迟延履行债务或者有其他违约行为致使不能实现合同目的；（五）法律规定的其他情形。以持续履行的债务为内容的不定期合同，当事人可以随时解除合同，但是应当在合理期限之前通知对方。"第五百八十三条规定："当事人一方不履行合同义务或者履行合同义务不符合约定的，在履行义务或者采取补救措施后，对方还有其他损失的，应当赔偿损失。"第八百零一条规定："因施工人的原因致使建设工程质量不符合约定的，发包人有权请求施工人在合理期限内无偿修理或者返工、改建。经过修理或者返工、改建后，造成逾期交付的，施工人应当承担违约责任。"《建设工程施工合同解释（一）》第十二条规定："因承包人的原因造成建设工程质量不符合约定，承包人拒绝修理、返工或者改建，发包人请求减少支付工程价款的，人民法院应予支持。"

（二）常见诉讼请求

1. 修理、返工或者改建

当承包人施工的工程质量不符合双方当事人约定标准和国家关于建筑工程质量的强制性标准等情形时，根据《民法典》第八百零一条和《建设工程施工合同解释（一）》第十二条的规定，发包人可以请求承包人修理、返工或者改建，以使建筑工程满足约定标准和国家强制性标准，需要注意的是，有些建筑工程满足国家强制性标准但不能达到双方合同约定标准，若也不影响发包人使用和合同目的，在不能适用修理、返工或者改建补救措施时，可以减少工程价款。

修理、返工或者改建是违约方履行合同义务不符合约定的一种补救措施，承包人对建设工程质量缺陷应当无偿修理、返工及改建，使其达到约定的质量标准。修理、返工或者改建等方式，属于修复的几种方式，修复的目的是使建设工程达到合同约定要求或国家的质量标准。

需要注意的是，修复的诉讼请求的前提条件是建设工程有修复的可能，没有修复的可能，该请求也就丧失了基础。如建设工程的地基基础工程、主体结构工程以及其他关键性部位存在严重工程质量缺陷，即便能修复，也会影响结构的安全性，则无再进行修复的必要。这种情况下只能选择其他诉讼请求。

2. 赔偿修复费用

实务中，承包人拒绝修复或迟延修复的情形比比皆是。在建设工程能通过修复达到合同约定或国家规定的标准，但承包人迟迟不予修复，或修复后的工程质量仍然不合格的情况下，发包人可以自行修复，在修复后再向承包人主张权利，要求承包人赔偿修复费用。

3. 减少工程价款

减少工程价款与赔偿修复费用的本质是一致的，都是在建设工程质量能修复而承包人拒绝修复等情况下，发包人有权减少相当于另行委托第三方进行修复所需支付的修复费用的金额。但有一种情况需要注意，那就是工程质量未达到合同约定的标准或要求，如合同约定工程质量须达到获得黄果树杯的标准，而实际上虽然达不到获得黄果树杯标准，但满足国家标准且不影响发包人使用或合同目的，发包人有权减少工程款。因为获得黄果树杯必然导致施工成本增加，而在未获得黄果树杯奖项时，应当减少支付为获得黄果树杯而增加的成本。

4. 请求解除施工合同

当事人一方迟延履行债务或者有其他违约行为致使不能实现合同目的，另一方当事人可以请求解除合同。在建设工程质量存在严重缺陷，且无修复的可能，致使发包人的合同目的不能实现的情况下，发包人可以依据《民法典》第五百六十三条解除施工合同。

5. 赔偿损失

这里的赔偿损失是指赔偿修复费用之外的损失。在承包人履行修复责任或承担修复费用后，发包人还有其他损失，发包人有权要求承包人承担赔偿责任。

6. 支付违约金

支付违约金是承担民事责任的一种，在一方违约的情况下，另一方可以根据合同的约定主张违约金。如果施工合同中没有约定违约金，或违约金支付条件不成就，则发包人无权提起支付违约金请求。

五、工程质量问题，发包人是反诉还是抗辩

发包人在承包人主张工程款时对质量问题提出异议，是以抗辩事由提出还是以反诉的方式提出，实务中做法不一致。

笔者的建议是要看具体情况。第一种情况，建设工程已经竣工验收合格。建设工程项目已由发包人组织监理、施工、设计、勘察等单位进行工程验收，满足国家标准，工程质量合格，承包人主张工程款的，因为其已经向发包人交付合格的建筑产品，发包人有义务支付相应的工程款。发包人认为工程质量存在缺陷，其应当以反诉的方式提出。第二种情况，建设工程项目已完工，但尚未进行竣工验收。这种情况下以抗辩方式提出。承包人的主要义务是向发包人交付合格的建筑工程，发包人的主要义务支付工程款，在工程是否合格尚不明确的情况下，发包人有权拒付工程款。但是需要注意的是应当判断未验收是否是发包人造成的，发包人可以提供工程质量存在缺陷的基本证据。第三种情况，工程项目已经竣工验收并交付使用。这种情况下，实际上工程已经进入保修阶段，发包人可以直接起诉承包人履行保修义务或承担保修费用，也可以在承包人起诉主张工程质量保证金时提出抗辩。第四种情况，烂尾工程或“半拉子”工程。工程项目未施工完毕，在承包人退场并主张工程款时，发包人对质量问题提出异议，是以抗辩的方式还是反诉的方式提出？实务中分歧较大。最高人民法院有判决认为，在这种情况下，推定承包人施工工程质量合格。作为发包人，应提供工程质量不合格的基础材料，再申请工程质量鉴定，根据鉴定意见结合诉讼方案及实际情况提出抗辩或反诉。

典型案例 49

发包人以工程质量存在缺陷为由提起反诉的，应当合并审理

——某置业有限公司、吴某某与某集团有限公司建设工程施工合同纠纷案❶

最高人民法院认为，本案对某置业有限公司反诉的处理欠妥，不利于查清案件事实和当事人充分行使诉权。本案系某集团有限公司诉请某置业有限公司支付工程欠款而提起的民事诉讼。一审期间，某置业有限公司虽然针对案涉合同效力、返还工程款及损失赔偿等事由在辽宁省鞍山市中级人民法院另行提起民事诉讼。但在该院驳回其起诉后，某置业有限公司以合同效力、案涉工程质量存在缺陷及应获得相应损失赔偿等事由在本案中提起了反诉。尽管当时辽宁省鞍山市中级人民法院驳回某置业有限公司起诉的案件尚在二审审理期间，但《民事诉讼法》第一百四十条❷规定：“原告增加诉讼请求，被告提出反诉，第三人提出与本案有关的诉讼请求，可以合并审理。”《民事诉讼法解释》第二百三十二条规定：“在案件受理后，法庭辩论结束前，原告增加诉讼请求，被告提出反诉，第三人提出与本案有关的诉讼请求，可以合并审理的，人民法院应当合并审理。”第二百三十三条规定：“反诉的当事人应当限于本诉的当事人的范围。反诉与本诉的诉讼请求基于相同法律关系、诉讼请求之间具有因果关系，或者反诉与本诉的诉讼请求基于相同事实的，人民法

❶ 参见最高人民法院（2017）最高法民终 648 号民事裁定书。

❷ 现为《民事诉讼法》第一百四十三条。

院应当合并审理。”因此，某置业有限公司就案涉工程质量问题提起的反诉与某集团有限公司提出的支付工程欠款的起诉请求具有因果关系，且工程是否存在质量缺陷与案涉工程价款是否应当给付具有关联关系，反诉应当与某集团有限公司关于支付工程欠款的起诉合并审理。而原审对某置业有限公司的反诉裁定不予合并审理，导致本案某置业有限公司是否应支付工程欠款的相关事实不能查清。

【评析】建设工程已经竣工验收合格，工程存在的质量问题一般应属于工程质量保修的范围，发包人以此为由要求拒付或减付工程款的，对其质量抗辩不予支持，发包人可以反诉或另行起诉要求承包人承担保修责任或者赔偿修复费用等实际损失。工程尚未进行竣工验收且未交付使用，发包人以工程质量不符合合同约定为由要求拒付或减付工程款的，可以抗辩方式提出。

六、工程质量的举证责任

实务中，工程质量的举证责任通常由发包人承担。在承包人提起的工程款诉讼中，发包人以工程质量不合格为由进行抗辩或通过反诉方式进行索赔，抑或是单独提起质量缺陷之诉，根据“谁主张，谁举证”的举证规则，发包人应举证证明工程质量存在缺陷。工程质量缺陷主要表现有：第一，表观质量缺陷，即通过人的视觉就能发现工程质量缺陷的情形，比如墙体渗水、外墙漆颜色与施工说明不一致等；第二，功能缺陷，比如安装的中央空调无法实现“冬暖夏凉”的功能；第三，结构安全性缺陷，建筑物或构筑物在正常使用条件下，应能承受可能出现的各种荷载作用而不发生破坏，比如在风暴或大雪等荷载作用下，建筑物或构筑物应坚固不变；第四，结构的适用性，是指建筑物或构筑物在正常使用下，结构应具有良好的工作性能；第五，结构的耐久性，是指在规定使用环境中，不需要大修就能完成预定的使用功能和使用年限。

（一）工程未完工且合同终止履行

工程未完工，是指工程开工后完工前的任何状态。在未完工的情况下，发包人提起工程款诉讼，发包人以承包人已完成的工程存在质量缺陷为由进行抗辩或反诉的，需要提供初步的证据进行证明。

发包人主张工程质量不合格，应当举证已完工程部分质量不合格，不合格主要是指不符合合同约定和国家的强制性标准。一般情况下，发包人提供的证据主要有：施工过程中的照片、视频资料；施工过程中的质量整改通知单；第三方检测单位出具的检测报告。对于承包人来说，应当提供隐蔽验收资料、检验批验收资料、分部工程验收资料、单位工程验收资料等施工过程中工程质量验收合格的资料来证明工程质量合格。

实务中存在另一种情况，在上一家施工单位中途退场后，由另一家施工单位续建的情况下，如果最后工程完工未能通过竣工验收，也就是工程质量不合格，责任如何承担？一般情况下，可以通过工程质量鉴定方式来确定责任。会出现的情形是上一家施工单位在退场时，发包人已组织各方进行了工程质量验收，该工程是合格工程，是否意味上一家施工单位不承担工程质量责任呢？这是不一定的，因为有些工程质量缺陷并非在退场时就能显现出来，存在整个工程项目完工后才出现工程质量缺陷的可能，这时上一家施工单位也须承担工程质量缺陷责任。

（二）保修期限内的工程质量

建设工程在保修范围和保修期限内发生质量问题的，施工单位应当履行保修义务，并对造成的损失承担赔偿责任。建设工程质量保修是《建设工程质量管理条例》的强制性规定。在建设工程竣工验收合格之后，承包人对工程质量承担保修责任。在保修期限内发生质量问题的，承包人应当承担保修义务。发包人需证明的内容有：工程质量存在缺陷；工程质量缺陷是发生在保修期内的；工程质量缺陷属于保修的范围；已在保修期内通知承包人履行保修义务。另外，如果发包人自行或委托第三方进行修复，发包人应当举证证明修复方案的合理性以及修复费用。

七、工程质量鉴定

在建设工程施工合同纠纷案件中，工程造价鉴定、工期鉴定以及工程质量鉴定是常有之事，因为这些专业的问题需要借助第三方专业知识和技能进行判断。关于鉴定，前文已对工程造价鉴定进行了叙述，这里只简单谈一下工程质量鉴定的一些特殊地方。

实务中，工程质量鉴定一般都是由发包人提出的，鉴定申请事项很关键。一般情况下，发包人会自认为工程质量存在缺陷，故在鉴定申请事项里不需要列明工程质量是否存在质量缺陷。在有质量缺陷的情况下，产生的原因。在承包人不履行修复义务的，具体的修复方案鉴定以及修复造价鉴定。请求事项范例，①某项目存在质量缺陷的情况下，对质量缺陷产生原因进行鉴定，对质量缺陷是否影响结构安全及使用功能进行鉴定。②某项目存在质量缺陷的情况下，是否需要进行修复；如需要，请出具修复方案。③对具体的修复方案进行工程造价鉴定。需要注意的是请求第②③项不是必须发生的，只有在承包人不愿意修复或不具备修复能力等情况下才需要进行鉴定。

第十二讲 建设工程施工领域表见代理的认定

一、表见代理的意义

《民法典》第一百七十二条规定："行为人没有代理权、超越代理权或者代理权终止后，仍然实施代理行为，相对人有理由相信行为人有代理权的，代理行为有效。"该条是关于表见代理的规定。表见代理本属于无权代理，但因本人与无权代理人之间的关系，具有授予代理权的外观即所谓外表授权，致使相对人相信无权代理人有代理权而与其为法律行为，依据法律规定使之发生与有权代理同样的法律效果[1]。我国《民法典》专设一章规定代理制度，这是我国代理制度的基本规定。《民法典》规定表见代理制度的目的在于保护善意第三人的合法权益以及市场交易的稳定性。表见代理制度并不是一种具体的民事责任制度，而是市场交易安全保护制度。既然表见代理制度设立的初衷是维护市场交易的稳定性，那必然就会牺牲被代理人或本人的利益，因此，在对表见代理进行认定时应当从严把握，对被代理人或本人的利益予以兼顾。

二、表见代理认定的关键点

（一）关键点一：辨别行为性质

构成表见代理的前提是挂靠人无权代理建筑公司，否则不构成表见代理。在实务中，挂靠人对外以建筑公司的名义从事的民商事法律行为的依据不外乎职务行为、有权代理、表见代理。

[1] 梁慧星．民法总论［M］．4版．北京：法律出版社，2011.

根据《民法典》的规定，可以将职务行为分为职务代表和职务代理，职务代表是针对公司法定代表人代理公司所实施的行为，职务代理是指除公司法定代表人以外的公司工作人员代理公司所实施的行为。职务行为强调的是员工与公司之间存在隶属关系，若不存在劳动用工关系，也就不存在职务行为之说。实务中有些法院认为，在挂靠施工中挂靠人以建筑公司的名义对外发生的民商事行为的理论基础为职务行为，因此判定由建筑公司承担相应的法律责任。笔者认为该种观点是不妥的，因为挂靠人与建筑公司之间不存在劳动关系，也不存在隶属关系，即便有书面劳动合同等用以证明劳动关系的材料，该材料也只是为应付相关行政部门而签订，并不存在真正意义上的劳动关系，故挂靠人与建筑公司之间是不可能存在劳动用工关系的，挂靠人的行为也就不是职务行为。如果存在职务行为，那双方之间一定不是挂靠关系，而可能构成内部承包关系。

有权代理，是指代理人在代理权限范围内，以被代理人或本人的名义独立与第三人实施的，且由此产生的法律后果均由被代理人承担的民事法律行为。《民法典》不仅规定了直接代理，而且还规定了间接代理。第三人在与挂靠人签订民商事合同时已有建筑公司的授权，其产生的法律责任当然由建筑公司承担，这没有什么争议。

无权代理，是指在没有代理权的情况下以他人或本人名义实施民商事行为的现象。《民法典》第一百七十一条第一款规定："行为人没有代理权、超越代理权或者代理权终止后，仍然实施代理行为，未经被代理人追认的，对被代理人不发生效力。"故，在我国，无权代理一般指没有代理权、超越代理权或者代理权终止后所进行的代理。判断无权代理有效与否，在法律上不仅要考虑本人的利益，还要考虑善意第三人的利益。为兼顾善意第三人与本人的利益，以及交易的安全与稳定，法律便创设了表见代理。

建设工程领域，挂靠人无权代理的发生原因不外乎三点。第一，自始就不存在代理权，即挂靠人从未获得建筑公司的授权。第二，曾经有建筑公司的授权，但代理期限已过或事由已经消失。在建设工程领域，有些项目需要通过招标投标进行发包，包括公开招标和邀请招标，在工程进行招标投标过程中或招标投标之前，为了便于挂靠人与建设单位的联系，建筑公司会给挂靠人出具授权委托书，让挂靠人来与建设单位进行工程项目的对接，一般建筑公司在出具授权委托书时会明确授权事项及期限。但在实践中，很多项目在招标投标之前就已经进场施工，进行招标投标也是程序所需，在招标投标过程中，挂靠人往往用建筑公司出具的授权书实施相应的民商事法律行为。第三，超越代理权限，这种情况在实务中也很常见。

因此，挂靠人行为的辨别是决定建筑公司是否承担责任的重要要件之一。挂靠人的行为不可能构成职务行为，只有可能是有权代理或表见代理。

（二）关键点二：识别权利外观

构成表见代理的核心要件之一是无权代理人有被授予代理权之外表或假象，即所谓的"外表授权"。存在外表授权假象，是成立表见代理的依据。如果挂靠人以建筑公司的名义与第三人实施民商事行为，但挂靠人不存在有建筑公司授权的假象或外观，也就不成构表见代理。

在建设工程领域，挂靠人被授权的外表或假象主要体现在以下几个方面：

第一，投标文件。投标文件一般包括商务标和技术标，商务标主要涉及投标单位的基本情况、类似业绩、项目人员安排以及一些承诺等，技术标主要涉及施工工艺、人材机的配置等技术性材料。在商务标中，挂靠人的职务一般是该项目的项目负责人或项目副经理等。这样，挂靠人也就具有了权利表象。

第二，总承包合同。在建筑公司与建设单位签订施工总承包合同的过程中，因为挂靠人要与建设单位就工程项目的价款、支付条件等进行谈判，此时建筑公司基本上是不参与的，都是授权挂靠人全程参与，由挂靠人自己确定相关事宜。在施工合同签订时，建设单位会让挂靠人在合同的签署页的代理人处签字，或挂靠人自己为工程施工需要也会在代理人处签字。这样，挂靠人也就具有了权利表象。实务中，很多法院将挂靠人在建设单位与建筑公司签订的总承包施工合同的代理人处签字视为得到建筑公司的授权，挂靠人与第三实施的商事行为的法律后果由建筑公司承担。

第三，项目部公示牌。基本上每个在建施工项目都会在项目部设置公示牌，公示牌对项目部负责人、项目经理、技术负责人等人员进行公示。这其实也是在对第三人明示项目经理或项目负责人是谁，让第三人知晓相关人员信息。殊不知，这已经把挂靠人的身份给“合法化”，使第三人相信挂靠人有相应的权利。

第四，项目部印章。项目部印章本身不存在授权的假象，但是如果项目部印章是建筑公司刻制的，在项目部与第三人签订合同时，挂靠人在签署页签字，这其实也会使挂靠人身份“合法化”，使第三人相信挂靠人有相应的权利。当再次与第三人或其他人签署合同时，如果挂靠人以建筑公司的名义与第三人签署，那么挂靠人的行为完全可能被认定为表见代理。

项目资料章是否能够构成授权表象？在实务中，建筑公司为防止挂靠人乱用项目部印章，故只刻制项目资料专用章给项目部使用，一般来说，项目资料专用章是不能用于对外签订合同的，第三人在与其签订合同时知道印章只是材料专用章，会拒绝签订或发货。除非第三人能证明该枚资料专用章在其他合同中用过并得到建筑公司的认可，并且建筑公司履行了合同约定的义务。另外，私刻的项目部印章能否构成授权表象？实务中，有法院认为印章是建筑公司对外从事民商事行为或活动的标志，只有真实的印章才能代表建筑公司，否则，建筑公司不承担任何责任。有法院认为，有些建筑工地离建筑公司较远，盖章不便，存在自行私刻印章的现象，私刻印章并非为骗取个人财物归自己所有，此时对于相对人审查印章的真实性的要不应过于苛刻。该观点保护了第三人的利益，但牺牲了建筑公司的利益，也就失去了表见代理制度的初衷，即兼顾第三人与建筑公司的利益。项目印章不像公司印章需要在公安机关备案登记，实践中往往由建筑公司自行刻制，在项目印章真假难辨时，第三人应当举证证明该印章用于对外签订合同，并且建筑公司已履行合同义务或知道后并不反对。

第五，内部承包合同。挂靠施工项目，挂靠人与建筑公司一般都会签订协议，表现为内部承包协议或合作协议等，在协议中挂靠人都被任命为项目负责人或项目经理。这样也就使挂靠人拥有了授权的表象。

（三）关键点三：辨认善意无过失

关于表见代理的特别构成要件，形成了单一要件说与双重要件说之对立。单一要件说认为，表见代理的成立只要求第三人无过失地信赖代理人享有代理权，或者说第三人有充分的理由相信代理人有代理权，不要求被代理人有过失。双重要件说认为，表见代理有两个特别成立要件，一是被代理人的过失行为使第三人确信代理人有代理权，二是第三人不知也不应知代理人无代理权，即当时有充分理由相信代理人有代理权。根据最高人民法院《关于当前形势下审理民商事合同纠纷案件若干问题的指导意见》的规定，表见代理制度不仅要求代理人的无权代理行为在客观上形成具有代理权的表象，而且要求第三人在主观上善意且无过失地相信行为人有代理权。第三人主张构成表见代理，应当承担举证责任，不仅应当举证证明代理行为存在诸如合同书、公章、印鉴等有权代理的客观表象形式要素，而且应当证明其善意且无过失地相信行为人具有代理权。何为“善意且无过失”，善意是指第三人不知道或者在当时的情形下不应当知道挂靠人实际上是无权代理，无过失是指在当时的环境条件下第三人不存在疏忽大意的情形。善意是针对行为人实施行为时的主观状态而言，是从积极意义上使用的，而无过失是针对行为人对损害后果的主观状态而言，是从消极意义上使用的[1]。表见代理权利外观要素与第三人的主观要件是一体的。

另外，在第三人与挂靠人签订合同时，第三人知道挂靠人具备授权的外观或表象是在签订合同之时或之前，而非在签订合同之后或纠纷发生时。

典型案例 50

表见代理的识别

——厚某某与某采油厂、某采油作业区合同纠纷一案[2]

厚某某申请再审理由。①其有充分理由相信某采油厂授权合同签约人某采油作业区计划组组长杨某某有代理权。在已生效的刑事判决书中也明确了杨某某被追究诈骗刑事责任后，对于其以单位名义向申请人出具借条及签订多份供用水、建设工程施工合同造成的后果，单位依法应当承担相应民事法律责任。②其在签订合同、支付预付款及工程保证金过程中系善意且无过失。其给付的1847万元均与被申请人单位有关，包括：有加盖单位公章或某采油作业区负责人赵某某签字的借条、处理某采油作业区车辆事故赔偿、某采油厂计划科工程周转、某采油作业区负责人赵某某申报项目、垫付某采油作业区水电费、某采

---

[1] 王林清，杨心忠，柳适思，等．建设工程合同纠纷裁判思路［M］．北京：法律出版社，2014.

[2] 参见最高人民法院（2016）最高法民申3688号民事裁定书。

油厂计划科及财务科使用资金、缴纳税金等。其中仅有400万元名义上是用于某采油厂副厂长修某某处理事务，但该借条也注明“凭此借据至财务处换正式发票”，故应属公务用款。③杨某某向其出示了某油田2014年度委托签约授权人员名单、建设工程施工合同文本、公务通知单及税收缴款书、税收完税凭证及建筑业统一发票（代开）记账联等材料，以某采油厂名义与其签订多份《建设工程施工合同》《供用水合同》，并向其出具了加盖被申请人某采油作业区计划专用章、某采油作业区公章及有负责人签字的多张借条。因此，其有理由相信杨某某具有代表单位签约及收取工程垫付款的权利。④杨某某可随意出入计划组办公室、下载打印公司合同、加盖公司公章，因此被申请人在公章和人员管理方面存在明显过错，该过错行为与申请人的经济损失之间具有直接的因果关系。由此，被申请人应当承担赔偿责任。综上，原判决认定相关订约及收取款项行为不构成表见代理、案涉建设工程施工合同均为无效，属适用法律错误。

最高人民法院认为，表见代理制度不仅要求代理人的无权代理行为在客观上形成具有代理权的表象，而且要求相对人在主观上善意且无过失地相信行为人有代理权。合同相对人主张构成表见代理的，应当承担举证责任，不仅应当举证证明代理行为存在诸如合同书、公章、印鉴等有权代理的客观表象，而且应当证明其善意且无过失地相信行为人有代理权。本案中，首先，杨某某是国有企业的员工，不论其是否具有某采油厂和某采油作业区授予签订合同的权利，由其个人以各种名义直接收取而非由单位财务部门收取款项，明显违背了一般人对国有企业财务管理的基本常识。其次，申请人厚某某主张其与代表某采油厂的杨某某签订的多份建设工程合法有效，但根据我国《招标投标法》第三条的规定，全部或者部分使用国有资金的项目必须通过招标程序，但杨某某未经任何法定程序独自代表单位签订建设工程合同，与法律规定相悖。再次，杨某某先后多次以各种事由向申请人索要钱款，该索要行为与订立建设工程合同并无必然关联，且根据生效刑事判决，杨某某向厚某某索要大量资金的用途多系疏通关系、讨好领导、帮助领导处理私人事务等，故不仅无法说明双方成立了法律行为，反而说明双方存在借民事行为各自获取非法利益的情形。由于厚某某无法证明其善意且无过失地相信行为人杨某某具有代理某采油厂和某采油作业区收取款项、订立合同的权利，因此，原审法院认定本案杨某某的行为不构成表见代理，某采油厂和某采油作业区的过失与厚某某的损失之间不存在因果关系，其对厚某某因杨某某诈骗造成的损失不承担责任，并无不当。

【评析】表见代理制度的初衷是保护善意第三人的合法权益，维护正常的交易秩序。表见代理制度要求代理人的无权代理行为在客观上形成具有代理权的表象，即外观授权，而且要求相对人在主观上善意且无过失。根据举证规则，主张构成表见代理的，应当承担举证责任。

（四）关键点四：判定合同相对性

合同相对性是指原则上合同项下的权利义务只能赋予特定当事人，合同只能对合同当事人产生法律拘束力，只有合同当事人一方能基于合同向对方提出请求或提起诉讼或仲裁，而非合同当事人不能诉请强制执行合同。合同相对性的重要内容在于：合同的义务和责任由当事人承担。在建设工程领域，挂靠人如以建筑公司的名义与第三人签订合同，则适用表见代理制度的规定来确定责任的承担者，挂靠人如以个人的名义与第三人签订合同，根据合同相对性原则，由挂靠人承担。

三、挂靠人行为纠纷代理思路

关于建设工程领域挂靠人的民商事交易行为的责任认定问题在实务中存在较大的争议，各地各院各法官的认识也不尽一致，甚至有的认定自身存在逻辑错误。笔者结合自身经验以及各地法院的做法，就挂靠人对外实施的民商事行为的责任认定代理思路予以梳理。

第一步：审查案件基础事实。

基础事实的审查是审判人员审理案件的重点，也是案件审理的必经程序，更是代理律师在拟定代理方案或思路时的出发点。如果说债权发生的基础事实不存在，也就无所谓法律的适用，更谈不上债务的承担问题。因此，基础事实的审查是非常有必要的，而且是必须的。在笔者团队的律师代理过的案例中，有这么一起案件，挂靠人与材料供应商已经结算完毕，并且挂靠人向材料商出具了欠条，在庭审中，材料供应商只向法院提供了两份证据材料：一是购销合同；二是挂靠人出具的欠条。依据上述两份证据材料无法认定材料供应商已经向施工项目方交付了相应的材料以及交付了多少材料，也不能确定二者如何结算，并且购销合同中也并未提及所购买的材料用于何处，这些都是疑点。然而审判人员却认为，双方已经进行了结算，且挂靠人出具了欠条，说明债权债务已经发生，无需审查双方的履行情况。这实际上是不正确的，实践中挂靠人与他人勾结、虚构债务是常有的事情，如果不审查基础事实完全有可能损害施工企业的利益。需要审查的基础事实主要包括：是否有真实的买卖关系；货物是否交付以及交付多少；尚欠货款多少；出具的欠条是否真实等。当然，“项目经理”与施工企业之间是什么关系也是需要审查的基础事实，如挂靠、转包、违法分包关系等。

第二步：审查是否为有权代理或职务行为。

需要说明的是，在挂靠施工项目中，笔者认为，挂靠人的行为不可能构成职务行为，这与挂靠的性质本身就是矛盾的，挂靠的本质就是资质的借用，借用方与被借用方之间是平等关系，而构成职务行为的前提是行为人与公司之间是隶属或从属关系。根据《民法典》的规定，企业法人对它的法定代表人和其他工作人员就其职权范围内的事项，承担民事责任。从该规定来看，职务行为的认定依据是法定代表人和其他工作人员的职权范围内的事项，从而也排除了挂靠人的行为构成职务行为的可能。因此，职务行为要求该行为人是公司职员，只有公司职员才有可能构成职务行为，然在挂靠施工领域，挂靠人并非施工企业的职员，也就谈不上职务行为。如果构成职务行为，那施工人就是公司职工，这种情况下可能存在真正的内部承包关系，也就不存在挂靠的问题，因此，在挂靠施工领域，挂靠人的行为不可能构成职务行为。

有权代理在挂靠项目中是有可能发生的，这主要体现在，施工企业的授权委托书、投标文件、与发包人签订的施工承包合同、本质为挂靠协议的内部承包协议中有对挂靠人的授权内容。这些材料都有可能使挂靠人的行为被认定为有权代理。如果挂靠人的行为被法院认定为有权代理，那据此可以直接判决由施工企业即被挂靠人承担相应的法律责任。

第三步：审查是否构成表见代理。

在不构成有权代理的情况下，挂靠人的行为就是无权代理，在无权代理的情况下需要考虑第三人是否善意且无过失及挂靠人是否具备授权的表象，即挂靠人的行为是否构成表见代理。

表见代理制度不仅要求代理人的无权代理行为在客观上形成具有代理权的表象，而且要求相对人在主观上善意且无过失地相信行为人有代理权。合同相对人主张构成表见代理的，应当承担举证责任，不仅应当举证证明代理行为存在诸如合同书、公章、印鉴等有权代理的客观表象形式要素，而且应当证明其善意且无过失地相信行为人具有代理权。

认定合同相对人主观上是否属于善意且无过失时，应当结合合同缔结与履行过程中的各种因素综合判断合同相对人是否尽到合理注意义务，此外还要考虑合同的缔结时间、以谁的名义签字、是否盖有相关印章及印章真伪、标的物的交付方式与地点、购买的材料、租赁的器材、所借款项的用途、施工企业是否知道挂靠人的行为、施工企业是否参与合同履行等各种因素，作出综合分析判断。当然，判断是否构成表见代理还需考虑挂靠人是否以被挂靠人的名义对外实施民商事法律行为，否则，其行为可能构不成表见代理。

如果挂靠人的行为被认定为表见代理，被挂靠人即施工企业应承担相应的法律责任。

第四步：合同相对性原则。

《民法典》第四百六十五条规定："依法成立的合同，受法律保护。依法成立的合同，仅对当事人具有法律约束力，但是法律另有规定的除外。"该条确立了合同相对性原则。

在实务中，如果挂靠人是以自己的名义对外发生民商事法律行为，根据合同相对性原则，应当由挂靠人自己承担相应责任。如果挂靠人以被挂靠人的名义对外发生民商事法律行为，其责任未必一定就由被挂靠人承担，还需综合考虑前述三步才能确定。

四、从具体的案例看最高人民法院对涉建设工程商事纠纷责任认定的审判思路

某建材有限公司申请再审称：①某建设集团有限公司向建设单位提交的《投标书》中，明确记载陈某某是案涉工程的施工员；②陈某某与某建设集团有限公司签订了《建筑安装工程内部承包合同》，合同名称为"内部承包"，对外责任当然由某建设集团有限公司承担。

再审涉及以下问题：①陈某某向某建材有限公司购买建筑材料的行为是否构成职务代理或表见代理；②某建设集团有限公司应否对《欠条》所涉债务承担连带付款责任；③案涉工程使用了某建材有限公司供应的材料，承包方某建设集团有限公司应否承担支付材料款的责任。

（1）关于陈某某向某建材有限公司购买建筑材料的行为是否构成职务代理或表见代理的问题。最高人民法院认为，首先，陈某某在与某建材有限公司签订《销售合同书》时，没有出示任何证明其与某建设集团有限公司有关的身份证件或授权文件；且在某建设集团有限公司的《投标书》以及《建筑工程内部承包合同》中也没有任何对陈某某进行授权的内容。因此，即便认定陈某某是某建设集团有限公司的工作人员，也不能表明陈某某有代表某建设集团有限公司与某建材有限公司签约的职务权限。故陈某某与某建材有限公司签订《销售合同书》，并不属于履行职务的行为。其次，某建材有限公司在签约时对陈某某的身份、权限并未尽到合理的注意义务，也没有要求陈某某出示任何与某建设集团有限公司有关的身份证明或授权委托书，故某建材有限公司在主观上并非善意且无过失。客观上，陈某某并未持有具有代理意义的介绍信、授权委托书、印签等，也没有证据证明其作为某建设集团有限公司的业务员与某建材有限公司有某建设集团有限公司承认的长期业务来往等。故陈某某向某建材有限公司采购建筑材料纯属个人行为，并不符合表见代理的构成要件。因此，虽然某建设集团有限公司在向建设单位提交的案涉工程《投标书》中记载陈某某是施工员，并附陈某某的身份证、学历证、资格证书等资料，某建设集团有限公司在二审过程中亦承认陈某某是其员工，但是也不能当然认定陈某某与某建设集团有限公司的签约行为是职务代理或表见代理行为。

（2）关于某建设集团有限公司应否对《欠条》所涉债务承担连带付款责任的问题。陈某某向某建材有限公司采购建筑材料纯属个人行为，故某建设集团有限公司不承担连带责任。

（3）关于案涉工程使用了某建材有限公司供应的材料，承包方某建设集团有限公司应否承担支付材料款的责任的问题。某建材有限公司与陈某某通过签订《销售合同书》而建立的买卖合同关系，不同于某建设集团有限公司与陈某某基于《建筑安装工程内部承包合同》形成的工程承包关系。某建材有限公司、某建设集团有限公司、陈某某三方当事人分别设立了不同的合同关系，各方当事人均应依据各自的合同向其对方主张权利或者履行义务。虽然案涉工程材料已被用于某建设集团有限公司承包的工程中，但某建材有限公司的请求权是基于其与陈某某之间的买卖合同所生之债，并非物上请求权，不具有追及效力。因此，某建材有限公司认为某建设集团有限公司施工工程使用了其供应的材料，即应承担支付材料款的责任，没有事实和法律依据。

笔者想补充一点的是，虽然案涉工程材料已送到案涉项目工地，并被用于某建设集团有限公司承包的工程中，但向第三人交付是法律允许的，陈某某作为项目的承包人，也是实际施工人，对该工程具有实际的经济利益，故不能因材料已被案涉项目工程所用就认定某建设集团有限公司是材料的购买方而要求其承担相应的责任。